Peter Bieri

자유의 기술

* 이 도서의 국립중앙도서관 출판예정도서목록(CIP)은 서지정보유통지원시스템 홈페이지
(http://seoji.nl.go.kr)와 국가자료공동목록시스템(http://www.nl.go.kr/kolisnet)에서
이용하실 수 있습니다.
(CIP제어번호: CIP2016020306)

DAS HANDWERK DER FREIHEIT : Über die Entdeckung des eigenen Willens by Peter Bieri
© Carl Hanser Verlag München 2001
Korean Translation © 2016 by EunHaengNaMu Publishing Co., Ltd.
All rights reserved.

The Korean language edition is published by arrangement with Carl Hanser Verlag GmbH&Co.
KG through MOMO Agency, Seoul.

이 책의 한국어판 저작권은 모모 에이전시를 통해 Carl Hanser Verlag GmbH&Co. KG사와의 독점 계약으로
(주)은행나무출판사에 있습니다.

일상 인문학 08

의지의 발견에 대하여

자유의 기술

페터 비에리 지음 | 문항심 옮김

은행나무

하이케에게

Há duas sortes de filósofos aos quais não me fio. Os primeiros são os técnicos, que tomam a exactidão da matemática por modelo e crêem que a clareza reside na fórmula. Os segundos são os hagiógrafos, em cujas mãos a filosofia se converte em interpretação interminável de textos sagrados. Caso haja deveras uma compreensão filosófica, haveria esta de gerar-se de maneira diversa: a través de um reflexionar cuja clareza, exactidão e profundidade consistam na proximidade à experiência que cada qual faz consigo próprio, sem percebê-la completamente e sem compreendê-la.

Pedro Vasco de Almeida Prado,
Da Ilusão e do Auto-Engano na Filosofia
Lisboa 1899

내가 신뢰하지 않는 두 종류의 철학자가 있다. 하나는 수학의 정확성을 본보기로 삼아 명확성이 공식 안에 존재한다고 믿는 기술자들이고, 다른 하나는 성스러운 글을 끊임없이 해석하며 재탕하는 것을 철학이라고 믿는 성인의 전기 작가들이다. 철학적 깨달음이 실제로 있다면 그것은 다른 방식으로 이루어져야 한다. 다시 말해 미처 깨닫거나 이해하지 못한 상태에서 각자가 스스로를 통해 얻는 경험에 인접하여 일어나는 숙고를 통해 그 명확성, 정확성, 그리고 심도가 이루어져야 할 것이다.

페드루 바스쿠 데 알메이다 프라두
《철학에서의 착각과 자기기만에 대하여》
1899년, 리스본

의지의 자유에 관한 책들을 섭렵하며 연구하던 어느 날, 나는 문득 그 책들을 전부 옆으로 밀어놓고 스스로에게 물었다. 이 주제에 관해 대체 무엇을 이해하게 되었느냐? 아니, 여기서 이해한다는 것은 도대체 무슨 뜻이지? 이 질문에 대답하기 위한 시도로 이 책이 탄생하게 되었다.

철학적 정확성을 꾀하는 정확한 책을 만들고 싶었다. 그러나 다른 한편으로는 전문 서적의 전쟁터 한가운데로 독자를 끌고 가는 힘든 책, 즉 학술 서적이 되게 하고 싶지는 않았다. 다른 저자들의 글에 대해 왈가왈부하지 않고 그저 현상과 사상에 대해서만 논하는 책을 쓰고 싶었다는 뜻이다. 그러므로 본문에는 각주가 없다. 나에게 참고가 된 수많은 의견과 논의들은 이 책의 말미에 별도로 밝혀놓았다.

내가 목표로 삼은 것이 또 하나 있다. 주제가 포기하고 싶을 정도로 복잡한 만큼 불필요한 외래어나 철학적 전문용어를 사용하지 않고 막힘없이 흐르는 단순한 언어로 쓰고 싶었다. 그리고 그 시도가 성공한 것 같아 속 시원하다!

베를린에서,
페터 비에리

차례

서문 · 8

서곡 미로 속에서 · 15

1부 조건적 자유

1장 | 무엇을 행하기, 무엇을 원하기 · 31
어떻게 시작할까? · 31
무엇을 하다: 행위의 개념 · 33
의지: 이것은 무엇인가? · 39

2장 | 하고 싶은 것을 하기, 하지 않고 놔두기 · 47
행위의 자유: 기본 개념 · 47
여유 공간: 세계에서 나 자신에게로 · 49
어떤 의지를 품을 수 있는가: 의지의 특정성으로서의 한계성 · 54

3장 | 결정의 자유 · 60
도구적 결정 · 61
억지로 하는 행동의 패러독스 · 64
본질적 결정 · 68
상상의 힘 · 73
간격과 개입 · 79
미래가 가진 열린 가능성 · 81
"나는 다른 것을 원할 수도 있다" · 88

4장 | 부자유의 경험 · 94

표류자 · 94

숙고의 과정이 생략된다면 · 101

생각의 들러리 · 104

강박적 의지 · 107

통제하지 못하는 자 · 121

강요된 의지 · 123

"이렇게 할 수밖에 없어!"— 부자유의 증표 · 138

5장 | 부자유를 재는 척도로서의 시간 경험 · 143

밋밋하게 흐르는 표류자의 시간 · 144

예속된 자의 낯선 시간 · 149

생각의 들러리의 스치듯 흐르는 지루한 시간 · 157

강박 의지의 소유자의 유예된 시간 · 159

협박당하는 자의 건너뛴 시간 · 165

첫 번째 간주 개념 이해하기, 경험 이해하기 · 171

2부 무조건적 자유

6장 | 무조건적 자유: 동기 · 183

자유만으로 충분한가? · 185

무조건적으로 자유로운 의지: 막연한 개념에 대한 첫 번째 지식 · 187

두 개의 고찰 · 189

무능력으로서의 조건성 · 191

돈키호테적 숙고 · 202

부자유스러운 의지로서의 결단적 의지 · 208

주체 됨이 무너질 때 · 213

줏대 없는 개념으로서의 책임 · 221

무의미한 고문으로서의 도덕적 감정 · 235

그냥 원하고 그냥 행하는 것 · 246

내적 소실점 · 251

이제 그 다음은? · 253

7장 | 무조건적 자유: 신기루 · 254

분리되어 나간 의지: 악몽 · 254

무조건적 의지의 개념적 붕괴 · 264

풀어야 할 과제 · 267

감금하는 언어 · 274

숨은 난쟁이 · 290

중용적 무조건성? · 302

8장 | 안으로부터의 자유, 밖으로부터의 자유 · 306

상상: 효과적 가능성 · 307

핵심에 집중하기 · 316

색깔 없는 자유 · 321

투명한 자유 · 328

숙명른지기 망각힌 깃 · 334

9장 | 삶의 이야기와 책임 — 라스콜리니코프와 재판관 · 349

재판의 개시 · 350

말꼬투리 잡고 싸우지 않기 · 358

만들어진 책임 · 363

변명 · 371

난제 · 375

빗나간 한 수 · 380

올바른 공격 · 384

후회란 무엇인가? · 396

두 번째 간주 개념 오해하기, 경험 오해하기 · 401

3부 습득된 자유

10장 | 의지의 습득 · 415

개념 · 416

표현된 의지로서의 자유의지 · 419

이해된 의지로서의 자유의지 · 423

허락된 의지로서의 자유의지 · 432

흐르는 자아의 변동하는 자유 · 444

11장 | 자기 결정의 단면들 · 453

의지의 독립성과 타자 · 454

열정적 자유 · 461

통속적 의지 · 464

고집 · 467

후주곡 철학적 놀라움 · 469

참고문헌 · 473

미로 속에서

1

우리가 사고하는 세계란 **이해 가능**한 세계다. 어떤 일이 일어날 때, **어째서** 일어나는지 이해할 수 있는 세계라는 뜻이다. 물론 이해하지 못하는 것, 영원히 풀리지 않을 것들도 산재한다. 그러나 우리의 세계는 어떤 현상이 발생할 때 그것이 왜 그런 모습으로 생겨나는지 설명할 수 있음으로써 사물을 명명백백하게 밝히는 하나의 전체적 통합체로서의 세계다. 만일 이 생각이 오류라고 해도 우리는 달리 세계를 이해할 별다른 방법이 없다.

현상을 해명하고 이해가 가능하도록 만든다는 것을 다른 말로 하면, 그 현상을 규정하고 있는 **조건**들을 규명하는 것이다. 어떠한 현상은 조건이 만족되면, 아니 오직 조건이 만족될 때에만 발생한다. 각각의 조건 중에서 하나라도 빠지게 되면 현상은 발생하지 않는다. 총합된 개개의 조건은 현상의 발생을 충분케 한다. 조건이 모두 다 만족되면 현상은 여지없이 발생한다. 우리가 어느 현상을 발생시키는 데 필요한 조건들을 알면 그 현상이 왜 일어나게 되었는지도 이해할 수 있다. 또 그 반대로, 어떤 현상을 가능하게 하는 조건들, 실제로 발현하게 만드는 조건의 총합을 알지 못할 경우에 그 현상은 불가사의로 남는다.

어떤 것이 필요조건이 되느냐 또는 충분조건이 되느냐 하는 것은 그것이 불러일으키는 현상과의 **합법칙성**에 달려 있다. 일련의 현상들이 그저 우연하게 잇달아 일어나거나 우연이 겹쳐 발생한다면, 즉 합법칙성이 발견되지 않는다면 하나의 현상은 다른 현상의 조건이 되지 않는다. 발생하는 모든 것은 다른 발생하는 것과 합법칙성의 끈으로 연결되어 있다. 따라서 우리가 어떤 현상을 이해하지 못한다는 것은 그 현상을 지지하고 있는 법칙의 연관성들을 알지 못한다는 것을 의미하게 된다.

조건, 합법칙성, 그리고 이해라는 세 가지가 이루는 관계는 우리가 예측 가능하다고 생각하는 세계를 이루는 기초다. 이 세 개는 하나로 묶인다. 어느 날 자고 일어났더니 이 세 가지 중 하나가 사라졌다면 나머지 두 가지도 모두 없어진 거나 매한가지다.

2

이해 가능한 세계가 조건과 법칙으로 말미암아 현상이 발생하는 세계라는 사고방식은 한 가지 중요한 결론을 가져온다. 바로 이 세계에서 단 하나의 특정한 미래를 불러오는 것은 과거라는 사실이다. 이미 실제로 일어난 과거가 그 세계에서 통용되는 법칙과 맞물리면 뒤이어오게 되는 것은 단 하나의 미래의 현상이다. 각각의 순간마다 발생 가능한 미래는 단 하나다. 실제로 일어날 사선을 나르게 가정하기 위해서는 과거가 실제 상황과 달랐다고 가정하든가 아니면 현실과는 다른 법칙이 통용된다고 가정하는 수밖에 없다. 이러한 사고방식은 **결정론**이라는 말로 표현된다. 그런데 나는 이 말을 피하고자 한다. 사상적으로 새로운 것도 없을 뿐더러 이 말의 완고한 어감이 주는 파괴적인 연상작용이 글을 읽는 데 전혀 도움이 되지 않기 때문이다.

이제까지 살펴본 사고의 과정은 자명성의 범주에 있었고 언뜻 보기에도 그 자명성을 반박할 필요는 없어 보인다. 그건 외부의 세계, 즉 자연의 세계만을 주제로 삼았기 때문이다. 그런데 인간도 역시 세계에 속한다. 이는 인간이 행위하는 모든 것에도 개별적으로는 필요조건이 되며 총합적으로는 충분조건이 되는 것들이 있음을 의미한다. 도스토옙스키의 소설《죄와 벌》에 나오는 등장인물인 로지온 라스콜리니코프를 보자. 그는 고리대금을 하는 전당포 노파를 도끼로 내리져 죽인다. 이 행위에는 조건이 선행한다. 대학생이었던 라스콜리니코프는 찢어지게 가난하여 거의 넝마주이 같은 모습으로 손바닥만 한 다락방에서 하루하루 연명하는 청년이다. 엎친 데 덮친 격으로 그동안 근근이 이어가던 과외 교습도 끊겨 월세를 못 낸 지 오래되었고 끼니도 때우지 못하는 지경이 된다. 전당포에 맡길 수 있는 물건은 이미 모조리 노파에게 갖다 바친 후다. 그러던 중 고향집에서 소식이 온다. 누이동생이 오빠인 자신의 학비를 대주고 졸업 후에는 취직 자리를 알아봐준다는 단 하나의 조건만을 보고 어느 남자에게 시집을 가게 되었다는 것이다. 라스콜리니코프의 모친은 얼마 되지 않는 알량한 돈을 탈탈 털어 결혼식에 필요한 여행 자금으로 써야만 할 처지에 이른다. 이에 라스콜리니코프는 전당포 노파가 갖고 있는 거액의 돈을 떠올리게 된다. 그는 술집에 갔다가 누군가가 벌레같이 사악한 노파를 처치하고 그 돈을 다 차지하여 다른 가치 있는 인간들이 더 나은 생활을 할 수 있도록 하는 게 의미 있는 일이 아니겠냐고 큰 소리로 떠드는 이야기를 듣는다. 그 말은 곧바로 비옥한 땅에 떨어진 씨앗이 된다. 라스콜리니코프는 오래전부터 그 어떤 희생을 치러내더라도 지켜내야 할 비범한 인간이라는 것이 세상에 존재한다고 생각해오던 차였고 그 주제에 대해 논문도 펴낸 터였다. 그러던 중 우연히 노파가 어떤 날 저녁에 집에 혼자 있을 거라는 정보를 얻어듣게 된다. 이 모든 것들이 한데 합쳐진 결과 그는 노파의 집으로 가 그녀를 쳐 죽이게 된다.

이런 설명을 들으니 과연 라스콜리니코프의 행위가 이해될 법도 하다. 상황이 그렇게 만든 것이다. 만일 상황이 달랐다면 그런 행위는 일어나지 않았을 것이다. 도스토옙스키는 어떻게 그리고 왜 라스콜리니코프가 그런 행동을 하게 되었는지 이해시키기 위해서 그의 내면세계를 철저히 해부한다. 하나의 행위를 가능케 하는 필요조건과 충분조건을 파헤치는 것이다.

이제 라스콜리니코프의 이야기를 떠나서 우리 자신으로 눈을 돌려 우리가 지난날 했던 행위들을 위와 같은 방식으로 살펴보자. 물론 라스콜리니코프를 바라봤던 것처럼 우리가 자신의 바깥으로 나가서 외부의 눈으로 볼 수는 없다. 그렇지만 우리가 했던 행동들을 회상하고 라스콜리니코프의 행위를 해부할 때처럼 파헤쳐볼 수는 있다. 각각의 작은 조건들 안에서 그 행위들을 보면 당시 주어진 조건 아래서 어떻게 그런 행동이 싹트고 발전할 수 있었는지 이해할 수 있다. 이 조건들은 우리가 행위하는 것의 동기가 된다. 바로 소망, 감정, 생각, 확신, 기대 같은 것들이다. 이들은 특정한 순간에 어떤 행동을 할 것인지를 결정한다. 그리고 다시금 이들 동기들에게는 저마다의 전제 조건이 있다. 이 전제 조건은 외부 세계에서 일어나는 것에서도 기원하지만 우리가 이전에 했던 것들, 또 예전부터 있었던 다른 동기들에서 발생한다. 이러한 일련의 연결 고리를 하나씩 되짚어보다 보면 태어나기 전까지 거슬러 올라가게 된다. 조건에는 그 이전의 조건이 있고 그 조건에는 또 그전에 형성된 조건이 있고, 이러한 식이다. 또한 조건이라는 개념이 합법칙성이라는 개념과 맞물려 있기 때문에 우리의 행위는 합법칙성의 지배에서도 벗어날 수 없다. 우리가 하는 행위에 있어서 과거는 단단한 법칙에 의해 미래에까지 흘러가고 있는 것이다.

3

"우리의 삶은 지구 표면상에 있는 하나의 선(線)이다. 이는 자연이 우리에게 따를 것을 명령하는 선이며 우리는 단 한순간도 벗어날 수 없다. (……) 그러나 아무리 앞으로 나아가도 벗어던질 수 없는 이러한 족쇄에도 불구하고 우리는 스스로 자유로운 척한다." 18세기 프랑스의 유물론 철학자이며 무신론자였던 돌바크 남작이 남긴 말이다. 이 확신에 찬 은유적 표현은 우리가 이제껏 이야기했던 내용의 핵심을 매우 효과적으로 잘 잡아내고 있다. 만일 남작이 이 은유가 말하고자 하는 내용을 자유라는 개념과 선명한 대비를 이루는 그 무엇으로 간주했다고 한다면 남작의 말은 과연 맞는 것 같다. 그 이유는 무엇일까?

자유라는 개념은 바로 우리 자신에 대한 관점과 연관되어 있는데, 이는 방금 언급된 관점과 더할 나위 없이 첨예하고 타협 불가능할 정도로 정면충돌하기 때문이다. 이 관점은 내부로부터의 관점이며 과거가 아닌 현재와 미래를 향한 관점이다. 이 관점에서 보면 사물은 완전히 다른 모습을 띠게 된다. 우리 앞에 미리 그어진 선이란 없다. 오히려 여러 방향으로 갈 수 있는 무수한 가능성만이 있을 뿐이다. 행위의 선에는 뻗어나갈 수 있는 가지가 수없이 많다. 무언가를 하기 전에 우리는 생각을 해본다. 그리고 이 생각 안에는 **선택**을 할 수 있는 **다양한 가능성의 여지**라는 것이 내포되어 있는 것이다. 나는 지금 이 책을 계속 써내려갈 것인지 아니면 영화관에 갈 것인지, 또는 외식을 하러 밖에 나갈 것인지 생각해볼 수 있다. 나는 이 모든 가능성들이 내 앞에 열려 있다는 것을 추호도 의심하지 않는다. 만일 앞으로 하게 될 일이 미리 정해져 있다면 뭘 할까 궁리한다는 행위가 무슨 의미가 있겠는가? 이런 관점에서 볼 때 내게 선택의 여지가 없다고 상상한다는 것은 **불가능**하다. 내부적 관점의 논리에 위반되는 것이며 자유에 관한 나의 확고하고 명백한 경험과 상충한다. 자유에 관한 경험에는 내가 내 행위의 **장본인**이며 세상의 노리개로 미리 주어진 선을 따라서 질질 끌려가는 존재가 아니라는 인식이 포함된다.

이런 관점은 나의 과거를 돌이켜볼 때도 역시 통용된다. 당시 내가 실제로 했던 행위 말고 다른 행위도 할 수 있었다는, 자유로운 존재로서의 당위성에 따라 나는 행동한 것이다. 모든 개개의 과거의 순간은 과거에 있었던 현재와 과거에 있었던 미래이기도 하며 매 순간마다 방금 말한 '다르게 행동할 수 있었다. 나는 선택을 할 수 있었으며 결정의 자유를 가지고 있었다' 원칙이 적용된다.

다시 라스콜리니코프로 돌아가 그의 처지가 되어 가능한 한 내면의 관점을 잠시 빌려보도록 하자. 노파를 제거하려는 마음을 먹게 했던 원인이 물론 한 가지는 아닐 것이다. 그의 행위에는 수긍되는 면이 분명 존재한다. 그렇지만 그는 자기가 정말로 원하는 것이 무엇인지 고르기 위해 여러 가능성들을 서로 비교하며 저울질할 수도 있었다. 자신이 처한 처지에서 다른 출구를 찾아 나갈 수도 있었을 것이다. 가정교사 자리를 그만두어야 했을 때 끈질기게 다른 일거리를 찾아 나설 수도 있었고 그 아무리 굴욕적이고 자존심이 상한다 하더라도 여동생의 혼인이 어떻게 진행돼가는지 일단 지켜볼 수도 있었을 것이다. 아니면 아무리 형편이 어려워도 절대 사람은 죽이지 않겠다고 다짐할 수도 있었다. 그는 이렇듯 여러 다른 방향으로 행동할 수 있었다. 그도 또한 자기 행동의 장본인이자 수체였기 때문이다.

4

그러므로 라스콜리니코프에게는 **책임**이 지워져, 그는 벌을 받게 된다. 타인들은 방금 우리가 이야기했던 중립적인 외부의 관점, 즉 강제적이고 변화 불가능한 특성을 고려하는 관점을 취하지 않는다. 그들은 우리를 심판대에 올려놓는다. 우리를 그들 자신처럼 선택의 자유를 가진 존재로 취급하기 때문이다. 자유 선택이라는 개념과 행동에 대한 책임이라는 개념은 서로 매우 밀접하게 묶여 있다. 두 가지를 따로 떼어 생각할 수 없다. 미치광이처럼 보이는 자를 볼 때 우리는 백 퍼센트 외부적인 관점을 취한다. 이것은 미치광이에게 행동의 책임을 묻지 않는다는 뜻이다. 그에게 책임을 구해봤자 아무 **의미**도 없으며, 자신이 스스로 선택할 수 없는 것에 사로잡힌 사람에게 무슨 책임을 묻는다는 것이 **공정**하지 않다는 느낌을 주기 때문이다. 이 경우에 책임을 지우는 것 말고도 우리가 포기하는 것이 또 하나 있다. 미치광이를 보는 우리의 **감정**도 확연히 달라진다. 저 사람에게는 결정의 자유가 있다고 인정해줄 경우, 우리는 그를 향해 원망이나 분노 같은 도덕적 감정을 품고 그의 행위를 비난할 수가 있다. 그런데 그 사람이 그런 선택의 자유를 가진 사람이 아니라는 판단이 서면 그러한 감정들은 역시 의미를 잃어버린다. 이것은 자기 자신을 향한 감정에도 해당된다. 우리가 저지른 행위의 선에서 벗어날 가능성이 손톱만큼도 없었다고 밝혀질 경우, 자신을 비난하거나 후회를 느끼는 것이 과연 무슨 소용이 있는가?

5

우리는 지금 서로 다른 생각의 영역에서 발생한 두 가지 사고의 흐름이 충돌하는 것을 보고 있다. 갖춰진 조건에 의해 생겨나며 이해 가능하고 합법칙성의 세계를 지향하는 사고가 있는가 하면, 그 맞은편에는 행위의 주체라는 개념과 더불어 열린 가능성과 그에 따른 책임 중의 선택이라는 사고가 존재한다. 이 두 가지 사고는 각기 설득력이 있으며 둘 중 그 어떤 쪽도 단순히 가볍고 자의적인 사변의 놀이를 수반하지 않는다. 이해 가능한 세계라는 개념과 자유롭고 책임성 있는 행위라는 개념 중 어느 것도 쉽게 **포기**할 수 없다. 둘 중 하나를 골라야 하는 처지에 놓였을 때도 말이다. 이 두 가지 중 하나를 너무 **선호해서는** 아니다. 더 중대한 원인이 있다. 두 가지가 모순 관계에 있다고 해도 우리는 우리 자신의 입장을 세상 안에 나타내기 위해 이 두 가지가 다 필요하다. 그중 하나가 없다면 우리가 나타내는 표현은 **분명** 불충분하고 왜곡될 수밖에 없을 것이다. 모순 관계에 있는 모든 것이 그러하듯 여기서도 조건성이라는 그림과 자유의 그림이라는 두 그림이 서로 충돌하면서 서로를 상쇄한다. 둘 중 하나를 믿으면서 그와 **동시에** 그를 부정하는 개념도 믿는다는 것은 결국 **아무것도 믿지 않는다**는 것을 의미하며 그 어떠한 입장도 **취하지 않는다**는 것을 뜻한다.

　잠깐 동안이라도 한 가지 입장을 취해서 나머지 한 가지에 **반박**하려고 시도해본 사람은 그 시도가 얼마나 까다로우며 불쾌한 것인지 금방 알게 된다. "나는 자유로운 행위를 할 수 있다. 이것은 내게 언제나 여러 가능성이 있다는 것을 뜻한다. 내가 지금 하는 일이 앞으로 하게 될 일의 조건이 되는 일은 있을 수 없다"라는 주장이 있다고 생각해보자. 이 말의 뜻은 무엇인가? 만일 우리의 행위가 그 어떤 것에 의해서도 정해지지 않는다면, 그 어떤 동기에 의해서도 영향을 받지 않는다는 뜻과 같으므로 그 행위는 순전히 **우연한** 것이라는 뜻이 된다. 우리가 행하는 것은 아무것에도 종속되어 있지 않다. 이런 행동이 나올 수도, 저런 행동이 나올 수도 있다. 그렇게 본다면 라스콜리니코프가 도끼를 들고 나타나 노파를 향해 내려치는 것도 단순한 우연에 지나지 않는다. 또한 이와는 전혀 다른 행동이 나타날 수도 있다. 그가 노파를 포용하더니 그대로 돌아서서 가버리는 등 그 외에 여러 가지 가능성이 있을 수 있다. 그리고 그의 행위는 가난이나 돈을 향한 욕망, 노파가 사는 곳에 대한 정보, 그리고 노파가 그날 밤 혼자 있다는 사실 등과는 전혀 관계가 없는 것이 된다. 그러니까 다시 말하자면 완전히 **뜬금없는** 행위가 되는 것이다. 그리고 이는 완전히 **이해할 수 없는** 행동이다. 과연 이것을 행위라고 일컬을 수 있을까? 이번에는 반대의 예를 들어보자. "행위란 동기에서 비롯되는 것이다. 우리가 무엇을 행하는 **이유**는 그것을 원하기 때문이다. 그렇기 때문에 행위는 이해 가능한 것이다. 그러나 조건은 규칙성이 있을 때, 즉 무엇이 발생할지 결정하는 합법칙성이 있는 곳에만 존재한다. 특정한 조건들이 주어지면 우리가 무엇을 할지 결정되는 것이다. 그러므로 자유로운 선택이란 없다. 우리는 심사숙고하는 과정에서 자유로운 선택을 한다고 생각하지만 그것은 착각이다"라는 주장에 대해 생각해보자. 이제 우리는 이해 가능한 행위라는 개념은 건져냈지만 자유로운 결정이라는 개념, 그리고 그에 따른 책임이라는 개념을 잃어버리고 말았다.

　우리는 딜레마에 빠졌다. 동기가 행위를 결정한다고 한다면 행위가 조건에 의해 발생한다는 뜻이 되는데 이것은 미리 정해진 행위이므로 자유로운 행위가 아니며 따라서 행위에 선행하는 다른 조건들을 만족시키지 못한다. 반대로, 행위가 동기에 의해 결정되지 않는다고 한다면 그 행위에는 자유가 배제되지 않으며 이런 의미에서 행위는 행위로 성립한다. 그러나 이것은 우연에 의한 이해 불가능한 사건이 되므로 행위가 요구하는 다른 조건들을 만족시킬 수 없다. 여기서 우리는 행위라는 개념에 대한 일관성을 찾아볼 수 없다. **행위**라는 개념과 **의지**라는 개념에는 똑같은 법칙이 적용된다. 의지에 수반되는 제한성과 조건성이라는 것 때문에 참된 의지에 따르는 자유로움이라는 특성이 그만 위험에 처하고 마는 것이다. 반대로 행위에 아무런 조건이 선행하지 않는다면 행위란 이해 불가하고 생소한 의지라고 할 수밖에 없다. 여기서 나타나는 완전한 임의성 또한 자유라는 개념에 걸맞지 않은 것이다. 행위와 의지라는 기본적 개념에 관해 우리들이 익숙히 알아왔으며 당연히 잘 안다고 생각했던 것이 **앞뒤가 맞지 않는다**는 것이 이제 밝혀졌다. 모순적 개념은 개념이 **아니다**.

6

이 문제는 까다로운 십자말풀이나 교묘한 그림 퍼즐 맞추기 같은 두뇌 스포츠와는 다르다. 게임에서 통할 법한 빠르고 정확한 눈치로 해결될 성질의 것이 아니다. 우리가 놓인 사고적 상황은 역설의 경우와는 또 다르다. 발 빠른 아킬레스와 느림보 거북이의 경수 이야기에서 과연 아킬레스는 먼저 출발해서 항상 조금씩이라도 앞서가는 거북이를 따라잡을 수 있을까 하는 퀴즈 문제라든가 어느 크레타인이 모든 크레타인은 거짓말쟁이라고 주장하면 그 말은 사실일까 거짓일까 하는 문제와는 엄연히 다르다. 개념적으로 보았을 때 행위와 의지라는 개념의 명료성을 얻는 대신 부자유성을, 자유를 얻는 대신 자아 모순을 내어줘야 한다고 깨닫는다면 그것은 하나의 불리한 또는 약을 올리는 듯한 착각 이상의 것이 될 것이다. 이 결론은 감정의 균형을 해치는 혼란을 의미한다. 우리는 스스로를 자연의 일부이면서 자유롭고도 책임을 질 수 있는 존재라고 느끼고 있었는데 지금에 와서 이 두 가지가 양립할 수 없으면서도 하나를 위해 다른 하나를 양보하거나 포기할 수도 없다는 것으로 밝혀진 것이다. 그중 가장 혼란스러운 것은 종래의 도덕적 사고방식이 기댈 곳을 잃어버린 것처럼 느껴지는 점이다. 재판관은 라스콜리니코프를 시베리아의 수용소로 보냄으로써 그의 삶을 파괴한다. 우리는 재판관의 결정에 찬성한다. 그러나 과연 **그래도 되는** 것인가? 라스콜리니코프에게 지상의 표면에 그어진 선을 따라가다 보니 살인자가 되고 만 것 이외에 다른 선택의 여지가 전혀 없었다면? 그렇다면 그를 감옥에 가둔 행위는 부당하고 잔혹하며 비인간적이기까지 한 것이 아닐까? 그에 반해, 그의 행위가 무조건적으로 자유로웠으며 그 자신이나 그가 살아온 인생과는 아무런 상관이 없이 그저 우연히 맞닥뜨린 것에 불과하다면 그를 벌하는 것이 완전히 무의미한 것은 아닐까? 우리 생각이 어느 방향으로 뻗어나가든 간에 우리 삶에 그 어느 것에 비할 수 없을 정도로 크고 진한 영향을 주는 도덕적 관점은 절망적인 수준으로까시 혼란에 빠지게 되었다. 이제 우리는 깊고 답답한 혼돈의 희생자만이 존재하는 지점에 다다른 것 같은 느낌에 빠져버렸다.

7

그렇다면 한걸음 뒤로 물러나보자. 사고 속에 나타나는 모순을 그냥 **인정**해야만 하는 것으로 볼 수는 없을까? 어쩌면 단 한 가지 참된 사실이란 이 모순을 자연에서 그 근본을 찾아볼 수 있는 어떤 것으로 받아들여야 한다는 것은 아닐까? 결국 그것이 모든 것의 핵심은 아닌지? 안타깝게도 완전히 **뿌리 뽑을** 수 없는 무엇이 아니라 **본질적** 불일치로 보아야 하는 것은 아닐까?

그러나 이 모순은 하늘에서 뚝 떨어진 것이 아니라 우리 생각을 통해서 탄생한 것이다. 따라서 사고를 통해 모순이 제거되기를 바라는 것이 꼭 무리라고 할 수는 없지 않을까? 우리 사고가 가진 특성상 결국엔 모순으로 빠져들 수밖에 없다고 한다면 그것은 정확히 무슨 뜻인가? 또, 일치하지 않는 것들을 동시에 생각한다는 것은 결국 **아무** 생각도 하지 않는 것이라고 했을 때 이것은 어떤 의미인가?

또는 이런 생각은 어떤가? 모순이란 **제거될 수 있는 것**이지만 **우리** 사고능력의 한계가 거기까지이기 때문에 결국은 해결할 수 없다는 주장을 편다면? 하지만 사고 안에서의 충돌이 이 사고능력의 외부에서 해결된다고 한들 그게 과연 무슨 의미가 있겠는가? 이런 명제를 인간이 도대체 **이해**할 수 있겠는가?

우리가 빠져든 미로는 비단 이것 하나만이 아니라는 것을 우리는 잘 알고 있다. 이 미로 뒤에는 **또 다른** 미로가 존재한다. 첫 번째 미로에 대해 궁리하는 동안에 우리는 두 번째 미로에 발을 들여놓는다.

8

이제까지 했던 이야기는 모두 **잊어버리고** 그냥 지금껏 지내왔던 대로 계속 나아가면 안 될까? **당연히** 그래도 된다. 미로의 출구를 찾아야 한다고 **강요**하는 사람은 아무도 없다. 사실 언뜻 봐서는 상황이 이렇게까지 복잡하다는 것이 드러나지 않는다. 살아온 배경과 자유, 그리고 책임이 어떻게 서로 연관되어 있는지 우리가 실은 전혀 모르고 있다는 사실을 인지하는 재판관은 매우 생각이 깊은 재판관일 것이다. 그러나 만일 그가 지금 우리가 고민하고 있는 불확실성을 경험**한다면** 이제 상황이 어떻게 돌아가게 될지 알고 싶어지게 될 것이다. 정작 가장 중요한 것을 잘 모른다는 느낌을 가지고 맘 편히 살아가기란 결코 쉬운 일이 아니다.

이것이 철학이 존재하는 이유다. 철학은 우리와 관련을 맺고 있는 기초적인 생각에 관한 일들에 관해 명료함을 얻으려는 노력이며 수단이기도 하다. "그 문제에 관해 개똥철학이라도 늘어놔봐야겠군." 흔히 농담 삼아 기권하듯 이렇게들 말하곤 하지만 이러한 생각은 많은 오해와 착각을 불러일으킨다. 우리와 관련을 맺고 있는 근원적인 것들에 대한 생각이 영원토록 **자의적으로** 머물러야 한다는 것이다. 마치 사물에 내재된 본래 특성상 의견의 차이는 계속 풀리지 않은 채 그렇게 남아 있을 수밖에 없다는 듯한 태도다. 그런데 엄밀히 음미해보자면 이것은 **실로 놀라운** 생각이 아닐 수 없다. 이 생각을 견지하는 데는 분명 어떠한 **이유**, 그것도 매우 **강력한** 이유가 있을 것이다. 그 이유는 어떤 모습을 하고 있을까? 그런데 따져보면 실은 이와는 반대다. 다시 말해 의견의 차이는 철학의 귀결점이 아니라 출발점이다. 의지의 자유와 같은 주제를 놓고 철학적으로 사고하는 것은 근거 있는 결정을 끌어내려고 시도한다는 뜻이다. 그리고 그 시도는 가능하다. 이 책에서 다루고자 하는 것도 바로 그것이다.

1부

조건적
자유

1장

무엇을 행하기,
무엇을 원하기

▎어떻게 시작할까?

미로 속으로 빠져들어 갔다는 것은 **전체를 조망하는 능력**을 놓쳤음을 뜻한다. 어떻게 하면 우리의 주제 안에서 전체적인 그림을 되찾을 수 있을까? 앞에서 이야기했던 내용들을 계속 되씹으며 **자아를 이입**하거나 매번 **휩쓸려 들어가는** 방식으로는 해결될 수 없다고 본다. 이것과는 다른 방식, 거리를 두는 방식으로 접근해야 한다. 남의 말을 **인용하듯이** 해야 하는 것이다. "그러나 행위와 의지에 있어서의 자유는 …이다"라고 말하지 말고 "일반적으로 우리는 자유는 …라고 생각한다"라고 해본다. 그런 다음 사고의 방법과 방식에 대해 이전보다 더 신중하고 비판적으로 연구해보는 것이다. 사고의 과정이 가진 정체를 밝혀야 생각에 이리저리 떠밀리지 않고 눈앞에 분명하게 직시할 수가 있다. 이것을 통해 우리는 과연 어느 지점에서 그리고 왜 우리의 생각이 혼란에 빠져들어 갔는지 알아낼 수 있다.

우선적으로 해야 할 것은, 핵심을 이루는 개념이나 관념을 예전 처럼 그저 **다루기만** 하는 것이 아니라 **테마로 삼는** 일이다. 어떻게? 개념 이나 관념은 말(Wörter)로 표현된다. 더 나은 표현을 하자면 **언어**(Worte) 로 나타난다고 할 수 있다. 왜냐하면, 단순히 사전에 나와 있는 단어에 국한되는 문제가 아니고 **실제로 쓰이는** 말을 살펴봐야 하기 때문이다. 즉 말이 사상을 표현하는 데 있어서 어떻게 활용되고 있는가 하는 문제 다. 어떤 개념을 근본적으로 고찰하고자 할 때 '실제로 쓰이는 말'은 배 의 정박장 같은 역할을 한다. 그 말들이 활용되는 방법이 품고 있는 논 리는 예를 들면 우리가 자유라는 개념을 이야기할 때 처음 출발지이 자 증거물이 된다. 어떤 관념에 대해 명확한 지식을 얻고자 할 때, 우리 가 가진 언어적 감수성은 거기에 설사 오류의 가능성이 있다고 하더라 도 좋은 나침반 역할을 한다. 여기서 한 가지 오해하지 말아야 할 것이 있다. 이러한 개념들 안의 모든 요소가 **전부 다** 말과 말의 논리로 설명 되는 것은 절대 **아니**라는 점이다. 언어적 측면 말고도 어떤 개념이 품 고 있는 것들은 많다. 그것에 대해선 각 부가 끝난 뒤 간주 부분에서 짚 고 넘어가기로 하겠다. 시야를 넓히고 나서도 여전히 옳은 사실이 하나 있다. 즉 어떤 개념에 대한 지식을 타인에게 이해시킬 수 있고 검증 가 능한 것으로 만들려면 그 지식이 관련 언어의 논리와 합당한 관계를 이 루어야 한다는 것이다. 그래야만 과연 **무슨** 개념에 대한 이야기를 하는 것인지가 명확해진다. 이것은 언어가 철학에 그토록 중요한 것이 되는 이유이기도 하다.

　말에 대한 철학적 고찰에 들어가면서 한 가지 경험을 일러두자 면, 말이 **생소화**되는 현상이 일어난다는 점이다. '하다(tun)' 와 '원하다

(wollen)'의 경우가 그러하다. "그 사람이 …해"라든가 "누구누구는 …히고 싶어 해"라는 말을 한 번도 하지 않고 하루를 보내는 사람은 거의 없을 것이다. 그러면서 다들 자신이 이 말을 분명하게 알고 한다고 생각한다. 우리말을 이해하는 사람이라면 말 자체에 의심을 품지는 않을 것이다. 이 두 단어는 일상생활에서 광범위하게 자주 쓰이며 또 이 말을 사용하는 사람은 자기가 무슨 말을 하는지 명확히 아는 상태에서 말한다고 믿는다. 그러나 이것은 순식간에 바뀔 수 있다. 이런 상황을 가정해보자. 누가 당신에게 묻는다. "그런데 대체 '한다'는 것은 뭡니까? 또 **의지**(Wille*)라는 건 뭐구요?" 이런 물음을 들으니 그동안 거리낌 없이 써왔던 말들이 갑자기 멀게 느껴진다. 당신은 어떻게 대답해야 할지 모른다. 맨 처음 이 말을 배웠을 적에 당신은 누군가 하는 말을 듣고 그대로 따라했을 것이다. 그런데 이제 그들이 표현하고자 하는 뜻을 말하라고 하니 까다로운 과제를 떠안은 느낌이다. 몰라서, 갈피조차 잡지 못해서가 **절대** 아니다. 언어를 살하는 사람이라면 아마도 두 단어에 관한 한 **모든 것**을 다 알고 있을지도 모른다. 당신이 모르는 것은 **명확한 형태**이다. 미로의 출구를 찾아가는 맨 처음 발걸음은 이렇듯 숨겨진 지식을 명확한 지식으로 변환하는 것으로부터 시작된다.

▌무엇을 하다: 행위의 개념

라스콜리니코프가 전당포 노파를 도끼로 내려친다는 것, 이것은 그가 **행하는 것**이다. 곧 하나의 **행위**이다. 우리가 이 개념을 통해 알아내

---

* 동사 'wollen'에서 파생된 명사다.

려고 하는 것은 무엇일까? 이 개념 안에 과연 어떠한 경험들이 응축되어 있으며 그것들은 이 개념 안에서 어떻게 서로 연결되어 있을까?

라스콜리니코프는 자신의 움직임을 느낄 수 있다. 이것은 그가 눈을 깜박이거나 잠을 잘 때 몸을 움직이는 등 인식하지 못하고 행해지는 움직임과 다르다. 팔을 들거나 내릴 때는 내부적 경험이 함께 뒤따른다. 이 동작에는 내면이 있다. 그는 자신의 내부를 인식하지 못한다. 모든 의식이 노파에 집중되어 있기 때문이다. 그러나 동작의 체험, 신체가 주는 감각이 있다. 이것이 결여된 움직임을 우리는 행위로 보지 않는다.

그런데 내면이 있는 동작이라고 해도 전부 행위는 아니다. 누가 우리의 팔을 잡아 들어 올릴 때, 우리는 팔이 올라간다는 것을 느끼지만 그것이 우리의 행위는 될 수 없다. 팔 동작은 우리가 팔을 **들어 올릴** 때 동작이 된다. 팔을 들어 올리는 것과 단순히 위로 끌어 올려지는 것 사이의 차이는 우리가 스스로 **일으켜 행하고 실시하느냐** 아니면 어떤 상황을 **만나 당하는** 처지가 되느냐, 즉 어떤 사건이 **우리에게 일어나느냐** 하는 것에 있다. (이 차이를 다음과 같이 표현할 수도 있다. 하나는 능동적이고 다른 하나는 수동적이라고. 그런데 이렇게 표현한다고 해서 새로울 것은 없다. 행위와 당함의 차이가 반복되는 것에 불과하다.) 라스콜리니코프는 몸의 움직임을 스스로 수행하기 때문에 행위한다. 여기서 그의 행위는 조금 더 특별하다. 그는 도끼를 손에 쥐고 팔을 **움직이는데**, 이것은 그가 자신의 움직임을 특히 더 가까이 느낀다는 것을 말해준다. 즉 그의 동작에는 그 자신과의 내적 친밀감이 존재한다. 이것은 누군가에 의해 움직임을 당할 때는 일어나지 않는 현상이다.

라스콜리니코프는 자신의 동작을 일으키고 수행함으로써 행위자가 된다. 다시 말해 행위의 **장본인**이 된다는 뜻이다. 행위라는 개념과 장본인이라는 개념은 둘로 떼어놓고 생각할 수 없다. 하나가 무너지면 다른 하나도 같이 무너진다. 마리오네트 인형과 같다. 인형의 동작이 스스로가 아닌 다른 사람에 의해 일어나고 수행되기 때문에 인형은 동작의 장본인이 아니고 그러므로 그들의 동작도 행위라고 부를 수 없다. 행위와 장본인이라는 개념 간의 이러한 연계는 뇌전증 환자가 멀쩡히 무슨 행동을 하다가 갑자기 발작 증상을 보일 때도 나타난다. 마리오네트 인형과 달리 동작을 발생시키는 힘이 외부가 아닌 내부에서 일어나지만 몸을 떠는 동작의 경우 환자인 그를 장본인으로 인정할 수 없기 때문에 이것은 행위가 아닌 것이다. 여기서 행위를 하는 사람은 존재하지 않는다. 존재하는 것은 어떤 사건이 일어나고 있는 광경뿐이다.

라스콜리니코프가 자신의 행위의 장본인임을 인식하면 그다음에는 자신의 움직임을 **의지**의 표현으로 느끼게 된다. 그는 도끼를 는 팔을 특정한 방식으로 움직인다. 노파를 내려치기 위해서다. 만일 그가 다른 의도를 가졌더라면, 예를 들어 노파를 감싸 안으려고 했다면 그에게서 나온 동작은 다른 모양새를 했을 것이다. 또 만일 전혀 아무런 의도도 없었다면 그의 움직임은 그 자신에게 (뇌전증 환자와는 다르지만) 그저 팔을 휙 들었다 놓는 하나의 경련, 그러나 내면이 있는 인식된 동작과 같았을 것이다. 동작과 자신 간의 거리감이 거의 없다시피 한 이유로 그는 그 동작을 수행하면서 자신이 동작의 당사자라고 인식하지 못할 것이고, 따라서 자신의 동작을 행위로 경험하지 못할 것이다. 행위와 장본인과 의지의 개념은 이런 식으로 서로 맞물려 있다.

라스콜리니코프는 자기 집에서 나와 노파의 집으로 향한다. 계단을 오르고 노파를 향해 도끼를 휘두른다. 이 모든 동작은 살인하고자 하는 그의 의지에서 비롯된 것이기 때문에 **의미**를 가진다. 이것은 그의 동작을 의지의 표현으로 보았을 때 가능하다. 동작을 이런 시각으로 바라보니 이제 **이해**할 것 같은 느낌이 든다. 이제 우리는 동작을 이끄는 의지를 지목함으로써 다음과 같이 **설명**하거나 **해석**할 수가 있다. "노파를 죽이고 숨겨둔 돈을 제 것으로 만들기 위해서 그는 계단을 오른다." 행위라는 개념은 그 행위의 장본인에 의해 수행되기 때문에 이러한 해석이 가능한 것이다. 어떠한 움직임이 하나의 행위라는 가정에서 출발하는 한 우리는 행위의 당사자의 의지를 알아챔으로써 그를 이해할 수 있다. 그가 자신의 행위를 특징짓는 특별한 내적 친밀감을 가지고 움직임을 수행한다고 가정하는 것이다. 그에 반해, 아무 의미도 없고 이해 불가한 움직임이 눈앞에 펼쳐지고 있다는 생각이 든다면 우리는 누군가가 어떤 행동을 하고 있다는 느낌이 아니라 내적 주도성이 결여된, 그래서 무슨 사건이 일어나고 있다는 느낌 이상을 받을 수가 없다. 의미의 유무와 이해 가능성이 결여되면 행위의 당사자라는 개념도 역시 사라진다.

이 점은 타인의 행동뿐 아니라 우리가 우리 자신의 행동을 볼 때도 마찬가지다. 행위를 수행하는 당사자로서의 나를 경험하려면 의지에서 비롯된 의미 있는 움직임을 수행하는 존재로서의 나 자신을 먼저 이해할 수 있어야 한다. 이것은 어딘가로 가는 도중에 문득 내가 뭘 하려고 했는지 잊어버리는 경우를 예로 들면 확실해진다. 내가 왜 여기 있는지 갑자기 알 수가 없다. 가던 방향으로 발걸음을 더 옮긴다는 것이 무의미해진다. 내딛는 발걸음의 주인이 내가 아닌 것처럼 느껴지면서 걸음걸이도 머뭇거려진다. 결국 나는 걸음을 멈추고 골똘히 생각한다. 망각된 의지와 그 의미를 다시 기억 속으로 불러오거나 새로운 목표를 정하기 전까지는 걸음을 뗄 수가 없다. 그러고 나면 비로소 내가 걸음을 걷는 행위는 주인이 있는 행위로 돌아오게 된다. 중간에 걷는 것 말고 다른 동작을 할 때도 있다. 머리를 긁적인다든지 발끝으로 땅에 휘휘 선을 긋는다든지 담배를 한 대 피워 물기도 한다. 이러한 동작들도 걷는 것과 다르지 않다. 이들이 집중을 하려고 하는 의도에서 나온 움직임이라면 내게는 행위가 되는 것이다. 그런데 방금 걸음을 옮길 때와 마찬가지로 이것들의 의미도 잊어버린다면 도중에 이 동작들을 멈추게 될 것이고 결국에는 그 어느 행위의 당사자도 되지 못한 채 그 자리에 꼼짝 않고 서 있게 될 것이다.

마지막으로, 행위라는 개념을 구성하는 요소가 하나 더 있다. 내가 어떤 의지를 가지고 당사자로서 어떤 움직임을 수행할 때에 나는 그것을 **여러 가능성 가운데 한 가지 가능성**이 실현되는 현상으로 경험한다. 어떤 동작을 느낀다는 것은 내가 그 동작을 하다가 언제라도 여러 가지 다른 동작으로 변화시킬 수 있다는 느낌을 가질 때에만 가능하다. 즉, **동작을 바꿀 변화의 여지**가 있다는 것이다. 쏘아 올린 공이 불변적 포물선에 따라 움직이듯이 어떤 움직임이 유일하고 불가피한 궤도를 따라 움직인다면 그 동작을 본인이 수행하는 것으로 경험할 여지가 없다. 이렇듯 여유 공간이 결여된다면 우리는 스스로의 의지에 의해서 움직일 수 없고 따라서 어떤 행위를 한다는 경험을 가질 수 없게 된다. 우리는 행위의 당사자로서 무엇을 수행하는 것이 아니라 단단히 고정된 트랙 위로만 움직이는 기계적 시스템 같은 처지가 된다. 이런 방식을 통해 행위자의 내적 관점은 자유에 관한 최초이자 기본적인 경험과 관계를 맺게 된다.

　　지금 우리는 '한다'라는 것이 무엇을 뜻하느냐에 대한 기초적 윤곽을 그리고 있는데, 여기서 조건성이라는 개념이 예외 없이 중요한 역할을 차지하고 있다. 누군가의 어떤 움직임이 행위가 될 수 있는 것은 오직 그 누군가가 행위의 당사자일 때뿐이다. 그가 행위의 당사자가 될 수 있는 것은 오직 의지가 밑바탕에 깔려 있을 때뿐이다. 그럴 때 비로소 움직임은 의미를 갖는다. 여기서 문제의 이 움직임이 만일 행위의 당사자에 의해 수행된 의미 있는 행위라고 할 때, 행위자가 그것을 알든 모르든 관계없이 실제로 어떤 의지에 의한 것임은 확실하며 또한 행위와 행위의 주체에 대한 경험이 이러한 조건성의 경험이라는 사실을 특징짓는다. 문득 왜 걸어가는지 모르게 된 예에서처럼 조건성의 인식이 사라져버리면 행위의 주체와 의미라는 경험도 사라진다. **경험된 주체 됨은 의지에 의해 경험되는 조건성이다.** 라스콜리니코프가 전당포 노파의 집으로 향하는 계단을 올라가면서 행위를 규정하고 제한하는 의지가 누그러지기 시작함에 따라 살인을 하려는 의사가 조금씩 사라지는 것을 느꼈다면 그가 설령 변함없이 살인을 자행했을지라도 결국은 살인적 도끼질을 자기 자신의 행위로 경험하지 못했을 것이다. 또 그가 변함없는 의지를 지속적으로 느꼈다 하더라도 돌연 그 의지가 가진 조건적 힘이 사라진 느낌을 받는다면 그 순간부터 그는 노파의 머리통을 내려치면서도 자신이 그 동작의 장본인이며 주체라고 생각하지 않게 될 것이다. 아무리 강력한 의지라 할지라도 그리고 아무리 거세게 마음속에서 휘몰아친다고 할지라도 우리가 아무런 효과가 없다고 느끼는 그런 의지가 존재한다면 끝내 우리를 행위의 당사자로 만들지는 못한다. 우리는 우리 자신이 의지를 담는 단순한 그릇으로 느껴질 것이다.

만일 라스콜리니코프의 행위를 제한하는 아무런 조건이 없다면 그 행위는 행위가 아니다. 아무런 조건 없이 발생되었다는 것을 알면서도 그것이 행위라고 생각하거나 가정할 수는 없는 일이다. 이렇게 되면 행위라는 개념과 조건성이라는 생각 사이의 충돌이 사라져버린다. "나는 내 의지가 내 행동을 규정하기를 원치 않는다. 왜냐하면 그것은 곧 내 자유의 제한을 의미하기 때문이다"라거나 "나는 행동함에 있어서 내 의지의 노예가 되기를 바라지 않는다. 행동의 자유를 앗아 가기 때문이다"라고 주장하는 사람은 없다. 정확히 말해 이런 말은 전적으로 이해 불가한 말이며 그 어떤 사상도 나타내고 있지 않기 때문에 이런 말을 하는 사람이 존재하지 않는 것이다. 어떤 특정 의지가 존재하지 않는 곳에서 자유에 대해 말하는 것은 있을 수 없으며 따라서 그에 따른 의지가 자유의 제한을 의미한다는 말도 어불성설이다. 의지가 행동을 이끌지 않는다면 제한될 수 있는 어떤 여유 공간도 존재할 수 없다. 내가 무언가에 대한 의지를 가진다는 사실이 내가 무엇의 노예가 된다는 것을 의미하지 않는 이유는, 의지가 없다면 의지에 의해 빼앗길 자유도 없기 때문이다.

▌의지: 이것은 무엇인가?

행위라는 개념을 발전시키기 위해 우리는 의지라는 관념을 만들어냈다. 이는 행위라는 것의 개념적 기본 바탕을 이룬다. 어느 날 아침 문득 일어나 보니 의지라는 개념이 잊힌 채 사라졌다고 친다면 행위라는 개념도, 행위의 주체라는 개념도, 또한 행위의 의미라는 개념도 모두 사라졌을 것이다.

그런데 이러한 관념들의 역할을 모두 이해했다고 해도 아직 모르는 것은 남아 있다. 의지, 이것은 과연 무엇인가?

여러분이 피아노를 치는 사람이라고 해보자. 쇼팽의 〈강아지 왈츠〉를 정말로 60초 안에 연주해보고 싶은 욕심이 난다.* 여러분은 시계를 앞에 놓고 매일같이 연습한다. "저 곡을 기필코 정해진 시간 내에 연주하려 하는군." 우리는 연습에 몰두하는 여러분을 보며 이렇게 이야기한다. 과연 무엇을 근거로 여러분의 의지에 대해 이런 식으로 말하는 것일까?

우리가 여러분에게서 예상하는 것 중 하나는 왈츠를 빠른 속도로 연주하고 싶다는 **희망사항**이다. 여러분이 그것을 하고 싶어 하며 기꺼이 하려고 한다는 것을 우리는 안다. 누구에게 의지가 있다는 것은 또한 그것을 하고 싶어 한다는 것을 뜻한다. 의지의 대상은 소망의 대상이며 의지의 대상이 될 가치가 있는 것은 또한 소망해도 될 가치가 있는 것이다. 당신이 끈질기게 연습하는 모습을 보면서 "저 사람은 저 과업을 꼭 해내려는 의지가 있지만 해내고 싶어 하지는 않아"라고 한다면 그것은 모순이 될 수밖에 없을 것이다.

우리는 언제나 소망하는 바가 많다. 그것들이 모두 의지로 변하지는 않는다. 의지로 변하는 소망은 다른 희망사항들에 비해 우위를 차지하며 **행위에 영향을 미친다**. 소망은 의지가 되기 위해 특정한 역할을

---

* 〈강아지 왈츠〉의 제목은 독일어로 'Minutenwalzer'로, 이를 직역하면 '1분 왈츠'가 된다.

수행해야 한다. 즉 우리를 **행동하게 만들어야** 한다는 것이다. 〈강아지 왈츠〉를 연주하는 당신의 의지도 마찬가지다. 히루도 거르지 않고 피아노 앞에 앉아 연습을 거듭한다. 만일 연습은 하지 않고 음향기기에서 나오는 곡을 계속 듣는 것에만 머무른다면 우리는 당신의 소망이 그저 희망사항일 뿐, 의지라고 하지는 않을 것이다.

의지가 행동에 영향을 주게 하려면 그것이 이루어지는 과정에 대해 구체적인 생각을 할 수 있어야 한다. 소망이 의지라는 의미로 태도를 이끌기 시작한다는 것은 머릿속에서 실행 수단을 고르는 과정이 시작된다는 것을 뜻한다. 단순한 소망은 이러한 단계를 요구하지 않는다. 쇼팽의 〈강아지 왈츠〉를 연주했으면 **좋겠다**는 데에 그치지 않고 정말로 **연주를 하고자** 한다면 악보는 어떻게 구할 것인지 연습 시간은 언제로 정할 것인지에 대해 생각하는 것이다. 이렇듯 계획하는 이성이 함께 참여한다는 사실도 단순한 소망보다는 의지가 훨씬 많은 것을 요구하며 넓은 자리를 차지한다는 우리의 느낌을 확인해준다.

그저 머릿속에 머무는 생각으로 그치지 않는다는 것 또한 의지의 탄생에 따르는 특성이다. 의지를 품은 사람은 필요한 과정을 정말로 수행하려는 **준비 태세**가 되어 있다. 해당 악보를 구해 오고 운지법을 표시하며 마디마디마다 연습을 해나간다. 각오의 견고함은 의지가 얼마나 강한가 또는 약한가를 결정한다. 강한 의지 또는 의지박약의 여부는 예상치 못했던 장애물이 나타나거나 생각했던 것보다 더 많은 것을 쏟아 부어야만 할 때에도 여전히 그 소망을 이루기 위해 노력할 자세가 되어 있는가 하는 정도에 따라 나타난다.

의지에는 한계가 있다. 한계의 종류는 두 가지다. 그 첫 번째는 현실에서 가능한지 그렇지 않은지의 여부에 따라 그 한계선이 결정된다. 지나간 과거를 바꾸고 싶다거나 세상을 다시 창조하고 싶다거나 하는 **소망**이 있을 수는 있다. 그러나 그것은 가능한 일이 아니기 때문에 **의지**를 지속할 수 없다. 물론 돈키호테가 될 수는 있다. 불가능의 경계선을 넘어서서 자신을 속이고 착각 속에서 가능하다고 믿는 그 무엇을 향해 의지를 불태울 수 있다. 광신적 세계 개혁론자들이 그 좋은 예다. 반대로, 이전에는 불가능하다고 생각했던 일이 이제 가능한 것으로 판명이 난 후 우리의 의지라는 것이 생각했던 것보다 더 넓은 유효 범위를 가진 것으로 밝혀지는 경우도 있다. 옛날에 인간은 달에 가는 소망을 품기만 했었다. 그러나 오늘날에는 달에 가고자 하는 의지까지도 품을 수 있게 되었다. 엄밀히 말하자면, 극단적인 것이냐 소박한 것이냐에 관계없이 어떤 의지에 한계를 긋는 것은 현실 자체가 아니라 우리가 현실이라고 믿는 것이다. 만일 무엇이 현실적이지 않다고 느껴진다면 그것은 바꿀 수 없는 과거에서처럼 모든 사람들이 같은 것을 믿는 명확한 예가 존재하기 때문이다.

둘째로, 의지의 한계성은 우리의 능력의 한계와 연관되어 있다. 밀라노의 스칼라 극장으로 가서 오페라를 감상하고 싶은 마음이 든다고 해보자. 이것은 희망으로 그치는 것이 아니라 하려고만 한다면 의지로 연결될 수도 있는 사항이다. 그에 비해 직접 스칼라 극장 무대에 서서 아리아를 부르고 싶다는 것은 여러분 대부분에게 소망으로 그칠 뿐 의지를 갖는다고 되는 일이 아닐 것이다. 이것은 의지로 변화될 수 없는 소망이다. 현실세계에서 불가능한 일이라서가 아니다. 여러분과 여러분의 능력에 달려 있기 때문이다. 여러분 가운데 스칼라 극장에 설

수 있을 정도로 오페라 아리아를 잘 부르는 사람은 극소수일 것이다. 의지는 능력과 관계있다. 실제로 능력이 되는 일에만 의지를 품을 수 있다는 말이 아니다. 나중에 알고 보니 전혀 능력이 닿지 않는 일에도 얼마든지 의지를 품을 수 있다. 쇼팽의 연주곡을 오랫동안 연습했지만 결국에는 나는 못하겠어, 라고 결론을 내릴 수도 있는 일이다. 그럼에도 불구하고 여러분이 연습하는 모습을 보며 사람들은 이렇게 말할 수 있는 것이다. "저 사람에게는 굳건한 의지가 있군." 그리고 여러분은 그때를 회상하면서 이런 말을 중얼거릴 수 있다. "정말 꼭 해내려고 했지." 의지에 있어서 중요한 것은 실제로 가진 능력이 아니라 본인이 능력이라고 생각하는 것, 즉 팩트가 아닌 자아상이다. 이 자아상이 어떠한 것을 할 능력이 있다고 여러분에게 말하는 한 여러분은 그 실현을 시도하는 가운데 의지를 가질 수 있다. 자아상을 수정해야만 한다면 의지는 도로 소망이 된다. 〈강아지 왈츠〉 프로젝트가 결국 완성되지 못하는 어느 날, 여러분은 피아노 뚜껑을 닫는다. 이제 해낼 수 있다는 생각은 더 이상 들지 않는다. 이로써 여러분을 연습하게 했던 의지도 소멸한다. 대신 그 자리에는 소망만이 남아 누군가가 연주를 1분 안에 완주했다는 소식을 들으면 부러움과 질투가 생겨난다. 반대로 소망을 실현하는 일에 있어서 자신을 과소평가해왔다는 것이 드러나면 그동안 단순히 품고 있었던 소망은 의지가 된다.

이처럼 우리가 살펴본 바에 따르면 의지는 영혼의 재산 목록에 별개로 존재하는 것이 아니다. 가능한 의지가 따로 있는 것이 아니라는 뜻이다. 누군가가 무언가를 하려고 한다는 것은 다름 아니라 소망과 확신, 숙고, 각오 등이 합쳐진 것이 그 안에 존재하며 이러한 내적 구조가 그의 행위를 책임지고 있다는 것을 뜻한다.

그렇다면 의지라는 것 안에 이것 말고 또 다른 뜻은 없을까? 의지는 소망과는 다른 무엇임이 분명하다. 여러분이 매일 몇 시간씩 피아노 앞에 앉아서 이를 악물고 〈강아지 왈츠〉를 연습한다고 할 때, 여러분은 빠르게 연주하고 싶은 소망에 의해 움직이기는 하지만 **그것을 넘어서서** 여러분의 손가락이 건반 위를 춤추게 하는 힘은 의지의 작용이라고 할 수 있다. 다른 말로 하자면, 소망이 가진 힘은 그것이 얼마나 강력하든 간에 필요한 움직임을 하게 하는 데는 **충분하지** 않으며 의지가 개입되어야만 비로소 연습을 시작하게 되고 꾸준하게 지속할 수 있다. 다시 한 번 다르게 표현하자면 소망은 누군가를 행동하게 만드는 것이 **절대** 아니기 때문에 무엇을 하려면 소망에 더하여 의지가 필요하다. 의지는 기분에 따라 변하는 게으른 그림자가 아니기 때문이다. 그런데 이러한 이야기들은 어딘가 석연치 않다. 이유는 한 가지다. 의지라는 것은 힘의 단위를 합산하는 패턴대로 **기능하는** 것이 아니다. 의지는 흩어져 있는 자잘한 이야기들을 모아 내적으로 뭔가를 작동하는 데 쓰이지 않는다. 의지는 소망하는 주체로서의 우리에 대해 광범위하고 총체적으로 말하기 위한 수단일 뿐이다.

우리가 지금까지 이야기해온 의지는 행위로 연결된다. 그렇다면 혹시 행위로 실현되지 않는 의지도 있을까? 의지와 행위가 서로 따로 떨어질 수 있을까?

사람은 때때로 흘러가는 대로 상황을 놓아두면서 아무 행동도 취하지 않기도 한다. 이렇게 가만히 있거나 내버려두는 것도 의지의 한 표현일 수가 있다. 그래서 어떤 사람들은 방임도 행위라고 말한다. 또 다른 이들은 방임은 행위와 동일한 방식으로 의지에 종속될 수 있다는 식으로 결론을 내리기도 한다. 결정적인 것은, 의지라는 개념은 이러한 논의를 거친다고 해서 달라지지 않는다는 것이다. 여기서도 의지가 여타의 반대되는 소망과 비교해 압도적 우위를 차지하는 소망이라는 점은 달라지지 않는다. 우리가 어떤 일에 끼어들지 않으려고, 행동하지 않으려고 엄청난 의지를 발휘해야 했다고 표현할 때가 바로 이럴 때다.

또 다른 경우는 좌절된 행위라는 의미에서의 실패한 시도다. 여러분은 오늘도 역시 쇼팽의 왈츠곡을 연습하려고 집을 나섰으나 연습실 문이 잠긴 바람에 들어가지 못했다. 의지는 행위로 옮겨지지 못한 채 의지로 남고 만다. 그러나 의지가 소망에 그치지 않고 의지라는 사실에 변함이 없으려면 '만일 연습실 문이 열려 있었다면 안으로 들어가 연습을 했을 것이다'라고 생각할 수 있어야 한다. 오늘은 돌아서야 하지만 그것은 여러분이나 여러분의 의지 때문이 아니고 상황이 그러한 것이다. 의지는 상황이 허락하는 한에서, 그리고 중간에 뭔가가 일어나지 않을 때 행동화되는 소망이다.

지금까지는 피아노를 치는 것과 같이 무언가를 **하는** 데 관한 의지에 대해 이야기했다. 이것은 가장 흔하게 일어나는 의지지만 이밖에도 다른 것이 있다. 무언가가 **되고** 싶은 경우다. 가령 의사나 간호사가 되려고 하는 사람이 있을 것이다. 그러나 여기서도 된다는 것이 한다는 것을 포함하고 있다는 사실이 암묵적으로 나타난다. 여러분이 자신을 의사나 간호사로 **만들려** 한다는 것은 곧 그것에 필요한 행동들을 할 의지가 있다는 것을 뜻하기도 한다.

마지막으로, 어떤 **상황이 만들어**지거나 그 **상황이 유지**되기를 원하는 경우도 존재한다. 옆집에서 들려오는 소음이 이제 그만 멈추기를 원할 수도 있고 누군가가 여러분에게 "제가 조금 더 있다가 가기를 원하십니까?"라고 물어볼 수도 있다. 아니면 옆집에서 나는 시끄러운 소리가 그쳤으면 좋겠다고 단순히 바랄 수도 있고 앞의 물음과는 달리 "제가 조금 더 있다가 가면 좋을까요?"라는 질문을 받을 수도 있다. 단순한 희망과 의지 사이에는 행동을 취할 준비나 각오가 되어 있느냐 하는 차이가 있다. 조용한 주거 환경을 희망할 뿐만 아니라 불러일으키기를 원한다면 옆집으로 찾아가서 초인종을 누를 것이고 누군가 정말로 곁에 있게 하려는 의지가 있다면 떠나는 사람을 붙잡고 늘어지면서까지 머무르게 할 것이다. 그에 반해 희망 사항이 여러분의 영향권 밖에 존재할 경우 그저 그랬으면 좋겠다는 소망에 그칠 수밖에 없다. 엄밀하게 말하자면, 복권에 당첨되길 원하는 의지라는 것은 있을 수가 없다. 그저 희망할 따름이다. 그리고 축구 국가대표팀이 월드컵에서 우승하는 것도 팬인 여러분의 의지로 이루어질 수 있는 것이 아니다. 여러분은 일상생활에서 무엇을 원한다고 말할 때가 많지만 그것은 소망을 더욱 강력히 표현하려는 어투로 쓰이는 것뿐이다. 현실에서 이루어질 수 없는 것을 바랄 경우 우리는 가정법을 써서 이렇게 말한다. "나는 여기가 아닌 다른 곳으로 갔으면 좋겠어." 또는 "날씨가 더 좋았으면 좋겠어." 이렇게 비현실적인 표현법 안에는 단념적 굴절 현상이 반영되어 있다. 우리는 이러한 표현을 써서 현실화될 수 없는 소망을 나타낸다. 이들은 우리에게 어떠한 행동도 유발하지 않는 소망이다.

2장

하고 싶은 것을 하기,
하지 않고 놔두기

라스콜리니코프가 저지른 살인은 하나의 행위다. 여기서 한걸음 더 나아가 **자유로운** 행위라고 우리는 말한다. '자유로운'이라는 익숙한 말을 따로 떼어놓고 멀찍이서 바라보며 이렇게 자문해보자. 이 말은 정확히 무슨 뜻을 가지며, 이 말을 통해 표현되는 것은 어떠한 생각일까?

▌행위의 자유: 기본 개념

언뜻 보면 답은 무척 간단해 보인다. 라스콜리니코프의 행위는 의지의 표출이기 때문에 자유로운 것이다. 그 스스로 자신의 행동을 결정했으며 결정의 동기는 의지에서 비롯되었다. 따라서 만일 그것이 의지에서 비롯된 것이 아니었다면 자유로운 것이 아니다. 우리는 지금까지 의지라는 개념이 행위의 개념과 행위의 주체(장본인)라는 개념에게 윤곽선을 부여하는 기능을 가졌음을 보았다. 그러고 보니 돌연 의지가 그 기능을 수행하는 과정에서 또 다른 능력을 발휘하는 것처럼 보이게 된다. 그것은 바로 행위의 자유라는 개념을 설명하는 기능이다.

그러나 이것은 옳지 않다. 어떤 행동이 의지에서 탄생한다고 해서 그 행동이 자유로운 것이 되는 특별한 이유가 되진 않는다. 그보다는 오히려 그것이 어떠한 행동이 되는 전제조건이라고 하는 편이 더 맞을 것이다. 우리가 행위의 자유를 단순히 의도성의 유무로만 이해한다면 결과적으로 모든 행위는 예외 없이 자유로운 것이 되고 만다. 행위를 행위로 만드는 것은 바로 의지로 인해 주도되는가 하는 점이기 때문이다. 그리고 자유와 행위의 주체성은 동일한 것이 되어버릴 것이다. 그렇다면 우리는 크나큰 개념적 대가를 치러야 할지도 모른다. 부자유스러운 행위라는 개념 자체가 없어져버릴 것이기 때문이다. 우리가 누군가를 두고 그가 비록 어떤 행위를 하지만 자유에서 비롯된 것이 아니라고 한다면 그 말은 모순이 된다. 자유가 없는 행동은 행위가 아니기 때문이다. 그리고 자유의 상실은 주체성의 상실과 같아져버리고 말 것이다.

그럼에도 불구하고 의지라는 개념은 행위의 자유라는 개념을 이해하는 좋은 출발점이다. 매우 흔하게 회자되는 표현 한 가지를 빌려보자면 이 점이 잘 드러난다. '**어떤 이가 자신이 원하는 것을 하거나 그대로 놔둘 수 있다면 그는 자유로운 사람이다.**' 이 설명은 먼저 나왔던 표현, 즉 행동은 의지의 표현일 때 자유롭다는 것과 착각을 불러일으킬 정도로 똑같다. 그러나 이 유사성 안에는 한 가지 중요한 차이점이 있다. **질문의 방향**이 상이한 것이다. 일단 눈앞에 펼쳐지는 어떤 행동을 보며 물음을 던져보자. 그 뒤에 의지가 있느냐 없느냐? 이것은 행위냐 행위가 아니냐를 묻는 것이다. 여기서 자유에 관한 사항은 아직 나오지 않는다. 반대로, 눈앞에 존재하는 의지에서 출발해 물음을 던져볼 수도 있다. 이 의지가 행동으로 실현될 수 있는가? 이로써 행위하는 자의 자유에 대한 질문이 등장한다. 얼마나 자유로운가의 정도는 그가 원하는 바를 얼마나 행동으로 옮길 수 있는가의 정도이다. 따라서 자유의 부재도 같은 식으로 이해할 수 있다. 자유의 부재는 어떤 태도나 행동이 의지에서 비롯되지 않은 데 있는 것이 아니다. 그것은 단순히 행위가 아니라는 것만 뜻할 뿐이다. 행위자를 부자유하게 만드는 것은 그 사람 안에 하나의 행위로 귀결되지 못하게끔 방해받은 의지가 존재한다는 사실이다. 좋은 예로 일어서고자 하는 사지마비 환자나 교도소를 벗어나려 하는 수감자 등이 있을 것이다.

이제 우리는 의지를 어떠한 일이 있어도 행위로 옮겨져야만 하는 소망으로 보는 것이 아니라 상황이 용납할 경우에 행위로 연결되는 소망으로 생각하게 되었으며, 실현에 방해를 받은 의지도 여전히 의지로 부를 수 있음을 알게 되었다. 소망이 실제로 실현되는 효력을 가져야만 의도성을 말할 수 있다면 누군가가 행위를 함에 있어서 자유롭지 않을 수 있다는 견해를 더 이상 펼칠 수 없을 것이다. 이것을 위해 우리는 의지와 행동이 서로 분리될 수도 있다는 가능성을 포함하는 의지를 새로이 개념적으로 이해해야 한다.

▌여유 공간: 세계에서 나 자신에게로

라스콜리니코프의 행동은 자유로운 것이다. 그는 몸이 마비되지도 손발이 묶이지도 않았고, 그가 전당포 노파의 집으로 뻗은 계단을 오르는 동안 그의 행동을 저지할 만한 그 무엇도 일어나지 않는다. 그는 자신의 살인 의지를 마음껏 뻗어나가도록 놔둘 수가 있다.

그런데 그의 자유에는 또 다른 무엇이 있다. 노파를 쳐 죽이는 것이 그가 할 수 있는 **유일한** 행위가 아니다. **다른 것**을 할 수도 있는 것이다. 있는 힘껏 다른 일자리를 알아본다든가 여동생의 남편이 될 사람이 주는 돈으로 살아간다든가 아니면 은행을 털 수도 있다. 그에게는 가능한 행위를 선택할 수 있는 여지, 여유 공간이 있다. 이 여유 공간의 개념은 행동이라는 개념이 포함하고 있는 선택의 여지라는 기본 착상을 계속해서 발전시켜나간다. 선택의 여지라는 개념은 행위의 자유라는 관념을 이루는 중요한 요소다. 자유로운 어떤 이를 두고 우리는 지금 그가 **실제로** 하고 있는 일이 그가 **할 수 있는** 유일한 일은 아니라고 말할 수 있을 것이다. 자유로이 행위하는 사람은 그가 마지막에 어떤 일을 행동으로 옮기기 전에 **열린 미래**를 앞에 두고 있다. 라스콜리니코프가 전당포 노파를 찾아가는 장면을 지켜보면서 지금 그가 저지르게 **될** 일 말고는 달리 **할 수 있는** 일이 전혀 없고 그에게 오직 살인자로서의 미래만이 존재한다고 한다면 라스콜리니코프는 행위의 자유를 소유한 사람이 아닐 것이다. 이것은 지나간 과거에도 해당한다. 지난날의 어떤 행동이 자유로운 까닭은 오직 당시 그 행동을 한 사람에게 다른 행동을 할 수 있었던 여지가 있었기 때문이다. 지나간 미래가 열려 있었을 때라야만 행위는 자유로운 행위가 될 수 있다. 이런 의미에서 앞에서 나왔던 돌바크 남작의 어록, 우리가 지구 표면상에서 그릴 수 있는 선은 단 하나뿐이며 그 선은 이미 그어져 있다는 것을 읽을 때마다 우리의 충격은 클 수밖에 없다.

그런데 실상 이것에 엮인 생각들은 이 말에 등장하는 매끈한 표면이 연상시키는 것처럼 그리 간단하지 않다. 행동이라는 것에는 실로 여러 가지 종류가 있고 따라서 그냥 이것 말고 저걸 한다고 하는 단순한 공식이 다양하게 해석될 여지가 있기 때문이다.

우선, **기회**라는 요소가 있다. 이 책을 읽는 대신에 여러분은 무수한 다른 일들을 할 수가 있다. 식사를 하러 밖으로 나갈 수도, 영화를 감상할 수도 있고 친구를 만날 수도 있다. 훗날 무엇 무엇을 할 수도 있었는데, 라고 말한다면 그것은 그럴 기회가 있었다는 의미도 된다. 여기서 자유는 기회의 풍요를 뜻한다. 좀 더 장기적인 행위도 다르지 않다. 만일 내가 법학과에 합격했으며 또 신문사에 직장을 얻기도 했다면 나는 법학도가 될 수도 있고 기자가 될 수도 있는 것이다. 내 자유를 구성하는 다양한 가능성이 내게 있을 때, 나는 그렇다면 세상은 내게 어떤 것을 줄 수 있을까 하고 물을 것이다. 내 현재의 가능성, 그리고 과거에 가졌던 가능성에 대해 심사숙고한다는 것은 실상 (비록 말로는 내가 가진 가능성이긴 하나) **나 자신**에 대해 생각한다는 측면보나는 당시 또는 현재 시점에 있어서 **세상**이 어떤 상태를 하고 있느냐에 대해 생각한다는 의미가 더 강하다.

기회의 풍요는 본인이 생각하는 것보다 더 풍성할 경우가 있다. 실제로 기회가 생각보다 더 다양하기 때문에 나는 더 많은 일들을 할 수가 있다. 제삼자는 나를 보며 이렇게 말할지도 모른다. "저 자는 자기가 생각하는 것보다 더 많은 자유를 가졌어." 이러한 자유는 여유 공간의 **실재**에 근거하는 것이지 그것의 **인지**에 있는 것이 아니다. **실제** 자유의 정도는 자신이 자유롭다고 **생각**하는 정도보다 크다. 이것은 **객관적** 자유라고 명명될 수 있으며 우리는 여타의 객관적 상황을 평가할 때와 마찬가지로 객관적 자유의 존재는 사유로 되는 것이 아니다, 라고 일컬을 수 있다.

둘째로, 자유의 여지는 그 **수단**이라는 측면에서 볼 때 세상이 내게 제공하는 기회를 이용할 수 있게 한다. 내게 법조계 또는 언론계로 진출할 수 있는 자유가 있다고 하는 것은 내가 대학을 다닐 돈이 있으며 신문사에서 실습생으로 일하며 받는 수고비에 생활을 의존하지 않아도 된다는 사실을 전제로 한다. 세상이 내게 내어놓은 행위의 여유 공간은 나의 제한된 수단이 허락하는 범위보다 넓고 클 수 있다. 라스콜리니코프는 너무 가난하기 때문에 또 다른 기회를 찾아 다른 나라로 떠날 수도 없다. 그런데 이 점에 있어서도 때로는 착각이 있을 수 있다. 내가 모르는 유산을 상속받을 수도 있는 것이고 예전에 외투 어딘가에 돈을 넣어둔 것도 잊어버린 채 주린 배를 움켜쥐고 식당 옆을 그냥 지나칠 수도 있는 것이다.

셋째, 행위에 얼마나 많은 가능성이 열려 있는지는 내 **능력**에 달려 있다. 법정에서뿐만 아니라 언론계에서 살아남으려면 분석적 지능과 능숙한 글솜씨를 가져야 한다. 본인이 음악에 소질이 없다면 '나는 절대 오케스트라 지휘자는 될 수 없다'라는 말이 나오게 될 것이다. 그런데 여기서도 객관적 자유는 자신이 추정하는 것보다 클 수 있다. 오랫동안 다른 이들의 그림을 보며 부러워만 하다가 정작 자기한테 그림 그리는 재주가 있다는 것을 뒤늦게 발견할 수도 있는 것이다.

기회로부터 수단에 이르는 길과 이에서 더 나아가 능력으로까지의 길은 조금씩 언제나 나 자신에게로 가까이 다가가는 길이다. 조금씩 다가올수록 선택의 여지는 더 개인적이 된다. 결국 내 앞에 서 있는 것은 가장 내밀한 공간, 즉 내 의지의 여유 공간이다. 여기 기회가 존재하고 수단도 있다. 그리고 내게는 그것에 요구되는 능력도 있다. 나는 이 총체적 여유 공간을 조망하며 생각한다. 이제 내가 이것을 할 것인가 아니면 다른 것을 할 것인가는 오직 내가 무엇을 원하는가에 달려 있다. 이것은 가능한 다른 수많은 길 중의 그 무엇이 아닌 바로 이 하나의 길을 가게 만드는 내 의지의 놀이다. 또 과거를 돌아보며 다른 것을 할 수도 있었는데, 라고 말한다면 지금 현재에 그것이 의미하는 바는 내가 당시 다른 의지를 품었더라면 다른 행위를 했을 것이라는 뜻이다. 의지에 관한 한 내가 나와 가장 가까운 존재라는 것은 다음과 같은 표현을 통해 강조된다. '이제 무엇을 할지는 정말로 **나에게만** 달려 있다.'

객관적인 의지와 내가 인식하는 의지 사이에 차이점이 존재할까? 나도 모르는 사이 내게 존재하는 의지도 있을까? 또는 내 의지의 여유 공간이 내가 인식하는 의지의 여유 범위와 일치할까? 가능한 모든 의지를 자동적으로 인식한다고 한다면 나는 나와 완선한 밀접함을 이룬 사람이 될 것이다. 나는 나라는 사람에 대해 언제나 소상히 알고 있으며 심지어 투명하게까지 속속들이 알고 있다 말할 수 있을 것이다. 그러나 인식하는 나와 원하는 나 사이의 밀접도는 실제 그 정도로 높지 않다. 즉 내 의지에 관한 한 의외로 놀랄 가능성은 언제나 있다. 예를 들어 만나기만 하면 늘 기분 나쁘던 상대가 있었는데 어느 날 문득 마주치니 그날은 기분 좋게 대하게 되더라 하는 놀라운 경험도 배제할 수 없는 것이다. 또는 반대의 경우도 있다. 어느 대상에게 언제나 선의를 갖고 있다고 믿고 있었는데 돌연 증오의 대상이 되어버린 경우도 있다. 살인을 저지를 정도로 막다른 골목으로까지 몰린 사람이 평소에는 꿈에도 생각하지 못했던 의지에 활활 불타오르는 경우도 있다. 이러한 현상들은 자신의 소망과 그 행위의 효과에 대해 본인이라고 해서 모조리 다 아는 것은 아니라는 점을 시사하고 있다. 또한 장기적으로 관찰해보면 내가 알고 있고 익숙한 의지 말고도 깊숙이 숨겨진 의지도 내 안에 존재한다는 것도 경험할 수 있다. 내가 한 행동을 돌이켜보면 어느 일정한 패턴이 있다는 것을 알게 될 것이고 황당해진 나는 나도 모르게 이런 말을 중얼거릴지도 모른다. "난 그동안 내 생각과는 완전히 다른 것을 원해왔던 것 같아." 의지와 관련 있는 모든 것들이 우리의 핵심을 찌르기 때문에 이런 결론에 이르면 유쾌하고 불쾌하고를 떠나서 크나큰 충격으로 다가올 수 있다. 어찌 됐건 이것은 내가 가진 가능한 의지의 여유 공간과 그에 따른 나의 자유가 생각했던 것보다 더 클 수도 있다는 점을 가르쳐준다.

▌어떤 의지를 품을 수 있는가: 의지의 특정성으로서의 한계성

우리의 의지는 진공상태에서 생겨나지 않는다. 우리가 무엇을 원하는가와 우리의 소망 가운데 어떤 것이 행위로 연결되는가 하는 것은 우리의 능력이 닿지 않는 많은 것들에 의존한다.

이런 의미에서 내가 원하는 것은 내가 무엇을 만나느냐, 즉 **외적상황**에 달려 있다. 우선 단기적 의지가 그렇다. 가게에서 무엇을 살 것인지 레스토랑에서 무엇을 먹을 것인지, 어떤 책을 읽을 것인지 또는 어느 여행 상품을 예약할 것인지는 세상이 내게 제공하는 사물에 의존하는 것이다. 어떤 기회가 있는가가 결정의 여유 공간을 결정하고 그 안에서 내 의지가 형성되게 된다. 장기적 의지도 이와 크게 다르지 않다. 오랜 기간 동안 무엇을 할지, 무엇이 될지는 세계가 내 앞에 어떤 것을 준비하고 있느냐에 달려 있다. 우리는 우리가 속한 사회에 존재하는 직업을 선택할 의지를 가진다. 누군가의 직업적 야망은 만일 다른 사회에 속하고 따라서 돈을 벌 수 있는 다른 가능성이 있었더라면 완전히 다른 것이 되었을지도 모른다. 단기적이나 장기적 의지는 모두 외부적 상황의 변화에 따라 함께 다양화된다. 그래서 만일 다른 상황 아래였다면 우리의 의지는 실제로 다른 것이었을지도 모른다는 단순하고도 명쾌한 한마디가 가능할 수 있다.

다시 말해, 우리가 원하는 것이 무엇인가는 온전히 우리만의 문제가 아니다. **이 사실이 거슬리는가?** 자유가 잘려 나갔다는 느낌이 드는가? 언뜻 생각해보면 그럴 수도 있다. 사방이 온통 높은 담장과 철조망으로 둘러쳐진 단조로운 회색 공간에서 살아간다고 가정해보자. 나의 부자유와 그에 따른 의지의 부자유는 애초부터 원할 수 있는 것이 너무나 적은 데서 발생하는 것은 아닌지? 소망은 넓지만 불가능한 섯은 그냥 소망으로 놔둬야 하기에 진정으로 의지를 품을 수 있는 것이 적다면? 원할 수 있는 것의 폭을 넓히기 위해 혁명의 음모라도 꾸며야 할까? 다 맞는 말이다. 하지만 애초의 물음은 이것이 아니었다. 질문은 우리가 의지를 만들어낼 때 그것이 크건 작건 간에 우리 스스로가 만들어내지 않은 기회의 여유 공간에 의존한다는 사실 **자체**가 거슬리고 혼란스러운가였다. 여기 대답이 있다. 대답은 아니다, 이다. 아무리 혁명이 성공한다고 해도 내가 원하고 의지를 품을 수 있는 것은 혁명 후의 새 세상에서 가능한 일 가운데서다. 그 이유는 각각의 세계는 **제한된** 세계고, 이 제한됨 속에서 경계가 설정되며 따라서 수천 가지의 일이 배제되기 때문이다. 그리고 우리의 의지가 **특정한** 의지가 될 수 있게 하기 위해 우리는 이 특정성과 경계를 **필요**로 한다.

불가능한 상황 한 가지를 가정해보자. 의지에 있어서 그 어떠한 제한도 없는 세계에서 살고 있다고 해보는 것이다. 이 세계에는 특정성이라는 것이 없다. 당장 보기에는 완전한 자유의지의 세상처럼 보인다. 그 어떤 것에도 묶이지 않았기 때문이다. 그런데 실제로 이런 완전한 모호함의 세상에서는 그 어떤 것도 원할 수가 **없다**. 의지가 방향의 근거로 삼을 수 있는 것이 아무것도 없기 때문이다. 이런 세상에서 살아가는 우리는 완전히 자유로운 존재가 아니라 완전한 무의지의 존재가 되고 말 것이다. 그래서 세상이 우리에게 주는 조건성과 의지의 선택에 대한 원칙적 한계성은 우리에게 아무런 장애가 **되지** 못한다. 일단 비교 대상 자체가 우리로서 **사고 가능한** 세계가 아니기 때문이다. 세상 안에서 의지에 주어지는 한계는 자유를 위협하는 존재가 아니고 자유의 전제조건이다.

세상이 공급하는 조건들은 내가 어떤 특정한 시점에 무엇을 원하게 할지 정해준다. 그 나머지는 내게 달려 있다. 이것은 또 무슨 의미인가?

여기에는 여러 의미가 담겨 있을 수 있다. 상황과 여유 공간이 허락하는 한도 내에서 무엇을 원하며 의지를 품을 수 있는가는 우선 **신체적 욕구**에 의존한다. 먹고자 하는 것, 따뜻한 곳을 찾거나 자리에 눕고자 하는 의지는 허기짐, 추위, 피로에서 기인한다. 이러한 신체적 느낌이 없다면 이러한 의지도 생겨나지 않았을 것이다. 또한 의지는 **감정**에서부터 형성되기도 한다. 화염에 휩싸인 집에서 앞뒤 가릴 것 없이 무조건 빠져나가고자 하는 의지는 불에 대한 절박한 공포에서 비롯된다. 가해자를 죽이고자 하는 피해자의 의지는 증오심에서 나오는 것이다. 누군가를 구하기 위해 물에 뛰어드는 의지는 타인에 대한 공감이 그 원인이다. 이러한 감정들이 없다면 의지도 없을 것이다. 원하지 않으니까 행동으로 이어지지도 않고 필요한 행동을 취하려는 각오도 만들어지지 않는다. 특정한 상황에 따라 어떤 의지가 생기느냐 하는 것은 이밖에도 내가 살아온 **이야기**와 그 결과, 즉 **성격**에도 의존한다. 자신이 겪은 일들을 다른 사람들에게 반드시 이야기해야만 직성이 풀리는 사람과 타인과 섞이지 않으려고 항상 조심하는 사람은 비록 같은 상황에 처한다고 하더라도 서로 다른 것을 원할 것이다. 고통스러운 일을 겪고 난 후, 익숙한 상황 안에 안주하려고 겁을 내며 집착하게 된 사람은 완고함 밑에서 신음하다가 어떤 상황에 고착되는 것을 그 무엇보다도 싫어하게 된 사람과는 완전히 다른 의지를 가진다. 또한 본인이 기억하든 못하든 간에 그 사람이 입었던 정신적 트라우마는 어떤 의지가 커져나가는 것을 막기도 한다. 이러한 모든 것들은 한 개인에게서 내적 프로필을 만들어내고, 내적 프로필은 어떤 상황을 만났을 때 각기 다른 의지를 발현하게 만드는 요소가 된다.

그렇다면 의지를 형성하는 과정에서 외적 상황이나 조건뿐만 아니라 본인 안에 있는 상황이 영향을 행사하고 한계를 짓는다는 사실이 자유의 감소를 의미하는가? 이 사실에 대해 우리는 불평해야 할까?

이것 또한 언뜻 보면 충분히 그런 것 같은 생각이 든다. 우리는 모두 엇비슷한 상황에서 예외 없이 언제나 비슷한 종류의 것을 원했던 기억으로 불쾌하지 않던가? 이러한 반복됨이 스스로에게 장벽이나 감옥처럼 느껴지지 않는가? 이 내부의 단조로움을 한 번쯤 박차고 나가 내적 혁명을 통해 변신하여 동일한 상황에 다른 답을 주는 새로운 형태의 의지를 성공시키고 싶은 적은 없었던가? 물론 그렇다. 하지만 여기서도 질문은 이것이 아니다. 원래 우리가 던졌던 질문은 의지라는 것이 신체적 욕구, 감정, 살아온 배경, 성격에 의해 영향과 제한을 받는다는 사실 **자체**가 답답하고 혼란스럽지 않은가 하는 것이었다. 대답은 역시 아니다, 이다. 내적 혁명을 이룬다고 해도 나는 정말 아무거나 원할 수 있는 것이 아니고 새로 만들어진 내적 세계가 용인하는 것들 중에서 원할 수가 있다. 이것은 잘못된 것이 아니다. 의지가 내적 세계 안에서 단단한 형체를 이루어야지만 그 의지는 비로소 **특정한 누군가**의 의지, 즉 나의 의지 또는 너의 의지가 될 수 있다.

여기서도 불가능한 상황을 하나 그려보자. 내 의지가 나의 내면 세계와 완전히 별개로 작용한다는 가정이다. 만일 그렇다면 내 의지가 나의 의지로 불려야만 하는 이유를 나는 이해하지 못할 것이다. 외부의 상황이 주는 제한이 의지가 어떤 특정한 의지가 되는 이유를 제공해준다면 개인의 내적 상황이 주는 제한은 그 의지가 다른 사람이 아닌 **그의 것이 될 수 있는** 이유를 제공한다. 완전히 독립된 의지는 **그 누구의** 의지도 아니며, 따라서 의지가 **아니다**. 무한대의 의지를 가진 존재는 최대한의 의지의 자유를 누리는 존재가 아니라 전연 의지가 없는 존재다. 의지란 필수적으로 개인적인 의지라는, 의지의 기본적 개념을 충족하는 것이 그들 안에 없기 때문이다. 그런 까닭에 여기서도 개인사와 경험으로 인해 우리 의지가 원칙적으로 가지는 조건성은 우리 앞에 방해물이 **될 수 없다**는 답이 나오게 된다. 역시 비교의 대상이 되는 상황이 사고 가능한 대상이 아니기 때문이다. 따라서 먼저 존재하는 것에 의해 의지가 제한된다는 사실은 자유의 걸림돌이 아니라 진제조건이 되는 것이다.

3장

결정의 자유

우리가 가진 자유는 무엇에 찬성하거나 반대하기로 **결정**할 수 있는 자유다. 이번에도 이 말을 따로 떼어놓고 생각해보기로 하자. 우리는 무슨 이야기를 할 수 있을까? 이 말 안에 요약될 수 있는 것들에는 어떤 것들이 있는가?

결정이라는 개념은 단순하고도 의심의 여지가 없는 결론과 단단히 이어져 있다. 우리의 의지는 우리의 생각과 분리될 수 없다. 우리는 생각을 통해 의지에 영향을 미칠 수 있다. 또 자신의 의지에 대해 심사숙고하며 어떤 것을 원할지 정한다. 비록 어떤 것을 **행한다**는 것에 대해 결정한다고 표현하지만 행위는 의지의 표현이고 우리는 숙고와 생각의 과정을 통해 특정한 한 방향으로 의지를 조정하며 행동을 준비한다. 이렇게 우리는 의지에 대해 힘을 행사하고 그 장본인이 된다. 강조해 말하면 곧 그의 **주체**가 되는 것이다. 주체가 되는 데 어느 정도로 성공하는가의 여부는 우리의 의지에 얼마만큼의 자유가 있느냐의 여부와 같다. 바꿔 말해 주체가 되지 못하는 정도는 부자유의 정도와 일치하는 것이다.

▌ 도구적 결정

우리가 내리는 결정은 결정에 관계하는 의지가 얼마나 제한되었는가 또는 광범위한가에 따라 그 범위와 깊이가 매우 다양하다. 우선 확실하며 논란의 여지가 없이 이미 존재하는 의지를 실현하기 위한 수단으로 쓰이는 결정에 대해 살펴보자. 나는 이것을 **도구적** 결정이라고 부르려 한다. 이것을 이끌어내는 질문은 '내가 X라는 것을 원할 때, 어떤 것을 해야 가장 좋은가?'라는 질문이다. 당사자가 그에 대해 대답을 하려면 도구적 의지인 Y라는 것을 생각해낼 수밖에 없다. 테니스 선수가 점수를 올려 경기에서 승리하고자 하는, 그로서는 당연한 의지를 갖고 몸을 움직인다고 할 때, 공이 오면 그는 그 공을 어떻게 하면 가장 유리하게 쳐낼 것인가에 대해 순간적인 결정을 내린다. 상황을 어떻게 해석하느냐에 따라 그의 내면에서는 공을 낮게 칠 것인가 높게 칠 것인가, 왼편으로 또는 오른편으로 보낼 것인가 하는 도구적 결정이 내려진다. 또한 응급 환자를 구하려는 의지에 따라 행동하는 의사의 경우도 마찬가지다. 그가 상황을 어떻게 생각하느냐의 결과에 따라 산소 호흡기를 사용할 것인지 주사를 놓을 것인지 결정하는 도구적 의지를 만들어낼 것이다. 우리가 일상생활에서 하는 작고 소소하며 단순한 일들, 즉 전등을 켠다든지 비를 피해 처마 밑으로 뛰어 들어간다든지 달려오는 차를 피한다든지 하는 일들도 예외가 아니다. 우리가 이런 행동을 하는 이유는 더 커다란 의지, 다시 말해서 일을 하기 위해, 감기에 걸리지 않기 위해, 가고자 하는 곳에 무사히 도착하기 위해서이며 작은 행동들은 이러한 큰 의지를 실현하는 데 필요한 수단이기 때문이다.

이러한 예를 볼 때 도구적 의지를 실행하는 데에는 오랜 준비 기간이 걸리지 않는다. 힘들이지 않고 저절로 이루어지는 것들이 많다. 그러나 곧바로 이루어진다고 해서 마구잡이로 이루어지는 것은 아니다. 어떤 의지가 습관이나 시간적 압박에 의해 형성된다고 해도 상황의 판단이 선행된 상태에서 유도된 것이며 그런 의미에서 결정의 결과라고 할 수 있다. 그것이 즉흥성을 띠었다고 말한다면, 그것은 의지의 형성 과정에서 뚜렷한 심사숙고의 과정을 거치지 않았다는 의미에서 그럴 뿐이다. 흘러가듯 자연스러운 자명성 안에서 침전물처럼 고인 의지가 발현되는 것뿐이며 우리는 매번 그 의지를 어떤 형태를 갖춘 것으로 일일이 눈앞에 떠올릴 필요가 없다.

이와는 달리, 새롭고 복잡한 상황이 나타나거나 장기적인 기간을 좌우하는 의지가 요구될 때도 있다. 우리는 서로 다른 가능성들을 가늠해보는 뚜렷하고 명확한 숙고의 과정에 들어간다. 그리고 그 말미에는 꼼꼼히 따져서 나온 결정과 서서히 숙성된 결론이 모습을 드러내게 된다. 그러나 숙고의 기간이 길고 분명한 표현의 형태를 띠었다고 해도 결정의 과정과 결과는 즉흥적 결정과 유사하다. 즉 우리는 생각하는 과정을 통해 의지를 형성한다는 것이다.

세상의 축소판인 체스 경기를 떠올려보자. 점점 더 복잡해져가는 상황에 대해 궁리해보자면 이렇다. 현재 내 말들의 위치, 가능한 진법, 가능한 내 모든 진법에 맞서는 상대방의 온갖 대응 방법, 상대방이 믿고 있는 그 자신의 진법, 지금의 내 생각을 그가 어떻게 생각할까 하는

데 대한 나의 생각, 그리고 자신의 생각에 대한 지금 나의 생각을 그가 어떻게 생각할까 등등. 곰곰 생각을 서듭하다가 결국 나는 결징적 공격을 위해 졸(pawn)을 하나 희생하기로 한다. 퀸을 보호하고 있는 말을 거두어들이고자 하는 의지가 생겨나는 것이다. 나는 이렇게 결심을 하고 팔을 들어 말로 가져간다.

여기서도 봤지만, 물론 실제 세계에서는 체스 경기에서보다 더 심각하고도 파급효과가 큰 결과를 수반하는 도구적 결정들이 일어난다. 예를 들어 내게 권력을 쥐고 싶은 소망이 있다고 해보자. 이것은 나의 행동에 영향을 미치는 소망이다. 그 의지에 기반을 두고 나는 현재 상황을 파악해본다. 내가 속한 정당이 얼마만큼 힘이 있는가? 당이 나를 대표로 내세울 확률이 얼마나 큰가? 이제 나는 목표로 다가가기 위해 무엇을 해야 할지 생각한다. 당내 경선 상대를 어떻게 속일 것인가? 투표권을 가진 당원들을 내 편으로 끌어들이기 위해 어떤 슬로건을 내걸 것인가? 그러고 나서 나는 다른 사람들이 내 전략에 대해 어떻게 반응하며 그들 자신이 가진 여러 가능성들을 어떻게 평가할 것인지 예상해본다. 경선 상대자는 내가 자신의 뇌물 수수 소문을 터뜨렸을 때 어떤 반응을 보일 것인가? 사람들이 자신의 말을 어느 정도나 믿어줄 거라고 예상하고 있을까? 그를 돈으로 매수할 수 있는가? 마지막으로 나는 내 책략과 말뿐인 낙관주의가 당원들에게 얼마나 먹힐 것인지 자문해본다. 이제 도구적 의지가 정해졌다. 나는 경선 상대를 매수할 것이며 도덕적으로 해이해진 당내 분위기를 쇄신하겠다는 슬로건을 내세우기로 한다. 나는 결정을 내렸고 이제 몸을 일으켜 은행으로 향한다.

▌억지로 하는 행동의 패러독스

과거에 최전선의 야전병원에서는 마취 없이 수술을 강행해야만 하는 일이 종종 일어났다. 군의관들은 환자의 비명 소리를 참아내며 백정 보듯 자신들을 보는 다른 환자들의 경악에 찬 눈빛을 묵묵히 견뎌야 했다. 실로 굉장히 굳은 의지가 요구되는 상황이었다. 마음이 흔들릴 때마다 그들은 재고의 여지가 없는 확고한 의지, 즉 부상병의 생명을 구하겠다는 의지를 상기해야만 했다. 목숨을 구하기 위해서는 마취제가 없어도 절단 수술을 해야만 했다. 즉 군의관은 환자에게 이루 말할 수 없는 고통을 안겨주겠다는 수단적 결정을 내린 것이다. 이 결정이 내려지고 나서는 톱을 사용하는 수단적 의지가 동원되었다. 이것은 인간이 일반적으로 소망하는 모든 것에 반대되기 때문에 무겁고 어려운 의지였다. 군의관은 스스로를 극복해야만 했고 수술에 필요한 모든 행동을 하나하나 할 때마다 자신을 몰아세워야 했다. 군의관이 느낀 것은 스스로의 행위에 대한 **저항감**이었다. 병사들의 다리를 톱으로 잘라낸다는 사실만을 놓고 볼 때 군의관은 가학적 괴물이라고도 할 수 있을 것이다. 수술을 마친 군의관은 후에 이렇게 말할 것이다. "진실로 하기 싫은 일을 **억지로** 해냈다. 정말 **내키지** 않았다." 그러나 그는 도구적 의지를 가지기 위해 그 일을 원했고 또 원해야만 했다. 의지란 행동화되는 소망이기 때문이다. 즉 그는 첫눈에는 불가능해 보이는 일을 해낸 것이다. 달갑지 않은 것, 좋아하지 않는 것, 바꿔 말한다면 악을 소망하는 것이다. 훗날 전쟁이 끝나고 과거를 회상하면서 그는 복잡한 심정으로 이런 말을 할지도 모른다. "피가 철철 흐르고 심장을 후벼 파는 비명이 들린다. 나는 내가 하는 일을 온 마음으로 증오했다. 누군가 어떠한 일을 그 정도로 싫어한다면 그건 그가 바라는 일이 아닐 것이고 바라지 않는다면 간절히 원하지도 않을 것이다. 하지만 나는 했다. 그러니까 원하고 의도했다는 말이다. 이게 대체 가능한 일인가?"

패러독스를 풀 수 있는 하나의 가능성은 행위와 의지 사이의 연결을 느슨하게 하고 이렇게 말하는 것이다. "의지는 소망을 요구하지만 행위는 언제나 의지를 요구하지는 않는다. 그렇게 되면 희망해야 할 의무 없이도 달갑지 않은 것을 할 수 있다. 그러나 의지와 소망이 함께 묶여 있는 한 다음과 같은 원칙이 통용된다. 달갑지 않은 일을 억지로 하는 자는 자신의 모든 소망에 반해 행동하므로 의지에 의해 행동하는 자가 아니다. 즉 의지 없이 행위하는 것이다. 그런데 의지에 반해 억지로 하는 것과 의지가 없는 것은 서로 완전히 다르다. 억지로 하는 행동은 비록 의지에 반한다고 해도 당사자가 존재하는 진짜 행동이다. 그에 반해 무의지의 행위는 당사자와 의미가 모두 존재하지 않는 행위이며 따라서 행위가 아니다."

그렇다면 의지와 소망 사이를 연결하는 또 다른 고리를 느슨히 풀어주는 것은 어떤 도움이 될까? 무언가를 억지로 한다는 것은 그것을 좋아하지 않으면서 의지로 한다는 것이다. 이것은 야전병원의 군의관이 해야 했던 일을 정확히 묘사하는 표현 아닌가? 그럼 소망은 의지를 구성하는 필수 요소에서 빠지게 된다. 의지가 그에 걸맞은 소망에서 기인하느냐 아니면 반대로 소망과는 정반대의 것이 되느냐는 우연에 기대할 수밖에 없게 된다. 자기가 희망하고 바라는 것과는 전혀 다른 것을 '순전히 의지의 힘 하나로' 하려고 하는 경우도 가능하게 된다. 이제 소망이 빠진 의지가 우리의 행동을 지배한다. 이것은 하기 싫은 일

뿐만 아니라 즐거운 일을 할 때도 적용된다. 누군가가 그립고 보고 싶어서 그를 찾아갈 때, 나를 움직이는 요인은 그에 대한 그리움이 아니라 그리움과는 별개의, 순전히 우연하게 그리움과 동시에 나타난 의지라는 이야기가 된다. 이것은 우리가 앞에서 살펴본 피아노 연습의 예와 비슷한 상황이 되겠다. 건반 위를 넘나드는 끈질긴 손가락의 움직임이 완벽을 추구하는 여러분의 의지가 아닌, 별도의 순수 의지에 의해 주도된다는 말이다. 별로 납득이 가지 않는 생각이다.

그런데 정말 이렇게까지 앞질러 생각해야 할까? 우리가 지금까지 보아왔던 의지와 소망과의 관계에 머무르면서, 좋아하거나 기꺼이 하고 싶어 하는 마음을 요구하지 않는 소망이라는 개념을 기반으로 생각할 수는 없을까? 중립적이며 이른바 순화된, '마음에 든다'라는 불순물이 섞이지 않은 개념 말이다. 만일 그럴 수 있다면 '야전병원의 군의관은 그가 증오하고 경멸하는 일을 소망한다'라는 표현이 가능해진다. 의미의 강도가 약해진 새로운 의미의 '소망' 안에서라면 온 마음을 다해 저항하고 싫어하며 그것이 없었으면 하고 간절히 바라는 그 무엇이라도 모두 소망할 수 있게 된다. 따라서 억지로 하는 행위가 가지는 패러독스도 사라진다. 그렇지만 이것은 피러스의 승리*와 다를 바 없다. 패러독스를 푸는 대가로 우리는 이제 그 말 자체가 원천적으로 지닌 의미를 잃어버린 소망을 다뤄야 하기 때문이다. 그런데 소망이 지닌 언어적 원뜻은 우리가 의지가 무엇인지 이해하는 데 도움을 준 바 있다. 우리가 소망이 지닌 원래 의미에서 제거해버린 개념을 이제 의지라는 개

---

* 큰 손실을 대가로 얻은 승리.

념에서도 빼버려야 한다는 결론이 나온다. 이제 우리 앞에 남는 것은 의지와 관련된 경험에서는 다시 찾아볼 수 없는 아무 색깔 없는 개념뿐이다. 주제가 사라져버리는 것이다.

그렇다면 어떻게 해야 할까? "하나를 원하면 다른 하나도 좋아해야 한다"라고 우리는 말한다. 이 말은 다음과 같이 해석된다. 목표를 이루고자 하는 사람은 그에 필요한 수단도 원해야 한다. 그런데 문제는 그 수단이 종종 유쾌하지 않은, 즉 달갑지 않은 것이라는 사실이었다. 여기서 우리는 두 가지 사이의 차이점을 다시 상기할 필요가 있다. 이 차이점은 사실 우리가 익히 알고 있는 경험을 나타낸다. 즉 우리가 무엇을 원할 때 그저 **그것 자체를 위해서** 원할 때가 있고 또 다른 경우는 원래의 어떤 의지를 이루고자 할 목적을 가지고 그것에 필요한 **수단**을 원할 때가 있다는 것이다. '좋은 약은 입에 쓰다'라는 속담을 생각해보자. 약을 입에 넣으면 쓴맛이 나서 절로 얼굴이 찡그려진다. 쓴맛이 주는 불쾌한 경험 그 자체를 위해서라면 아무도 약을 먹지 않을 것이다. 초콜릿의 맛과는 반대로, 쓴맛 자체는 탐탁지 않으며 거부감을 준다. 약을 입 안에 털어 넣는 이유는 그것이 병의 치유, 다시 말해 그 자체로서 바람직한 것을 약속하기 때문이다. 이런 의미에서 볼 때, 약은 우리가 삼키고자 의지하고 원하는 그 무엇이 된다. 삼키는 행위가 우리가 가진 본래의 의지가 실현되는 데에 기여하기 때문이다. 우리는 흔히 '기꺼이 감수하겠다'라는 표현을 쓴다. 쓰디쓴 약의 복용은 **차용된 의지 가능성**이라고 부를 수 있다.

이 과정에서 가끔 본래의 감각이 변할 때도 있다. 쓴맛이 고통을 몰아내주는 경험을 하고 나면 그 맛을 고통 경감의 맛으로 인식해서 좋아하기 시작할 수도 있다. 또는 여러분이 짝사랑하는 사람이 엄청난 모노폴리 게임광이라고 가정해보자. 여러분은 지금까지 모노폴리 같은 게임을 아주 싫어해왔으며 열 번 죽었다가 깨어나도 절대 좋아하지 못할 거라는 생각을 해왔다. 그러나 친구들이 모인 자리에서 모노폴리 게임에 끼는 것만이 여러분의 짝사랑을 한 번이라도 볼 수 있는 유일한 기회다. 여러분은 꼬박꼬박 게임에 참석하며 왜 더 자주 모이지 않느냐고 친구들을 채근할 지경에 이르렀다. "너 이 게임을 하루아침에 좋아하게 된 것 같다." 친구들이 입을 모은다. "맞아, 나는 이 게임이 **너무 좋아!**" 여러분은 이렇게 대답한다. 그런데 시간이 지나도 짝사랑에게선 반응이 올 아무런 낌새가 느껴지지 않는다. 이제 여러분은 모노폴리를 이전보다도 더 싫어하게 되었다. 차용된 의지 가능성이 사라진 것이다.

야전병원 군의관의 패러독스도 같은 방식으로 풀린다. 그러기 위해서는 행위에서 의지라는 부분을 떼어내고 한걸음 더 나아가 일반적인 의미의 소망에서 의지를 분리해야 한다. 이제 한마디면 족하다. 즉 군의관은 환자를 구할 수 있는 유일한 수단으로서 절단 수술을 원하는 것이다. "톱이 있었으면 좋겠는데." 톱을 찾다가 지친 그가 이렇게 중얼거린다. 그러다가 운 좋게 톱을 구하면 수술을 할 수 있다는 희망에 기뻐하지만 동시에 환자에게 고통을 가해야 한다는 사실 때문에 비통에 빠지는 것이다.

▌본질적 결정

결정을 내릴 때 우리는 의지에 영향력을 행사한다. 결정이란 심사숙고에 의한 의지의 형성이다. 숙고의 결과물로 특정한 행위를 할 의지가 만들어진다. 조금 전에 살펴본 도구적 결정의 경우에는 이미 확고하게 서 있는 원래의 의지를 실현하는 데 어떤 것이 가장 도움이 되는 좋은 행위인지 결정하는 것이었다. 다른 의지들에 선행하는 이 상위의 의지는 결정의 기준점이었다. 그러나 이것은 결정의 종류에 관한 한 우리가 아는 유일한 것은 아니다. '내가 X를 원할 때 무엇이 최선인가?'라는 물음 대신에 '나는 정말로 X를 원하는가? 그 이유는 무엇인가?'라고 물어볼 수 있다. 아니면 '내가 진짜로 원하는 것은 무엇인가?'라는 좀 더 포괄적인 질문도 있다. 이러한 질문을 던지는 우리 앞에는 새로운 종류의 결정이 대두한다. 지금까지 보았던 것보다 더 크고 깊은 의미를 가진 결정이다. 도구적 결정과는 달리 우리가 원하는 것이 무엇인지에 대해 장기적이고 명확하게 생각해야 하기 때문이다. 이것은 목표에 어떻게 하면 빨리 도달할 것인가라는 주제가 아닌, 다른 방식으로 접근해야 하는 주제다. 이제 생각해볼 것은 삶의 본질이라는 주제이며, 그래서 나는 이러한 결정을 **본질적** 결정이라고 이름 붙이고자 한다.

본질적 결정은 내가 가진 소망 중에서 어떤 것을 의지로 만들거나 만들지 않을 것인지 언제나 묻는 것이다. 그러나 본질적 결정이라고 해서 항상 모두 다 똑같은 것은 아니다. 그들 가운데에도 다른 논리에 따라 이루어지는 것이 있고 그 안에 내재된 능력도 각기 다르며 각각의 결정에 선행하는 내적 사건도 동일하지 않다. 우선 기존의 오래된 소망에서 뽑혀져 나왔으며, 내가 충분히 인지하고 있고, 구체적으로 표현할 수 있는 결정들을 한번 살펴보자. 여기에는 두 가지 경우가 있다. 그 하나는 내용상 서로 충돌하지 않지만 동시에 충족될 수 없는 소망들이 해당한다. 이런 경우에 어떤 순서로 그들을 행동으로 옮길까 하는 것이 결정의 내용이 된다. 작은 예를 들자면 하루의 계획을 세우는 일이 여기 해당한다. 오늘은 쉬는 날이고 평소와는 달리 직업상 의무적으로 시간적 순서를 매겨야 하는 일은 없다. 신문을 꼼꼼하게 읽거나 아이들과 놀아주는 것, 수영장에 가는 것, 오래간만에 제대로 요리하는 것, 전 국민이 보았다는 최신 영화를 보는 것, 지하실에 쌓여 있는 물건들을 정리하는 것, 친구를 만나는 것, 이 모두가 여러분이 하고 싶은 일이다. 내용면으로 볼 때 하나를 하면 다른 하나를 포기해야만 하는 것은 아니다. 이 모든 일을 소망하는 것은 모순이 아니다. 그러나 이들을 모두 실행에 옮기는 것은 시간적으로 불가능하다. 결정을 내리지 않으면 안 된다. 다시 말해 이 중 몇 가지를 제쳐놔야 한다는 것이다. 지하실 정리나 친구와의 만남은 급한 일이 아니다. 그렇다면 수영을 다녀와서 애들이랑 놀아주는 게 좋을까, 가기 전에 놀아주는 게 더 나을까? 식사를 하고 영화를 볼까 아니면 영화를 보고 나서 식사를 할까? 여러분은 여러분이 희망하는 대로 순서를 정해야 할 것이다. 그러기 위해서는 세상이 어떻게 돌아가는지 먼저 알아야 한다. 즉 수영장의 개장 시간과 극장 시간표는 어떻게 되는지, 아이들은 몇 시에 잠자리에 드는지에 대한 정보가 있어야 한다. 그리고 그동안 스스로 겪었던 경험을 되돌아본다. 평소에 수영, 식사, 놀이, 영화 감상을 하고 난 후 대개 어떤 기분이 들었었는지 떠올리는 것이다. 이 모든 것들이 합쳐진 것이 오늘 하루 계획이 어떻게 될지를 결정하는 재료가 된다. 마지막에는 순서가 정해지고 여러분은 일정을 하나하나씩 행동으로 옮겨간다. 결정의 규모가 커져도 원칙은 이와 크게 다르지 않다. 먼저 졸업 시험을 보고 그 다음에 외국에 나갈까 아니면 그 반대로 할까? 지금 밟고 있는 교육과정을 다 마칠 때까지 자녀 계획을 미룰 것인가 아니면 두 가지를 동시에 시도할 것인가? 이 경우에도 역시 희망사항의 시간적 순서에 관한 결정이 필요하며 먼젓번과 마찬가지로 각 사안에 필요한 정보를 모으고 자기 자신에 대해서도 잘 알아야 할 것이다.

이러한 종류의 본질적인 결정은 **그 자체를 통한** 것이며 **그 자체를 위한** 것이다. 현재 인식되고 있는 여러 소망의 총합에다가 이전에는 없던 시간이라는 굴곡을 부여하는 일이다. 이런 의미에서 결정을 내리는 여러분은 결정을 내리기 전과는 다른 사람이다. 본질적 결정에게 있는 이러한 창조적인 측면은 여러 소망들이 내용상 서로 상충하는 상황에서 결정을 내려야 할 때 더욱 뚜렷하게 나타난다. 예를 들어 여러분은 한편으로는 수도승 같은 정갈한 삶의 형태, 자신을 드러내지 않고 정숙하며 한 곳에 대한 집중을 지향하는 수도원 담벼락 안의 삶에 강하게 이끌린다고 하자. 십자가의 길을 걸을 때마다 자신을 바칠 가치가 있는 일이라는 생각이 들곤 한다. 그러다가 카페에 가서 연인들을 보고 있노라면 '아니, 그건 아니야' 하고 고개를 젓는다. 그러고는 계속 이렇게 생각이 이리 갔다 저리 갔다 한다. 이 충돌은 시간적 순서를 매긴다고 해결되지 않는다. 결정을 내려야 한다. 그것은 즉 충돌하는 몇 가지 소망 중에서 한 가지의 **편을 들어** 나머지 것들은 의지로 변화하지 못하고 소망으로 남게끔 해야 한다. 우리는 직업을 선택할 때 이런 과정을 거친다. 장사에 뛰어들어 큰돈을 벌겠다는 생각이 일치감치 확고하게 서 있는 사람도 있을 것이고 배우가 되어 아카데미 시상식의 주인공이 되고 싶은 사람도 있을 것이다. 다수의 도구적 결정들이 있을 수 있고 그 밑으로 순차적으로 나열되는 하위의 소망에도 주의를 기울여야 하지만,

그들 모두를 아우르며 그 위에 자리하는 상위의 소망은 정해져 있어서 처음부터 일의 진행에 관한 열쇠를 쥐고 있다. 상위의 소망에 대해 크게 결정을 내려야 할 것은 없다. 그에 반해, 영화건 장사건 상관없이, 이러한 결정을 내려야 하는 사람은 참으로 난감해진다. 역방향으로 흐르며 불안감을 가져다주는 물음들이 마음속에 존재하기 때문이다. 대체 큰돈이 왜 필요하며 꼭 있어야 하는가? 아이들과 함께 보낼 수 있는 시간, 아니면 내 꿈을 펼칠 시간이 많은 편이 더 좋지 않은가? 결국 나는 무엇이 되려 하는가? 성공하고 출세한 사람, 또는 드러나지 않는 삶을 사는 사람? 이제 또 다시 결정을 내려야 한다. 양립할 수 없는 소망들 중 한 가지 뒤로 가서 선택하는 동시에 다른 소망들에게는 너희들은 소망으로 머물 뿐 앞으로 의지의 대상이 될 수는 없다고 선언하는 일 말이다. 마지막으로 이밖에도 도덕적 딜레마가 결정에 영향을 미치는 경우도 있다. 곧 죽음을 맞이할 환자의 간절한 청원을 들어주어 그것이 비록 법에 위반된다고 하더라도 미리 고통에서 벗어나도록 조치를 취해줄 것인가? 아니면 법을 지키는 것이 내게는 더 상위의 가치인가? 나는 가족에 대한 충실함을 세상에서 가장 소중한 가치로 여기는 사람인가 아니면 정치적 신념이나 자아실현을 위해 피치 못하게 가족을 떠날 준비까지 되어 있는 사람인가?

이러한 넓이와 깊이를 가진 결정을 내려야 할 때면 시간적 순서가 어떻게 조직되느냐의 문제를 훨씬 넘어서서 우리 자신과 더불어, 그리고 우리 자신을 위한 행위를 한다. 어느 소망을 실현하기로 선택하고 어느 소망을 버리느냐 하는 과정에서 우리는 그 소망과 우리 자신을 **일체화**한다. 전체적으로 말해서, 우리는 자신이 누구인지 그리고 어떤 사람이 될지 정하는 것이다. 즉 우리는 특정한 정체성을 선택한다. 이것은 어떻게 이루어질까?

▌상상의 힘

이때 도움을 주는 것은 바로 상상이다. 상상이란 내면에서 여러 가능성을 실험해볼 수 있는 능력이다. 우리는 도구적 결정 단계에서부터 이미 상상 능력을 필요로 한다. 장기를 둘 때에도 필요한 것이 상상력이다. 어떤 공격법이 가능할지, 상대방이 어떻게 대응해 올지를 여러 가지로 떠올려보며 상대방의 머릿속에 들어앉아 있다고 상상한다. 결국 상대방의 수를 최소한 한 수 먼저 내다보는 사람이 이긴다. 이렇게 앞서가는 능력은 상상의 크나큰 힘에 있다. 모든 도구적 결정의 경우도 마찬가지다. 상상력이 풍부한 사람은 그렇지 않은 사람보다 쉽게 목표에 도달한다. 자신의 의지를 실현하는 데 도움이 되는 원리를 잘 이해하기 때문이다. 행위의 자유라는 측면에서 볼 때 그는 더 자유로운 사람이다.

의지에 관한 도구적 결정에 관여할 때의 상상력은 그 폭이 한 차원 더 넓어져야 한다. 다시 말해 머릿속으로 그려지는 서로 다른 여러 상황에서 소망이 자신에게 어떤 모습으로 펼쳐지는지 떠올릴 수 있어야 한다는 뜻이다. 소망들 사이에 시간적 순서를 정해줄 때부터 우리는 이것을 알고 있어야 한다. 물론 도구적 상상력이 큰 역할을 하기는 한다. 수영이 끝나고 제 시간에 영화관에 도착하려면 어떻게 해야 할까? 어떤 길로, 어떤 교통수단을 써서 가는 게 좋을까? 졸업시험 전에 장학금을 지원받아 유학을 가려면 어떤 방법이 있는가? 학교를 다니는 동안에 아이 보육 문제는 어떻게 해야 할까? 생각은 여기서 그치지 않는다. 이렇게 또는 저렇게 일의 순서를 정해서 실행에 옮길 때 나는 어떤 느낌과 감상을 가지게 될까 하는 것에 대해 최대한 정밀한 그림을 그릴 수 있어야 한다. 왜냐하면 내가 느끼는 감상은 원래 가지고 있던 소망이 사라지고 새로운 소망이 나타나게 되는 동기 생성에 결정적 역할을 하기 때문이다. 지하실 정리는 차라리 아예 지금 시작하지 않는 게 낫겠다, 시작하면 금방 저녁이 될 것이고 게다가 지하실 정리를 한 날은 이전에도 매번 그랬던 것처럼 아무리 청소가 끝나도 잡동사니가 깔끔히 정리됐다는 느낌이 영 들지 않을 것이기 때문에 기분이 안 좋아질 것이다, 이렇게 상상해보는 것이다. 또 너무 초저녁에 극장에 가는 것도 좋지 않을 것 같다, 왜냐하면 영화가 끝나고 술집으로 직행할 것이기 때문이다, 내가 나를 잘 안다, 이런 상상도 있을 수 있다. 만일 지금 아이를 가진다면 과연 학업을 무사히 마칠 수 있을까, 하고 그 정황을 머릿속에서 그려보는 것이다.

훗날 후회하지 않을 도구적 결정을 내리기 위해서는 자기 자신을 잘 알고 있어야 한다. 자기 자신에 관한 상상력은 크고 일리가 있으며 세밀해야 한다. 본인의 아이덴티티에 관한, 하나를 선택하면 다른 하나를 버려야 하는 돌이킬 수 없는 일에 대한 결정을 눈앞에 두고 있을 때 상상력의 의미는 그 어느 때보다 중요해진다. 상상의 힘이 집중되어야 하는 일에는 여러 가지가 있다. 그중 하나는 결정의 결과에 따라 장기적으로 달라질 상황의 경우다. 수도사로서의 생활이 순간순간 어떠할지, 날이 지나고 해가 바뀌면 어떻게 달라질지 수도원에 입소하기 전에 머릿속으로 잘 그려야 한다. 감수하고 포기해야 할 여러 일들을 생생하게 눈앞에 떠올린다. 또한 배우가 되기로 생각한다면 그것과 연결된 모든 불안정한 상황과 배우로 사는 한 그 불안성함을 평생 지고 갈 수 밖에 없다는 사실을 인식해야 한다. 외부적인 미래뿐만 아니라 내부적인 미래도 또한 상상력의 대상으로 삼아야 한다. 내가 지금 영원히 의사의 길을 가기로 결정한다면 내가 경험할 그 미래는 어떤 것일까? 반항적인 성격의 내가 종합병원의 엄격한 상하관계를 잘 받아들일 수 있을까? 매일 질병과 죽음을 접할 텐데 그 문제는 어떻게 할 것인가? 또는 검사라는 직업을 택하기로 했다고 가정해보자. 교도소에 출입해야 할 것인데, 끝도 없이 이어진 복도와 초라한 면회실, 열쇠 꾸러미에서 나는 쨍그랑 소리를 견딜 수 있을 것인가? 그리고 인간의 실패를 잔인한 형태로 나타내는 재소자들의 절망감을 어떻게 감당할 것인가? 화가 고갱이 그랬던 것처럼 먼 나라에서 예술적 열정을 꽃피우기 위해 가족을 떠나는 사람은 이렇게 자문할 것이다. 아이들과의 행복했던 기억이 떠오르거나 집이 그리울 때면 어떻게 할 것인가? 이 모든 것들은 미래에 다가올 상황 아래서 내 모습이 어떠할지 이미 예견하는 행위다. 여기서 상상의 내용은 구체적이고 작은 것에까지 세밀해야 할 것이며 나 자신에 대한 경험과 지식 모두를 상상의 과정에 쏟아부어야 할 것이다. 자신에 대한 경험과 지식을 동원하는 이 행위는 가능한 미래의 아이덴티티에도 불구하고 내가 **선택하지 않은** 소망에 대한 질문에 대답하기 위해서도 꼭 필요하다. 이 소망들은 선택에서 제외되었지만 그렇다고 단번에 사라지지도 않을 것이다. 이들이 언젠가 훗날 불쑥 수면 위로 떠올랐을 때 애석하고 아까운 마음에 애써 머리에서 몰아내지 않고 오히려 내면을 풍요롭게 만드는 유쾌한 경험으로 기억될 수 있게끔, 나는 이들과 여유로운 관계를 유지할 수 있을까? 아니면 선택되지 않은 아이덴티티가 분노 속에서 점점 곪아 올라 종국에는 파괴되고 변색될 때까지 궁지로 몰아야 할까?

이 모든 물음에 나는 상상력을 동원해 대답해야 한다. 상상력은 나를 미래로 투사하고 미래에 의지를 행사하는 사람으로서 세심하게 준비된 상황에 나를 그려 넣는다. 상상의 능력은 이것이 다가 아니다. 상상은 여태껏 알지 못하던 가능한 의지와 소망을 알도록 도움을 준다. 이제껏 우리는 이것이다, 라고 말할 수 있는 의식된 소망에 대해서만 이야기해왔다. 나 자신과 더불어 그리고 나 자신을 위해 무언가를 결정한다는 것은 다시 말해 내게 인식된 의지와 관련해 작업한다는 뜻이다. 그러나 본질적 결정, 특히 아이덴티티를 촉발하는 결정은 그 범위와 깊이에 있어서 최대한 많은 수의 중요한 희망이 고려되어야 한다. 이들에는 숨겨진 깊은 곳에서부터 작용하는, 그러나 인식되지 못하고 있는 희망도 존재한다. 여기서 상상력은 이들을 밝은 곳으로 끌어내어 본질적 결정에 합류하게 하는 매개체 역할을 한다. 등 뒤에서 나 모르게 작용하는 소망 가운데 일부는 내가 하는 행동의 패턴을 통해서도 알 수 있다. 예를 들어보자. 과거를 잘 회상해보니 놀랍게도 이런 결론이 나온다. 나도 잘 몰랐는데, 가만히 보니 내가 줄곧 주장해오던 것과는 반대로 혼자서 살고 싶었던 것, 또는 아이를 갖고 싶었던 것, 무대에 서고 싶었던 것이다. 그런가 하면 지금껏 입 밖에 내어 말하지는 않았으나 논리적으로 생각해보고 상상력을 동원해보니 떠오르는 소망이 있을 수 있다. 나는 내 안에서 떠오르는 그림이 그려내는 중력과 힘의 중심점을 통해 그것을 알아차린다. 가족과 직업을 버리고 몰래 빠져나가고 싶은 나의 욕구에 관한 백일몽이 직접적이고 노골적인 것인지 아니면 부끄러워서 간접적인 형태로 나타나는 것인지 알 수 있다. 나는 아무 실질적인 이유도 없는데 틈만 나면 기차역이나 공항으로 가 몇 시간을 보낼뿐더러 얼마 전부터는 가는 도시마다 최소한의 월세로 살 수 있는 작은 다락방을 찾아 헤매기까지 한다. 나는 이 제2의 삶에 대해 아주 자세한 것까지 알 수 있을 것만 같다. 최소한의 생활비를 벌기 위해 식당에서 음식을 나르거나 택시 운전사로 일하며 일이 끝나면 카메라나 스케치북을 들고 사람의 얼굴들을 찾아 헤매는 나의 모습이 눈앞에 그려진다. 바로 이 모습이 내가 원하는 모습이다. 인간의 얼굴이 그리는 찰나를 잡아내는 것, 그리고 그 안에 있는 삶의 흔적을 해석하는 것. 내가 상상하는 다락방의 벽에는 얼굴이 빽빽하게 붙어 있다. 아침에 눈을 뜨면 얼굴들이 보인다. 나는 거기에 맞는 삶을 상상한다. 지금 근무하는 병원의 다른 간호사들, 집에서 툭하면 빽빽 울어대고 보채는 아이들, 날이면 날마다 야근하는 남편, 아무도 나를 막을 수 없다. 혼자서 아침을 들고 혼자서 잠드는 나의 모습. 어쩌면 편두통도 조금 나아질지 모른다. 다른 상상을 해본다. 나는 공연계에서 새롭게 떠오르는 성공한 피아니스트다. 공연에 필요한 정장을 입을 때마다 나는 청바지와 낡은 스웨터를 입고 무대에 오르는 상상을 해본다. 또 연주 일정에 나온 것과는 전혀 다른 곡을 연주하며 일부러 교묘하게 못 쳐서 관중들이 무슨 일인가 의아해하며 술렁이는 상상을 한다. 아무도 나를 무대에 초청하지 않고 결국 잊혀질 때까지 그렇게 한다. 호텔에서 자는 것도, 지겨운 박수 세례도 없다. 숨 돌릴 틈 없는 일정과 나에 대한 부모의 견디기 힘든 기대에 대한 보답이다. 그러고는 퇴근 시간이 정해져 있는 평범한 일을 택해 저녁에 집에 오면 텔레비전을 보는 것이다.

　물론 이런 상상이 인생에 결정적인 타격을 주지는 못한다. 그러나 이 상상이 비록 정기적으로 일어나더라도 나의 겉만 훑고 지나가느냐 아니면 그 실마리를 추적해서 꽉 붙들고 그 안에 숨겨진 메시지를 풀어내느냐에는 큰 차이가 있으며, 후자를 택할 때 나의 자유는 더 커지게 된다. 상상된 것을 전부 다 거부하고 내치지는 않더라도 앞으로의 미래에는 다른 사람을 놀라게 하는 의외의 결정이 가능할 것이다. 나는 그들에게 지금껏 가려져 있던 내 자아의 윤곽선을 불쑥 보여줄 것이다.

　상상의 힘이 만들어내는 것은 이것뿐만이 아니다. 지금까지는 인식된 것이건 그렇지 않은 것이건 간에 이미 정해져서 존재하고 있는 소망에 대해 이야기했었다. 그러나 전혀 새로운 소망과 의지가 우리 안에서 탄생할 때에도 상상력은 그 힘을 발휘한다. 우리가 여행을 하는 이유는 무엇인가? 만일 다른 기후, 다른 언어를 쓰는 나라에서 살았다면 다른 사람이 되었을지도 모르는 나를 상상하기 위해서다. 생각 속에서 우리는 또 다른 의지를 만들어내고 또 다른 자아를 형성한다. 종종 그중에 일부분은 사라지지 않고 그대로 남아 내적 쇄신에 한몫을 하기도 한다. 이렇게 되면 우리는 자신과 함께, 또 자신을 위해서 무언가를 해낸 것이다. 또한 대단하고 위대한 스토리에 대한 우리의 끊임없는 갈구도 이에 해당한다. 그러한 스토리는 대개 영웅과 불굴의 의지에 대한 이야기를 다루고 있다. 독자나 관객은 이를 감상하면서 자신에게 지금까지와는 다른 의지가 생겨나는 상상을 경험할 수 있다. 또 그들은 한 사람의 행위가 그 사람의 의지에 어떤 작용을 하는지 생각해보는 기회를 갖는다. 우리의 궁금증은 여기서 그치지 않는다. '내가 동시에 여러 사람이 될 수 없다는 사실을 전제로 할 때, 상상 가능한 이 모든 여러 인물 중에 내가 진정으로 되고 싶은 사람은 어떤 사람인가?'라는 가장 핵심적인 질문을 앞에 두고 고민해볼 수 있는 것이다.

우리가 이제껏 살펴본 의지의 자유는 상상력이 얼마나 풍부한지, 그리고 자아를 얼마나 아는지에 달려 있다.

▎간격과 개입

한 발짝 뒤로 물러나서 자기 자신을 화두로 삼는 것도 결정 능력의 하나다. 생각 안에서 자신을 마주보는 자리에 놓고 물음을 던지거나 자신이 직접 문제 자체가 되는 것이다. 이렇게 함으로써 생겨나는 내적 거리감은 신비주의의 영역에 속하는 것이 아니다. 무슨 비밀스러운 방법을 써서 자신을 두 개로 분리하는 것이 아니라 그저 우리가 깊이 숙고해볼 수 있는 대상이 매우 다양한데 그중에 우리 자신도 포함된다는 생각에 기본을 두는 것이다. 생각하는 주체와 객체가 달라야만 사고가 이루어진다는 가정이 유효하다면야 모르겠지만 그렇게 가정할 이유가 없다. 우리는 자신을 행위하고 사고하고 원하는 존재라고 생각한다. 본래 가지고 있던 생각에 대한 부차적 생각만 가능한 것이 아니라, 본래 가지고 있던 의지에 대한 부차적 의지도 가능하다. 무슨 뜻이냐 하면, 내 생각과 의견에 대해 스스로에게 질문을 던져가며 숙고하는 것을 넘어서서 특정한 의지나 희망을 가지거나 가지지 않을 것을 원하는 것이 가능하다는 말이다. 이러한 능력은 또한 우리로 하여금 결정의 자유를 누리게 해주고 그 자유라는 측면에서 의지의 주체가 될 수 있게 해준다.

자기 자신과 비판적 간격을 두는 것은 도구적 결정 단계에서부터 큰 역할을 한다. X라는 것을 원할 때 그것을 얻으려면 어떻게 하는 것이 좋을까 하는 질문에 사로잡혀 있다면 가능한 수단들을 비판적으로 살펴보고 취사선택할 수가 있다. 한창 경기 중에 있다거나 급한 교통 사정에 가로막혀 그럴 기회가 없을 수도 있다. 그러나 보통의 경우에 우리는 맨 처음에 들었던 생각을 다시 환기해 혹시 자주 저지르기 쉬운 실수를 이번에도 저지르는 것이 아닌가 하고 점검한 후 결정하게 된다. 자신의 사고, 그리고 도구적 상상 행위를 비판적 간격을 두고 평가하는 것은 우리가 가진 자유의 한 얼굴이다. 또 하나의 다른 얼굴은 우리의 소망을 같은 방식으로 감정하는 것이다. 충돌하지 않는 여러 소망에 시간적 순서를 정하는 일이든지 충돌하는 소망 중 하나를 택하는 일이든지에 관계없이 이 주제에 관해서라면 우리는 언제나 단 한 치의 거리감도 없이 이 주제와 밀착되어 있다. 그럴 때 한걸음 뒤로 물러서서 소망들을 정리하고 상위의 소망으로 어떤 것이 더 적합한지 평가한 후 허락하거나 거부할 수 있는 것이다. 만일 우리가 우리의 소망과의 사이에 이러한 간격을 두지 못한다면 종국에는 본질적 결정이 무엇인지 알지 못하게 된다.

그런데 자기 자신과의 간격은 결정의 한 측면일 뿐이다. 반대편 측면은 이제 그 간격을 다시 포기하고 **개입**하는 데 있다. 나는 도구적 상상이 내게 만들어준 여러 가상적 제안을 점검한 후에 그중에 적합한 것을 따르며 그것에 맞는 의지를 탄생시키고 필요한 행위를 수행한다. 일상적 표현을 빌리자면 '마음을 먹는' 것이다. 이제 나는 검사원의 눈을 한 채 내 자신의 옆에 서 있지 않고 내 의지와 행위 속으로 들어간다. 본질적 결정도 똑같이 진행된다. 상상 속에 있는 가능성의 공간에서 일단 나왔다면 비판적 거리감은 접어두고 선택된 소망과 행동을 통한 그의 실현에 몸을 맡긴다. 이를 집약적으로 보여주는 예가 있다. 오랜 세월에 걸쳐 적대 관계에 있던 두 나라의 수장이 상대방에게 손을 내밀기로 결정하는 경우다. 라빈과 아라파트가 평화협정을 맺기까지는 실로 오랜 세월이 걸렸다.* 그들의 도구적 의지와 본질적 의지가 그동안 끊임없이 거듭 점검되고 평가되어왔던 것이다. 결국 그들은 만인이 지켜보는 가운데 마주보고 섰다. 이제 그동안의 간격을 포기하고 개입할 때가 왔다. 아라파트가 손을 내밀었다. 라빈은 주저했다. 이스라엘에서는 그 후 몇 주 동안 그 행동을 두고 말이 많았다. 라빈은 결국 내적 외적 간격을 극복하고 그 손을 잡았다. 적극적으로 개입한 것이다.

이렇듯 이전의 간격을 포기하는 것은 결정에 수반되는 현상일 뿐만 아니라 거리 그 자체이기도 하다. 우리가 항상 모든 것을 나와 떨어져 공중에 붕 뜬 존재로만 인식한다면 우리의 소망은 영영 행위가 되지 못할 것이다. 우리는 높은 의자에 앉은 영원한 관찰자로만 머무를 것이다. 우리는 이것을 자유의 상태라고 부를 수 없다.

▌ 미래가 가진 열린 가능성

결정의 경험에는 의지와 행위의 미래를 열린 것으로 경험하는 일도 포함된다. 결정을 내리기 전에 우리는 원하는 것과 할 수 있는 것들

---

* 1994년 이스라엘 수상이던 이츠하크 라빈과 팔레스타인 해방기구(PLO) 의장이던 야세르 아라파트가 미국 클린턴 정권의 중재하에 팔레스타인 자치 정부 수립을 골자로 하는 오슬로 평화협정을 체결한 것을 말한다.

이 무수히 많다고 생각한다. 우리가 인생에 비유하는 이 땅 위의 한 줄기 선은 언제든지 무수히 각기 다른 방향으로 꺾일 수 있다. 그렇게 하는 사람은 바로 우리이며 선이 최종적으로 어떤 모양을 이룰지도 우리 손에 달려 있다. 이것이 바로 우리가 가진 자유다. 내가 가진 의지는 단 하나이며 그것을 실현하는 길도 단 하나뿐이라는 의식 속에서 결정을 위한 준비가 이루어진다면 도대체 결정을 내린다는 아무런 느낌조차 가질 수 없을 것이다. 따라서 의지의 당사자이며 삶의 주체라는 느낌도 받을 수 없다.

내가 원하고 행하는 모든 것이 상황과 조건에 묶여 있는데 열린 가능성이라니, 대체 우리는 이것을 어떻게 이해하면 좋을까? 매우 까다롭고 인생을 바꾸어놓을 수 있는 결정, 예를 들어 정치적으로 위협적으로 변한 조국을 떠나 이민을 갈 것이냐 아니면 조국에 머무르며 조직적 투쟁 활동에 참가하며 반대 세력과 싸울 것이냐 하는 결정을 눈앞에 두고 있다고 가정해보자. 고려해야 할 요소가 한두 가지가 아닐 것이며 더욱이 그 요소들은 서로 얽혀 있다. 우선 나의 안전을 고려해야 하며 어느 나라로 갈지도 생각해야 한다. 언어는 어떠하며 그곳에 가서 지금 현재와 같은 직업을 구할 확률은 얼마나 되는가? 그리고 그보다 더 중요한 사항은 도덕적 문제일 것이다. 이런 어려운 처지에 놓인 조국을 버릴 수 있는가, 아니면 자신이 위험에 처하더라도 나라에 빚을 갚아야 하는가? 나라에 빚을 진다는 것, 대체 그런 것이 있기나 한가? 나라에 대한 의무와 자신의 안전에 대한 의무 중에 어느 것이 더 무게를 갖는가? 이미 투쟁 활동을 하고 있는 친구들은 뭐라고 할 것인가? 조국을 떠난다면 배신자로 낙인찍힐 것인가? 나 자신도 그렇게 생각하는가?

이런 생각을 가지고 새로운 나라에서 어떻게 살아갈 것인가?

나는 고민에 휩싸여 이리 떠밀리고 저리 몰린다. 선택의 기로에 놓여 잠도 오지 않는다. 혼자 결정해야 할 문제고 혼자 가야 할 길이라는 것을 알고 있기에 고통스럽다. 차라리 누군가 대신 결정해주었으면, 선택의 자유를 앗아가주었으면, 외부에서 나의 의지를 조종해주었으면 하는 생각이 들 정도다. 그런 순간이면 나의 자유를 저주하며 그의 박탈을 염원하고 싶다. 하지만 이런 생각은 찰나의 위로만 줄 뿐 알맹이는 없는, 사실은 스스로를 속이는 생각이다. 정말 누군가가 다가와 성찰의 과정을 통해 의지를 제어할 수 있는 자유를 내게서 앗아간다면 우리는 화들짝 정신을 차리고 온 힘을 다해 막으려고 사력을 다할 것이다. 방금까지는 그냥 내던져버릴까 생각했던 자유가 주는 고통을 이제 모든 방법을 동원해 빼앗기지 않으려고 할 것이다. 의지를 가진 당사자로서의 자신을 경험하기 위해 우리는 바로 이 고통을 필요로 한다.

마침내 나는 가방을 싸 들고서 기차역까지 왔다. 며칠 전 짐을 꾸렸다가 다시 풀었다가 하는 일을 반복하면서 내내 들었던 생각, 이 결정을 언제든지 그리고 아직 되돌릴 수 있다는 생각이 머리를 떠나지 않는다. 기차가 출발하는 그 순간까지는 내 머릿속에서 무슨 다른 생각이 일어날지, 그리고 의지의 방향을 되돌릴 수 있을지 여부에 모든 것이 달려 있다. 마지막이라고 생각하고 지역 신문 한 부를 산다. 정치범들을 수용소로 이송하는 사진이 1면에 실려 있다. 신문을 휴지통에 구겨 박고 이제 그 어느 때보다 결연한 의지로 다시 여행 가방 위에 걸터앉는다. 그때 여러 번 목숨을 위험에 내놓으면서까지 쭉 저항 세력에서 활동해오던 오랜 친구가 반대편 플랫폼에 나타난다. 부끄러움이 나를 송두리째 휩쓸고 지나간다. 결국 나는 가방을 들고 역을 빠져나간다. 자칫하면 잘못된 결정에 빠졌을지도 모를 나를 구해준 친구에게 감사함을 느낀다. 그리고 미래가 언제든지 열려 있다는 사실과 내가 느낀 부끄러움 덕분에 조국을 떠나지 않는 의지의 주인이 되었다는 사실에 크게 안도한다. 오늘이 가기 전에 꼭 저항 세력의 사람들과 연락을 취해보리라. 이런 생각을 하며 모퉁이를 도는데 새로 들어선 폭력 정권의 앞잡이와 딱 마주친다. 겁에 사로잡혀 조용히 그에게 길을 터준다. 그로부터 몇 분 후, 기차에 앉아있는 나. 다시금 미래의 열린 가능성에 대해 감사해한다.

우리는 여기서 서로 겹쳐 존재함으로써 그 개방성의 농도가 더욱 강조되고 있는 세 가지 요소를 확인할 수 있다. 그중 첫째는 결정이라는 경험 자체다. 상상의 힘과 숙고의 과정을 통해서 떠날까 머무를까 여부를 결정하는 것이다. 우리가 감사함을 느꼈던 이유는 의지의 형성에 개입하는 가능성인 것이다. 우리는 우리 자신의 의지가 만들어지는 과정을 속수무책으로 그냥 지켜보며 오고 싶을 때 오고 가고 싶을 때 가버리는 변덕스러운 의지가 마음대로 갖고 노는 장난감 공이 되지 않았다는 사실, 그리고 눈앞의 이익에 눈을 힐끗거리는 기회주의적 의지의 희생양이 되지 않았다는 사실에 기뻐한다. 또한 친구와 그의 판단에 대한 나의 깊은 고려가 나의 의지에 다른 방향을 제시하여 다른 행동을 가능하게 할 수 있었다는 사실, 피로 얼룩진 정권에 기생하는 충실한 개의 손아귀에 들어갔다면 어떻게 되었을까 하는 상상을 하면서 방금 말했던 새로운 판단과 행동이 또다시 가능할 수 있었다는 것에 안도한다. 기차가 덜컹거리며 움직이는 동안 또 이런 생각을 해본다. 만일 상황이 다르게 흘러갔다면, 다시 말해 생각하는 것과 상상하는 것이 의지에 전혀 아무런 영향도 미치지 않았다면, 그리고 필름이 돌아가지만 극장 스크린에는 아무 자국도 남기지 않는 것처럼 생각과 상상이 그저 아무 힘없이 사람의 내면을 흐르고 지나간다면 과연 나는 어떻게 되었을까.

둘째, 결정은 번복이 가능하다는 사실이 기쁘다. 더 정확히 표현하자면 하나의 결정을 반대되는 다른 결정으로 대치할 수 있다는 사실이다. 나는 떠나기로 결심을 했고 이 결심은 나를 기차역으로 향하게 만들었으며 결국 기차에 올라타도록 했다. 하지만 그렇다고 해서 나머지 다른 결정들을 모두 무조건적으로 버린 것은 아니었다. 힘겨운 고민의 절차가 끝났다는 생각에 맘이 시원해진 나는 지친 눈길로 멍하니 기찻길을 바라보고 있었다. 그런데 갑작스런 친구의 출현은 지친 휴식을 깨뜨리며 다시금 심사숙고의 소용돌이 한가운데로 나를 밀어 넣었다. 적어도 우리가 깊이 생각하며 대안을 상상하는 한 의지의 형성은 끝나지 않았으며 상상은 의지를 맨 처음부터 바꿀 수 있는 과정이다. 그러므로 '대안을 찾는 동안은 아무것도 정해지지 않았다'라는 우리의 생각은 옳다. 이 추상적인 생각은 비록 머릿속을 스쳐 지나가는 잠깐 동안이라도 그 효력을 발휘한다. 규칙적으로 덜컹이는 기차 바퀴 소리가 돌이킬 수 없는 선고처럼 들릴 바로 그 순간에도 모든 것이 아직 최종적으로 봉인된 것이 아니며 '당장 다음 정거장에서라도 내릴 수 있다'라고 생각하게 해준다. 그리하여 나는 숨을 크게 내쉬며 이런 생각을 한다. 어떤 한 가지 일에 오직 한 번의 결정만 내릴 수 있고 그 이후에는 선택권이 동결된다면, 또는 일생 동안 내릴 수 있는 결정의 수가 처음부터 제한되어 있어서 평생 나눠 쓸 수 있도록 아껴 써야 한다면, 그래서 맨 마지막으로 내린 결정을 되돌릴 수가 없어 후회와 비통에 잠겨 그 결과가 걷잡을 수 없이 번져가는 모습을 그저 지켜보기만 해야 하는 신세라면 얼마나 끔찍할까.

스쳐 가는 모든 상념들, 그리고 미래가 열려 있다고 인식하는 자체 또한 나의 의지와 행위를 변화시킬 수 있다는 것, 이것이 개방성의 세 번째 요소다. 즉 우리가 무엇을 하고 무엇을 원하게 될지 미리 결론 내리듯 알 수가 없다는 사실이다. 의지라는 것 안에 많은 것들이 감춰져 있다가 툭 튀어나와 우리를 놀라게 해서(비록 사실이기는 하지만)가 아니다. 우리는 최종적이라고 믿는 지식을 바탕으로 어떤 결론을 낸다. 그 결과 의지가 형성되는데, 그 과정에서 내가 안다고 생각했던 지식이 알고 보니 거짓이라고 입증될 수 있기 때문이다.

내 의지에 대한 나의 지식, 그리고 그 의지가 어떤 길을 밟을 것인가에 대해 알고 있음이 내가 결정을 내리는 과정 속에 작용하여 그 방향을 반대로 돌릴 수 있다. 앞으로 달려가는 기차에 앉아 창밖에 펼쳐지는 풍광을 물끄러미 바라보며 우리는 이렇게 생각할지 모른다. '이게 나다운 건지도 몰라. 내 안에는 언제나 안전에 대한 목마름이 있었지. 그것이 결국은 마지막에도 판단의 기준이 되었어. 이기는 건 항상 내 비겁함이지. 나는 돌아가지 않을 거야. 이제 돌아갈 수 없는 사람이 되었어.' 입술을 깨물며 한참을 생각에 잠긴다. 기차가 다음 정거장에 도착하자 우리는 기차에서 내린다.

만일 이 모든 것이 가능하지 않다면 우리가 경험할 수 있는 미래라는 것은 실제와 전혀 다른 것이 되고 말 것이다. 앞이 막히고 벽으로 사방이 둘러싸인 미래만이 우리 앞에 주어질 것이다. 미래는 현재에서 시간이 좀 더 지난 훗날의 시간, 그 이상은 되지 못할 것이다. 우리에게 시간은 하나로 연결되어 흐르는 것도, 호기심으로 우리 안에 각인되어 존재하는 새로운 출발의 동작도 되지 못한 채 그저 뻣뻣하고 생명을 잃은 지루한 차원으로서 존재할 것이어서, 익히 알고 있지만 피할 수도 없는 것들에게 자신을 맡기는 것에 불과할 것이다. 시간이 흐른다는 것은 인식과 추억이 만화경 속의 광경처럼 계속 바뀌어 돌아가는 현상 이외에도 우리의 의지에 거듭해서 개입하며 그것이 내면의 환경이 되었든 외부의 환경이 되었든 새로이 나타나는 환경에 항상 맞추어나갈 수 있다는 것을 의미한다. 이것이 바로 의지의 입체성과 변화 가능성, 그리고 유동성의 경험이다. 의지가 갑자기 우리가 어찌해볼 수 없는 한 덩어리 얼음으로 변해버린다면 의지와 함께 경험된 시간도 멈추어버릴 것이다. 몸은 기차에 실은 채 마음은 시시각각으로 변하는 창밖의 풍경과 아까 보았던 친구, 정권의 꼭두각시 역할을 하는 제복 차림의 조야한 얼굴의 남자를 번갈아 자꾸만 생각하고 있는 나. 연속적으로 차례차례 나타난다는 의미로서의 시간은 나에게 존재하지만 그것은 이제 나와는 아무 관련도 없이 그저 곁을 스치고 지나갈 뿐일 것이다. 나의 굳어버린 의지가 그 어떤 변화에도 응답하지 않고 내가 나 자신을 결정의 주체로 만드는 과정에서 사건의 시간적 확장에 조금도 기여하지 않기 때문에 그렇다. 그 어떤 새로운 사념도 이미 굳어버려 손댈 수 없는 의지에 부딪혀 튕겨나갈 것이기에 자꾸만 생각을 거듭한 결과 결국은 기차에서 내리는 일도 결코 일어나지 않을 것이다. 그러므로 나 자신이 미래로 자연스럽게 흘러들어가는 느낌도 없을 것이고, 전과

후로만 딱딱하게 구분된 단순한 순차적 나열로만 시간을 인식하게 될 것이다.

▌"나는 다른 것을 원할 수도 있다"

의지의 자유란 내가 지금 실제로 원하고 있는 것과는 다른 어떤 것을 원할 수 있는 자유라고 우리는 생각한다. 우리는 의지에 단 하나의 길만 있는 것이 아니고 여러 개의 길이 있다는 주장을 통해 돌바크가 의지와 관련해 그려낸 그림에 대항하고자 한다. 그 의지는 중간에 무슨 일이 일어나든 상관없이 어느 한 가지 특정한 방식으로만 전개되는 **경직**된 의지가 아니다. 의지는 **변화**할 수 있고 바로 거기에 의지의 자유가 놓여 있다. 이것이 우리의 항변이고 그것은 또한 맞는 말이다. 그러나 그러기 위해서는 사고를 정확하게 읽어내고 오해를 피하지 않으면 안 된다.

이미 2장에서 한번 살펴본 바와 같이, 우리의 의지는 그 의지를 생겨나게 한 상황이 달라지면 그에 따라 변화할 수 있다. 모든 의지는 그 의지가 어느 특정한 것이 될 수 있도록 조건을 제공하는 내적인 상황과 외적인 상황을 필요로 한다는 것도 살펴보았다. 그것은 상황의 변화에 따라 의지의 내용도 변한다는 결과를 낳는다.

그러나 우리가 "나는 다른 것을 원할 수도 있어!"라고 말하며 의지의 자유를 언급할 때 머릿속에 떠올리는 것은 상황과 의지의 내용 사이의 이러한 일괄적인 변화가 아니다. 그렇다면 무엇인가? 그것은 지금까지 우리가 이 책에서 논의하고 발전시켜왔던 결정의 기본 개념에 부합하는 것, 다시 말해 우리가 무엇을 원하는지에 대해 심사숙고와 판단을 통해 정한다는 것이다. **의지의 자유는 의지가 매우 특정한 방식으로 우리의 사고와 판단을 통해 제한되어 있다는 사실에 근거를 둔다.** 그러므로 다른 것을 원할 수도 있다는 자신감 넘치는 외침은 '다르게 판단할 경우 다른 것을 원할 수도 있어'라는 말로 해석해야 한다. 이것은 판단과 의지 사이의 아주 특정한 변화이며 여기에 자유가 있다.

여러분이 머무를까 도망갈까 하는 문제로 밤낮없이 고민에 빠진 아까 그 사람이라고 가정해보자. 플랫폼에서 기차를 기다리는 여러분은 혼자가 아니다. 다 함께 외국으로 도망치기로 동의한 아내와 아이들이 곁에 있다. 이렇게 되면 여러분의 결정은 더욱 어려워진다. 떠나기로 한 결정에는 내 한 몸뿐만이 아니라 가족들의 안전이 결정적 요인이었다. 내게 가족이 없었더라면 신변의 안전은 아랑곳하지 않고 벌써 옛날에 저항 세력으로 들어갔을 것이 분명하다고 여러분은 속으로 생각한다. 그러나 문제는 그렇게 단순하지가 않다. 조국에 대한 의무와 가족에 대한 의무 중 어느 것을 더 중요하게 생각할 것인가? 밤이면 밤마다 그 문제로 이렇게도 생각해봤다가 또 반대로 생각도 해보고 다음날이 되면 또 다른 생각이 들어선다. 가상의 풍경이 늘어놓은 어지러운 실타래의 한 끄트머리를 잡고 따라가지만 아내와 아이들이 어떤 상상을 하는지도 알기에 그것도 고려해야 한다. 결국 가장 무거운 추를 달고 잡아당기는 질문은 이런 것이었다. 만일 내가 저항 활동을 하느라 외부에 나가 있을 때 아내와 아이들이 끌려간다고 해도 좋은가? 나랑 함께 활동하자고 재촉하는 듯한 표정의 총각 친구 녀석의 결연한 얼굴이 눈앞에 떠오를 때마다(왠지 나는 그 요구에 저항하고 싶은 듯한 느낌이 든다) 끌려가는 가족의 모습이, 결국 비겁함에 대한 두려움이 승리하고

야마는 광경이 그 앞을 가로막고 나타난다.

여러분이 비겁함이라고 느끼는 것은 마지막에 여러분의 판단 안에서 더 많은 비중을 차지하기를 원하는 것, 여러분의 의지가 여러분의 판단에 굴복하는 것이다. "다른 것을 원할 수도 있었는데." 여러분은 나중에 기차 안에서 이렇게 중얼거릴지도 모른다. 이제 그 말 뒤에 입 밖으로 내지 못한 한마디가 더 있다는 것이 명백해졌다. 그것은 "다른 판단을 내렸더라면 말이지"라는 한마디다. 속으로만 확신하는 이 자유는 여러분이 옳다고 여기는 것을 원할 수 있는 힘을 가졌다는 사실을 뜻한다.

만일 입 밖으로 내지 못한 한마디를 일부러 **빼고** 중얼거려본다면 이것은 더욱 분명해질 것이다. "완전히 다른 것을 원할 수도 있었는데. **그냥.**" 이렇게 되면 의지가 **판단과는 전혀 별개로** 존재하며 이렇게도 또 저렇게도 될 수 있다는 말이 된다. 이것은 여러분에게 어떤 의미가 있을까? 여러분의 생각이 어떻든 간에 의지는 제 마음대로 변덕을 부릴 수 있다는 뜻이다. **악몽**도 그런 악몽이 없다. 양심이 조국을 떠나지 말라고 아무리 속삭여도 도망칠 수 있으며 또 **반대로** 가족의 안전을 위해 조국을 떠나려고 해도 머무르고 싶어질 수 있다는 뜻이 된다. 생각하고 판단하는 주인공으로서 자신의 의지에 그 어떤 힘도 행사할 수 없다는 뜻이 되는데 이것은 의지의 자유와는 반대가 된다.

지금까지 우리가 이야기했던 자유는 가능성의 여유 공간, 다시 말해 자신이 실제로 행동하거나 원하는 것과는 다른 무엇을 하거나 원할 수 있다는 의미로서의 자유였다. 오랫동안 이 공간이 줄어드는 것은 자유의 침해와 축소로 여겨졌고 단 하나의 가능성으로 제한됨은 자유의 파괴와 똑같은 것으로 간주돼왔다. 그러나 이제 자세히 살펴보면 그렇지 않다는 것을 알게 되었다. 여유 공간이 좁아지면 말 그대로 행위의 자유가 축소되는 것에는 변힘이 없다. 의지의 실현이 제한되기 때문이다. 그러나 앞에서 예로 든 이야기에서와 같이, 의지의 자유는 완전한 방임과 무제한을 뜻하지 않는다. 의지의 자유를 이루는 것은 특정한 방식의 구속이다. 결정과 의지가 서로 묶여 있음은 결정이라는 것이 가지는 원천적 특징이다. 여러분이 잠자리에 누워 뜬눈으로 밤을 지새우며 어떠한 결심이 서기를 기다렸다면 그것은 사방으로 흔들리는 의지를 조금씩 제자리로 돌려놓는 가운데 여러 가지 이유 중 조금 더 강력한 이유가 나타나서 그 이유가 의지를 구속하기를 기다렸다는 뜻이다. 마지막 순간에 가서 결국 가족에 대한 염려가 의지를 구속하도록 허락함으로써 결정의 자유를 행사한 것이다. 결정에 이르는 과정이 끝도 없이 반복되어 마침내 외적인 사건들이 마지막 열쇠를 쥐도록 했다면 그 사람의 자유는 제대로 쓰이지 못하고 덧없이 낭비되었을 것이다. 마지막 순간까지 확실한 설정을 방해하는, 겉모습만 자유로운 의지는 진정 자유로운 의지가 아니다. 변덕과 우유부단함은 우리의 자유를 갉아먹는다. 밤새 고민하다가 정작 아침이 되자 아무 근거 없는 엉뚱한 의지가 불끈 솟아오른다면 그것 또한 자유롭지 못한 태도다. 가족에 대한 걱정을 우선시하고 친구와 조국에 대한 의리를 그 뒤로 놓음으로써 하나의 본질적인 결정을 내린다면 비로소 자유로운 것이다.

"나도 달리 어쩔 수 없어!"라는 말은 언뜻 듣기에는 자유롭지 못함을 뜻하는 말 같다. 자유로움은 언제나 다른 것을 할 수 있는 상태라는 공식에 들어맞지 않기 때문이다. 그러나 실상은 그렇지 않다. 앞의 말은 자유와 부자유, **두 가지를 모두** 의미할 수 있다. 부자유의 편에서

보자면 '나의 판단이 나에게 다른 것을 권함에도 불구하고 나는 이것 말고는 다른 것을 원할 수 없다'라는 의미가 된다. 여기서 원망의 내용이 되는 것은 이것 말고 다른 **아무것**을 원할 수 없다는 것이 아니라 이것 말고 **특정한** 어떤 것, 즉 판단의 결과 좋다고 생각되는 그것을 원할 수 없다는 것이다. '다른 것' 또는 '이것과는 다른 것'이라는 말에 담긴 불확실함이 주는 어감은 함정일 수가 있다. 이러한 말들은 임의성의 공간을 연상케 하지만 실제로 보면 어떤 특정한 대안이 이미 존재한다. 옳은 것에 대한 판단에 복종하는 의지와 행위가 그것이다. 여기서 거론되는 부자유는 다음 장에서 다시 살펴보기로 한다.

이제 자유의 의미를 짚고 넘어갈 차례다. 다시 기차역으로 돌아가보자. 여러분은 결연한 의지를 품고 조국을 떠나기 위해 열차를 기다리고 있다. 친구가 나타난다. 여러분의 의지를 알아챈 그의 얼굴이 굳어진다. 여러분은 그에게 말한다. "미안하다. 하지만 **이렇게 할 수밖에 없어.**" "자네는 자유로운 놈이야." 친구는 굳은 표정으로 말한다. "그래. 바로 그게 이유지." 여러분은 이렇게 말하며 이 말로 자신의 결심에 최종적인 봉인이 찍히는 것을 느낀다.

여러분이 말한 것은 이런 뜻이다. "나는 다음과 같은 판단을 내리게 되었다네. 여기 머무는 것보다 떠나는 것이 나아. 그리고 내 의지는 이 판단을 따르지. 여기에 내 자유가 있다네. 나는 내 의지가 판단에 반항하여 다른 의지가 되는 것을 **바라지** 않아. 왜냐, 그건 바로 부자유를 뜻하는 것이기 때문이야. 자기가 옳다고 생각하는 것과는 다른 무엇을 원하지 **않는** 것, 여기에 신빙성을 갖춘 결정의 자유가 있어." 친구와 비교할 때 여러분의 의지에 확고부동함을 부여하는 것은 완고함이 아니고 이유와 근거에 대한 적절한 무게의 배분이다. 친구는 그것을 누구보다도 잘 이해한다. 그가 아무 말 없이 여러분을 보내는 것은 말해봤자 소용없는 고집불통으로 여러분을 경멸해서가 아니라 그가 어쩔 수 없이 존중해야만 하는 여러분의 자유에 분노했기 때문이다. "달리 이렇게밖에 할 수 없어!"라는 말 속에는 가련한 무능력에 대한 토로가 나타나 있는 것이 아니라 자신에게 있는 자유를 눈앞에 내밀며 표출하는 결연한 의지가 담겨있다.

4장

부자유의 경험

▌표류자

여러분은 이런 경험이 있을 것이다. 방금 어느 활기차고 아름다운 도시에 도착해 호텔에 들어가 짐을 풀고 깨끗이 씻은 후 기대에 찬 마음으로 시내 구경을 나선다. 수많은 인파와 떠들썩한 소음, 갖가지 냄새에 금방 휩쓸린다. 어디로 갈지 정하지 않은 채 그저 발길 닿는 대로 이리저리 다닌다. 아무 계획도 없고 아무 결정도 내리지 않고 모든 생각에서 해방되었다는 행복감만이 가득하다. 지금 이 순간 없어도 전혀 아쉽지 않은 것이 하나 있다면 그것은 뭔가를 결정해야 한다는 부담감이다. 결정을 할 수 있는 자유마저도 아쉽지 않다. 더도 덜도 말고 항상 오늘만 같다면, 하는 마음이 든다.

하지만 이 마음은 착각이다. 이 순간이 주는 특별한 맛을 오해하는 것에 지나지 않기 때문이다. 그런 상쾌한 해방감이 느껴지는 것은 우리가 언제든지 원하기만 하면 다시 결정이라는 실의 한쪽 끝을 잡아

당겨 계속 실을 자을 수 있다는 걸 알고 있기 때문이다. 이러한 의식은 마치 배경음악처럼 행복을 느끼는 동안 내내 지속된다. 자유를 일시적으로 쉽게 놔두고 괄호 속으로 집어넣어 잠시 옆으로 밀어놓은 것이지 미래와 맞바꾼 것은 아니다. 자기 자신과 거리를 두는 것도 마찬가지다. 우리의 소망이나 그 소망이 이루어지도록 하는 방법에 관해서 자신을 감시하지 않아도 되는 상태를 한 번쯤 즐긴다. 오늘은 자기 자신을 잊어도 좋다. 자신에게 어떤 일을 행하는 존재는 우리 자신이 아니라 세상이 된다. 우리는 거의 의지의 공백 상태가 되어 시가지의 골목을 떠밀려 내려간다. 비록 우리의 움직임들이 행위의 전형적인 내면을 가지고 있더라도 그중 완전한 의미로서의 행위는 몇 되지 않는다. 의지를 실현하거나 하는 일 없이 잠시 움직임을 행하는 것, 우리는 이것을 즐긴다. 그러나 우리가 즐길 수 있는 이유는 자신의 움직임에 대해 놓아버린 주도권을 어떻게 되찾을 수 있는지에 대해 단 한시도 망각하지 않기 때문이다. 우리가 무아의 시간을 행복으로 여길 수 있는 까닭은 그것이 우리 마음대로 이용할 수 있고 언젠가 지나가는 임시적인 것으로 인식하고 있기 때문이다.

　　마음대로 무아의 시간을 끝낼 수 있는 것처럼 우리는 그것이 언제 시작할지도 스스로 정한다. 만일 우리 안에서 시작된 이 상태가 분명한 결정으로부터 비롯되었다는 기억이 사라진다면 우리는 이 순간을 이렇게 즐기지는 못할 것이다. 군중 속에서 즐겁게 떠밀려 다니는 중에도 우리는 우리가 스스로 원한 것이라는 사실을 절대 잊지 않는다. 우리는 아까 호텔에서 거리로 나왔을 때 모순처럼 들리지만 실상은 모순이 아닌 것을 우리 자신에게 행했다. 이제 잠시 동안은 결정 같은 것은 하지 않기로 결정한 것이다. 매 순간 결정이라는 것을 하지 않기로 결정하는 것이라는 표현(부자연스러운 인식의 총체적 표현이지만)이 바로 모순이라면 모순이 된다. 이러한 결정이 연속적으로 행해진다는 것은 이 결정이 절대로 실현되지 않는다는 뜻과 같다. 이는 스스로를 방해하는 결정이며 이 결정이 내려지는 매 순간마다 곧바로 그 효력을 잃는다. 그러나 갖가지 상황에 자신을 떠맡기려는 우리의 결정은 이런 방식의 패러독스는 아니다. 우리가 자신에게 가하는 일은 수천 가지 변형된 형식으로 익히 알고 있는 아주 간단한 일이다. 즉 우리가 결심하고 발을 내딛기로 한 상황이, 어느 특정한 일이 우리에게 일어나리라는 것을 스스로 알고 있는 상황이라는 것이다. 음악회나 영화관에 갈 때, 바다로 놀러 갈 때처럼 말이다. 우리는 특정한 상황 속에 놓이기를 기대하며 그곳에 간다. 낯선 도시의 복잡한 시내에서는 스스로를 풀어놓고 수많은 조명과 소음과 냄새에 떠밀려 다니고 싶은 마음인 것이다.

이제 가상의 실험을 하나 해보자. 이러한 느슨하고 여유 있는 상태가 언제라도 마음만 먹으면 되돌릴 수 있고 결정의 자유를 되찾을 수 있다는 의식의 차원에서 이루어지지 않았다고 가정해보는 것이다. 이러한 의식의 여러 면면이 차례대로 하나씩 사라진다고 가정해본다. 맨 처음으로 소멸되는 것은 우리가 느슨한 상태를 일부러 의도했었다는 기억이다. 우선 스스로를 놓아버리겠다는, 두근거리는 기대와 즐거움에 가득 차서 내렸던 결정을 잊어버린다. 처음에 뭔가가 있었는데, 하고 희미한 기억을 애써 더듬어봐도 잘 생각이 나지 않는다. 그나마도 곧 완전히 사라진다. 이제는 아주 오래전부터 이렇게 되는 대로 살아온 것처럼 느껴지기까지 한다. 그러나 아직은 다시 원래의 나로 돌아올 수 있는 가능성과 의지에 관여할 수 있다는 사실에 대해서는 인지하고 있다. 그러한 능력 자체를 잃어버린 것이 아니라 과거에 내게 그것이 있었다는 사실을 잊은 것이다. 아직은 한걸음 뒤로 물러서서 자신을 객관적으로 관조할 수 있는 이른바 주체로서 존재한다. 그런데 이제 그것마저도 조금씩 무너지려고 한다. 자신의 소망에 비판적인 거리를 두려는 시도는 더 이상 먹혀들지 않는다. 처음에는 무언가 아주 소중한 것을 잃어버리고 있다는 기분이 아직 들 수도 있겠지만 점점 그것마저 옅어지고 종국에는 완전히 기억의 해저로 가라앉고 마는 것이다. 이로써 본질적 결정을 내리는 주체로서의 우리는 사라진다. 아직 할 수 있는 것이란 어떤 수단을 선택할 것인가 생각해보는 것이다. 그러나 자신과의 이 작은 거리마저도 점점 줄어들어 마지막에는 완전히 소멸한다. 행위로 연결되는 의지만이 아직 우리에게 남아 있다. 이조차 해체되기 직전에 소멸의 과정은 잠시 휴지기를 갖는다. 우리는 아직 주체로 존재한다. 그러나 야금야금 밀려드는 소멸의 과정은 보잘것없는 미약한 형태의 주체성만을 남겨놓았을 뿐이다. 이제 더 이상 결정은 내려지지 않으므로 우리는 더 이상 의지의 장본인이 아니다. 우리는 인파에 묻혀 시가지를 거닐며 진열장 앞에서 잠시 걸음을 멈추기도 하고 아이스크림을 사 먹기도 하며 슬렁슬렁 거닌다. 우리의 소망은 조금 크게 너울거리다가 다시 사라지며, 그 소망을 검열하는 역할을 하는 것은 아무것도 없다. 우리는 이렇게 그 어떠한 굳은 결심이나 장기적인 계획 없이 시내 골목골목을 발길 닿는 대로 돌아다닌다. 우리는 자신의 소망에 전부를 맡기고 그 안에서 느슨해진다.

이것 또한 무아지경의 한 형태이긴 하나 우리가 언제라도 결정의 주체로서의 자신을 되찾을 수 있다는 것을 알았던 이전과는 다른 형태를 하고 있다. 이번 것은 그 예리함에서 훨씬 뒤떨어진다. 느낌의 정도나 색감, 선명도 면에서가 아니다. 오히려 그 반대다. 자아를 상대하지 않는 상태에서는 사물에서 받는 인상이 걸러지지 않고 그대로 유입되며, 거칠 것 없이 커져서 폭풍 같은 강도로 우리를 휩쓸어버리는 소망과 결국 만나게 된다. 여기서 예리하지 않고 둔탁하다는 것은 다음과 같은 의미다. 소망, 즉 하고 싶은 것과 우리 자신 사이에 간격이라는 것이 전혀 없으므로 여러 소망들 가운데 하나를 앞세우고 다른 것들을 뒤에 놓을 수가 없게 된다. 그리고 하나의 소망을 선택함으로써 우리 자신을 정의할 수 있는 공간이 사라진다.

상상력도 쇠약해진다. 아직 강렬한 상상의 장면으로 우리를 휘어잡을 수는 있다. 그 어떤 상상에도 우리가 저항하지 않으므로 관찰력이라고 불릴 만한 상당한 힘을 획득하기까지 한다. 그러나 이것은 우리의 가능한 모든 모습을 눈앞에 보여줌으로써 자신에게로 되돌아와 우리 안의 자유를 넓혀주는 그런 상상력이 되지는 못한다. 비교할 대상이 사라졌기 때문에 그 사실을 알지 못한 채 상상의 주인이 되었던 이전과는 달리 이제는 그의 피해자가 되어버린다. 자유의 도구가 부자유의 수단이 되어버렸고 그것은 불순하고 제어되지 않는, 수정을 허용하지 않는 그림이 되어 우리 앞에 떠돌아다닌다.

그렇다고 해서 우리가 꼭 불행해지는 건 아니다. 그것은 밖에서 펼쳐지는 변화무쌍한 사건이 우리의 단편적 소망들과 어느 정도 잘 맞아떨어지느냐에 달려 있다. 설사 간간이 행복감을 느낀다고 해도 맨 처음에 우리가 호텔을 나서며 결정이 주는 부담감과 자신을 훌훌 털어버리고 가벼운 마음으로 정처 없는 산책을 즐기는 것 사이의 대비를 즐겼던 순간의 행복은 아니다. 지금의 행복은 거칠 것이 없는 소망의 실현이라는 의미로서의 직선적 의미를 가진, 단순하고 간소한 행복이다. 이 행복에게 없는 것은 자기 자신과의 간격을 다루는 과정에서만 나올 수 있는 깊이와 정교함이다.

이 모든 것에 해당하는 사람을 **표류자**라고 부르기로 한다. 표류자의 미래는 어떠할까? 물론 표류자에게도 자신을 둘러싸고 일어나는 일들에 대한 기대가 있고, 그 기대들은 충족되거나 실망으로 끝날 수도 있다. 그는 거리에서 춤을 추는 광대나 행인들에게 욕을 퍼붓는 앵무새를 보고 놀라기도 한다. 비록 숙고의 과정을 전혀 거치지 않은 것이라고 해도 아직 의지가 남아 있는 데다가 소망의 충족에 관한 기대도 가지고 있다. 그토록 유명하다는 광장과 전설의 분수는 대체 언제 나오는 거지? 그걸 보려고 여기까지 왔는데. 표류자는 다음에는 무엇이 나올까 궁금해한다는 의미에서 호기심을 가진다. 그렇지만 자기 사신에 대한 호기심은 없다. 그러려면 자신과의 거리가 어느 정도 유지되어야 하는데 전혀 그렇지 않기 때문이다. 그리고 이 간격의 부재는 자신의 의지를 관리하며 자신과 함께 그리고 자신을 위해 무언가를 하는 사람과는 전혀 다르게 미래를 맞이할 수밖에 없다.

아까 등장했던 고민에 휩싸인 망명자를 다시 한 번 달리는 기차의 창가에 앉혀보도록 하자. 언제라도 의지에 관여함으로써 어떤 결정이라도 되돌릴 수 있으며, 한걸음 더 나아가 결정권자이며 반대를 외칠 수 있는 자로서의 스스로에 대한 모든 인식이 그의 의지를 변화시킬 수 있다는 점에서 그의 미래는 열린 미래다. 이제 그를 표류자로 만들어보

자. 그는 이러한 개방성을 경험하지 못한다. 비눗방울 녹듯이 사라져버렸다. 혹시 창밖의 풍경과 정거장에서 올라 탄 승객들이 빚어내는 열차 안의 모습이 그의 의지에 영향력을 행사할 수도 있다. 그래서 그는 다음 역에서 내릴지도 모른다. 자유의지의 소유자였던 맨 처음 예와 동일한 행동이다. 그러나 실은 전혀 같지 않다. 그는 이전에 내렸던 결정에 반대하고 다른 새로운 결정을 내린 것이 아니다. 표류자가 된 그는 그것이 어떻게 가능한지 알지 못하게 되었다. 이제 남은 것은 하나의 의지가 나타났다 지나가면 다음 의지가 그 공백을 잇는 것뿐이다. 그는 의지의 장본인도, 저작자도 아니며 미래를 스스로 정하고 모습을 창조해내는 경험을 할 수가 없다. 아득한 어딘가로 무작정 실려 가며 꾸벅꾸벅 졸다가 가끔씩 새로운 의지가 모습을 드러내면 깜짝깜짝 놀라는 사람마냥 기차에 앉아 있을 뿐이다. 우리 모두는 아무 생각도 계획도 없이 그때그때 일어나는 사건에 휘둘리며 살아갈 때가 있는데, 그도 그지 해가 뜨년 그날을 살아가는 바로 그러한 삶을 산다. 다만 그는 다르게 살 수도 없고 또 다르게 될 수도 있다는 사실을 망각했다는 점이 다르다. 그의 의지는 아직 얼어붙지 않았다. 앞에서 우리는 망명자가 자신과의 거리를 유지하면서도 미래가 가진 개방성을 빼앗겼던 모습을 보았었다. 그의 의지는 그에게 몰려드는 상황에 유연하게 적응하지만 주체성 없는 형태를 띠며 주도성 없는 변화에 그친다. 또한 핵심적인 것이 빠진 의지이기 때문에 결정의 자유에서 말미암는 내적 상상의 작용에 의한 미래의 경험, 즉 미래 속에서 자신을 창조해내는 경험을 맛보지 못한다. 표류자는 자신의 앞날을 **만들어내지** 못하고 다만 우연히 **마주칠** 뿐이며, 앞으로 그에게 일어나는 일은 그저 시간적으로 후에 일

어나는 일에 그친다. 그에게 자유가 없다는 것은 그의 미래에 대한 인식에 **깊이**가 없다는 뜻과 같다.

▌숙고의 과정이 생략된다면

이런 가정을 해보자. 어느 날 아침, 여러분이 잠에서 깨어 보니 정계에 진출하고 싶은 의지가 걷잡을 수 없이 강렬하게 일어난다. 이것은 매우 생생할 뿐만 아니라 세부 계획과 필요한 것을 모두 해내겠다는 단단한 각오를 동반한 의지다. 그런데 이 의지가 대체 어디서 온 것인지는 모른다. 이전까지는 이쪽으로 한 번도 생각조차 해본 적이 없다. 생각은커녕, 저녁 뉴스를 보며 혐오감과 경멸을 느낀 적이 한두 번이 아니다. 정치판과 그 안에서 돌아가는 뻔한 게임들은 진짜 구토가 나올 정도라고 느끼곤 했는데 자는 동안 갑자기 그것과는 정반대의 의지가 안에서 생겨난 것이다.

이것은 극단적인 부자유의 예가 되겠다. 어째서 부사유냐 하면, 의지의 형성 과정에서 본인이 쏙 **빠졌다**는 느낌을 받기 때문이다. 의외로 찾아온 이 의지는 형식적으로 말하자면 물론 그 누구의 것도 아닌 바로 여러분의 의지다. 그런데 의지가 발생할 때 여러분 자신이 **참여하지 않았다**는 느낌을 받는 것이다. 자신이 의지의 당사자라고 느껴지지 않는다. 그 이유는 자신이 심사숙고하고 판단해야 하는 부분에서 그 영향력을 미칠 기회를 전혀 갖지 못했기 때문이다. 이것은 결정에 의해서 탄생한 의지가 아니다. 어찌 보면 자신이 모르는 사이에 등 뒤에서 생겨난 것이라고도 할 수 있다. 자신이 하나의 완전체가 아니라 생각하는 내가 있고 그와 반대되는 의지가 따로 있는, 여러 개로 나뉜 사람처럼 느껴질지도 모른다. 여러분 안을 관통하는 균열은 여러분에게 어째서 주체이며 얼마만큼 주체인가 하는 질문을 던진다.

　　생각하는 과정의 생략이 부자유를 야기한다는 사실은 예시의 범위를 조금 더 넓히면 분명하게 드러난다. 여러분이 최면에 걸려 어떤 의지가 심어졌고, 나중에 특정 암시어에 의해 그 의지가 깨어나게 만들어졌다고 상상해보자. 여러분은 누군가의 전화를 받고 암시어를 듣는다. 그러면 하던 일을 팽개치고 곧바로 자동차를 몰아 시청을 폭파하게 프로그래밍된 것이다. 먼저 보았던 예와는 달리 이번 예에서는 타인, 즉 테러리스트가 끼어든다. 여러분은 그들의 꼭두각시가 되고 도구가 되어 마치 리모컨으로 작동하는 폭탄 실린 장난감 자동차의 신세가 된다. 그러므로 여러분의 명백한 부자유와 노예화는 여러분이 방어할 새도 없이 의지를 강요한 배후 조종자의 존재에 있는 것처럼 보인다. 그러나 이것은 착각일 뿐이다. 다른 사람이 의지 형성에 한몫을 담당한다고 해도 특별히 자유에 제한을 받는다고 느끼지 않는 경우는 많다. 중요한 것은 그들이 우리가 원하는 것에 **어떻게** 영향을 미치느냐 하는 것이다. 타인의 영향력이 우리를 부자유하게 만든다면 그것은 방금 보았던 최면의 예와 같이 우리에게 생각할 기회가 박탈되기 때문이다. 최면술사가 차단하는 것은 생각하고 고민하는 능력, 그리고 그 결과에서 도출된 결론에 합당한 의지를 만들어내는 능력이다. 그가 우리에게서 앗아가는 것은 결정의 자유를 형성하는 우리 자신과의 비판적 거리다. 최면이 풀리면 우리는 그 간격을 되찾는다. 그러나 암시어가 불리면 우리는 자리를 박차고 뛰쳐나가며 또다시 간격을 잃어버린다. 시청으로 향하는 우리는 표류자와 같다. 한 점의 숙고도 없이 눈앞에 제시된 의지의 뒤꽁무니를 열심히 따라갈 뿐이다. 진짜 표류자와 다른 점이 있다면 그것은 의지를 통제하는 힘이 단지 일시적으로 제거되었다는 것이다. 행위 후에 결정의 자유를 되찾게 된 우리는 한편으로는 우리가 저지른 짓에, 다른 한편으로는 급작스러운 마비 증상처럼 우리를 덮쳤던 부자유에 대해 경악한다. 표류자는 자신이 자유롭지 못하다는 것에 대해서는 경악하지 않는다. 그런 줄도 모르기 때문이다.

최면 대신에 타인의 주장을 듣고서 자신의 것으로 만드는 경우, 그래서 시청을 폭파하게 되는 경우도 생각해볼 수 있다. 이런 경우에 부자유는 타인의 영향에 있는 것이 아니고 이 영향력의 특수한 방식에 있다. 이 방식은 최면처럼 특이하거나 기이한 방법과는 핵심적으로 아무 관계가 없다. 이런 사람의 부자유는 그가 종속적이라는 데서 기인한다. 의식은 또렷하지만 타인에 대한 의존이 너무나 심한 나머지 타인이 당신으로 하여금 행동하게 만들고 싶은 바로 그 행동을 하고 그 의지를 품게 된다. 그의 순종은 절대적이다. 그의 결정 능력도 마비되었다. 설대적인 타인이 없을 때는 종종 자신의 고유한 생각을 품기도 하지만 그런 생각을 할 때마다 의리를 배반하고 있다는 찝찝한 느낌을 지울 수 없다. 그러다가 타인이 다시 나타나기만 하면 모든 것은 거품이 꺼지듯 사라져버리고 기꺼이 타인이 바라는 내가 되고 그가 시키는 대로 한다. 이것은 의식이 백 퍼센트 살아 있는 상태에서의 최면이다.

그렇다면 이런 경우는 어떤가? 자신도 모르게 생겨난 의지를 뒤늦게 심사숙고의 과정을 거쳐 자기 것으로 만드는 경우는 어떠한가? 정치계로 뛰어든다는 뜬금없고 생소한 의지를 처음에는 가벼운 장난 정도로 여기다가 점차 심각하고 진지하게 생각해볼 수도 있지 않을까?

생각해보니 좋은 점이 많은 것을 알게 되고 결국에는 그렇게 하기로 결정을 내린다. 이것은 자유 또는 부자유와 어떤 관련이 있을까? 본디 그 의지를 탄생시킨 원인이 되었던 사건을 배제하고 생각해도 여전히 동일한 의지가 남아 있는지 그렇지 않은지 생각해보면 알 수 있다. 다시 말해 그의 신중한 숙고가 의지를 탄생시키는 충분조건이 되었을 수 있다는 뜻이다. 그리고 하나의 필요조건도 된다. 즉 만일 숙고의 과정을 다시 배제한다고 해도 의지가 변치 않고 그대로라면 안 된다는 뜻이다. 의지의 불순물과 함께 잠에서 깨어 아침을 맞는 혼란스러운 경험은 유효하지 않다. 우리가 정말로 제대로 된 결정을 내리려 한다면 심사숙고의 과정이 모든 면에서 의지의 형성에 결정적 요인이 된다는 사실이 언제나 유효함을 알아야 한다. 만일 심술궂은 신이 있어서 인간이 비록 숙고하여 그 결과에 걸맞은 것을 원하도록 설계하되, 무언가에 대해 숙고하지 않았을 경우에는 원하지 않기를 바라도록 만들어놓았다면 우리의 결정 행위는 아무리 진짜 결정에 가까워 보인다고 해도 모두 다 기만적 말장난이 되고 말 것이다.

▌생각의 들러리

타인에 의해 부자유가 야기되는 경우에서, 최면을 걸거나 우리의 의존성을 이용하는 예에서 본 것처럼 그들의 우리의 결정 능력을 조종하거나 무효화하는 방법이 전부가 아니다. 노예화는 훨씬 더 교묘하고 섬세한 방식으로도 이루어질 수 있다. 언뜻 보기에는 우리를 사고 능력과 결정 능력을 가지고 있는 주체로 다루는 듯하지만 이것은 이 능력들을 내면에서부터 오염하기 위한 수단이다. 세뇌가 그 좋은 예다. 여러분이 사이비 종교의 그물에 걸려들었다고 해보자. 이 사이비 종교는 사람을 알 듯 모를 듯 부드럽게 포섭한다. 눈에 띄일 정도로 손아귀에 움켜쥐는 것도 아니고 완력이나 약물을 쓰지도 않으며 다른 사회 조직에 비해서 조직 내의 의례가 더 유치하지도, 억압적이지도 않다. 그리고 교주는 막무가내로 자신을 떠받들어 모시라고 강요할 만큼 무지한 자도 아니다. 그러나 여러분은 자신도 모르는 사이에 자유를 갈취당한다. 눈에 띄지 않는 부드러운 힘으로 여러분 안에 특정한 의지를 조금씩 심어나간다. 여러분은 그들이 자신을 생각할 줄 아는 사람으로 취급해준다고 여기는데, 거기에 그들의 비열함이 숨어 있다. 여러분은 스스로 사고하며 직접 결정하는 사람으로 존중받는다고 느낀다. 그러나 사실 그들은 단 한 번만 이성적으로 판단하더라도 허구로 판명될 온갖 이데올로기를 여러분에게 들이붓고 있다. 여러분의 숙고는 실상 숙고가 아니다. 엄밀한 의미에서 그것은 전혀 숙고가 아니라 전당 잡힌 사고의 파편이고 내면의 무대 위를 휙 스쳐 지나가는 구호요 수사적 찌꺼기다. 여러분에게는 그것들을 비판적으로 볼 수 있는 간격이 없다. 여러분은 그들의 장본인이 아니라 그들을 위해 깔아놓은 멍석에 지나지 않는다. 실로 열심히 구호를 외치고 수없이 되뇌어도 이것은 중대한 의미에서 사고가 아니다. 사고라는 것은 검열과 수정을 향해 언제나 열려 있기 때문이다. 더 많은 증거가 나올 때까지, 여러분에게는 논쟁도 없고 의구심도 없다. 여러분의 사고 세계는 교묘하게 선택된 단어들과 은유, 강력하지만 분별없는 감정들로 쌓인 연상 작용들로 가득 메워져 입구가 봉해져버렸다. 이것은 익숙한 방법과는 다르게도 사물을 생각할 수 있는 능력인 여러분의 상상력을 봉쇄한다. 상상력의 부재는 특정한 생각과 자신 사이에 결여된 비판적 거리와 손잡고 여러분을 겉으로 보기에는 스스로 생각할 줄 아는 것 같지만 실제로는 사고의 표류자에 불과한 사람으로 만들어놓는다. 세뇌가 끝날 무렵 여러분은 **생각의 들러리** 또는 도스토옙스키의 말을 빌리자면 '타인의 생각을 따르는 시종'이 되어버린다.

앞서 말한 부드러운 사이비 종교는 우리가 자라난 가정일 수도, 정당일 수도, 또는 토론 모임일 수도 있다. 구성원들은 우리 손으로 스스로 일구어낸 사고의 세계에 사는 것 같은 잘못된 인식을 심어준다. 그러나 실제로 이 세계는 우리가 어디선가 주워 올린 다음 오직 순수한 반복 행위를 통해 익숙해져버린 요소들로 이뤄져 있다. 우리는 우리의 의견이 스스로 생각해낸 것이라고 여기며 이러한 확신을 바탕으로 자신이 특정한 행위를 결정하는 자라고 생각한다. 그러나 우리가 생각하는 것과 믿는 것은 우리 스스로 결정한 것이 아니다. 그러므로 우리가 옳다고 확신하는 것은 실은 확신이 아니다. 우리는 이것을 생각을 통해 검토하거나 고칠 힘이 없다. 이렇듯 어두컴컴하고 활기 없는 사고의 세계에서 살아가는 우리는 무엇을 원하고 행한다는 제한적인 의미에서, 그리고 우리의 의지가 사고의 겉모양새를 가지고 있는 무언가를 이루어낸다는 조금 더 나아간 의미에서 볼 때 주체라고 할 수 있다. 그러나 스스로가 의지를 결정하고 언제 어느 때라도 비판적인 거리를 견지할 수 있다는 좀 더 강화되고 풍부한 의미에서 본다면 주체라고 할 수 없다. 우연히 어떤 생각을 접하고 난 후 확신이 스며들고 자신도 모르는 사이에 의지에 대한 통제권을 넘겨받게 됨으로써 주체가 되는 것과, 비판적 거리와 통제 능력이라는 좀 더 의미심장한 의미에서 주체가 되는 것, 이 두 가지는 그 사람에게 완전히 다른 느낌을 준다.

생각의 자유인이 생각하는 것과 확신하는 것은 생각의 들러리가 하는 그것과는 완벽히 차원이 다르다. 완벽한 자유인이거나 완벽한 들러리거나 그런 사람은 없다. 사람은 자신의 의견과 생각에 관해 지속적으로 비판적이거나 객관적인 존재가 아니다. 내적 간격을 좀처럼 유지하지 못하고 편견에 빠지는 시기도 있다. 또 우리가 가진 확신의 광대한 영역에 서로 조금씩 다른 세부 지역이 있을 수도 있다. 비판적 거리가 유지되는 부분도 있고 과거에 타인의 침입을 받았던 영향이 아직도 지배하는 부분도 있다는 뜻이다. 생각이 앞서가는 학자라고 해서 책상을 주먹으로 내리쳐가며 종래의 상투적인 주장을 부르짖으며 사형제도에 찬성하지 않으라는 법은 없다. 이제껏 단 한 번도 속속들이 밝게 비추어본 적이 없었던 이러한 단순한 믿음의 영역에 비판적 거리 두기가 성공한다면 그것은 분명히 자유에 관한 값진 영역 확장이 될 것이다. 그렇게 되면 두껍게 딱지기 내려 앉아 굳어 있었던 상상력도 서서히 녹아 흐를 터이다.

▌강박적 의지

자유롭지 못하다고 해서 그 이유가 반드시 숙고의 능력이 망가졌거나 누군가에게 무시된 것에 있는 것은 아니다. 또 내적 간격의 부재에만 그 탓이 있는 것도 아니다. 명확하고 자립적인 생각을 하면서 사고와 의지에 있어서 언제나 비판적 거리를 유지하는지 스스로 돌아볼 수 있을 때라도 우리는 부자유를 경험할 수 있다.

예를 들어보자. 여러분은 중독에 빠져 있다. 담배든 약물이든 술이든 무엇이 되었든 끊임없이 찾는다. 틈만 나면 카지노로 발걸음이 향하는 여러분은 도박 중독일지도 모른다. 행동화된 소망인 의지, 그리고 그와 더불어 실현을 향한 정형화된 숙고와 검토, 또한 자기의 행동을 숨겨야 하는 수고와 끊이지 않는 경제적 빈곤 같은 불쾌하고 불편한 상황을 감수하면서까지 원하는 것을 가지고 싶다는 놀랄 만큼 강렬한 마음가짐이 함께 어울려 결국 여러분을 움직이게 만든다. 이제 그만해야지, 하고 생각할 때도 많았다. 이렇게 계속 하다가는 종내 어떻게 될지 마음속으로 그려보지 않은 것도 아니다. 병에 걸리거나 파산하거나 심지어 죽을 수도 있다. 중독 같은 것은 전혀 경험해보지 않은 사람들도 있고 그것을 극복한 사람도 있다는 것을 안다. 즉 행위와 의지가 가진 여타의 가능성도 알고 있는 것이다. 파괴적인 의지의 손아귀에서 벗어날 수 있는 방법을 누군가 알려주었지만 결국은 소용없었다. 마음을 단단히 먹은 것도, 소리 내어 되뇐 것도 수천 번이었고 작심삼일로 끝내지 않기 위해 종이에 결심을 적어 내려간 적도 있었다. 그러나 기회가 오면 번번이 카지노 토큰이나 술병에 손을 댔다. 여러분은 자유가 없는 중독의 노예인 것이다.

　　마침내 여러분은 병원이나 노숙자 숙소로 들어간다. 누군가 말한다. "안됐네요. 하지만 당신이 원한 겁니다." 이 말을 들으니 맞는 것 같기도 하고 맞지 않는 것 같기도 하다. 뭐라고 변명하고 싶지만 어떻게 해야 할지 모르겠다. 사실 일리가 없지는 않기 때문이다. 반평생 가까이 지속적으로 술을 마시려고 했거나 또는 도박을 하려고 했던 건 사실이었다. 그래서 여러분은 소심하게 고개를 끄덕인다. 사람들은 또 이렇게 말한다. "누가 억지로 술을 먹인 건 아니지 않습니까." 이런 말도 한다. "여느 사람들처럼 카지노를 피해 일부러 빙 돌아갈 수도 있었는데 당신은 그러지 않았죠." 이 말을 들은 여러분은 이런 생각이 든다. 맞아. 그런데 맞지 않기도 해. 그러나 그게 그렇게 간단하지가 않다는 걸 여러분은 어떻게 설명한단 말인가? 다시 물음이 쏟아진다. "계속 그렇게 살다가는 끝이 어떻게 날지 너무도 뻔한 것 아닙니까? 그게 뭐 대단한 비밀이라고. 대체 왜 스스로를 그런 길로 이끈 겁니까?" 갑자기 어떤 변명을 해야 할지 알 것 같다. "바로 그겁니다! 나는 더 나은 길이 어떤 건지 알면서도 내 행동과 의지를 거기에 맞출 수가 **없었습니다**. 시도는 멈춘 적이 없었습니다. 얼마나 싸웠는지 모릅니다. 그렇지만 번번이 실패하고 말았습니다." "당신에겐 결정의 자유가 분명 있었을 텐데요." 상대방이 대꾸한다. 오히려 잘됐다고 생각하며 여러분은 휴우, 하고 안도의 한숨을 내쉰다. "그게 그렇지가 않았습니다." 여러분은 한숨을 내쉬며 말을 잇는다. "그러지 않기로 결심했다고 수만 번 믿었습니다. 실제로 처음에는 그 결정이 힘을 빌휘하는 것처럼 보인 적도 있었죠. 그런데 그 결심이라고 하는 게 결국은 진짜 결심, 말하자면 효력이 있는 결심이 아니었던 걸로 나타난 겁니다. 단지 의지에 영향력을 미치고자 하는 **시도**, 처음 잠깐 동안은 진짜 결정과 똑같아 보였지만 마침내 무위로 끝나버린 시도에 불과했죠."

여기서 우리가 보는 것은 **강박적 의지**, 또는 흔히 **내적 강제**라고 불리는 것이다. 이것은 지금까지의 예에서 보았던 것과 같이 반드시 결과적 잘잘못을 가리는 강박일 필요도, 의지의 당사자를 간과할 수 없을 정도로 중대하게 파괴하는 것일 필요도 없다. 이 강박적 의지는 오히려 타인이 그를 통해 이익을 얻고 여러분에게는 찬사의 박수를 가져다

주는 경우가 많다. 더 높은 능력을 향한 강박이 그 예다. 여러분이 하는 일 중에 상당히 많은 일이 여러분 내면에 부모의 권위가 자리 잡고 있어 저도 모르게 그에 따르는 데서 비롯된 것일 수도 있다. 이 권위는 언제나 최고가 되라는 명령을 내린다. 뭘 해도 항상 힘이 부치는 여러분은 결코 행복하지 않다. 그런데도 내려놓을 수가 없다. 몸에 밴, 그러나 속으로는 거부감을 느끼는 완벽주의를 동원해 어떤 한 가지 일을 끝내놓고 나서 이제는 좀 쉬어야지 하는 생각이 들다가도 나도 모르게 다음 일을 손에 그러쥐고 있는 자신을 발견한다. 사방을 둘러봐도 오직 여러분밖에는 완벽히 해결할 사람이 없는 일, 숙제들로 가득이다. 답답하고 숨이 막혀온다. 이러다가는 완전히 방전돼버릴 것이기 때문이다. 그러나 손을 놓아버릴 수 없다. 이렇게 여러분은 능력의 노예가 된다.

그렇다면 '강박적'이라는 말을 자꾸만 되풀이하지 않고도 이러한 강박적 의지와 그에 따른 전형적 부자유를 설명할 수 있는 방법에는 어떤 것이 있을까? 우선 머리에 떠오르는 것이 있다면 그것은 강박적 의지가 **제어할 수 없는** 의지라는 점이다. 강박적 틱 현상이 있는 사람들은 자신의 동작을 제어할 수 없다. 이 같은 의미에서 강박적 의지는 내면의 틱이라고 할 수 있다. 틱이라는 것이 주체적으로 이루어지지 않듯 강박적 의지 또한 주체가 있을 수 없다.

강제로 무엇을 해야만 하는 자가 느끼는 무력감의 요지는 그가 자신의 의지를 통제할 수 없다는 데에 있다. 비록 의지에 대해 생각하거나 나름대로의 어떠한 판단을 내릴 수는 있다고 해도 본인의 뜻대로 움직이지 않는 의지는 판단이나 생각과는 무관한 상태에서 한 발짝도 움직이지 않으며 결국 언제나 똑같은 방향으로만 움직인다. "도저히 나도 어쩔 수가 없어." 도박 중독자가 이렇게 말한다. 그는 온몸으로 중독에 저항해보지만 번번이 도박장 테이블을 찾는 것으로 결말을 맺는다. "도박을 하고 싶은 이 지긋지긋한 의지를 통제할 수가 없단 말이다." 의지를 통제한다는 것은 사고와 제고의 과정을 거쳐서 그것에 영향을 행사한다는 뜻이다. 그러나 중독에 빠진 사람의 사고는 헛바퀴가 도는 것마냥 그 어떤 바퀴도 굴러가게 만들 수가 없다. 심사숙고해봤자 중독자의 의지 앞에서는 선로를 이탈해버릴 뿐이고 그의 의지는 그 어떤 설득과 명분을 동원한다고 해도 마이동풍 격으로 끄떡하지 않는다. 아무 일도 없었다는 듯 원래의 선로를 따라 계속 나아갈 뿐이다. 중독 현상이 발현되지 않을 때면 제정신을 차린 중독자는 깨달음과 반성을 통해 이제는 굳게 결단을 내렸다고 확신한다. 정말로 결심이 확고하게 섰다고 자신 있게 말한다. 그러나 실제로는 결정이 내려진 것도 아니고 결심을 한 것도 아니다. 아침에 일어나 환한 햇살을 받노라면 도박장의 마력은 사라지고 오히려 우습게 여겨진다. "가진 논을 몽땅 다 그 흡혈귀들한테 갖다 바치다니, 내가 어떻게 그런 말도 안 되는 멍청이 짓을 했을까." 그는 혼자 중얼거린다. 그날은 그렇게 무사히 지나가는 듯하다. 그는 자기 자신의 주인이 된 듯한 기분으로 담배 연기 자욱한 조명을 받으며 룰렛 테이블 앞에 앉아 딜러가 냉정한 몸짓으로 그러모으던 플라스틱 칩을 집요하게 쳐다보던 지난날의 자신을 떠올려본다. 오랫동안 괴롭혀오던 끔찍한 악몽이 마침내 떨어져 나간 것 같은 개운한 기분이 든다. 저녁이 되고 화려한 불빛의 유혹이 다시 하나둘씩 켜지자 매일 저녁 그래왔던 것처럼 그 안의 무언가가 움직이기 시작한다. 제대로 생각할 수 있었던 마음이 조금씩 사라지기 시작하면서 사지를 꼼짝 못하게 하는, 근거 없는 확신이 그 자리를 비집고 들어온다. 왠지 오늘 밤에는 꼭 대박이 날 것 같은 생각이 드는 것이다. 뒤로 밀려났었던 강박적 의지가 다시 눈을 떠 그의 마음에 시동을 걸고 휩쓸어버렸다. 결정의 자유를 눈앞에 들이밀던 낮 동안의 사고는 언제 그랬냐는 듯 온데간데없이 사라져버렸다.

우리는 중독자를 일컬어 **의지박약**이라고 흔히 말한다. 이 말이 가진 의미는 여러 가지다. 그 첫 번째는 1장에서 의지의 개념에 대해 이야기했을 때 나왔던 뜻을 가지고 있다. 즉 무언가를 하고 싶은 생각이 들 때 이 소망은 일정 기간 동안 행위로 나타나는 의지가 된다. 그러나 그 계획이 실현하기 어려운 것으로 판명이 나고 실현에 필요한 고된 행보를 감수할 나의 각오가 그만큼 크지 않은 것으로 밝혀지게 되면 의지는 다시 소멸하여 단순한 소망으로 남게 된다. 이런 의미에서의 의지박약에 대해 쇼팽의 피아노곡 연습을 다시 예로 들자면 연습을 시작한지 얼마 되지 않아 노력은 정체 상태에 들어가고 마침내는 연습을 포기하게 된다. 한편 의지가 강한 사람은 매일 아침 이를 악물고 힘든 것을 참아가며 연습을 계속한다. 강박이 있는 사람은 이런 의미에서 의지박약자는 아니다. 능력의 노예가 되어 그것이 전부라고 생각하는 사람을 우리는 보통 의지가 강한 사람이라고 칭찬해 마지않는다. 그는 절대 포기하지 않는 사람인 것이다. 그를 의지박약이라고 부를 수 있다면 그것은 전혀 다른 이유 때문이다. 그는 억지로 쥐어짜서 나온 의지를 훌훌 벗어버리고 인생을 즐길 줄 아는 사람이 되지 못한다. 그의 실패는 처음의 의지를 계속해서 밀고 나가지 못하는 데에 있는 것이 아니고 옛날의 의지를 새로운 의지로 바꾸지 못하는 데에 있다. 소망을 실천할 힘이 모자란 것이 아니라 다시 생각하고 스스로 판단하는 힘이 모자란 것이다. 그런 사람은 최선이라고 생각하는 것을 원하는 대신 바람직하지 않다고 생각되는 무언가를 하려고 한다. 그는 최상의 결단력에서 오는 의지와 추진력을 가지고 있으며 의지의 실현에 있어서라면 기지를 발휘하는 데에도 그 누구 못지않다. 그런 그를 의지박약한 인간으로 만드는 것이 있다면 의지를 발전시키지 못하는 점이 아니라 그 의지를 밝은 곳으로 끌어내어 명명백백하게 다시 생각해보는 능력이 없다는 점이다. 그래서 그의 박약함은 결정에 관한 박약함이라고도 할 수 있다. 뭘 사야 할지 고민에 고민을 거듭하다가 결국은 아무것도 사지 못하는 백화점 고객처럼 여러 답 사이에서 끊임없이 왔다 갔다 해서가 아니다. 이유는 다른 데에 있다. 결정이라는 것의 핵심에 도달하지 못하기 때문이다. 이해하고 판단하는 주체로서 자신의 의지에 대해 결정권을 행사하지 못하기 때문이다.

이제끼지 우리는 제이 불능이라는 개념의 노움을 받아 내적 강박이 주는 경험이 어떤 것인지 한번 살펴보았다. 제어 불능성은 그에 대칭되는 영향력이라는 개념과 마찬가지로 인과적 카테고리이며, 의지의 인과적 기본 개념과 연관을 맺고 있는 시각을 갖고 있기도 하다. 이제 시각의 범위를 넓혀볼 차례다. 우선 첫 번째로, 강박적 의지를 **경직된** 그 무엇, 즉 경험을 통해서도 개선할 수 없는 것으로 정의해보도록 하자. 한 사람이 성장하는 데에는 자신의 의지를 서로 전혀 다른 여러 방향으로 시도해보는 과정을 빼놓을 수 없다. 그 사람이 가진 자유의 측면 중 하나는 본인이 어떠한 체험과 경험을 했는지에 따라서 변화할 수 있는 입체성을 가진다는 점이다. 그런데 강박적 의지는 이 과정을 가로막는다. 그래서 강박적 의지의 고전적 예들이 유년기의 일에 기원을 두고 있으며 유아적 면모를 지니고 있는 것이 결코 우연이 아니다. 강박적인 능력 지상주의 사고에서 보는 것처럼 맹목적이며 어떤 경험을 하고도 거기서 배우지 못하는 완고한 태도를 갖고 있기 때문에 의지가 사고의 발달과 보조를 맞추지 못하는 데에 항상 문제가 존재하는 것이다.

어떤 의지가 내적 발전을 가로막고 있다면 그것은 내면세계에서 혼자 외떨어진 이질적 요소가 된다. 다른 말로 하면 의지의 당사자에게 **이물질**로 인식된다는 뜻이다. 어린 나이에 유명해진 스타의 예를 한번 들어보자. 몇 년을 넘게 대중 앞에 서던 어느 날 갑자기 이런 생각을 한다. "쉴 틈 없이 날아오는 공을 받아쳐야 하는 이런 생활에 진절머리가 났어." 또는 "저 스케이트 슈즈를 **보기만 해도** 기절할 만큼 싫어졌어." 운이 좋다면 지금까지 가져왔던 의지에 안녕을 고하고 다른 일을 찾아나설 것이다. 반대로 지금까지 그래왔던 그대로 부모의 야망에 고개 숙이기를 계속한다면 이제는 더 이상 자기 것이 아니게 되어버린 의지의 손아귀에 멱살을 잡힌 채로 은반 위에서 또는 테니스 코트 위에서 계속 굴러야 할 것이다. 성공에 대한 의지도 이와 다르지 않다. 어느 날 그는 자신의 불행을 정점 위에 올려놓고 이렇게 말할지도 모른다. "나는 무언가를 해내도 또 해내고 또 다시 해내야 하는 생활이 싫어. 내가 원래 원한 것은 이런 것이 아니야."

겉으로 봤을 때 의심의 여지없이 본인의 것이라고 보이는 의지가 문득 낯설게 느껴지는 이런 경험은 의지의 자유와 부자유에 관한 이야기를 이해하려고 할 때 중요한 의미가 있는 것으로, 이 책이 끝날 때까지 줄곧 논의될 것이다. 여기서 낯섦이 주는 느낌을 올바르게 해석해낸 다는 전제를 바탕에 둬야 함은 물론이다. 그러기 위해서는 선명한 대비를 그려내는 것이 중요하다. 여기서 낯섦에 대비되는 것은 익숙함이 아니다. 이제 낯선 것으로 취급되어 떨쳐내려고 하는 성공에의 의지는 여러분을 평생 동안 따라다녔고 숨이 막힐 정도로 지겨워져버린 그 무엇이다. 그와 반대로, 그것이 있었던 자리에 생각지도 않게 새로 등장해서 마침내 남의 것이 아닌 나 자신의 의지를 갖게 되었다는 느낌을 줄 수 있는 그런 의지를 느낀다면, 그리고 그 느낌이 단순히 형식적인 것이 아닌 체험에서 나온 것이라면 여러분은 행운아다. 무언가가 자기 것이라는 느낌, 바로 이것이 낯섦에 대한 정확히 반대 개념이다. 여러분이 어떤 강박적 의지에 시달리고 있다면 여러분을 답답하고 분통 터지게 만드는 것은 그 의지가 비록 여러분 **내면에** 존재하기는 하지만 여러분에게서 **떨어져 나와** 여러분과 **분리되어** 있다는 사실이다. 그렇기 때문에 그 의지가 자유롭지 못하다고 느끼게 되는 것이나. 그에 반해 자유로운 의지란 본인이 그 뒤에 든든히 서 있으며 강한 귀속감을 느끼는, 즉 자신과 **동질감**을 느끼는 의지다.

우리가 의지의 낯섦이라는 의미에서의 부자유스러운 의지를 경험할 수 있는 것은 결정의 자유가 우리에게 선사하는 능력 덕택이라고 할 수 있다. 이것은 우리 자신을 마주보고 서서 스스로를 문제화할 수 있는 능력이다. 스스로에게 두는 이러한 간격은 '이 의지는 내 것이 아니다, 남의 것이다, 나는 이 의지와 나를 구분한다'라고 느낄 수 있고 말할 수 있도록 해준다. 의지의 희생자가 된 사람이 이렇게 이야기한다. "나는 덮쳐온 의지에 삼켜졌습니다. 어찌 해볼 틈도 없었어요." 또 이렇게 덧붙인다. "나보다 그것이 더 강했기 때문이죠." 여기서 '그것'과 '나'의 구분, 그리고 자기 자신과 거리를 두는 현상, 이 두 가지 모두 전체적으로 보면 그리 난해할 것은 없다. 이들은 우리가 우리의 소망과 의지에 관한 한 그야말로 소망하는 태도를 견지할 수 있다는 사실을 반영하고 있다. 상위권을 차지하는 희망사항들 중에서도 더 우월한 희망들, 즉 본인이 허용하고 환영하는 것들은 이러한 발언 안에서 내가 서 있는 내면세계 속 장소를 나타낸다. 그에 반해 '그것'이 표현하는 바는 본인이 높은 서열을 주려 하지 않고 따라서 자기 것이 아닌 걸로 느껴질 수밖에 없는 것을 나타낸다.

내적 강박에 관한 경험은 그러므로 겉보기처럼 단순하거나 단일하지가 않다. 이것은 두 가지 요소로 이루어져 있는데, 의지의 영향을 받지 않는다는 점에서의 낯섦, 그리고 본인 스스로가 거부한다는 점에서의 낯섦이다. 이 두 가지가 서로 얽혀 있는 상태라고 해도 사실은 각각 분리되어 있다. 내가 좋다고 생각하고 반길 만한 어떤 일을 하려고 할 때에는 만일 그 일이 영향력에 저항하는 성질을 가지고 있다고 쳐도, 그리고 내가 그러한 성질을 알아챘다고 해도 그것이 바깥에서 굴러온 돌처럼 느껴진다는 이유로 마음이 불편해지는 일은 없을 것이다. 그리고 내가 원하지 않는 어떤 의지가 고개를 들기 시작한다는 것을 느낄 때 그 의지가 더 나은 다른 생각으로 대체하려는 나의 시도에 끈질기게 저항하는 경우 비로소 강박이 되는 것이다.

강박적 의지로 하여금 사람을 위협하거나 더 나아가 위험한 존재로 만드는 것은 내가 그 의지의 장본인이 아니고 내 안의 그 의지가 이물질로 자라난다는 사실이다. 장본인이 아닌 상태에 관해서도 앞서 말한 것처럼 두 가지 면이 존재한다. 그 하나는 생각하는 존재로서의 내가 그런 의지를 형성하는 주체가 아니라는 것이고 또 다른 면은 내가 그 의지를 내 것으로 인정하지 않는다는 것이다. 의지는 내가 바라지도 않았는데 다가와 내 옆을 스쳐 지나간다. 그러면서 나는 대상으로 떨어지려는 위험에 빠진다. 나의 의도 안에 강박적 요소가 점점 늘어간 나머지 우월한 위치를 선점하고 결국 결정의 자유를 앗아 가는 지경에까지 이른다면 주체로서의 나는 소멸하게 된다. 남는 것은 주변에서 무슨 일이 일어나든 전혀 영향을 받지 않는 의지의 진행 말고는 아무것도 없게 된다.

자기와의 그 어떤 간격 두기에도 실패한 표류자는 강박적 의지의 경험이 뭔지 모른다. 물론 그에게도 본인의 생각과는 별개로 혼자 흘러가며 항상 동일하게 반복되는 단조로운 의지의 사건들이 일어나기는 한다. 그러나 그는 그 의지들이 생각에 영향을 받는지 그렇지 않은지 알아채지도 못하고 지금 자기 앞에 이리저리 떠다니는 의지가 자신에게 맞는지 아닌지 의심을 품어볼 줄도 모른다. 왜냐하면 그러기 위해 선행되어야 하는 조건, 다시 말해 어느 정도의 심적 간격을 둔 채 자신의 소망을 관망하는 것, 그리고 최우선 순위를 가진 소망일지라도 그것이 정말 바람직한 것인지 아니면 거부할 만한 것인지를 생각해보고 그다음의 차선적 소망들을 품어보는 행위가 그에게서는 충족되지 않기 때문이다.

우리는 미래에 대한 그의 태도를 살펴보면서 표류자의 모습을 좀 더 이해할 수 있었다. 같은 질문을 이제 또 한 번 던져보자. 강박적 의지의 독재 밑에서 살아가는 사람은 미래의 시간적 차원을 어떻게 이해하고 있을까? 열린 미래는 그에게 어떤 의미로 다가올까?

　　여러분이 수 년 전에 어떤 사람과 연인 관계를 청산했다고 가정해보자. 여러분 자신도 어떻게 된 건지 정확히 모르기 때문에 그 일은 답답한 경험으로 남아 있다. 격렬한 감정이 휘몰아치면서 미처 앞뒤를 이해할 겨를도 없이 여러분과 연인 사이를 순식간에 갈라놓았던 것이다. 그리고 얼마 지나지 않아 여러분은 다시 새로운 사랑에 빠져든다. 새로 만난 남성은 이전 연인과는 다르다. 이번에는 잘될 것 같다. 그러나 희망은 여지없이 깨지고 만다. 몇 달 안 가서 다시 옛날의 감정에 휩싸인 듯한 기분이 들며 새 연인과 나누는 대화가 토씨 하나까지도 예전과 똑같다는 것을 느끼고 가슴이 철렁한다. 주위에 조언을 청해본 결과 사람들은 어떻게 이렇게 똑같은 패턴이 반복될 수 있는지 여러분을 이해시키고자 하는 데 주력한다. 설명해보자면 이렇다. 아마 여러분은 연인이 본인보다 좀 더 나은 사람이기를 원하면서 동시에 좀 더 못한 사람이기를 바라는 역설적 의지에 사로잡혀 있을지 모른다. 그런 조건을 충족하는 사람은 세상에 존재하지 않는다. 아니면 누이 좋고 매부 좋다는 미명하에 자신의 욕심만을 채우려 함으로써 결국 상대방이 견디지 못하고 도망가게 만들었을 수도 있다. 어쨌든 원인을 알아냈으니 속이 시원할뿐더러 자기 자신에 대한 이해의 폭도 한층 더 커지게 된다. 여러분은 스스로 돌아보는 시간을 가지다가 어느 정도 시간이 흐르고 나자 새로운 연인을 만날 마음의 준비를 하게 된다. 그러던 중 좋은 기회를 만나지만 마음가짐은 조심스러워진다. 중대한 순간마다 여러분은 잘못을 반복하지 않기 위해 정신을 똑바로 차린다. 이제 스스로에 대해 더 잘 알게 된 여러분은 옛날의 함정에 발목 잡히고 싶은 생각이 없다.

그런데 그게 생각처럼 쉽지가 않다. 자신과의 싸움이 아닌가 할 때도 많다. 결국 올 것이 오고야 만다. 패배한 것이다. 또 다시 상대방에게 노순적인 기대를 걸거나 그가 경계선을 넘지 못하도록 모든 수단을 총동원해 저지하는 자신을 발견한다. 그것은 너무도 강력해서 여러분을 절망에 빠뜨린다. 결국 관계는 깨지고 만다.

오늘 여러분은 또 다른 사람 하나를 만나게 된다. 그 사람과의 경험은 새롭고도 열린 미래를 향해 나아가는 그런 느낌을 선사한다. 그러나 그런 기분도 오래 가지 못한다. 결국 바뀌는 건 없어, 누구보다 내가 더 잘 알고 있는 걸, 여러분은 이렇게 중얼거린다. 미래가 가진 가능성은 단번에 닫혀버린다. 여러분은 앞으로 어떻게 흘러갈지 알고 있다. 자신의 의지를 예상 가능하고 예측 가능한 것으로 생각한다. 이렇게 다 알고 있다는 듯한 태도는 사실 흥미롭고 가슴 설레야 할 미래를 쓸쓸하고 단조로운 시간의 흐름으로 만들어버린다. 미래는 이미 지나간 것, 겪고 난 것처럼 느껴진다. 정해져 있고 변화될 수 없다는 의지의 성질 때문에 미래도 굳어져 과거와 다름없이 한 번 흘러간 것처럼 느껴지게 된다. 미래에 일어날 일 모두가 벌써 과거가 된 것 같고 익숙히 잘 알고 있는 나의 과거가 그저 앞쪽으로 밀려가서 겹쳐진 것 같다. 앞날로 통한 문이 꾹 닫히고 이제 하고자 하는 의지의 단조로움 속에 영원히 갇혔다. 그런데 이런 경험을 더욱 견디기 힘들게 만드는 것은 사실을 사실대로 보지 못하게 만드는 착각이다. 나는 결정의 자유가 있어, 여러분은 이를 꽉 물며 이렇게 중얼거린다. 연애 문제만 아니라면 사실 매일의 일상생활에 관한 한 여러분의 말이 맞다. 일반적인 경우 여러분은 여러분의 깨달음이 시키는 대로 행동한다. 그리고 언제든지 자신의 결정을 변경하기도 한다. 평상시의 여러분은 시곗바늘처럼 정해진 미래의 시간을 향해 또각또각 나아가고 있다는 답답한 생각을 마음만 먹으면 떨쳐버릴 수도 있고 단조로움을 스스로 깨부수는 경험도 여러 번 해온 바 있다. 여러분은 표류자도 아니고 어떠한 의지에 순순히 굴복하는 자도 아닌 것이다. 종합적으로 보자면 여러분은 아까 나왔던 고민하는 망명자처럼 기차에 앉아 있다가도 생각이 바뀌면 과감히 다음 정거장에서 내릴 수도 있는 사람이다. 그렇다면 새로운 사람과의 관계에서 새로운 의지가 놀랍게도 성공하지 못하라는 법이 어디 있는가? 여러분은 몹시도 이렇게 믿고 싶다. 죽은 것처럼 보였던 미래가 깨어나 움직이고 다시 흘러가는 기분이 들 것이다. 문제는 이러한 자기기만에 너무 깊이 빠진다는 것이다. 이 안에 빠져 있는 한 여러분은 미래의 열린 변화의 가능성 한 자락을 붙잡게 될 것이고 자유를 느낄 수 있다. 이것은 기분에 따라 변하는 들쑥날쑥한 자기기만이 아니고 살기 위해 꼭 필요한 것이다. 그래도 자기기만임에는 틀림없다. 그리고 사실 여러분 자신도 착각의 베일 뒤에 가려진 모습을 어느 정도는 알고 있다. 여러분은 여전히 반복되고 변화 없고 고쳐지지 않는 의지의 노예다. 여러분이 희망했던 것은 깨달음으로 말미암아 과거에 계속되어왔던 의지의 마법이 깨졌으면 하는 것이었다. 스스로 뭔가를 해내기를, 그리고 창조해내기를 바라왔다. 그러나 이제 안다, 아무리 깨닫고 이해한다고 해도 강박이 발생하게 되는 과정과 그가 가지는 논리 앞에서는 역부족이라는 사실을. 반복의 견고한 감옥은 그 벽을 부술 수 없다. 미래의 문을 열어젖히기 위해서는 단순한 깨달음보다 더욱 강력한 무언가를 내세워야 한다. 그것은 무엇인가?

▌통제하지 못하는 자

강박적 의지의 소유자가 느끼는 무력감은 자신의 의지에 지휘권을 휘두르지 못한다는 점에 있다. 이런 점에서 그는 통제할 줄 모르는 자와 그 형상이 비슷하다. 그도 자신의 의지를 울타리 안에 가두지 못하는 경우가 많다. 벌컥 벌컥 화를 내는 사람의 의지는 갑자기 솟구치는 불기둥처럼 폭발적이며 판단을 수반한 모든 통제를 무용지물로 만든다. 통제하지 못하는 자는 자신의 의지의 주인이 되지 못한다. 한번 어떤 의지가 발동되면 그에게는 더 이상 다른 여지가 남아 있지 않으며 특히 숙고의 여지는 몰살된다. 감정이 폭발하는 순간, 그는 오직 자신의 의지를 고래고래 외치거나 모욕하거나 깨부수거나 짓밟는 존재 **이상의 그 무엇도 아니다**. 생각하며 판단하는 존재로서의 그는 존재하지 않는다. "이러길 **바랐던** 건 아닌데!" 후에 그는 손에 들린 무기를 물끄러미 바라보며 넋을 잃고 중얼거린다. 그가 한 말을 액면 그대로 받아들이는 것은 잘못이다. 그는 그러기를 원한 것이다. 그 안에는 하나의 소망, 그것도 아주 강력한 소망이 있어서 의지가 되고 결국 행동으로 이어진 것이다. 이런 소망에 모든 통제력을 휩쓸어버리는 감정이 수반된다고 해서 달라지는 것은 없다. 분노 앞에서 아무 감각도 느끼지 못하는 사람이라고 해서 뇌전증 환자처럼 발작하는 몸뚱이가 되는 것은 아니다. 내면의 모든 것이 통제의 손에서 미끄러져 나간다 해도 그는 여전히 소망하고 바라는 존재임에는 틀림없다. 감정에서 비롯된 행동도 행위다. 통제하지 못하는 자에게 없는 것은 의지가 아니라 의지에 대한 제어다. 그가 잃어버린 것은 자기 조절이지 의지가 아니다. 그러므로 엄청난 일을 저지르고 충격에 빠진 자의 외침은 다른 억양으로 들어봐야 한다. "**나는** 이러고 싶지 않았어!" 말 그대로 받아들이자면 여전히 틀린 말이다. 힘으로 터져 나온 의지는 그의 것이지 여러분의 것이나 그 어느 누구의 것도 아니다. '나'라는 말에는 단순히 소속을 뜻하는 형식적이 아닌 그 이상의 특별한 개인적 의미가 담겨 있다고 봐야 한다. 통제하지 못하는 자가 다시 정신을 차린 후 이렇게 말하는 데에는 이런 뜻이 있다. **내가 생각하고 판단할 수 있는 한** 나는 그러고 싶지 않았다. 이 말을 다시 풀이하자면, 내게서 발동된 의지는 내가 신중하게 결정한 의지도, 또 판단하는 당사자에게서 나온 의지가 아니며 이런 의미에서 나의 행동은 계산되거나 의도적 행동이 아니다, 라는 뜻이다.

이것을 표현하기 위해 그는 강박적 의지의 소유자와 똑같은 말을 사용한다. "그것이 나를 덮쳤다." "강한 힘으로 나를 압도했다." "달리 어쩔 수 없었다." 그러나 통제하지 못하는 자가 강박적 의지의 소유자와 뚜렷하게 구별되는 두 가지 측면이 있음을 간과해선 안 될 것이다. 첫 번째로, 강박적 의지가 사람을 막다른 골목으로 몰아 꼼짝 못하게 할 수 있는 것은 그의 생각하고 숙고하는 능력을 깡그리 없애기 때문이 아니라는 점이다. 강박적 의지의 희생자는 통제하지 못하는 자의 조절 불능 발작에 나타나는 의식이 희미해지는 현상을 꼭 경험하는 것은 아니다. 강박적 행동은 흔히들 생각하듯 반드시 어떤 감정 안에서 일어나지는 않는다. 강박이 또 다시 내 머리 위로 손을 뻗치는 광경을 나는 말짱한 정신으로 지켜볼 수 있다. 그가 느끼는 무력감은 통제하지 못하는 자가 느끼는 무력감과는 좀 다르다. 통제하지 못하는 자에게 무력감이 초강력한 의지에 의해 휩쓸려 떠내려가는 경험이라면 강박적 의지의 희생자에게 무력감은 약간 누그러진 강도와 극적 긴장감을 가지는 경험이다. 즉 깊은 사고와 스스로에게 주는 충고로는 절대 이루어지지 않는, 알게 모르게 다가와 야금야금 침투하는 경험인 것이다. 이제 두 번째 측면을 보자. 통제되지 못하는 의지는 무엇이 통제되지 못하는지 그 **내용**이 문제가 아니라 단지 그것이 제어를 뚫고 **발산되는 힘**이 문제가 된다. 분노 발작을 일으키고 난 뒤 나는 내 분노가 완전히 정당한 것이었으며 그 상황에서 분노 말고는 다른 것을 느낄 수 없었다고 생각할수 있다. 나의 부자유는 상대방이 잘난 체하는 꼴을 못 봐서 주먹을 치켜든 데 있는 것이 아니다. 나를 자유롭지 못하게 만든 것은 분노가 아니라 분노를 다잡지 못하는 무능에 있는 것이다. 따라서 부자유에 대항하는 방법에도 강박적 의지의 소유자와 통제하지 못하는 자 사이에 차이가 존재한다. 전자는 본인의 생각에 귀를 기울여 경직된 의지를 무너뜨릴 수 있는 방법을 모색할 것이고, 전적으로 본인의 의지에 동의하는 후자는 자기 통제를 잃어버리기 쉬운 특정한 상황에서 빠져나가거나 내부 외 강력한 세력에서 자신을 보호하는 방법을 습관 늘이는 방법을 찾을 것이다.

▌강요된 의지

사고의 기능에 전혀 문제가 없고 자신과의 비판적 간격 두기에도 아무 장애가 없음에도 불구하고 의지가 자유롭지 않을 때, 그 원인을 언제나 강박적 의지에 돌릴 수는 없다. 의지에 영향을 주려는 시도가 실패하는 것, 또 그런 의미에서 결정의 자유가 상실되는 것 이외에도 의지의 부자유에는 다른 이유가 있을 수 있다. 거꾸로 말하면 부자유가 부자유일 수 있는 것은 오히려 우리가 숙고하는 존재로서 어떤 의지를 형성하기 때문이라고 할 수 있다.

이러한 종류의 부자유를 이해하기 위해 **비자발성**이라는 개념을 들어보자. 물론 우리는 이 말과 그에 반대되는 말을 액면 그대로 받아들이지는 않는다. 의지의 자유를 왈가왈부하지 않은 채 그저 의도나 의지가 있느냐 없느냐를 따질 때 종종 이 말을 사용한다. '의도되지 않은 코미디'라는 표현을 쓸 때 또는 술에 취한 광대가 무대에서 '자발적이지 않게' 휘청거릴 때와 같이 말이다. 여기서 이 말은 '의도성이 없이', '뜻하지 않게' 또는 '본의가 아닌' 등과 같은 의미로 쓰인다. 그러나 의미를 엄격히 좁혀본다면 이 개념은 자유로운 행동과 자유롭지 못한 행동을 구분하는 데 사용된다. 하나는 자유로운 의지가 실현된 것이고 다른 하나는 자유롭지 못한 의지가 실현된 것이라는 점이 다르다. 여기서 자유롭지 못하다는 것은 무슨 의미일까?

우리는 이것을 종종 **외적 강제**라고 부른다. 전형적인 예를 하나 들어보자면, 총기류에 의한 위협이 대표적이다. 은행의 창구 직원이 자기 앞으로 겨눠진 총구 앞에서 어쩔 수 없이 현금을 꺼내야 한다. 직원은 명확한 사고력을 가졌으며 전체적으로 분별력이 있는 사람이다. 사람들에게 돈다발을 던질 만큼 특이한 내적 강제 같은 것은 없다. 그가 누군가에게 돈을 줄 때는 보통 사람들과 같은 이유에서 돈을 준다. 그러나 마스크를 쓴 남자에게는 돈을 건넬 하등의 이유가 없다. 직원의 입장에서 볼 때 남자에게 한 푼도 줄 명분이 없다. 그렇지만 직원은 마스크의 남자에게 돈을 준다. 어떻게 된 일인가?

"그는 자신의 의지에 반대되는 일을 하고 있다." 우리는 이러한 경우 흔히 이렇게 말한다. 하지만 이 말은 오해의 소지가 있다. 이것은 다음과 같은 뜻이 아니다. "그는 자신의 **전체적** 의지에 반대되는 일을 하고 있다." 그 어느 누구도 자신의 전체적 의지에 반하는 일을 할 수는 없다. 왜냐, 모든 행동 하나하나는 다 어떤 의지의 표현이기 때문이다. 만일 창구 직원의 움직임들이 그의 의지와 전혀 관계가 없다고 한다면 그것은 행위가 아니라 꼭두각시의 움직임이나 신경증적이고 무의식적인 틱 동작과 다를 바가 없을 것이다. 우리가 하는 말이 의미하는 바는 바로 이러할 것이다. "그는 원래 자기가 원치 않는 일, **본래의** 의지에 거스르는 일을 행하고 있다. 비록 그가 이 행동을 하려고 하긴 하지만 강요되었기 때문에 하는 것이다. 그의 의지는 자유롭지 않다." 대체 이건 무슨 의미인가?

다른 표현을 살펴보면 이해의 길에 한 발짝 더 다가갈 수 있을 것이다. "그는 선택의 여지가 없었어." 이런 표현 또한 가능할 터이다. 말 그대로 해석한다면 이것은 틀린 표현이다. 창구 직원에게는 선택의 여지가 **있었다**. 돈 아니면 목숨이다. 그런네 우리가 말하는 뜻은 그리 단순하지 않다. 비록 그가 원칙적으로 두 가지 중에서 하나를 결정할 수 있다, 즉 그에게 선택의 여지가 있다고 해도 그중 하나인 죽음은 그가 **진정으로** 선택할 수는 없는 것이다. 죽음은 너무나 거대한 악이기 때문에 그가 정말로 원할 수가 없다. 그러므로 그에게는 은행 강도의 요구대로 하는 방법 말고는 다른 선택이 없다. 직원은 우리가 **강제 상황**이라고 부르는 상황에 처해 있는 것이다. 그는 두 가지 악 사이에서 하나를 골라야 한다. 두 가지 다 그가 원치 않는 것이다. 그가 선택의 자유를 가지는 건 **그가 그 자신**의 사고의 결과에서 나온 선택을 할 때, 그리고 자신의 의지가 그 사고에 복속할 때다. 그런데 그런 의미에서 그는 결정의 자유가 없으며 강도가 제시한 대안도 사실은 진정한 의미의 대안이 아니다.

이런 것이 바로 협박이다. 협박자는 그의 위협이 아니었다면 생겨나지 않았을 의지를 강요한다. 그는 나를 강제 상황으로 몰아넣음으로써 이것을 달성한다. 그가 시키는 대로 따라야 하며 그렇지 않으면 그보다 훨씬 나쁜 일이 일어나게 만든다. 강제 상황이라는 도구를 사용해서 나를 움켜쥔 다음 그가 원하는 의지를 생성하는 과정이다. 이것은 최면을 통한 침투와는 전혀 다르다. 최면에서는 숙고의 과정이 생략된다. 피해자가 결정의 자유를 갖고 있다는 것, 다시 말해 표류자나 강박적 의지의 소유자와 달리 완전한 의미에서 주체라는 점이 협박자에게는 중요하다. 강도가 피해자를 노예로 삼으려면 창구 직원이 자유를 소유하고 있고 특정한 이유로 인해 무언가를 원하는 의지를 갖고 있는 사람이어야 한다. 만일 직원이 그 어떤 명령이 되었든 명령에 정반대되는 행동을 하려는 내적 강제에 사로잡힌 사람이라면 강도는 매우 운이 없는 사람이다. 그는 그날의 목표를 이루지 못할 것이다. 내가 남몰래 약점을 숨기고 있는 정치가를 회유해서 감투 하나를 얻으려 한다고 가정해보자. 나는 그가 생각하고 고민하는 존재라는 기반 위에서 출발한다. 그가 사고와 숙고를 통해서도 의지가 변화되지 않는 인물이라고 한다면 자리 하나를 얻어보려는 나의 시도는 무위로 끝나고 말 것이다. 또 정치가가 생각의 표류자라고 해보자. 정치가가 되기 위해서는 생각의 들러리가 될 수는 있어도(또는 그래야만 하거나) 단순한 표류자가 되어서는 안 된다. 그렇지만 어쨌든 그런 사람이라고 가정해보자. 그는 관광지의 시내 한복판을 생각 없이 어슬렁거리는 표류자처럼 반응할 것이다. 그는 내 요구 사항을 듣더니 충격에 휩싸인 듯 화난 표정을 짓거나 재미있다는 표정을 짓더니만 고개를 돌려 선혀 나른 일에 깊이 열중한다. 도구적 의미에서든 본질적 의미에서든 결정의 과정을 알지 못하는 그는 내가 요구하는 내용과 만일 내 요구대로 하지 않을 경우 따를 불쾌한 결과에 대한 설명에 아무런 영향을 받지 않는다. 내 말을 듣고 나서 내적 동요가 일어나긴 하지만 오래 지속되지 않고 그의 의지에 아무런 효력을 미치지 않는다. 그의 의지는 지금의 그 자신처럼 변덕스럽고 단편적인 모습으로 자기 갈 길을 간다. 내 앞의 인간을 내가 원하는 대로 이용할 수 있는 그 어떤 방법도 없기에 나는 낙담하고 포기한다.

협박자가 희생자의 결정 능력에 의존한다는 점은 사실 그에게 있어 위험한 요소이기도 하다. 협박을 당하는 쪽의 생각이 협박자와 같으라는 법이 없기 때문이다. 은행 직원이 불치병에 걸려 스스로 생을 마감하기로 일찌감치 결정했을 수도 있다. 그렇게 되면 오히려 강도가 고맙게도 그의 수고를 덜어주는 셈이 될 수도 있다. 불치병에 걸린 직원은 강도의 위협에 아무 행동도 취하지 않고 그저 후후 웃을 뿐이다. 또는 다른 협박의 경우, 약점을 들춘다고 위협해도 할 테면 해봐라 하는 식으로 강하게 나오는 사람도 있을 터이다. 혹여 그의 아내를 인질로 잡아도 어차피 옛날부터 아내로부터 벗어나려고 마음먹은 참이었을 수도 있다. 그 처지에 처한 사람이 그 상황을 어떻게 바라보느냐와 관계없이 무조건으로 객관적인 강제 상황이란 존재하지 않는다. '외적' 강제라는 것은 다음과 같은 것을 시사한다고 볼 수 있다. 즉 실제로는 당사자의 소망과 내적 판단에 의해서 강제 상황이 만들어진다는 것이다. 이런 연유로 우리는 협박자의 의중에 일격을 가함으로써 그의 의도를 무산시키고 퇴치할 수 있다.

앞에서 언급된 드라마틱한 예가 아니더라도 우리는 쉽게 드러나지 않는 협박의 예들을 주변에서 종종 찾아볼 수 있다. 은행 직원은 일이 지긋지긋하다고 느끼고 있을지도 모른다. 출근하기 위해 아침에 일어날 때마다 매번 이를 악물어야 하는지도 모른다. 누군가 출근하는 그를 붙잡고 "은행에 출근하고 싶으십니까?" 묻는다면 그는 이렇게 대답할 것이다. "출근하고 **싶냐**고요? 지금 그렇게 보입니까?" 그러나 그는 돈을 벌어야 하고 할 줄 아는 일이 그것뿐이다. 그는 강제 상황에 놓여 있는 것이다. 싫은 일을 계속하느냐, 아니면 빈털터리로 길거리에 나앉느냐 하는 선택만이 있다. 그중 그나마 덜 끔찍한 일을 택한 결과가 지금 창구에 앉아 있는 것이다. 그는 그 행위를 자발성의 반대 개념인 '해야만 한다'라는 **강제성**으로 인식한다. 그는 사회에서 자행되는 하나의 협박에 굴복한 것이다. 그런데 복면을 쓴 은행 강도가 은행 안으로 들어오자 그에게 가해지는 협박은 두 배가 된다. 먹고살기 위해서 창구에 앉아 있어야만 하는 마당에 게다가 지금은 목숨을 부지하기 위해 강도에게 돈을 내놓아야 하는 것이다.

협박이 가진 특성에 따른 상황은 우리가 무언가를 해야만 한다는 느낌을 받을 때 비로소 나타나게 된다. 강요성이 없는, 강제되지 않은 의지에서가 아니라 하나의 강요된 의지에서 무슨 일을 하는 것이다. 이런 경우 직장을 잃는다든지 자유나 애정을 상실하는, 어떤 금지나 장애 앞에서 무릎을 꿇어야만 하는 상황이 대부분이다. 진정 순수하게 자발적으로 아침 여덟 시까지 직장에 출근하거나 학교에 가는 사람은 없다.

백화점에서 물건을 사고 진정 자발적으로 돈을 내려는 사람이나 정말 스스로 원해서 유혹을 물리치려는 사람은 없다. 이런 경우 협박은 도덕적 성격을 띤다. 우리가 무엇을 하거나 하지 않는 이유는 그것이 다른 것과 비교해보았을 때 도덕적으로 덜 악하기 때문이다. 우리는 이것저것 따져보고 난 후 협박이 없었다면 가지지도 않았을 의지에 한 표를 던지는 것이다.

그런데 원래의 의지에 등을 돌리고 마음속으로 거부감이 드는 의지를 따르는 현상은 지금까지 살펴본 대로 전부가 외부의 의지에 의한 협박에 의해서만 이루어지는 것은 아니다. 겉으로 보기에는 아무도 잘못하지 않았지만 누군가의 자발성이 훼손될 수도 있다. 얼마 전, 우루과이 축구선수들이 탄 비행기가 안데스 산맥 어딘가에서 추락한 사건이 있었다. 기아에 시달리던 선수들은 한참을 괴로움 속에 고민하고 또 고민한 끝에 사망한 동료 선수들의 시신을 먹기로 결단을 내렸다. 자기들이 그런 결성을 내려야 할 날이 올 줄은, 대체 그러한 의지가 가능이나 할 줄은 설마 꿈에서도 상상하지 못했을 것이다. 그들의 의지는 상황의 협박에 의해 생성된 의지였다. 먹느냐 죽느냐인 것이다. 스스로 목숨을 끊는 행위도 마찬가지다. 극단적 고통 속에서 사는 것 보다는 이것이 낫다는 판단이다. 앞에서 언급한 야전병원의 군의관의 경우도 여기에 해당된다. 환자를 죽게 하느냐, 아니면 마취 없이 절단 수술을 하느냐의 문제인 것이다. 물론 이밖에도 수없이 많은 사소한 예들이 있다. 물에 빠진 어린이를 구하려면 값비싼 야회복을 입고 물에 뛰어들어야 할 것인지, 또는 해일에 대한 염려 때문에 바닷가에서 수영을 하지 말아야 할 것인지 결정해야 할 때도 있다.

외부로부터의 강제, 강요된 의지, 그리고 강제성에 대한 개념을 이해하기 위해서 두 가지를 구분할 필요가 있다. 누군가가 본심으로 원하는 것, 그리고 본래는 원하지 않음에도 불구하고 원하는 것, 이 두 가지다. 여기에는 많은 예가 있지만 과연 우리는 이 차이점을 정말 이해할 수 있을까?

내키지 않는 일을 할 때의 패러독스를 다시 떠올려보자. 이 역설을 해결하기 위해 우리는 스스로의 의지에 의해 소망할 때와 원래의 소망을 충족하기 위한 수단으로 무언가를 소망할 때의 이 두 가지를 구분했었다. 즉 근본적 소망 또는 진짜 소망을 한쪽에 놓고 그 반대편에 빌려온 소망을 놓고 구별했던 것을 지금 다시 돌이켜보자는 것이다. 이제 우리는 이렇게 정리해볼 수 있다. 강제 상황이란 내가 본디 원하는 것에 반하는 일이 일어나지 않도록 하기 위해, 차용된 소망을 담고 있는 어떤 행동을 원하고 행위하는 것을 뜻한다. 어떤 소망의 충족을 보장하기 위해 나는 내 뜻에 반하여 무언가를 원하고 한다. 계속 살아 있고자 하는 자신의 소망이 말살되지 않기 위해 비록 원치 않지만 우리의 창구 직원은 강도에게 돈을 내어준다. 우루과이 축구선수들은 정말로 그러고 싶지는 않지만 다만 살아남기 위해 인육을 먹는다.

논리적으로만 따져보면, 강제 상황이란 나의 목표를 달성하기 위해 내키지 않는 수단을 선택하는 과정에 지나지 않는다. 구조적으로 보면 두통을 없애려고 쓴 알약을 삼키는 나나 은행 직원이나 축구선수들이나 크게 다르지 않다. 그런데 누군가 이런 말을 한다고 상상해보자. "나는 강제 상황에 놓여 있어. 이 지겨운 두통이 멈추길 원해. 하지만 아스피린은 너무 써!" 웃기지 않은가? 또는 오페라 공연에 가려고 하는데 공연 시간에 늦지 않으려면 새로 산 깨끗한 신발을 신고 진흙땅을 건너가야 한다고 가정해본다. 그는 자기연민에 젖어 이렇게 중얼거린다. "나는 끔찍한 강제 상황에 놓여 있었어요. 시작 시간에 맞춰 가기 위해 그 비싼 구두를 희생했지 뭐예요!" 우리는 이런 단어의 선택에 왜 우스꽝스러움을 느끼는 걸까? 그 이유는 이들이 진정으로 중대하거나 정말로 매우 커다란 대가를 치러야만 얻는 소망이 아니기 때문이다. 강제 상황이라는 말이 가진 극적 어감이 어울리려면 이보다는 사안이 좀 더 중대해야 한다. 병을 낫게 하기 위해 복용하는 약이 단지 맛이 쓴 것을 넘어서서 심각한 부작용이 있다면 진짜 강제 상황에 매우 근접하게 된다. 건강을 얻기 위해 건강을 잃을 수도 있는 상황인 것이다. 이것이 건강이 아니라 목숨을 논하는 것이라면 당연히 강제 상황이라는 말이 딱 걸맞을 것이다.

그런데 우리는 강요된 의지에 대비되는 것으로서의 '본래'의 의지에 대해 아직도 완전히 다 이해하지는 못했다. 완전한 이해를 위해서는 사용된 표현을 잘 살펴보고 두 가지 경우를 구별해야 한다. 영화관에 가려고 집을 나섰는데 도중에 친구를 만났다. 친구는 함께 카페에 가자고 한다. "원래는 영화를 보려고 했는데……" 여러분은 이렇게 말하며 시계를 본다. "하지만 뭐, 괜찮아." 여기서 말하는 '원래'는 백 퍼센트 시간적 의미를 가진다. 원래 가졌던 의지는 시간적으로 앞서 세워진 의지다. 자유로운 의지냐 강요된 의지냐 하는 문제는 전혀 건드리지 않는다. 영화관에 가는 것은 강요되지 않은 의지이다. 그러나 양로원에 계신 어머니를 찾아가는 길이었다면 상황에 따라 점점 부담을 느끼고 있었던 참일 수도 있다. 그러나 친구에게는 한숨을 푹 내쉬며 이렇게 말할 것이다. "사실은 양로원에 가는 길이었는데…… 좋아! 가자!" 이 경우도 본래의 의지가 방해를 받는 경우다. 비록 새로 나타난 의지가 원래 가졌던 강제적 성격을 띤 의지보다 자유로운 것이긴 하지만 그래도 본래의 의지라는 점에는 변함이 없다.

그런데 의지는 강조된 의미에서도 본래의 의지가 될 수 있다. 이것은 좀 더 중대한 악을 피하기 위해 별 거부감 없이 만들어진, 행동화된 의지이다. 우리는 가끔 어떤 소망을 나타낼 때 이런 표현을 쓴다. "만일 내 맘대로 할 수 있다면 나는……." 다른 이유가 없이 그저 내가 그 누구도 아닌 바로 나이기 때문에 생겨났으며 또한 내가 하고 싶거나 좋아하는 것과 관련이 있는 소망이다. "원래는 의사가 되려 했지만 전쟁이 일어나는 바람에……." 아까 등장했던 은행 창구 직원에게서 이런 말이 나올 법도 하다. 스무 살 때 그는 의사가 되고 싶었다. 그런데 전쟁이 발발하고 그로부터 파생되는 모든 압박들은 본래의 고유한 소망으로부터 그를 멀어지게 만들어 결국 그는 비자발적이고 억지로 지폐를 세는 일을 하게 되었다. 그러나 비록 규모가 작기는 하지만 아직 실현될 수 있는 원래의 의지는 남아 있다. 그것은 밤에 수영 가는 것, 달랑 지도 한 장만을 들고 발길 닿는 대로 전국을 여행해보는 것, 알레힌*의 체스 경기들을 빠짐없이 복기해보는 것 등이다. 이것들은 그가 스스로 원해서 해보고 싶은 것들이고 본래 가져왔던 희망사항들이다. 그들의 실현을 위한 모든 과정들, 이를 테면 기차 시간표를 조사하는 일이라든가 바다까지 가는 길고 더딘 길, 체스 판을 앞에 놓고 이편과

---

* 알렉산드르 알레힌, 세계 체스 제4대 챔피언.

상대편으로 계속 번갈아 자리를 바꾸는 일 같은 것도 그는 최종 목표를 위해 어쩔 수 없이 감수해야 하는 것이라거나 귀찮은데 억지로 하는 일이라고 생각하지 않는다. 공항에서 체크인을 하기 위해 정신없이 뛰어야 하는 분주함, 크루즈 유람선 안에서 같은 여행객들과 어울리며 영위해야 하는 공동 생활, 체스 경기의 규칙과 승부욕 같은 것들의 압박을 받을 필요가 없는 것이다. 해야만 하는 것은 없다. 그는 자유롭다.

휴가에서 돌아와 월요일 아침에 다시 은행으로 출근하려는 의지는 하나의 강요된 의지이기 때문에 어떤 의미에서 그의 고유한 의지가 아니다. 돈을 벌어야 한다는 협박이 존재하기에 이 월요일 아침에 그는 의지 안에서 참다운 자기로 머물러 있을 수 없고 자신의 것이 아닌 다른 의지에 굴복해야 한다. 종종 그는 지폐를 세는 자기 자신을 보며 이렇게 생각한다. 이것이 내 인생인가? 이것이 정녕 나란 말인가?

어떤 의지가 제 것이 아닌 것 같은 경험에 대해서는 강박적 의지 부분에서 이미 살펴본 적이 있다. 그런데 비슷하게 들린다고 혼동하지 않고 강박적 의지와 강요된 의지 사이에 자기 것이 아닌 낯섦이라는 측면에서 근본적으로 두 가지 다른 점이 존재한다는 것을 아는 것이 중요하다. 어떤 강박적 의지가 낯설게 느껴지는 것은 본인의 생각과 숙고의 결과가 의지에 영향을 주지 못한다는 데에 기인한다. 거의 내부적 틱 현상이라고 할 만하다. 신경증적 틱 현상이 그런 것처럼 강박적 의지도 우리에게서 떨어져 나와 외부에 존재하는 것처럼 낯설다. 그러나 우리의 창구 직원이 자기 스스로를 옆에서 지켜볼 때는 이와 다르다. 그가 지폐를 세는 것은 내적 강제 때문이 아니다. 자기도 어쩔 수 없이 자꾸만 돈을 세게 되기 때문에 세는 것이 아니라는 뜻이다. 일이 좋든 싫든 아침이 되면 자동적으로 은행으로 발걸음이 향해 창구에 앉아 있게 되고 마는 현상이 아니다. 만일 그렇다고 하면 그는 절대 휴가를 가는 일도 없을 것이고 그저 주말을 저주하고 앉아 있을 것이다. 하지만 사실은 그렇지 않다. 그는 일하기 싫은 마음이 밀려올 때면 다른 대안이 없지 않느냐고 자문하면서 직업적 의지를 추스르는 수밖에 없다. 그러므로 이 의지는 통제라는 측면에서 완전하게 그 자신의 의지다. 심지어 열심히 노력해서 이룩해낸 의지이기에 문득 급하게 생겨난 의지보다도 더욱 확실히 그에게 속하는 의지라고 말할 수 있다. 또한 창구 직원도 자신의 의지를 거부하지 않는다. 능력 제일주의의 강박적 의지나 도박 중독을 저주하며 떨쳐내려 노력하는 사람들과는 다르다. 그는 자신의 의지를 목적을 위한 수단으로 인정한다. 물론 강박적 의지에 빠진 사람과 그가 '차라리 이 의지가 없었다면,' 하고 서로 비슷한 말을 할 수는 있다. 그래도 양쪽이 가진 뜻은 각자 다르다. 강박적 의지의 소유자의 생각은 이런 것이다. "내게 해만 끼치는 이 의지를 제발 물리칠 수만 있다면!" 그에 비해 창구 직원은 이런 생각을 한다. "나로 하여금 이 의지를 갖게 만든 이 거지 같은 세상이 제발 좀 달라졌으면!" 강박적 의지의 소유자는 자신에게 해가 되며 막무가내인 본인의 의지를 탓하고 다른 한 사람은 비록 이성적이고 유용한 의지라고 해도 그것이 근본적으로 악을 뜻하는 무언가를 뜻하므로 차라리 그 의지를 갖지 않기를 원한다.

내적 강제가 의미하는 것은 **내 안**의 무언가가 정상적이지 않다는 것이고 외적 강제는 **세상**이 정상적이지 않다는 것을 뜻한다. 우리가 본 바와 같이 강박적으로 무언가를 원하는 사람은 자기 자신이 무언가를 행하고 그로써 의지를 변화시키려는, 결정이 가진 특성의 능력이 결여되었기 때문에 자유가 없다. 그에 반해 창구 직원은 그럴 능력이 있다. 어느 날 그는 도박사가 된다. 그는 태연한 얼굴로 돈다발을 챙겨 서류가방에 집어넣고 창구를 닫은 다음 은행 밖으로 걸어 나간다. "안녕히들 계십시오!" 그는 놀라서 멍해진 표정의 동료들에게 이렇게 인사한다. 그는 모든 것을 단 하나에 거는 방식으로 협박당한 의지를 떨쳐 내버린다. 그가 이렇게 할 수 있는 이유는 강박적 의지의 소유자에게는 없는 것, 즉 결정의 자유가 있기 때문이다.

강요된 의지와 함께 살아가야 한다는 것은 내키지 않는 일을 하는 것보다 더 힘들다. 그것은 평생 동안 하기 싫은 일을 해야 하는 운명보다 좀 더 깊은 차원에서 삶을 파괴할 수 있다. 역사적으로 프랑스의 레지스탕스군이 자기편 사람들을 사살한 일이 있었다. 희생자는 핵심 인물들이었다. 그들이 독일군에게 붙잡혀 모진 고문 속에서 비밀을 발설한다면 많은 레지스탕스군이 몰살될 수 있다는 가능성이 크게 대두되었기 때문이었다. 총을 쏜 이들은 자발적으로 총을 쏜 것이 아니라 강요된 상황에 놓여 있었다. 그들을 이끌었던 의지는 그들이 원래 가졌던 의지에서 그리 멀리 떨어진 것이 아니었다. 점령군의 의지에 의해 강요된 것이다. 레지스탕스군 대장의 애인이 그 신분이 노출되어 독일군에게 잡힐 가망이 높다는 가정을 한번 해보자. 부하들은 모두 그 사실을 알고 있고 그 여인의 이야기만 나오면 당황하고 긴장한 얼굴로 대장을 쳐다본다. 누군가 일을 저질러야 한다면 그건 대장이다. 그녀도 그것을 원할 것이다. 그래야만 마지막으로 둘 사이의 애정을 지킬 수 있고 제대로 안녕을 고할 수 있다. 그러나 그에게는 인생 최대의 고비가 아닐 수 없다. 두 사람은 서로를 바라본다. 더 이상 피할 수 없다는 것을 느낀다. 결국 행동에 나선 그의 마음은 갈기갈기 찢어진다. 그 일이 저질러지고 난 후의 그는 이제 더 이상 예전의 그가 아니다. 그는 위험한 작전은 이제 무슨 일이 있어도 자신이 직접 지휘하기로 결심한다.

그의 충격과 상처받은 마음을 무슨 말로 표현할 수 있을까? 오직 논리적으로만 해석한다면 그가 처한 상황은 은행 창구 직원이나 야전병원 군의관, 안데스 산맥의 축구선수들이 처한 것과 정확히 일치한다. 더 큰 악의 발생을 막기 위해 원래의 의지에 반하는 것을 원하고 행해야 하는 것이다. 다만 강요된 의지가 이번에는 좀 더 끔찍할 따름이다. 사람을 죽여야 하는데 그 사람이 단순히 어느 누군가가 아닌 것이다. 그 사건을 통해 그의 한 부분이 죽어버렸다. 매일 밤 꿈속에서 그는 자동차 창문을 열고 그녀를 향해 총을 겨눈 채 서서히 다가가는 자신을 본다. 은행 직원은 스스로의 옆에 서서 자신에게 질문을 던질 수 있었지만 그는 그렇게 정녕 내가 애인을 쏴 죽인 거냐고 자문할 수가 없다. 그는 수년 전부터 레지스탕스군의 한 부대를 이끌어오면서 그들을 보호하기 위해 그 어떤 타협도 하지 않고 모든 것을 바쳐왔다. 그렇기 때문에 총구를 겨누고 방아쇠를 당길 때 그 자신이 아닌 다른 사람이 된 것 같은 느낌은 없었다. 동료 선수들의 시신을 먹어야 하는 상황에 심한 저항감을 느꼈던 우루과이 축구선수들이 가졌던 심리적 거리감과 낯섦을 느끼는 편이 오히려 그에게는 더 좋았을 것이다. 나치가 그에게 억지로 강요한 의지가 비열한 까닭은 그가 그 의지와 동질감을 느낀다는 점에 있다. 동료들을 보호하려는 의지가 그것이다. 그래서 그는 방아쇠를 당기는 순간 온전히 자기 자신으로 남아 있을 수 있었다. 그러나 그와 동시에 깊은 상처가 그를 관통하고 지나간다. 사랑하는 여인을 보호하려는 의지 또한 똑같이 그 안에 존재하는 의지였고 이것은 모르는 사람의 생명을 구하려는 야전병원 군의관의 의지보다 더 강렬한 것이기 때문이었다. 훗날 그는 만일 자신이 둘로 분리되어 강박적 의지의 소유자처럼 그때의 행위를 남의 행위를 외부에서 지켜보는 것처럼 느낄 수 있다면, 아니면 통제하지 못하는 자가 자신의 폭발적 행위를 나중에서야 깨닫는 것처럼 자신도 그렇게 느낄 수 있다면 어떨까 하고 상상하곤 한다. 그렇다면 실제보다 더 견디기 쉬웠을까, 어려웠을까? 정말로 가슴이 산산조각 난 것과 자신이 의지의 주인이 아니었음에 분노하는 상상된 경악, 이 두 가지 중에 어느 것이 더 큰 악 또는 더 큰 고통을 의미할까? 어느 것을 선택해야 조금이라도 마음이 더 편해질까? 만일 자신의 행위가 강박이나 조절되지 못한 의지에 의한 것이었다면 차라리 자신이 책임질 수 없는 병이라고 생각하고 타협점을 찾을 수도 테지만 그 대가로 자신에게는 결정의 자유가 없다는 고백을 토해내야 할 것이다. 그러나 그는 부자유스럽고 강요된 의지를 실현했던 그 순간, 그 어느 때보다도 분명하고 과감하게 결정의 자유를 누렸으므로 그것은 너무도 명백한 거짓말이 될 것이다. 하지만 거짓말이라고 해도 고통을 누그러뜨리는 고마운 거짓말임에는 틀림없지 않은가? 이제 대장은 여인에게서 눈을 돌려 총을 쏘는 남자를 본다. 남자와 여자, 두 사람의 시선이 마주친다. 여인은 그 자리에 멈춰 서서 총알이 날아오기를 기다린다. 잠시 제정신을 잃은 사람과 희생자가 아닌, 자유로운 두 인간 사이의 마지막 만남이 되어야 하기에 이제 갖게 될 커다란 상처는 평생 가지고 가게 될 것임을 남자는 깨닫는다. 그렇다, 그 상처와 함께 계속 살아가고 싶을지 그는 당시에는 알지 못한다.

▌"이렇게 할 수밖에 없어!"— 부자유의 증표

"이렇게 할 수밖에 없어!" 가족과 함께 기차를 기다리며 우리의 망명자는 이렇게 말했다. 앞 장에서 우리는 이것이 부자유의 인정이 아님을 살펴본 바 있다. 오히려 그 반대로, 그는 화가 난 친구에게 이 말로 자신의 자유를 변호한다.

그런데 같은 말이 부자유의 표현이 되는 경우도 있다. 표류자의 경우 어떤 의미를 가질까? 이런 경우, 표류자가 스스로 하는 말이 될 수 없다. 자기 자신과 간격을 두어야 하는데 이 전제조건이 그에게서는 충족되지 않기 때문이다. 다른 것을 원하거나 할 수 있는가 스스로 자문하기 위해서는 자신을 문제화해 생각할 수 있어야 하는데, 표류자는 여기서 그런 능력을 지닌 인물에 해당되지 않는다. 그들 밖에 존재하는 외부인만이 그런 질문을 던질 수 있다. 내가 표류자 한 사람이 거리를 떠밀려 내려가는 모습을 지켜보고 있다는 상상을 해보자. 그는 한 걸인 앞에서 걸음을 멈춘다. 마치 걸인 같은 건 난생 처음 본다는 듯이 꼼짝하지 않고 노골적으로 쳐다본다. 내 동행인 베라가 나를 달랜다. "너무 신경 쓰지 마. 저 사람은 저럴 수밖에 없어." "하지만 저러면 안 되는 거잖아!" 내가 대꾸한다. "그거야 그렇지. 하지만 저 사람의 경우는 달라. 그냥 저절로 저렇게 되기 때문에 저 사람도 달리 도리가 없어." 그는 지갑에서 지폐 한 뭉치를 꺼내 걸인 앞에 놓인 모자에 휙 던져 넣는다. "저거 봤어? 어이가 없군!" "그렇긴 하지만 방금 말한 대로 저 사람한테는 저 일이 그냥 일어나는 거야." 그는 다시 가던 길을 간다. 그러더니 돌연 뒤돌아서서 길을 거슬러 올라가 방금 줬던 돈을 걸인의 모자에서 다시 꺼낸다. "세상에 별 꼴을 다 보네!" 네가 외친다. 베라가 이런 나를 가엾다는 듯 보며 웃는다. "아직도 모르겠어?" 표류자는 장난감 가게에 들어가더니 샛노란 초대형 곰 인형을 안고 나온다. "저건 또 뭐야?" 중 얼거리는 내 말에도 베라는 아무 소리 하지 않고 그저 조용히 미소만 짓는다. 그는 거대한 곰을 안고 길 한가운데 서서 오가는 사람들을 방 해한다. 저쪽에서 유모차가 다가온다. 그는 활짝 웃으며 유모차로 다가 가 아이의 코앞에 곰 인형을 바싹 들이민다. 아이 엄마가 인형을 손으로 밀치니 먼지투성이 바닥에 떨어진다. 그는 인형을 집어 올려 더러워진 털을 처량한 눈으로 바라본다. 갑자기 그의 표정이 환하게 밝아지더니 군중을 향해 인형을 발로 뻥 차올린다. 나는 더 이상 아무 말도 하지 않고 그가 아무 가게로나 들어가 할인된 물건들을 뒤지는 모습을 잠자코 지켜본다. 조금 있다가 내가 입을 연다. "네 말은, 그러니까 저 자가 저럴 수밖에 없다는 긴가? 그저 기분이 시키는 대로 이러고 싶다가 갑자기 또 저러고 싶다가 하는 것이? 아무 연관관계나 규칙, 순서도 없고 아무런 통제도 없이 그저 그걸 발산하는 저런 것이?" "응, 맞아." 베라 가 이렇게 말하며 덧붙인다. "어쩐지 부럽다는 생각도 드네." "왜?" "저 사람은 나름의 방식대로 자유롭잖아. 안 그래?" "난 잘 모르겠어. 하지 만 기분의 노예라고 할 수 있지 않을까." "그럴지도. 그렇지만 저 사람 은 그걸 알아채지 못하지." "그래서 자유롭다고? 생각해봐. 통제가 없으 면 결정이란 것도 없어. 저 사람 같은 경우는 집에 집주인이 없는 거 랑 비슷해. 저 자를 과연 **사람**이라고 부를 수 있을까? 나한테는 그가 그 저 아무도 돌보지 않은 채 사건들이 제멋대로 일어나는 그대로의 복잡한 **그 무엇** 이상으로는 보이지 않아. 하지만 우리의 경우는 다르지. 우리는 우리 자신을 수중에 갖고 있어. 그것이 우리를 **주체**로 만들지." "정말 그럴까?" 베라는 웃으며 나를 잡아끈다.

그렇다면 최면에 걸린 사람과 제정신이지만 최면에 걸린 것처럼 예속된 사람의 경우는 어떨까? 최면에 걸려 있는 동안과 맹목적인 복종의 시기에는 내가 달리 행동할 수 있는가 하는 질문이 나올 여지가 없다. 이들도 표류자처럼 자신과의 모든 간격이 상실된 상태다. 그러나 이들도 깨어나기만 한다면 스스로에게 물음을 던질 수 있을 것이다. 그리고 그 대답은 분명할 것이다. "그렇게밖에 할 수 없었어." 이것은 부자유의 증거이며 그들은 이런 대답에 마음이 아플 것이다. 그들은 이렇게 덧붙일지도 모른다. "나 자신은 거기 없었어. 나는 의지가 없는 타인의 도구였을 뿐이야."

그런데 통제하지 못하는 자가 감정에 휩싸여 어떤 행동을 저지른 다음에 하는 말은 조금 다를 수 있다. "미안하긴 한데, 나도 어쩔 수가 없었어. 제정신이 아니었거든." 차이점은 그가 어쩔 수 없이 행동하게 만든 것이 타인이 아니라는 점이다. 그는 그 안에 있는 힘 때문에 자유를 잃은 것이다. 그렇지만 그의 말은 사실이다. 어떤 의미인가 하면, 그가 감정에 백 퍼센트 휩싸인 나머지 서로 다른 여러 가지를 원하는 능력, 그리하여 우리가 우리 자신일 수 있게 만드는 바로 그 능력을 잃어버린 탓이다. 이것은 생각과 숙고의 과정을 통해 의지에 영향을 행사할 수 있게 만드는 능력이기도 하다. 통제하지 못하는 자의 변명은 표류자가 어쩌면 자기 자신에 대해 할 수 있는 말, 즉 자기 자신을 테마로 삼는 것이 불가능했다는 말과 대동소이할 것이다.

한편 생각의 들러리가 할 수 있는 말은 또 다르다. "그게 말이야, 내가 귀가 얇아서 다른 사람들이 네게 갖다 쏟아놓는 이야기들에 하도 사로잡히는 바람에 다른 생각이나 다른 의지를 가질 수 있다는 사실을 미처 생각하지 못했어. 아버지의 고상한 설교에 그만 눈이 완전히 멀고 토론장에서 열을 올리며 옳다고 떠들어대는 소리들에 생각이 완전히 한쪽으로 굳어버렸지. 스스로 생각한다는 것, 그게 어떤 건지 아무도 가르쳐주지 않더군." 또 다른 생각의 들러리는 이렇게 말한다. "그동안 수없이 많은 책을 섭렵하고 검증을 거듭했지요. 그러고 나니 견고한, 아니 완고한 내면의 집이 완성되더군요. 그 안에서 나는 수십 년을 안락하게 살아왔습니다. 그런데 내가 미처 생각하지 못한 음험한 면이 있었다면, 그것은 나와 다른 견해를 어떻게 대하는지에 대한 특정한 생각이 머릿속에 굳게 박혀버렸다는 겁니다. 사람들은 그것을 '비판'이라고 부르더군요. 그걸 통해 나는 다르게 생각하고 행동한다는 것이 뭔지 아주 정확하게 잘 안다고 생각했습니다. 마음만 먹으면 언제든지 나노 그럴 수 있으리라고 착각했던 거지요. 하지만 실제는 전혀 그렇지 않았습니다. 나는 오직 비판이라는 개념만을 알았고 아무 생각 없이 그것에 익숙해졌기 때문에 내가 가져왔던 이제까지의 사고 세계를 뚫고 자라나거나 정말로 독립한다는 것이 완벽히 불가능했어요. 나는 내 사고의 틀 안에 갇힌 포로이면서도 스스로는 그것을 모르고 있었던 겁니다."

강박 때문에 부자유스럽게 된 사람 또한 자기도 그렇게밖에는 할 수 없었다고 항변하기는 마찬가지다. 그런데 그의 경우는 사고가 마비되거나 상상력이 딱딱하게 굳어버려서가 아니다. 그의 감옥은 알다시피 사고의 영역 밖에 있으며 그가 의지의 당사자가 아니라 구경꾼이라는 사실 위에 존재한다. "카지노의 불이 켜지면 말이죠," 그가 입을 연다. "마치 자석에 빨려 들어가는 것 같단 말이죠. 자석이 끌어당기는데 별 수 있어요? 쇠붙이가 할 수 있는 일이 있느냐는 말입니다. 있는 힘껏 발버둥을 치지만 소용없어요. 정말 이건 싸구려 변명이 아닙니다. 진짜로 나도 어쩔 수가 없어요. 이 말이야말로 진실 중의 진실이에요."

한편 은행 창구 직원의 경우는 어떨까? "일이 그렇게 싫다면 그냥 그만두면 되지 않아? 돈 세는 것 말고도 세상에 일은 많아." 누군가 그에게 말한다. 그러자 그가 성이 나서 대꾸한다. "내 나이가 몇인데 새로운 직업을 찾는다는 게 그렇게 쉬울 줄 알아?" "일은 왜 해? 내 생각에 넌 그런 얘기만 나오면 겁부터 집어먹는 것 같아." 그러자 창구 직원이 벌컥 화를 터뜨린다. "그럼 뭘 먹고사냐, 이 멍청아!" 한바탕 시원하게 화를 터뜨린 후 두 사람은 어느 날 다시 만난다. "다 때려치웠어." 창구 직원이 말한다. "그리고 돈도 좀 슬쩍했지." "거봐, 찾아보면 다른 방법도 있다고 내가 그랬지?" "그래, 하지만 이런 상태로 얼마나 더 갈 수 있을까." 직원이 중얼거린다.

레지스탕스군 대장은 결국 지울 수 없는 상처를 그대로 안고 가기로 마음먹는다. 소리 없이 스러지는 여인의 생생한 모습이 자꾸 떠올라 회의가 밀려들 때마다 이렇게 혼자 되뇔 것이다. 난 어쩔 수 없었어, 어쩔 수 없었어. 여느 강제 상황이었다면 과장되거나 너무 비장하게 들릴 수도 있겠지만 지금 그의 상황에 매우 적절하고도 적확한 의미를 가지는 다음과 같은 한마디를 덧붙일 것이다. 지금 이대로의 내가 바로 나니까.

5장

부자유를 재는 척도로서의
시간 경험

의지의 자유와 부자유는 우리가 시간을 어떻게 느끼고 경험하느냐의 방식에 반영된다. 그러므로 우리가 시간을 어떻게 경험하는지에 대한 분석은 자유와 부자유를 더 깊게 이해하기 위한 실마리가 된다. 이것에 대해서는 이전 장들의 몇몇 부분에서 이미 다룬 바 있다. 열린 미래를 자유의 한 측면으로 보는 시각, 그리고 표류자와 강박적 의지의 소유자에게 미래가 어떤 의미를 지니는지에 대한 대목에서다. 이제 이번 장에서는 시야를 좀 더 넓혀 시간 경험을 전체적으로 살펴보고 또한 고찰의 범위를 자유와 부자유의 경험 전체까지 확장해보기로 한다. 부자유의 압박 아래서 우리의 시간 경험은 어떻게 변형되는가? 앞서 소개했던 부자유에 관련된 여러 인물 유형들을 더 깊이 파고들어 가서 볼 때 그들이 시간을 느끼는 방법은 서로 어떻게 다른가? 또 이 책의 마지막 부분에서는 잃었던 자유를 다시 찾았을 때의 시간 경험에 대해 다루게 된다.

▌ 밋밋하게 흐르는 표류자의 시간

표류자가 방황하고 있는 시내 한복판으로 돌아가보자. "곰 인형을 안고 있는 저 남자가 슬쩍 부러운 이유가 뭔지 알아?" 베라가 이렇게 물으며 곧바로 덧붙인다. "저 사람이 누리고 있을 즉각적이고 직접적인, 심지어 불쾌한 것까지도 다 품을 수 있는 현재가 부러워."

"하긴 그래. 저 자는 나 같은 사람들이 흔히 저지르는 실수는 하지 않을 거야. 현재를 살면서 생각은 벌써 미래에 가 있는 그런 실수 말이야. 하지만 그가 치러야 하는 대가는 클 거야. 그는 방금 말한 그런 실수를 할 **능력**이 없어. 바꿔 말하면, 자신의 현재를 가능한 미래의 시점에서 볼 수가 없고 그 현재를 미래로 죽 이어지는 무언가의 일부분으로 보지 못한다는 거야."

"그럴까. 저 사람이 세일 물건이 잔뜩 담긴 바구니를 헤집을 때 그 얼마나 **호기심**이 넘치는 심정이겠어. 그런 그의 모습이 상당히 미래지향적이라고 보이는데. 또 그가 구경하면서 그 순간 느끼는 것들이야말로 그의 **기대**를 충족하거나 실망시키는 그 무엇이 아닐까?"

"그거야 물론이지." 내가 말한다. "내 말은 그의 머릿속에 그를 미래와 단절하고 미래로 넘어가는 시간의 문턱을 가로막는 두꺼운 벽이 둘러쳐져 있어서 무언가를 기대한다는 것이 대체 뭔지도 모른다는 소리가 아니야. 현재를 항상 모든 것의 끝으로만 거듭 인식하는 사람, 훗날이라는 개념에 관해 이해가 박약한 사람은 자신이 조우하는 대상을 현재로서 경험하기는커녕 그냥 **저런 것이 있다**고만 느낄 뿐이라고 생각해. 어쩌면 그것조차 힘들지도 모르지. 내게는 기대의 최소한의 형식이 없다면 의식도 불가능한 것처럼 보이거든. 만일 누군가가 코앞의 시간을 뚝 잘라내버린다면 그는 정신을 잃을 거야. 아까 저 자가 가던 걸음을 돌려 걸인에게 줬던 돈을 다시 가져갔을 때 나는 그에게 일종의 미래에 대한 의식이 있었다고 생각해. 그 의식은 되돌아가는 동작을 현재로 느끼게 해주었겠지. 미래를 향해서 간 거라고 생각해도 좋아. 하지만 그때 중요했던 것은 오직 모자와 돈이지 **그**가 아니었어. 각자에게 자신의 미래가 있다는 것, 그는 이 점을 이해하지 못하지. 자신과의 사이에 내적 간격이라는 게 없이 살아가기 때문이야. 따라서 그는 그에게 현재가 될 수 있는 것을 **그 자신**의 현재로 경험할 수 없는 거야. 현재, 그것은 그에게 있어서 자신의 기대에 맞거나 맞지 않거나 둘 중의 하나인, 노골적이고 현존하는 사건들의 나열에 지나지 않아."

"그것이 단지 주의 집중력의 범위에 관한 문제라고는 생각하지 않아? 그의 주의를 끄는 대상이 너무 빨리 변한다는 점이 이상하고 어이없는 건 사실이지. 그에게는 사물이 순간 나타났다가 언제 그랬냐는 듯 사라지는 듯해. 그가 곰 인형을 어떻게 다뤘는지 기억해봐. 그가 우리와 다른 점은 우리에게 더 넓고 깊은 것에 집중할 수 있는 능력이 있다는 점, 즉 시야가 넓다는 점 말고는 없지 않을까? 우리가 현재를 경험하는 능력이 그의 것보다 더 풍부하다는 것은 주변의 시간적 지평선이 넓다는 의미에서만 유효한 것이 아닐까?"

"아니, 아니야." 내가 말한다. "네가 했던 바로 그 말 가운데 아주 결정적인 차이점이 있어. 그 자신도 어쩔 수 없다, 자신이 자신의 것이 아니기 때문이라는 그 말이야. 그건 그가 자신의 의지를 돌볼 수 없기 때문에 그래. 툭하면 부르르 끓어넘치는 성마른 사람과 같다고 생각하면 돼. 비록 항상 성마른 것도 아니고 항상 부르르 끓는 것도 아니지만 말이야. 성마른 사람처럼 그도 언제나 자신이 경험하고 원하는 바로 **그것 자체**로 존재하지. 네가 바로 그 점을 부러워하는 게 아닌가 하는 생각이 들어. 그가 경험하는 현재는 엄청나게 **강렬할** 거라고 너는 생각하지. 하지만 잊어서는 안 될 것이 있어. 자신의 의지를 돌볼 수 없기 때문에 그 어떤 결정도 내릴 수 없고, 기분이 수시로 바뀌면서도 변덕스럽지 않은 것이란 도대체 어떤 것인지도 몰라. 그래서 현재를 자신이 결정하고 선택하는 무언가로 경험하지 못해. 그의 현재는 결단의 메아리를 동반하지 않아. 물론 우리의 현재에도 결정과는 아무 관계없는 부분이 존재하지. 세상 밖에서 우리를 향해 날아오는 것들에 관한 문제 말이야. 그런데 곰 인형을 안은 그자에게는 오직 그 문제만이 **전부**야. 그의 현재 인식 안에는 결정이라는 것이 손톱만큼도 들어 있지 않기 때문에 자유도 없어. 이러한 이유로 단지 미래에 대한 의식만이 아니라 현재에 대한 의식의 깊이도 결여되었다는 거야. 아침이 되면 일어나 그날을 사는 것뿐, 경험하는 것 중 그 어느 것도 정확한 의미에서 **그의 현재**가 되지 못해. 어떻게 말하면 **밋밋한** 현재라고 할 수 있지."

"우리도 요새 그냥 하루하루 지내고 있잖아." 베라가 대꾸한다. "그런데 그것도 나름 꽤 괜찮던걸. 살면서 요새처럼 지금 현재라는 시간을 더 많이 느낀 적이 없었어. 다시 뿌연 하늘 아래서 아침을 맞게 된다면 지금 이 기분을 곱씹을 거야."

"화제를 돌리지 마." 내가 끼어든다. "현재는 **유쾌함**의 여부와 아무 관계가 없어. 아침을 먹으며 궂은 날씨에 대해 불평한다고 해도 네가 느끼는 궂은 날씨는 그 남자가 느끼는 현재와는 달라. 왜냐면 네 **앞**에는 그 남자와는 다른 의미에서의 무언가가 있고, 그는 결코 모르는 **계**

획이라는 것을 품을 수 있기 때문이야. 미래에 대한 바로 이 느낌이 네 현재를 물들이고 그 모습을 형성하지."

"계획이나 결정과 아무 관계없는 미래에 대한 느낌 안에서 살아간다는 건 좋은 일이라고 생각해. 아까 호텔에서 나왔을 때 흐르는 시간 속으로 그냥 슥 미끄러져 들어가는 느낌이 나는 참 좋았어."

"말해두는데, 그건 착각이야. 네가 그런 느낌을 가질 수 있었던 건, 원하면 언제든지 결정의 자유를 누릴 수 있다는 의식이 있기 때문에 가능했던 거야. 그런 의식이 없었다고 생각해봐. 그럼 산책의 즐거움도 사라질걸. 또 하나, 집에 돌아와서 맞이하는 잔뜩 찌푸린 하늘은 **견딜 수 없을 정도로** 괴롭고 혹독하게 느껴질 거야. 네 자신에 대한 거리감도, 날씨에 대한 거리감도 없으니 숨통을 막는 답답함으로밖에 느껴지지 않는 거지."

"그럼 곰 인형을 든 남자는 **지루해할 줄은 알까?**" 베라가 묻는다.

나는 그가 변함없이 단조로운 환경에 노출되었다고 상상해본다. 매일 똑같은 안뜰을 바라본다든가 하는 것 말이다. 나는 입을 연다. "그는 항상 똑같은 한 가지에 질리게 되겠지. 그가 할 수 있는 것은 변화를 갈구하는 일이야. 하지만 그것은 우리가 교통 체증에 걸렸을 때 또는 대기표를 끊고 기다릴 때 가지는 느낌과는 달라. 그 지루한 그 현재가 가지는 특별함은 따분함을 억누르며 기다리는 동안 **무엇을 하면** 좋을까 하는 생각을 가지기 때문이지. 즉 그 시간 안에서 우리가 우리 자신과 함께 할 수 있는 일을 찾아볼까 하는 거야. 그런데 그는 그런 개념이 없어. 그가 알지 못하는 것 또 한 가지는 뭘 하면 좋을지 모르는, 그래서 한밤중에 텔레비전을 켜게 되고야 마는 그런 지루함의 경험이야.

그것을 알기 위해서는 자기 자신과 함께 무언가를 한다는 것이 뭔지 먼저 알아야 하지."

저녁이 되어 낮 동안 있었던 일들을 회상하는 가운데 베라가 이런 말을 꺼낸다. "아까 그 곰 인형 사나이 말이야, 그에게 기억한다는 건 어떤 의미일까?"

"아마 그도 우리처럼 버리지 않고 **가지고** 있는 일이 있겠지. 그 일들이 그 사람 안에 기억의 흔적을 남겼거든. 자기 돈이 걸인의 모자 안에 들어가 있다는 것을 아니까 다시 발걸음을 돌린 것이 아니겠어. 그런데 내가 궁금한 건 모자에 돈을 넣은 행동을 한 사람이 **그 자신**이라는 것을 완전한 의미에서 기억하고 있느냐는 거야. 자기 자신을 하나의 대상으로 볼 수 없는 사람이 진짜 기억의 조건을 충족시킬 수 있을까?"

그는 자신의 기억으로부터 **밀쳐내어지는** 것이 아닐까, 기억이 그를 멀리 쫓아내는 것이 아닐까 하고 나는 나중에 생각하게 된다. 그는 기억을 가지고 그 어떤 것도 **하지** 않으며 아무 질문도 던지지 않으며 자신의 지나온 과거사에 신경 쓰지 않는다. 자신의 과거, 그에게는 사실상 그런 개념이 없다. 기억의 그림에 잠시 불이 들어왔다가 다시 꺼질 때 그가 과연 그것을 느낄지 느끼지 않을지는 모르지만 어쨌든 기억이라는 **조명을 받는** 현재를 그는 **경험**할 수 없으며 자신의 과거와 거기서 나온 지식에서 비롯된 나름의 논리를 바탕으로 형성되는 미래를 살 수 없다. 물론 그의 행위는 기억에 의해 정해지며 기억은 그에게서 떨어지지 않고 달라붙어 특정한 일을 명령할 것이다. 그렇다고 그가 과거를 바탕으로 **발전**해서 미래를 향해 나아간다고 말할 수는 없다. 그러기 위해서는 자신에 대해 성찰하고 자신을 화두로 삼을 수 있어야 하기 때문이다. 그리고 당연한 말이지만 그는 지나간 일에 대한 기억이 어떠한 해석을 필요로 하는 대상이라는 사실을 **이해**하지 못한다.

▌예속된 자의 낯선 시간

최면에 걸린 사람과 예속된 사람의 시간은 어떻게 흐를까? 최면이 걸려 있는 동안, 그리고 깨어나서의 시간은 어떻게 다를까?

예속된 자는 자신도 모르는 사이에 형성된 의지에 의해 행동한다. 숙고하고 결정권을 쥔 자로서의 그의 존재는 무시된다. 그가 자기 것이 아닌 의지를 현실화하는 시간은 어떤 의미에서 **그의** 시간이 아니다. 의지의 장본인이 곧 시간의 주체가 되기도 하는데 그것이 봉쇄되기 때문에 그는 그의 시간을 사는 것이 아니라 남의 시간을 사는 것이다. 그가 특정한 암호에 시청을 폭파하기로 프로그래밍되어 있다고 가정해보자. 그가 폭탄을 들고 시청으로 향하는 동안, 단순한 의미에서의 과거와 현재와 미래가 존재한다. 조금 전에는 자동차에 올라탔고 지금은 폭탄을 설치하고 있으며 조금 있다가는 폭발이 일어날 것이다. 그럼에도 불구하고 그는 마치 몽유병자처럼 낯선 시간 안에서 움직이고 있다. 스스로가 아닌 타인이 그에게 만들어준 시간이다. 그는 타인의 시간 속에 살며, 조종당한 자로서 **타인의** 시간으로 들어온 손님이다.

그럼 그 조종하는 타인의 입장이 한번 되어보자. 최면에 걸린 자가 감각을 느끼고 의지를 가질 수 있는 꼭두각시 인형이 되어 자신으로부터 강요당한 의지를 수행하는 모습을 그는 멀리서 관찰한다. 최면에 걸린 자와는 달리 조종자인 그가 하는 행위는 진짜 현재를 담고 있다. 상대방을 통해 자신의 의지를 실현하고 있는 것이다. 조종자가 최면을 통해 희생자의 현재를 강탈하고 대신 낯선 시간을 채워놓을 때만이 가능한 일이다. 만일 그가 너무 빨리 깨어나 자신의 시간으로 돌아갈 것을 두려워해야 한다면 현재의 성공은 무너질 공산이 크다. 희생자가 경험하는 낯선 이 시간은 가위로 오려낸 것처럼 싹둑 잘라진다. 자기 자신이 참여하지 않은 가운데 시간을 경험한다.

예속된 자의 경우도 위에 상응한다. 의식이 또렷이 살아 있는 상태에서 남의 의지를 얻는 대가로 자신의 의지를 바친다. 이런 의미로 예속된 자와 그를 예속하는 자가 함께 여행을 한다고 가정해보자. 부자유는 공항에서부터 시작된다. 여러분이 예속된 자라고 한다면, 여러분은 공항 아케이드를 거닐며 예쁜 가게들 앞에 진열된 물건들을 구경하고 싶다. 그것이 출발 시간까지의 현재를 확장하며 여행에 대한 기대를 더 크게 만드는 여러분만의 방식이다. 하지만 여러분은 그 사람을 잘 안다. 그는 에스프레소 한 잔을 앞에 놓고 신문을 읽을 것이다. "그럼 조금 있다가 봐요!" 한마디를 남기고 여러분 자신의 현재로 넘어가면 일은 간단해진다. 그러나 여러분은 그렇게 하지 않고 그의 현재에 머리를 수그리고 들어간다. 그의 신경을 건드리지 않고 싶은 것이다. 이것은 분명한 생각으로서 현존하는 것도 아니고 우리가 살아가는 동안 우리 자신을 잃지 않고도 수백 번씩 맺을 수 있는 사소한 타협 같은 것도 아니다. 이것은 훨씬 심각한 종류의 것이다. 여러분은 자신이 무언가를 스스로 포기하고 있다는 사실조차 인식하지 못한 채 그것을 포기하고 있다. 그의 얼굴을 한번 쳐다보는 것만으로도 그의 의지는 여러분의 의지가 있는 자리를 차지해버린다. 그것을 허용할 것인지 아니면 저항할 것인지의 물음을 던지지도 못한다. 모든 것은 바닥 깊은 곳에서 이루어진다. 그래서 여러분은 그 사람과 함께 카페의 테이블에 앉아 이번 여행에서 첫 번째로 잃어버리는 시간을 경험하는 것이다. 여러분은 여기 있지만 여러분의 현재는 저쪽에 떨어져 있는 것처럼 말이다.

나머지 여행 일정도 이런 식으로 이루어질 것이다. 여러분은 그의 시간과 그의 현재 안에서 움직일 것이며 다음날의 계획을 짤 때에는 비록 여러분이 '우리'의 계획과 미래에 관해 말할지라도 그것은 그의 계획과 미래가 될 것이다. 여러분은 자아를 놓지 않고 있으므로 최면에 걸린 사람이 몽유병 환자처럼 행동하는 것과는 다르겠지만 시간을 만드는 사람은 여러분이 아닌 그 남자다. 여러분이 사는 시간은 자신의 시간이 아니고 그의 시간이다. 그의 의지가 여러분의 의지를 짓누르고 질식시키기 때문이다.

여기서 부자유의 범위가 갈수록 커지는 세 가지 버전을 생각해볼 수 있다. 첫 번째 버전에서 여러분은 커피 테이블 앞에 앉은 채 두 눈을 감고 머릿속으로 아케이드를 거닐며 최소한 상상 속에서만이라도 자신만의 현재를 누려본다. 여행지에 가서도 마찬가지다. 산행을 하는 도중에 생각은 바닷가에 누워 책을 읽는다. 몸은 고급 레스토랑에 앉아 있지만 마음은 담벼락 위에 걸터앉아 허물없이 빵과 치즈를 먹는다. 보트에 앉아서 박물관을 생각한다. 뒤돌아보면 하나가 아니라 몸의 여행과 마음의 여행, 두 가지 여행을 한 것 같은 기분이 든다. 마음의 여행이 있어서 다행이다. 비록 겉으로는 표시 나지 않게 내면적으로만 움직였지만 그래도 스스로 원하는 것을 할 수 있었고 자신의 시간을 창조할 수 있었다.

그런데 예속이 지나쳐 모든 상상력이 박탈되는 경우도 있다. 혼자만의 상상조차 의리를 저버리는 행위라고 생각해버리는 것이다. 콩알만 한 크기의 비밀스런 자유뿐 아니라 상상력까지도 그것이 상대방에 대한 반항 행위라고 생각되면 가차 없이 억눌리고 무시된다. 여러분이 공항의 커피숍이든 고급스런 호텔이든 보트든 어디 있건 간에 내면에는 텅 빈 침묵만이 떠돌 뿐이다. 여행은 상대방의 뒤를 잠자코 따라다니는 것에 불과하며 관광 명소들은 뿌연 베일이 둘러쳐진 것처럼 언제나 여러분과 분리되어 피부로 경험할 수 없는 하나의 무대장치로만 존재할 뿐이다. 관광지의 아름다움에 감탄하는 것처럼 위장하는 일도 쉽지 않다. 상대방은 부드러운 목소리로 여러분에게 자꾸만 물을 것이다. "왜, 마음에 안 들어?"

이것이 두 번째 버전이다. 이제 소개할 마지막 버전은 언뜻 보면 자유로움과 구분하기 힘들다. 여러분은 감동받았다고 **믿으며** 여러분과 상대방이 느끼는 것이 너무도 똑같기 때문에 서로 떼려야 뗄 수 없는 천생연분이라고 굳게 믿는다. 두 사람이 한 쌍이 되어 나니는 모습을 남들이 보면 이런 생각이 들 것이다. 여행지에서든 일상적 공동생활에서든 저 둘은 자유롭고 동등한 사람으로서 공통된 시간을 공유하고 있구나. 그러나 진실은 전혀 다르다. 여러분은 기계적으로 상대방의 뒤를 따라다니는 것을 더 이상 참을 수 없었던 것이다. 현재의 상실은 둔탁한 망치가 되어 고문을 가한다. 그래서 아예 길을 앞질러 나가서 상대방의 의지를 내 의지로 둔갑시켜버림으로써 자기기만에 스스로 몸을 던진 것이다. 그동안 조금이나마 자신을 보호해주었던 은근한 저항도 이제 모두 무너졌다. 이로써 여러분은 일체감의 탈을 쓴 완벽한 예속성을 완성했다. 이제 공항에서는 두 부의 신문을 사고 두 잔의 에스프레소를 주문한다. 여행지에서 그가 고른 레스토랑은 너무도 탁월한 선택이고 보트 타는 것도 그야말로 환상 체험이다. 스스로의 의지에 관한 한 여러분은 죽었다. 다만 그것을 모를 뿐이다.

최면에 걸린 사람과 예속된 사람이 그들 스스로의 시간 속으로 깨어날 때 무슨 일이 벌어지는지 살펴보자. 깨어난다고 하는 것은 잃었던 자신과의 간격을 다시 세우고 자신의 의지를 돌아보며 고려하는 것이다. 깨어나고 나면 내가 원하는 것이 뭔가, 그것이 다른 사람이 나를 통해 바라는 것과 어떻게 다른가 하는 물음을 던질 수 있게 된다. 그리고 겉모습만 자기 것인 의지와 진짜 자기 의지를 구별할 수 있다. 이를 통해 자유와 시간을 되찾는다. 이제 그들은 힘을 무효화하는 방법으로 그들의 시간을 강탈하고 자유를 앗아 갔던 폭군에 맞서는 힘이 생겼다. 최면의 희생자는 잿더미로 변한 시청 앞에 서서 생각한다. '이건 내가 한 짓이 아니야, 그때 나는 어디에 있었지?' 이 생각은 폭군에게 대단히 큰 위협이 된다. 시간을 도둑맞은 데 대한 분노는 자유를 도둑맞은 데 대한 분노와 같으며 자유는 어떤 형태로든 폭군에게 응분의 대가를 치르게 맞설 수 있는 힘을 주기 때문이다. 방금 등장했던 예속된 여행자의 경우도 다르지 않다. 여행지에서 돌아온 그녀는 사진을 보며 이렇게 생각한다. '이건 절대 내가 아니야. 빈껍데기일 뿐이야. 나는 현재가 없는 시간 속을 어기적거리며 돌아다녔고 죽을 만큼 지루했어.' 사진 속의 강요된 억지웃음을 보니 구토가 나온다. 그야말로 부자유의 절정이다.

어쩌면 그녀는 똑같은 여행을 다시 한 번 더 할지도 모른다. 이번에는 혼자서 말이다. 매 순간을 스스로의 자유로운 의지로 경험하면 상실되고 죽어버렸던 시간이 깨어나 되찾아질 수 있을 것 같다. 둘이서

갔던 길을 다시 가서 그때 돌았던 골목길의 반대 방향으로만 가볼지도 모른다. 그럴 경우 그녀의 자유는 오직 순수한 반대로서만 이루어질 것이다. 하지만 예상치 못한, 스스로도 놀랄 일이 불쑥 나타날 수도 있다. 두 번째 여행도 첫 번째 여행과 별반 다르지 않게 흘러갈지도 모른다. 공항에 도착한 그녀는 신문을 사지 않는다. 평소 신문을 잘 읽는 편이 아닌 탓이다. 하지만 아케이드로 향하지도 않는다. 그녀는 카페에 들어가 에스프레소를 주문한다. 커피 맛이 좋다. 지금 이 순간의 맛이 난다. 이 커피는 그녀만의 커피인 것이다. 그녀는 아주 천천히 조금씩 마시며 눈을 감고 그 당시 상상했던 아케이드를 다시 떠올린다. 가게를 구경하는 건 여전히 그녀가 좋아하는 취미다. 다음번에는 꼭 아케이드를 거닐어보리라. 하지만 오늘은 그렇게 하지 않는 것이 중요하다. 만일 지금 아케이드로 향한다면 저번에 반대를 위한 반대의 수단으로 상상했던 것과 비교되어 즐거운 기분이 망쳐질 수 있고 현재 즐긴다는 느낌이 거짓으로 비춰질 수 있다. 그러고 싶지 않다. 이번 여행은 단순히 반대하기 위한 여행이 되면 안 된다. 만일 그렇게 된다면 여행은 여전히 부자유의 여행이요 폭군의 의지가 여행 내내 그녀를 따라다니며 오히려 그녀의 발걸음 하나하나를 정해주게 될 것이다. 이번 여행은 지배자에게 저항하는 여행이 아니라 오직 그녀를 위한 여행이어야 한다.

낮에 보트도 타고 고급 레스토랑에서 식사도 마친 그녀가 호텔로 돌아와 침대에 누워 첫 번째 여행과 오늘 여행이 어떻게 달랐는지 곰곰 생각해본다. 단지 반대로 하기 위해서 그때와 똑같은 코스를 돈 것이 과연 잘한 일인지 잠시 걱정이 되기도 한다. 오늘 내가 경험한 현재는 얼마나 진짜배기였는가? 폭군의 존재 때문에 자신이 가려지지는 않았다. 그 점 하나는 좋다. 당시에 자신에게 강요되었던 것을 이제 자의로 한답시고 그에게 반항하는 것이 아닌가 하는 생각을 내내 떨쳐버릴 수 없었다. 이것은 결국 자발적인 현재라기보다는 여전히 그에게 의존하는 현재가 아니던가? 폭군이 그녀의 행위를 자신의 의지에 거역하는 것으로 볼 수 있다는 이유로 그 행위를 하면 왜 안 된다는 말인가? 그녀는 화가 난다. 이런 생각의 길로 자신을 이끌어서 본래의 자발적인 소망을 다 오염해버린 그에게 분노가 치민다. 그녀는 무엇이 자유고 부자유인지 이제 모르게 되었다. 자신에게 있는 소망이 본래의 소망이기 때문에 그것을 따를 것인지 아니면 단순히 폭군의 의지에 반대되기 때문에 오히려 따르지 않을 것인지를 분간할 수 없다.

그녀를 괴롭히는 것이 또 하나 더 있다. 폭군에게 저항하는 수단으로 쓰였다는 이유 때문에 자신의 상상력이 부자유스러워지는 것인지 아니면 상상력에서 반란의 냄새를 완전히 지우고 완전히 자기만의 독립된 상상의 그림을 새로 그리는 것이 가능한지 도대체 알 수가 없다는 점이다. 또 하나 더, 그녀는 과연 이 두 가지 물음에 대한 답을 자유로이 택할 수 있는가? 예를 들어 자신의 상상 공간에서 폭군의 영향력을 싹 지워버리는 일이 가능하다고 결론을 내리고 다음 날 등산을 가는 대신 바닷가로 가며 이것은 반대를 위한 반대가 아니야, 하고 믿지만 사실은 폭군의 교묘한 그림자에서 벗어나지 못하는 건 아닐까? 폭군에게 저항하기 위해 그렸던 상상의 그림에서 그의 입김을 지워버리려는 시도 자체가 겉으로 느낄 만큼 드러나지는 않지만 여전히 저항의 한 형태가 아닐까? 폭군의 의지를 남김없이 떨쳐내려는 시도, 그리고 그에게로 돌아가고 싶은 그 어떤 비열한 유혹을 사전에 막아내려는 시도는 그녀에게 버겁게 느껴진다.

다음 날 아침, 그녀는 새로운 마음가짐으로 박물관을 향해 나선다. 첫 번째 여행에서 보트를 빌렸던 시각과 동일한 시각이다. 창문 밖으로 보트가 보인다. 그래서 어쩌라고? 하는 생각이 들 뿐, 그것으로 그만이다. 매 순간으로 꽉 채워진 날이 될 거야, 그녀는 그렇게 생각한다. 저녁나절의 댄스 파티 시간이 되자 강렬한 느낌은 최고에 달한다. 이건 그도 마음에 들어할 거야, 그런 생각이 스치고 지나간다. 순간 그녀는 깨닫는다. 그가 좋아하건 좋아하지 않건 그 이유로 무엇을 선택하거나 선택하지 않는 것, 그것이 가장 중요하다고. 아무런 모순이 필요 없는 자립적인 마음을 가지고 무언가를 원하는 것이 핵심이라고.

돌아오는 비행기 안에서 그녀는 정말로 오랫동안 느끼지 못했던 자유로움을 느낀다. 댄스 파티가 있던 그 다음 날, 그녀는 영원히 계속될 것 같던 악몽에서 비로소 놓여난 것 같았다. 폭군의 의지와 맞는지 안 맞는지 개의치 않고 자기 마음에 느는 일을 했던, 완진히 깨이 있던 하루였다. 먼 옛날 알고 있었다가 그가 자신의 삶에 등장하고 나서 까맣게 잊어버렸던 일들을 재발견했다. 자유로이 결정하는 존재로서 시간을 사용하는 것, 자기 자신과 더불어, 그리고 자신의 의지와 더불어 행위함으로써 시간에 깊이감을 부여하는 것 말이다. 공항에 도착한 그녀는 다시 에스프레소 한 잔을 마신다. 별 의미 없이도 이제 그럴 수 있다.

이번 여행은 남자의 주변에서 맴돌던 시절보다 더 큰 깊이를 갖는, 자신만의 과거가 출발하는 지점이었다. 무엇보다도 특별한 점은, 이것이 눈에 보이지 않는 폭군과의 힘겨루기를 통해 이루어졌다는 점이다. 폭군과의 싸움 또한 시간에 깊이를 부여하는 능력을 갖고 있기 때문이다. 이 능력은 기억을 더듬어 과거의 자신을 찾아내고 내적 간격(여기서는 시간적 거리)을 통해 자신을 해결할 대상으로 삼는 능력이다. 이러한 새로운 과거에서 새로운 미래를 만드는 것, 그 어느 타인에 의해서도 미래로 떠밀려 들어가지 않는 것, 남의 시간 궤도에 사로잡히지 않는 것, 이제 남은 관건은 이것이다.

▌생각의 들러리의 스치듯 흐르는 지루한 시간

생각의 들러리가 지루한 시간을 보낼 수밖에 없는 이유는 언제나 같은 것만을 생각하고 말하며 생각하는 방식도 항상 똑같기 때문이다. 물론 기억력이 나빠서 같은 것을 반복하는 것이 아닐 터이다. 그는 여기저기서 주워들은 생각들을 긁어모아 끓인 잡탕과 공허한 구호에 실제로 질려 있다. 뒤통수 저 깊숙한 구석, 의식과 주의력의 무대 뒤편 어딘가에서 지루함이 느껴진다. 다만 결코 의식의 무대 앞으로 등장하지 않을 뿐이다. 이것은 그가 익숙한 것들을 깨고 사물을 다른 빛 아래서 바라볼 수 있게 만드는 **뜻밖의 일**을 절대 경험하지 못하기 때문에 그렇다. 그것이 없다면 자신의 반쪽짜리 사고 세계가 얼마나 황량하고 편협한 것인지 알아챌 수가 없다.

그는 미래에 관한 일도 '지나고 보니 역시 내가 예상한 대로야' 하고 생각할 것이다. 어떤 일이 닥치든 항상 똑같은 신념만을 가지고 맞이하기 때문에 새로운 것도 그에게는 오래된 것처럼 느껴질 것이다. 새로운 것을 통해 자신의 믿음을 흔들고 변화시키는 것, 그는 그런 것을 모른다. 새로운 것이 교정의 도구나 비판의 기회가 될 여지는 전혀 없다. 생각의 들러리는 자신의 편협함과 안일함 때문에 열린 미래를 경험할 기회를 스스로 내팽개치며 특히 그의 부자유는 그 자신이 이러한 상실을 전혀 느끼지 못한다는 데 있다.

그렇다면 그의 과거는 어떨까? 그는 과거를 자신을 발전시키고 변화시키는 시간이 아닌, 그저 자신의 신념이 확고하게 굳어지는 시간적 범위로만 인식할 뿐이다. 평생 한 가지 신념에 충실했다는 사실에 의기양양해한다. "거봐, 내가 그럴 거라고 했잖아." 이 말은 그가 가장 자주 사용하는 말이다. 그러면서도 이 말이 자신의 부자유를 실토하는 말이라는 것을 깨닫지 못한다.

그는 여태껏 하나의 신념을 갖기로 결정을 해본 적이 있었는지 기억하지 못할 것이다. 지금 자신이 가지고 있는 생각들이 과연 어디에 뿌리를 두는가는 어른의 말을 그대로 따라 흉내 냈던 유년기의 어두운 기억 어딘가에 숨어 있다. 또한 생각이 바뀐 적도 없다. 세월을 거치면서 세상을 보는 눈이 크게 달라졌던 파격적 순간 같은 것도 없다. 부모에게서나 군대에서, 또는 모임 등에서 듣고 나서 담아두었던 사고의 세계를 깨뜨리지 않고 고스란히 써내려가 그 모습 그대로 미래로 가져간다. 불빛 없는 과거에서 지루한 미래로 그대로 옮겨 가는 것이다. 내면과의 비판적 거리 두기가 없는 그는 단조로운 자신의 사고의 당사자도 아니고 주체도 아니며 그저 사고방식의 통로, 이를테면 바통을 넘겨주는 릴레이 주자에 지나지 않는다.

이러한 그가 만일 어느 날 아침에 잠에서 깨고 나니 난생 처음으로 자신이 갖고 있는 다른 생각들과 조화되지 않는 혼자만의 생각이 형성되기 시작한다면 어떻게 될까? 그것이 사고의 금기를 깨뜨린다면?

"저는 십계명이 완전히 틀리고 타당성이 없는 도덕 나부랭이라고 생각해요." 식사 전 기도가 채 시작되기도 전, 점심 식사가 차려져 있는 식탁에서 그가 목사인 아버지에게 이렇게 말한다. "'거짓말하지 말라'라니, 이런 순진한 말이 어디 있어요? 윤리적으로 타당성을 지닌 불가피한 거짓말이 있을 수 있다는 걸 모르나요? 자신이 도덕적으로 옳다고 생각하는 자기 만족이 한 사람을 괴물로 만들 수 있다는 생각은 못해봤나요? '사람을 죽이지 말라' 같은 계명도 있지요. 그런데 만일……"

그의 상상력이 깨어난 것이다. 이것은 생각의 들러리에게 일어날 수 있는 가장 흉악한 일이거나 가장 좋은 일, 둘 중의 하나다. 상상력과 함께 그의 시간 개념도 변화한다. 자신에 대한 궁금증을 포함해 호기심이라는 것을 발견하게 되고 이 호기심은 목사 가정의 은근한 세뇌를 통해 지금까지 이미 다 알고 있다고 느껴지던 미래의 문을 열어준다. 동시에 그의 현재도 전혀 다른 색채를 띠게 된다. 그는 새로운 현재를 통해 놀라움을 느낄 수 있게 되고 이념적 부담에서 벗어날 수 있다. 그는 이제부터라도 자신의 믿음 안에 갇혀 살지 않는 사람의 특징인 명료하고 깨어 있는 의식 상태를 끊임없이 갈구할지 모른다. 이것이 계속되면 또 다른 생각의 들러리들의 적이 되어 반감에 둘러싸이게 될 것이다. 하지만 그는 상관하지 않는다. 이것이야말로 감옥의 높은 담장 밖, 시간이 흐르는 장소에서 살아간다는 증거이기 때문이다.

▌강박적 의지의 소유자의 유예된 시간

강박적 의지의 소유자는 자신의 단조롭고 예측 가능하며 모든 통제를 거부하는 완고한 의지를 통해 열린 미래의 경험을 스스로에게서 박탈한다. 이것은 우리가 이미 살펴보았던 내용이다. 그렇다면 미래의 상실이 현재와 과거의 시간 경험에도 똑같이 적용될까?

여기서 결정적인 점은 내적 강제가 가진 두 번째 측면에 있다. 그것은 그 어떤 영향력도 받아들이지 않는 교정 불능의 성질과 더불어 우리가 살펴보았던 특성, 즉 그 내적 강제의 의지가 사실은 본인이 원하는 것이 아니기 때문에 낯설고 생소한 의지처럼 여겨진다는 측면이다. 이 낯섦의 의미는 그것이 사라져서 내가 다시 나로 느껴지기만을 끊임없이 **기다린다**는 것이다. 이것은 헛된 기다림이며 또 헛됨으로 경험되는 기다림이다. 그리고 현재의 연속적 시간의 흐름을 느끼지 못하게 한다. 자꾸만 코앞에서 물러나는 현재는 다가가면 멀어지고 다가가면 또 멀어져 결국 영원히 닿을 수가 없다. 외부의 압력처럼 시간 속으로 나를 내모는 헛된 기다림 자체는 비록 현재 시점에서 이루어지기는 하지만 진정한 현재는 내 강박적 의지가 사라지기 전에는 결코 경험할 수 없을 것만 같은 느낌이 든다. 고통스러운 기다림을 끝내고 현재의 내 시간으로 뛰어들면 얼마나 좋을까 하는 생각도 든다. 하지만 그럴 가망은 없다. 경험으로 안다. 내가 할 수 있는 것은 오직 한 가지, 지금의 강박적 의지를 충족하고 나서 잠시 숨을 돌리는 것이다.

예를 들어보자. 공항으로 가는 길에 전자레인지를 완전히 끄고 왔는지 확인하기 위해 다시 한 번 차를 돌릴 수도 있다. 아까 집에서 나오기 전에 현관문을 안심하고 닫을 수 있도록 스스로 창안해낸 확인 절차들을 다 제대로 밟았다. 전자레인지가 정말 차가운지 보기 위해 불판 위에 각각 손을 얹는데 첫 번째는 왼손, 그 다음에는 오른손을 얹어본다. 그런 다음 손가락 하나를 스위치의 0 부분에 대어 혹시라도 저절로 스위치가 돌아가지는 않았는지 정말로 확실히 하기 위해서 하나씩 일일이 확인한다. 그러고도 모사라 오븐 앞에 쪼그려 앉아 불이 꺼져 있는 게 확실한지 다시 한 번 살핀다. 그러고 나서—점검은 이제부터다—주방의 두꺼비집 스위치를 내린다. 이제 모든 스위치를 다 끄고 정말로 전기가 흐르지 않는지 확인한다. 다시 한 번 레인지의 0에 손가락을 대본다. 현관문을 잠그고 밖으로 나온 나는 문에 이마를 지그시 대고서서 문단속에 필요한 모든 절차를 빠짐없이 다 밟았는지 아니면 빠뜨린 것이 있는지 다시 한 번 생각한다. 마침내 택시에 올라탄 나는 모든 강박적 의지를 충분히 만족시켰기 때문에 느긋하게 숨을 돌릴 수가 있다. 이제야 비로소 현재가 시작될 수 있다.

"되돌아가주세요." 몇 분 후 나는 택시 기사에게 이렇게 말한다. "확인해야 될 것이 있어서 그럽니다." "그럼 그러죠." 기사는 즉시 차를 돌린다. 다시 주방으로 돌아온 나는 두꺼비집이 있는 곳으로 갔다가 다시 주방으로 돌아온다. "이제 정말 공항으로 가주세요!" 나는 이렇게 말한다.

두 번째로 집에 되돌아가게 되자 택시 기사는 조그맣게 투덜거리며 의미심장한 눈길로 시계를 본다. 세 번째가 되자 더 이상 아무 말 없이 입을 꾹 다물고 백미러에 비친 내 얼굴을 바라볼 뿐이다. 나는 비행기를 놓쳐 집에 남는다.

비행기를 놓친 일은 참 어처구니없는 일이었다. 지난 몇 개월 동안의 강박을 물리치고 여유롭게 여행을 즐기고자 했던 휴양 섬에서의 현재는 물거품이 되어버렸다. 하지만 또 한편으로는 주방 걱정 따위는 할 필요 없이 이렇게 집에서 지내는 것도 편하기는 하다. 집에 돌아와서 두꺼비집 스위치를 다시 올린 다음에 주방 쪽으로는 눈길 한 번 주지 않았다. 방금 말한 그 강박은 언제 그랬느냐는 듯 마치 거짓말처럼 사라져버렸다. 집을 떠나 여행이라도 하려고 하면 곧바로 튀어나와 목을 조르지만 집 안에 있을 때라고 해서 마냥 잠잠하다거나 그런 것도 아니다. 강박은 조용히 어슬렁대며 호시탐탐 공격의 기회만 노리는 존재가 되어 집을 지하 감옥으로 만들어버린다.

강박적 의지는 사람과 그의 현재 사이에 보이지 않는 벽처럼 스윽 끼어든다. 내가 현재를 느끼고 만질 수 있으려면 이 벽이 치워져야 한다. 벽은 자꾸만 내게로 다가온다. 갑자기 자리에서 일어나 레인지를 확인하러 주방으로 향하며 나는 벽이 다가온다는 사실을 느낀다. 이제 껏 이런 적은 없었다. 집 안에서 강박이 이렇게 휘몰아친 건 이번이 처음이다. 이제 내 집에서조차 거짓된 현재가 내게서 미끄러져나가기 시작하는구나 생각하니 너무도 당황스럽다. 주방과 거실 사이를 오가는 시간적 간격이 점점 줄어든다. 주방에서 나와 거실로 들어서면서부터 이미 몇 분 있으면 다시 나를 삼키게 될 파도의 진동을 느낀다. 나는 점점 더 허둥지둥하게 되고 급기야는 문틀에 손목을 부딪친다. 손목시계가 망가진 듯하다. 초침이 움직이질 않는 듯하다가 다시 째깍째깍 나아간다. 급격히 좁아든 의식 안에 이제 주방의 레인지 따위는 설 자리를 잃어버렸다. 기존의 강박이 새로 나타난 강박에 의해 깨어진 것이다. 나는 조마조마한 마음으로 눈이 시려 눈물이 고일 때까지 초침을 노려본다. 아직까지는 다행히도 움직이고 있다. 하지만 과연 1초 뒤에도 그럴까? (과연 이 시간을 현재라고 부를 수 있다면) 나의 현재는 초침이 다음 칸으로 넘어가기를 바라는 기다림이라는 하나의 점으로 쪼그라들었다. 꼼짝하지 않고 서서 시계에 눈을 고정하는 동안 살아 있는 시간의 주인이자 주체로서의 나는 사라진다. 나 자신과의 사이에 모든 거리감을 잃어버린 이 상태는 최면에 걸린 것과 거의 다를 바가 없다. 지루함조차 느껴지지 않는다. 지루함을 느끼려면 자신과 약간 거리를 두어야 하기 때문이다. 시간은 단지 시간의 전후관계를 구분 짓는 시곗바늘의 전진 동작에 지나지 않는다.

강박증이 현재를 놓고 나를 기만하는 것은 단기적 의지의 경우에만 한정되지 않는다. 내게 현재는 현재가 아니라 언제나 미래의 일이 된다. 마치 빛의 굴절 현상으로 엉뚱한 오아시스가 보이는 것처럼 앞으로 물러나고 다가서면 또 물러나기를 거듭한다는 것을 알면서도 희망의 끈을 놓지 못하는 것이다. 장기적 의지가 강박적 요소를 띠는 경우도 같은 논리를 따른다. 만일 내가 능력제일주의의 강박을 가지고 있다고 한다면, 나는 미래에 다가올 현재를 위해 지금의 현재에 깊이 빠져들어가는 일에 실패한다. 지금 내가 해결해야 할 과제를 수행하고 난 후에야, 정말로 그러고 나서야 비로소 나는 평생 동안 기다리던 현재를 맞이할 수 있어, 라고 생각한다. 그러나 지금 매달리는 과제가 채 해결되기도 전에 다음 과제가 나를 기다리고 있음은 물론이다. 강박에 사로잡혀 있는 나는 다시 한 번 나 자신을 속인다. 나는 가공할 만한 굳센 의지의 소유자이며 그 의지는 지칠 줄도 모르고 굴하지도 않는다. 그러나 그 어떤 명분도 그 의지를 변화시키거나 그에 영향을 줄 수 없다는 면에서 나의 의지는 약하다. 바로 이 의지박약으로 인해 시간은 내가 내 자신의 형성 과정에 참여하지 못하도록 그저 내 옆을 스쳐지나가는 존재가 된다. 나는 미래의 시점에서 지금의 현재를 질식시킨다. 나는 그 순간 나의 미래를 열린 것으로 생각하지만 나의 내적 강박이 이미 오래전에 미래의 숨통을 막겠다고 제멋대로 결정했다는 사실을 모를 뿐이다.

그렇다면 나의 과거는 어떤가? 강박적 의지의 쳇바퀴 안에서 겪은 과거는 체험의 현재가 아니라 그것을 향한 헛된 기다림으로 채워져 있다. 과거를 회상하면 그것은 속속들이 겪어온 시간이 아닌, 인내로 참아온 한 구간의 시간으로 느껴진다. 내 것이 아닌 남의 의지가 휘두르는 독재의 시간이기 때문이다. 또 나는 과거를 지내며 발전했다는 느낌을 받지 못한다. 이 점은 생각의 들러리의 경우와 동일하다. 생각의 들러리의 경우에는 그 원인이 한 치도 변함없는 사고방식과 언어의 껍데기에서 벗어날 줄 모른다는 점에 있는 데 반해 강박적 의지의 소유자는 교정되지 않는 의지의 단조로움이 개인의 발전을 막는다는 점에 있다. 이러한 차이점 때문에 두 유형이 내적으로 느끼는 과거의 형태 불변성은 서로 상이하게 평가된다. 생각의 들러리는 이것을 부자유가 아닌 스스로 원한 의지의 견고성이라고 평가할 것이고 그에 비해 강박적 의지의 소유자는 과거가 주는 분열의 한가운데에 놓일 것이다. 과거를 지나오면서 세계와 자기 자신에 대한 생각은 바뀐 데 반해 의지는 그에 따라가지 못했기 때문이다. 중독에 빠진 사람, 또는 경험을 통해 더 나은 깨달음을 얻었음에도 불구하고 이성과의 관계에서 언제나 정해진 실패의 길로 가는 사람에게 과거는 자기 자신과의 허망한 싸움으로 점철된, 현재가 결여되어 있는 시간으로 비춰질 것이다. 왜냐하면 그가 기억하는 과거는 자신의 강박을 깨뜨릴 수 있는 의지가 나타나기를 헛되이 기다리는 시간이기 때문이다.

▌협박당하는 자의 건너뛴 시간

협박과 강요를 받은 사람 또한 원하는 의지를 가질 수 없다. 원치 않는 의지가 스스로 독립해서 그를 휩쓸어버려서가 아니다. 강제 상황에 놓인 그가 그나마 덜 나쁜 쪽을 선택한다는 것은 자신의 의지를 완전히 통제하고 있다는 뜻이다. 그의 부자유는 협박을 가하는 사람이나 그러한 상황이 없었다면 생겨나지 않았을 의지를 만들어내야 한다는 점에 있다. 협박은 본래의 소망이 충족될 수 있는 가능성을 방해한다. 이렇게 본래 원하는 것이 방해받는다는 점에서 그의 현재는 도둑맞는다.

여러분 가족 중 한 사람이 납치되었다는 상황을 가정해보자. 정해진 시간이 되면 연락이 갈 거라고 납치범이 알려왔다. 여러분은 전화기 옆을 지키고 앉아 벨이 울리기만을 기다린다. 거실의 괘종시계 소리가 오늘따라 유난히 크게 들린다. 아무것도 할 수 없는 시간이 흘러간다. 협박성 위협과 타인의 의지에 단단히 못이 박혀 꼼짝할 수 없는 여러분이 소파에 앉아 있다. 물을 마시거나 이미 제자리에 놓인 볼펜을 몇 번이고 다시 정돈하는 자신의 움직임이 영 실제같이 느껴지지 않는다. 흘러가는 매 순간이 마치 처음부터 없었던 것 같고 시간이 정체되면서 제자리에 서버린 것같이 느껴진다. 그러나 다른 한편으로는 고통스러운 정도로 느릿느릿 흘러가는 것 같다. 훗날 여러분은 이렇게 회상할지도 모른다. "시간이 늘어나다 못해 끊어질 것 같았다." 이 말에 담긴 뜻은 초조한 이 시간이 오직 기다림으로만 이루어졌다는 것이다. 여기서 기다리면서 희망을 품어보는 것 한 가지만이 현실성을 띠고 그 밖의 다른 모든 것은 어두운 비현실성을 띤다. 비록 여러분이 무언가를 기다리는 사람으로서 오히려 미래와 그 어느 때보다 더 많은 관계를 맺고 있기는 하지만 그 미래는 여러분이 직접 만드는 미래가 아니라 타인의 것으로서 단지 여러분에게 닥쳐올 뿐이다. 열려 있지만 그것은 자유가 만드는 개방성이 아니라 그저 어떻게 될지 모르는 데서 기인하는 고통스러운 개방성일 뿐이다. 스스로 어찌해볼 수 없는 미래가 닥쳐올 때까지 그저 흘려보내야만 하는 시간 동안 무조건 기다리는 것 말고는 할 일이 없는 신세가 되었기 때문에 훗날 여러분의 머릿속에서는 그 시간이 마치 가위로 잘라낸 것처럼 기억될 것이다.

만일 누가 여러분을 보고 소파에 앉아서 지루한 시간을 보내고 있다고 한다면 그것은 괴이하고도 냉소에 가까운 말로 들릴 것이다. 여러분이 견뎌야 하는 기다림이란 자기 차례를 기다리거나 줄을 서서 기다리는 것과는 완전히 다른, 숨도 제대로 쉴 수 없는 엄청난 떨림을 동반한 기다림인 것이다. 그러나 한편으로는 지루하다는 표현이 아주 틀린 것은 아니다. 대기표를 뽑고 자기 차례를 기다리는 사람과 일견 동일한 감정을 공유하기 때문이다. 진득한 액체처럼 아주 굼뜬 속도로 흐르는 그 시간이야말로 한 번은 겪어야 하는, 그러나 나중에는 바로 잊어버리게 되는 것, 그래서 자신이 스스로 시간을 만들어낼 수 있는 미래의 그 순간으로 곧바로 가기 위해 아예 건너뛸 수 있었으면 하고 바라는 그 무엇이다.

전화기 옆을 지키고 있는 동안 한 가지를 제외한 다른 모든 소망들과 단절된 여러분은 이 어쩔 수 없는 기다림을 진짜 현재로 인식할 수조차 없다. 납치된 가족과 함께 찍은 사진에 시선이 멈추면 그 사실은 더욱 분명해진다. 그때는 현재가 손을 뻗으면 잡힐 정도로 가까이 있었다. 여러분 자신의 의지는 방해받지 않고 펼쳐졌으며 가족의 자유로운 의지와 교차점을 찾을 수 있었다. 그러나 그때와 지금의 간격은 벌어졌다. 시간적으로 오래전이어서가 아니다. 사진을 찍은 건 불과 일주일 전일 수도 있다. 이렇게 건널 수 없을 정도로 큰 간극이 생긴 것은 자유롭고 순간에 충실했던 그때의 시간에 비해 지금의 시간이 초 단위로 흐르는 마른 도랑물같이 느껴지기 때문이다.

협박당하는 자와 강박적 의지의 소유자가 가진 공통점은 현재를 향한 강요된 기다림으로 인해 자신의 시간이 본인도 모르게 도둑맞고 있다는 점이다. 그런데 그들의 기다림은 성격이 다소 다르다. 강박이 다르기 때문이다. 강박적 의지에 묶인 사람이 기다려야만 하는 이유는 경직되고 틈새 없는 의지를 가지고 그 스스로가 자신의 현재를 왜곡하기 때문이다. 그의 기다림은 자신을 기다리는 것이다. 또한 천편일률적인 의지가 상황에 걸맞다고 판단되는 의지에 그만 자리를 내어주고 물러나기를 기다리는 것이다. 그에 반해 협박당하는 자의 기다림은 강요된 의지의 진짜 주인이 나타나기를 기다리는 것이다. 납치 사건이 어떤 마무리를 맺을지 그 방법과 형태를 생각해보면 둘 사이의 차이점을 더잘 볼 수 있다. 협박당한 사람이 마침내 납치범과의 통화에 성공한다. 수화기를 들자마자 그에게선 납치범의 요구를 충족하는 데 필요한 도구적 의지가 생겨날 것이다. 그리고 가족이 풀려나게 되면 강요된 의지는 단 한 방에 사라지고 그는 잠시 유예되었던 현재로 다시 돌아올 것이다. 이렇게 되기 위해서 그는 특별한 조치를 취할 필요가 없다. 단지 냉철한 이성이 말하는 대로 결정의 자유를 실천에 옮기면 될 뿐이다. 강박적 의지의 소유자의 경우는 다르다. 기다림을 끝내려면 내적 강제를 깨부술 방법을 찾아내야 한다. 그의 내면에서 복잡하고 지루한 무언가가, 즉 손상된 결정의 자유의 재건이 일어나야 하는 것이다. 그래서 현재를 향한 그의 기다림은 몸값을 건네주는 행위 같은 비교적 단순한 방법으로 해결될 수 있는 경우보다 오래 걸린다.

강요된 의지의 독재 아래 살아가는 사람이라면 누구나 현재의 순간이 희미해지거나 아주 사라져버리는 경험을 한다. 아까 등장했던 은행 직원은 휴가의 말미가 다가오면 유쾌한 일이 끝나고 불쾌한 일이 다시 시작되는 느낌을 받을 것이다. 사실 이것은 그의 불행을 말하기엔 매우 강도가 약한 표현이다. 근무를 쉬었던 지난 몇 주 동안 그는 현재라는 순간을 느낄 수 있었지만 월요일 아침이 되면 그것이 존재하지 않는 시간이 그를 다시 찾아올 것이다. 쉬는 동안 겪었던 다채로운 경험들과 비교해 이제 그가 수행해야 하는 업무가 너무나 단조롭기 때문일 수도 있다. 그러나 제일 큰 원인은 은행 문을 열고 들어가는 순간부터 자신의 원래 소망을 가둬놓고 무효화해야 한다는 데 있다. 현재를 문밖 길거리에 놔둔 채 전화가 오기만을 기다리는 인질의 가족처럼 하루를 살아야 한다. 비록 가족을 인질로 잡힌 사람의 공포와 두려움을 공유하지는 않지만 상황이 가지는 시간적 논리는 같다. 즉 자꾸만 시계를 흘긋거리며 자신을 협박하는 의지에서 벗어나기만을 기다리는 동안 그는 현재가 결여된 시간 속에서 스스로를 질질 끌고 가며 시간을 몸소 체험하는 대신 퇴근 시간으로 시간이 붕 건너뛰었으면 하고 바란다. 오늘도 또 하루를 무사히 때웠구나, 그는 집으로 향하며 이렇게 중얼거릴 것이다. 앞에서 상상한 것처럼 도박사가 되어 다 때려치우지 않는다고 하더라도 그의 삶은 정년퇴직을 향한 끊임없는 기다림에 지나지 않을 것이다.

협박당한 시간이 현재가 결여되고 사실상 건너뛰어진 시간이라는 사실을 우리는 일상의 사소하고 단기적인 예에서 경험한다. 길을 가다가 우연히 마주친 지인에게 당장 함께 커피 한잔하자는 제안을 받았는데 그가 거절하기 어려운 상대라면 우리가 가졌던 원래의 의지에서 벗어나게 된다. 이것은 협박은 아니지만 우리가 느끼기에는 마치 협박 같다. 의무감을 느끼지 않아도 되는 상대라면 거절하겠지만 그와 동행하기로 했다면 우리는 두 가지 악 중에서 덜한 것, 즉 시간을 허비하는 대신 배은망덕한 사람이 되지 않는 편을 선택한 것이다. 커피숍에 앉아서는 몰래 시계를 흘긋거리며 원래 다른 일을 할 수 있었을 시간을 흘려보낸다.

마지막으로 비극의 주인공, 조직이 노출될 위험 때문에 연인을 쏘아죽여야만 했던 레지스탕스 대장에게 돌아가보자. 행위의 비극은 그의 정체성 중 하나였던 의지가 실현되는 과정에서 그와 똑같은 무게를 지니고 있는 또 다른 한 의지와 충돌했다는 점에 놓여 있다. 그가 살아가는 데 절대 빠지면 안 될 하나의 의지는 역시 그에게는 없어선 안 될 다른 하나의 의지를 파괴해야 했다. 이로 인해 생긴 분열과 상처는 시간의 분열로도 경험된다. 총알이 발사되었을 때, 그리고 그전에 연인을 향해 차를 몰고 갈 때의 순간을 그는 한편으로는 지난 몇 년간 삶을 지탱했던 소망이 충족되는 현재로 경험한다. 그것은 레지스탕스군에 몸 바치고 동료를 보호하려는 소망이다. 다른 한편으로 그는 그 순간을 현재의 결여로 인한 황량함으로 경험한다. 자신이 이 살인에 아무 관계도 없는 것처럼 느끼는 마음이 존재하기 때문이다. 우리가 억지로 행하는 모든 것은 간접적이고 차용된 소망만을 갖고 있기 때문에 기껏해야 간접적이고 차용된 현재성만을 지닐 뿐이다. 그런데 이번 경우는 더 심하다. 연인을 죽이는 것이 단순히 괴로워서가 아니다. 그녀를 죽이는 것이 마치 자기 자신이 소멸하는 것처럼 느껴진다. 그러므로 그가 연인의 죽음을 소망했다는 표현은 추상적인 의미에서만 가능할 것이다. 자신이 저지른 살인의 행위가 그에게는 경험 가능한 의미에서의 소망이 아니며 차용된 소망도 되지 못하기 때문에 현재의 체험이 전혀 불가능한 것이다. 다시 말해, 방아쇠를 당기는 순간 그것이 정말 자기가 하는 행동인지 전혀 믿을 수가 없다. 총알을 장전하고 방아쇠를 당기는 순간에 서로 극단적으로 대비되는 두 가지 경험이 흘러와 합쳐진다. 충족된 현재의 경험, 그리고 꿈에 비견될 수 있는 완전한 무현재성, 이 두 가지가 그것이다. 이런 가정도 가능하다. 점령군이 찾아와서 조직을 배반하면 연인의 목숨과 안전을 보장하겠다고 약속한다. 만일 대장이 동의한다면 연인이 풀려나는 순간이 현재의 밀도를 고스란히 가진 순간이 될 것이다. 그리고 배신의 순간은 모든 현재성이 탈선하는 순간이 될 것이다. 그는 멍하니 앉아 정말 내가 한 짓이 맞느냐고 중얼거릴 것이다.

개념 이해하기
경험 이해하기

<u>1</u>

서곡의 말미에 나는 철학이란 자유의지와 같은 복잡한 관념에 있어서 근거 있는 결론에 이르고자 하는 시도라고 밝힌 바 있다. 미로에서 빠져나갈 출구가 있다면 그것은 바로 철학적 분석과 철학적 이해일 것이다. 이 책의 1장은 친숙한 말을 낯설게 다시 보려는 시도와 함께 열었다. 우리는 친숙하다고 생각되던 말들을 소외함으로써 숨겨져 보이지 않는 것을 그 개념이나 관념에 관련된 명확한 지식으로 변화시킬 수 있다. 개념이나 관념은 이 말들을 통해서 그 뜻이 드러나며 우리가 다루고자 하는 테마에 형태를 부여한다. 그렇다면 여기서 한번 되돌아보자. 분석이라는 것, 그리고 이해라는 것은 어떤 의미로 행해졌는가?

여기서 확실하게 붙들고 있어야 할 기본적 사고는 다음과 같다. 모든 개념은 세계와 우리 자신에 대한 **경험**을 표현하기 위해 우리가 **만**

들어내거나 **정한** 것이다. 그들을 분석하고 더 잘 이해하려면 그것들이 우리의 경험을 표현하는 데 담당하는 역할에 대해 연구해보아야 한다. 철학적 분석은 이 역할에 대한 질문을 **아무** 개념에나 무작정 던지는 것이 아니라 우리와 관계를 맺고 있는 **가장 일반적인** 개념에 던진다는 특징을 가진다. 지식이란 무엇인가? 진실이란 무엇인가? 존재란 무엇인가? 책임이란 무엇인가? 행위란 무엇인가? 의지란 무엇인가? 이러한 철학적 질문들은 우리가 알고 있는 가장 일반적 질문들이다. "…는 무엇인가?"라는 형태를 통해 이 질문들은 알고 싶은 것의 **존재**나 **핵심**을 연구하고 명명하고자 하는 요청의 의미를 띤다. 그런데 나는 이 책에서 그것을 다르게 해석한다. 이 책에서는 **알고자 하는 그 개념이 우리의 경험에서 과연 어떤 역할을 차지하는가 하는 질문으로** 받아들인다. 이 방식에 따르면 '자유란 무엇인가?' 하는 물음은 '자유라는 개념이 우리의 경험에서 어떤 몫을 하느냐?'로 바뀐다. 다른 개념들도 마찬가지다.

이것이 철학적 질문이라는 것은 이미 말한 바와 같이 해당 개념이 우리가 알고 있는 일반적인 개념이라는 점과 밀접한 관계를 가진다. **이런** 또는 **저런** 경험을 표현하기 위해 우리가 이 개념들을 만들어냈을 뿐만 아니라 또한 경험이란 것 **자체**를 할 수 있게 해주기 위해서 발전시켜왔다는 점에 그들의 일반성이 존재한다. 이들은 경험 **전체**를 포괄하는 개념들이다. 경험의 총체를 연구한다는 것은 다음과 같은 질문으로 대체될 수 있다. 경험 가능한 세계에 관한 총괄적인 관념을 형성하기 위해서 우리는 어떠한 개념들을 이미 소유하고 있어야 하는가? 이러한 방식을 통해 연구하는 목적은 일련의 관련 개념들을 뽑아내는 것으로, 이것은 경험 가능한 세계―자연 세계와 사회적 세계를 다 아우르는—라는 관념을 세우는 데 있어서 필수적이다. 여기서 중요한 것은 알고자 하는 개념들이 역시 우리가 알고자 하는 상위의 관념에 통합되려면 그들 서로 간에 **어떤 연관관계**를 맺어야 하는지 설명해내는 것이다. 이것이 철학적 분석과 철학적 이해의 핵심 개념들에 관한 우리의 과제다.

2

우리가 경험을 가능케 하기 위하여 철학적으로 의미 있는 개념을 포함해 모든 개념을 만들어냈다는 것이 만일 맞는다면 또한 다음과 같은 발언도 말이 된다. '어떤 개념이 의미하는 것은 **존재한다**.' 경험 가능한 세계 안에서 우리 자신을 표현하기 위해서 만들어낸 개념인데 막상 세상 그 어느 것에도 해당하지 않는다고 한다면 그것처럼 이상한 말은 없을 것이다. 하지만 만일 '그런 것은 없어'라고 할 수 있는 것이 있다고 해보자. 물론 당연히 있기는 하다. 적절하지 않거나 시대에 뒤떨어졌거나 혼란을 일으킬 수 있는, 즉 경험을 분명하고 투명하게 만들어주기보다는 도리어 왜곡하는 개념들이 존재하는 것이다. 그런데 '자유'나 '의지', '행위'와 같은 아주 기본적인 개념들이 그러하다는 사실이 매우 놀랍다. 반대 증거가 나올 때까지 다행히도 우리는 방금 나열된 개념들이 실재하는 경험의 몇몇 측면들을 표현한다는 가정에서 출발해도 된다. 이러한 이유로 나는 이 책에서 의지의 자유가 실제로 존재한다는 가정에서 시작했다. 우리는 무엇을 원할 때 실제로 자유로울 때가 있는 것이다.

그렇다면 왜 미로에서 헤맨다는 말이 나왔을까? 기억해보자. 인간의 경험에 있어서 전체적으로 결정적인 개념들, 즉 '이해', '조건', '법칙'을 한편에, '자유', '선택', '결정'을 다른 한편에 놓고 개념들 간의 연관관계를 살펴보면 이 개념들이 하나의 동일한 큰 그림에 속하기는커녕 이들에게 대체 명확한 알맹이가 있는지 의심하게 만들 정도로 서로 충돌관계에 놓인 것처럼 보인다. 그러나 우리의 가정은 이러하다. 이들 개념이 명확한 내용적 알맹이를 **이미** 가지고 있는가 아니면 명확히 **규정되어야 할** 알맹이를 가지고 있는가? 대체 이 미로를 우리는 어떻게 생각해야 하는가?

길은 단 한 가지, 그것은 우리가 기본적 개념들이 가진 진정한 내용에 대해 **착각**할 수도 있고 그에 따른 개념들을 **오해**할 수도 있다는 사실을 직시해야 한다는 것이다. 이것이 어떻게 가능한가? 개념의 역할이 인간의 경험을 총체적으로 가능하게 만드는 것임에도 불구하고 우리는 **일상**에서 겪는 특정한 상황을 위해 개념이라는 것을 만들어냈기 때문이다. 이것은 다시 말하면 개념이 그려내는 윤곽선이 우리의 **실용적인** 요구에 상응하는 딱 그만큼만 뚜렷하다는 뜻이다. 나머지 불분명하고 어두운 구역에서는 해석의 오류가 생겨날 수 있다. 테마가 되는 개념들을 **이론적**으로 살펴보는 것만으로도 충분한 사고의 대상으로 만든다면 우리는 쉽게 길을 잃을 수 있으며 따라서 애초부터 출구가 없어 보이는 문제가 만들어지는 것이다.

3

2부에서는 바로 이러한 오해에 대해 다루고 있다. 오해를 밝히기 위해서는 하나의 플랫폼이 필요하다. 즉 그 주제에 관해 미로로 이끌지 않고 현상을 제대로 설명할 수 있는 해석이 필요한 것이다. 이러한 해석에 대해선 1부에서 고찰한 바 있다. 철학적 분석과 철학적 이해에 대한 사고에 관해 명확성을 얻고 싶다면 우리는 이렇게 자문해봐야 한다. 어떤 과정을 거쳤는가? 개념적 연관성이 어떤 길을 통해서 표출되었는가? 그리고 그밖에 또 어떤 현상을 볼 수 있었는가?

여기서 가장 중요하게 생각되는 사건이 무엇인지는 간단하게 대답할 수 있다. 나는 (나 자신도 포함해서) 독자 여러분들에게 우리가 자유와 그에 연관된 관념들에 대해 어떻게 생각하는지에 대해 기억을 환기했다. 또 반복해서 '이러저러한 가정을 해보자'라는 요구를 했다. 여러분도 내가 가정한 여러 상황에 대해 동의하기를 바랐다. 행위라는 관념 아래에서 서로 관계를 맺고 있는 여러 개념들, 즉 수행, 느끼기, 장본인이 되는 것, 의지, 감각 등이다. 또는 의지라는 관념 및 그것이 '소망하다'라는 개념과 맺고 있는 상관관계 같은 것들을 말한다. 나는 라스콜리니코프의 살인과 쇼팽의 곡을 연습하는 피아노 연습생 같은 **대표적인** 예를 선정했다. 이들 대표적 예가 전달하려고 하는 메시지는 "우리가 알고자 하는 개념이 **지금 이** 예시에 들어맞지 않는다면 **그럼 어디에** 들어맞는단 말인가?"이다. 어떠한 예를 들면서 이것을 어떻게 분석하면 좋을까 하는 제안을 할 때는 "그래서 이러이러하지 않겠는가?" 하는 의도로 물었다. 이것을 통해 나는 여러분이 각 개념들 간의 연관성을 **재인식**하기를, 앞에서도 언급했지만 다시 말해 숨겨져 있던 것이 분명한 지식으로 변화되는 일이 가능해지기를 바란 것이다. 이러한 재인식이 "이렇게 볼 수도 있겠으나 또 전혀 다르게 볼 수도 있다"라는 나의 말이 **자의적이 아님**을 확인하는 시금석이 되길 바란다. 자의성이 발휘되는 공간은 최소한에 그쳐야 한다. **입증**이 끝난 것이 아니다. 나는 **결론도 내리지** 않았다. 단지 여러분이 무언가를 다시 인식하고 그것에 근거하여 동의하면 좋겠다는 바람을 가지고 어떤 것을 **눈에 보이게** 만들었을 뿐이다.

이러한 고찰과 근거 두기의 방법을 다른 말로 표현하자면 이러하다. 나는 여러분의 **직관**에 호소하고 이 직관을 어떻게 **재구성**할지에 대한 제안을 한 것이다. 이 책에서는 '직관'과 '직관적인'이라는 말이 자유롭고 폭넓게 쓰였다. 이들은 뭔가 신비롭거나 특별한 수준을 요하는 인식의 방법이나 신성불가침적 확신을 주는 원천을 의미하지 않는다. 여기서는 단순히 **즉흥적 의견**이라는 의미로 쓰였다. 우리가 어떤 개념이나 관념을 떠올렸을 때 **맨 먼저 떠오르는** 것들, 그들이 나타내는 상황을 설명해야 할 때 **맨 먼저 언급할 만한** 것들 말이다. 직관적 지식은 개념이 여러 갈래로 실제 운용될 때 그 안에서 같이 공명하며 실천적 운용을 가능케 한다.

직관을 재구성하는 필수적 수단은 **생각의 실험**이다. 우리에게 익숙하지 **않은** 어떤 특정한 상황을 상상함으로써 우리가 가진 개념이 어떻게 반응하는지를 보는 것이다. 여기엔 세 가지 유형이 있다. 첫째는, 만일 우리에게 **다른 개념**이 없다면 어떤 특정한 개념에 대해 어떤 반응이 나타날 것인가이다. 이런 유형의 질문은 서곡에서도 중요한 역할을 한 바 있다. 예를 들면 이런 것들이다. 만일 조건성이라는 개념이 사라져버린다면 이해라는 개념은 어떻게 될까? 또는 의지라는 개념을 망각한 상태에서 자유라는 것은 어떻게 이해될 수 있을까? 둘째는 개념 자체는 그대로 둔 채 그를 둘러싼 **세계**를 변화시키는 것이다. 의지에 그 어떤 제약도 없는 세계가 있다면 우리는 어떤 생각을 하게 될까? 또 의지와 자유라는 개념에는 어떤 일이 일어날 것인가? 이 책에서 사용된 세 번째 유형은 가설을 통한 고찰이다. 우리가 갖고 있는 어떤 특정한 **능력**이 없어진다면? 예를 들어 표류자라는 유형을 설정했을 때 그 배경에 세워진 생각의 패턴은 다음과 같다. 자신과 거리를 두는 능력, 그리고 자신의 의지와 내적 간격을 유지하는 능력을 잃어버린다면 우리와 우리의 자유에는 과연 무슨 일이 일어날 것인가?

4

우리가 생각의 실험을 통해서 발견하는 명제는 "이것과 저것은 의지의 자유를 위해 **필수적**이다"라는 형태를 갖는다. 이때 부각되는 필수성에는 다양한 뿌리가 있다. 개념적 연관성과 말이 갖는 의미에 관련된 것이 있는가 하면 다른 한편으로는 외부세계의 유형 또는 우리가 갖고 있는 능력과 종종 얽혀 있기도 하다. 이 모든 필수성이 밝혀지고 서로 간의 관계가 규정되면서 의지의 자유라는 관념에 명확성이 조금씩 더 부여되고 우리가 세계를 이해하고 우리 자신을 이해하는 데 어떠한 역할을 하는지가 확실히 드러나게 된다.

여기서 전면에 대두되는 한 가지 인식이 있다. 의지의 자유는 조건성을 요구한다는 것이다. 다시 말하면 조건성이라는 개념은 이미 **규정된** 개념, 자유나 부자유를 언급하기 **이전에** 이미 유효해야만 하는 개념이라는 뜻이다. 이것은 우리의 개념적 세계에 대해 조금 전 소개한 방법으로 생각해보는 것이 과연 어떤 효용이 있는가 보여주는 한 예가 된다. 즉 서곡에 나온 미로에서 우리를 빠져나가게 해줄 수 있는 인식, 다시 말해 자유와 조건성이 서로 충돌하는 개념이 아니라는 인식이 어떻게 나타나느냐 하는 것을 보여주는 예가 되는 것이다. 두 가지가 상충한다고 보는 견해는 오해에 근거한 것이다. 2부에는 그 오해의 다양한 뿌리가 소개되어 있다.

5

의지의 자유가 올바른 조건성을 가지며 의지의 부자유가 바르지 않은 조건성을 가진다는 생각을 중심에 놓아본다면 이제 개념적 요소들이 조화로운 그림으로 한데 합쳐지게 된다. 그러나 개념들이 서로 일치하도록 하는 것이 내가 이 책에서 추구하는 유일한 목표는 아니다. 나는 단지 개념적 부분이 아닌, 의지의 자유와 부자유에 관한 **종합적이고 전체적인** 경험을 거론하고자 한다. 개념적 부분이 아닌 **다른** 부분이라니, 이게 무슨 뜻일까?

우리는 의지에 관해 평소에 통상적으로 표현하는 것보다 훨씬 더 많은 경험을 하며 산다. 이러한 경험들을 내적으로 세분화하는 능력은 그들을 표현해내는 능력과 동일하지 않다. 전자를 **내적 지각**이라고 부르기도 한다. 이러한 지각 안에서 우리는 합당한 표현 방법을 찾아내느냐 그렇지 않느냐의 여부에 관계없이, 부자유의 여러 유형을 인식하고 구분한다. 그런데 합당한 표현을 찾는 것, 바로 그것이 내가 이 책에서 지향하는 바다.

그러기 위해 개념적 분석과 어떤 면에서 본다면 동일한 방법으로 접근했다. 즉 여러분의 상상력을 동원한 것이다. 거기에 **이야기**라는 한 가지 수단이 덧붙여졌다. 나는 이야기 속에서 등장인물과 그들의 경험을 깊게 파 들어가면서 자유가 우리의 의지에 왜 그토록 **중요**한가를 말해주는 경험을 근본적으로 규명하려고 시도했다. 자신의 의지에 관해 자유롭지 못하다는 것은 **고통**이다. 나는 이 고통이 어디에 근거한 것인지를 알고 싶었다. 특정한 상황에 처한 등장인물을 소개하면서 나는 여러분이 최면을 걸듯 스스로 그 상황 속의 인물이 되는 상상을 통해 내적 인식이 여러분 각자에게 드러내는 것이 무엇인지 살펴보는 기회를 마련했다. 그다음에는 이러한 경험의 세분화를 어떻게 개념적으로 표현할 수 있는지에 대해 제안을 내놓았다. "맞아! 나라고 해도 이럴 것 같아!" 이런 정도의 반응을 기대하면서 말이다. 만일 기대가 들어맞는다면 내 제안이 **옳았다**는 확인이 되겠다. 언어와 개념의 선택 이외에도 옳음의 여부는 내적 인식에 관해 말할 때 경험된 현상을 올바른 **범위**로 인식했느냐 하는 것과 관련이 있다. 내가 선택한 텍스트는 이 범위를 너무 축소하는 경향이 있다. 보통 그렇게 되면 자유의 경험과 시간의 체험 간의 모든 연관관계가 결여되게 된다. 이 두 가지 간의 연관관계는 내적 인식에 항시 내재되어 있는데, 이 점을 간과할 경우에는 이 두 경험을 제대로 판별할 수 없다고 나는 생각한다. 겉으로 보기에는 서로 멀리 떨어져 있는 것처럼 보이는 주제들이 사실은 매우 가깝게 얽혀 있다는 점, 이것 또한 철학적 발견의 하나가 될 수 있겠다.

6

개념적 분석과 내적 지각의 표현, 우리는 지금까지 이 두 가지를 살펴보았다. 이들은 서로 어떤 모습으로 작용하는가? 하나의 관념을 올바르게 이해하는 것은 내적 경험의 이해에 대한 틀을 세워주며, 이러한 이해를 경험의 분석 가운데에서 펼쳐지도록 하는 통합력은 그 관념이 올바르게 해석될 수 있게 해준다. 그래서 나는 의지의 자유를 결정의 자유로, 그리고 결정의 자유를 심사숙고와 상상력을 통해 자신의 의지를 정하는 행위로 보자는 제안을 한 것이다. 여기 등장하는 인물들이 겪는 자유와 부자유, 시간을 제대로 경험하느냐 그렇지 않느냐 하는 모든 것들을 이러한 관점 아래서 이해했으면, 한 가지 덧붙이자면 아무쪼록 **오직** 이 관점으로만 보아주었으면 하는 바람이다.

2부

무조건적
자유

6장

무조건적 자유: 동기

지금까지 다루었던 자유는 모두 제한이나 조건이 붙은 것이었다. 이 자유에 관해 나눈 이야기들은 우리의 행위와 의지가 자유로운 행위와 의지가 되기 위해서 반드시 이루어져야 하는 방식과 형태에 대한 것이었다. 어떤 행위가 단순한 어떤 일어남이 아니라 진정한 행위가 되려면 의지라는 것으로 제한되어야 한다는 관찰로 이야기가 시작되었다. 이 조건성은 우리를 행위의 당사자로 이해하기 위해서 꼭 필요하다. 우리의 태도가 의지에서 기인하고 또 그것의 발로일 때, 오직 그럴 때만이 그것은 우리에 의해서 실행되는 행위라고 부를 수 있다. 또한 우리가 그것을 조건적이라고 인식할 때 그것은 어떤 의미를 지닌 행위라고 간주할 수 있다. 자기 자신을 의미가 담긴 행위의 당사자로 경험한다는 것은 본인의 태도 안에서 특정한 방식으로 제한된 자신을 경험한다는 뜻이다. 곧이어 나온 부분에서는 의지를 실천 가능한 소망으로, 다시 말해 우리로 하여금 어떤 일을 하도록 만드는 무언가로 이해할 수 있다는 이야기를 해보았다. 이 점 때문에 의지는 조건성을 띤 것이 된다. 한 단계 더 나아가 의지는 그 자체로 조건적인 것이기도 하다. 의지란 필연적으로 어떤 특정한 의지라야 하는데 이 특정성은 다시금 오직 특정한 내적 외적 상황에 의해서만 탄생하므로 그로 인해 의지는 조건성이라는 옷을 입게 된다. 의지가 조건성을 가졌다는 이러한 생각에 의해 자유의 형태에 관한 첫 번째 개념이 탄생한다. 그것은 행위의 자유를 본인이 원하는 것을 행하거나 그렇게 되도록 만들 수 있는 가능성으로 보는 관점이다. 이런 식으로 한 단계 더 올라가 생각한다면 이 자유에는 특정한 시점에 여러 개의 길이 열려 있다고 생각할 수 있다. 우리가 실제로 하는 행동은 우리가 할 수 있는 유일한 행동이 아니다. 여러 개의 서로 다른 가능성 중에서 어떤 것을 실현하느냐 하는 것은 우리에게 달려 있으며 이것은 즉 우리가 무엇을 원하느냐에 달려 있다는 뜻과 다르지 않다. 우리는 이 점에 있어서 자유로운가? 즉 의지의 자유가 존재하는가? 이를 생각해보는 과정에서 또 다른 조건성이 끼어들었다. 자유로운 의지는 어떠한 근거의 영향력 아래, 다시 말하면 심사숙고의 과정을 거쳐 형성된다는 것이다. 바로 이러한 영향력 때문에 우리는 의지의 장본인이 된다. 이 때문에 의지의 자유라는 개념을 결정의 자유로 볼 수 있다. 그리하여 우리가 다다른 생각은, 의지가 자유로운지의 여부는 그 의지가 옳은 방식으로, 다시 말해 옳은 요소에 의해 제한되었는가 하는 것에 의해 결정된다는 것이다. 이어진 마지막 부분에서는 의지의 자유를 부자유의 여러 가지 유형들과 비교함으로써 사고의 폭을 더 명확히 하고 견고하게 만들었다. 의지가 올바르지 않은 방식으로 제한되었을 때 부자유가 야기된다는 것을 지속적으로 보여주는 데 주안

점을 두었다.

이 관점에 따르면 행위와 의지에 있어서의 자유와 부자유의 차이점은 조건성의 방식에 있어서의 차이점이 된다. 행위와 의지의 주체성에 있어서도 같은 원리가 적용된다. 주체성은 자유로운 결정을 하는 가운데 행위와 의지의 장본인이며 저작자가 된다는 점에 근거하며, 만일 우리에게 그 점이 부족하다면 그것은 우리가 생각하고 결정하는 존재로서 본인의 의지와 행위에 스스로 영향력을 행사하지 못하기 때문이다. 이런 의미에서의 자유는 조건성과 **공존할** 수 있을뿐더러, 조건성에 의해 위협받지 않는다. 조건성은 자유에 **요구**되는 것이며 그것이 없는 자유는 생각할 수 없다.

▎자유만으로 충분한가?

우리에게 이 자유가 있다는 것은 의심의 여지가 없다. 그러나 만인이 모두 자유를 가지는 것은 아니며, 그렇다고 하더라도 언제 어느 때를 막론하고 항상 소유하는 것은 아니다. 그래도 전체적으로 보면 우리에게는 이 자유를 소유할 능력이 있다고 하겠다. 하지만 우리는 자유 하나만으로 충분한가? 아니면 이제까지 우리가 그려온 그림에 중요한 것이 빠져 있는가?

많은 것, 그리고 중요한 것이 빠져 있다. 우리의 이야기는 끝나지 않았고 아직 갈 길이 많이 남았다. 자유의 경험에 관한 우리의 직관적 재산은 아직 그 바닥이 보이려면 멀었고 이제 다시 새로운 출발선상에 서야 한다. 그러기 위해 일단 두 가지 전혀 다른 고찰 방식을 비교하는 일이 선행되어야 한다.

첫 번째는 다음과 같다. 이제까지 말한 것 모두가 다 존재한다. 여기까지는 논란의 여지가 없다고 치자. 그러나 자유의 **본질적인 것**은 아직 거론조차 하지 못했다. 그리고 이 본질적인 것 없이는 지금까지 이야기한 모든 것들은 그리 큰 의미가 없다. 단지 지금까지 언급된 내용만 결론으로 얻는다면 우리는 실망하거나 심지어 충격에 빠질 수도 있다. 신비감이 사라지고 오직 냉정한 각성만이 남는다. 이제껏 자유라고 불린 것을 경험하는 편이 부자유라고 불리는 것을 경험하는 것보다야 물론 낫다. 그러나 우리는 더 많은 것을 원한다. 그리고 우리가 원하는 더 많은 무언가는 지금까지 이야기했던 것과는 전혀 다른 것이다. 이 뜻은 우리는 이제까지의 이야기를 단순히 보충하는 것이 아니라 완전히 새로운 출발선을 긋고 거기서 시작해야 한다는 것이다. 본질적인 것을 이야기하기 위해서, 자유를 파악하기 위해서다. 이제 2부에서는 이러한 생각을 다루려고 한다.

이와는 다른 두 번째 해석 방법이 있다. 우리는 지금까지 살펴본 것보다 더 많은 내용을 원하며 그것을 얻어낼 수 있다. 하지만 이 부가적인 내용은 지금까지 논의한 것의 연장선상에서 끌어낼 수 있다. 이것은 지금까지의 내용을 계속 발전시킨 것이며 우리의 자유에 대한 경험을 더욱 농축한 것이기도 하다. 부족한 것이 있더라도 그것을 일단 제외한다면 지금까지 그려왔던 그림은 계속 희미한 채로 남아 있을 것이며 거기서 발견되는 우리의 모습도 불완전할 수밖에 없다. 그렇다고 하더라도 그 그림은 자유에 관한 한 정확한 그림이 될 것이고 최소한 우리의 물음에 핵심적 대답을 줄 수 있을 것이다. 3부는 이러한 방법을 적용한 관점으로 서술하였다.

▌무조건적으로 자유로운 의지: 막연한 개념에 대한 첫 번째 지식

우리가 살펴보았던 자유의 개념에서 중요하고 근본적인 것이 빠졌다는 첫 번째 해석 방법에 동의하는 사람이라면 그의 자유에 대한 관념은 조건성과 날카로운 대립을 이루고 있음이 분명하다. 대립의 뚜렷함은 이 생각이 우선 조건성에 관한 부정형 서술을 통해 그 내용이 표현된다는 데서 알 수 있다. '**자유는 조건성의 부재다.**' 조건성에 종속되는 것은 바로 이 종속성에 의해 부자유해진다. 자유롭다는 것은 조건성이라는 그물에 걸리지 않고 모든 조건성과 종속성을 빠져나갈 수 있을 때만이 그러하다. 이 관점을 의지의 자유에 적용한다면 다음과 같은 말이 성립한다. 의지는 오직 그 어떤 것에도 제한되지 않을 때, 즉 무엇에도 종속되지 않을 때만이 자유롭다고. 그런데 의지라는 것은 그 의지를 조건으로 가지는 행동을 유발할 수 있어야 한다. 즉 우리의 행위는 언제나 이러한 조건들 중 최소한 하나, 다시 말해 의지에 종속되어 있다는 뜻이다. 그러나 의지가 진실로 자유롭다면 그 의지 자체는 선행 조건에 종속되지 않는다. 그것은―행위로 변화되는 과정에서―세계의 흐름에 관여할 수는 있으나 그 흐름의 하위에 놓이는 것은 아니다. 자유로이 무언가를 원한다는 것은 전제조건 없이 새로운 것에 부딪치는 것을 의미한다. 자유의지는 우리를 행동하게 만들지만 정작 그 자신은 어떤 것에 의해서도 움직이지 않는다. 요지부동의 지렛대인 셈이다. 바로 이것이 그동안 논의에서 빠져 있었던 자유의 핵심이 아닌가? 그래서 만일 무조건적인 자유의지가 존재하지 않는다면 결국 우리가 겪는 자유의 경험 전체를 모두 완전한 환상이나 거대한 자기기만으로 봐야 하지 않을까?

일단 여기까지의 논의에서 우리가 얻은 정보는 많지 않다. 엄밀히 말해 **무조건적인 자유의지**라고 하는 부정의 형식을 통해 얻은 것이 전부다. 이걸로는 뭔가를 이해했다고 하기 어렵다. 그렇다면 어떤 방향으로 이야기를 이끌어야 할까? 여기서 언뜻 사소해 보이지만 사실은 매우 중요한 현상을 찾아볼 수 있다. 무조건적 자유에 관한 또 다른 설명을 **직접적으로** 찾아나서는 방법을 써서는 앞으로 나아갈 수 없다는 사실이다. 만일 그 방법을 고수한다면 앞에서 나온 말들 말고는 그 어떤 다른 설명도 얻어낼 수 없을 것이다. 그러나 조건적 자유의 개념의 경우는 달랐다. 우리는 조건성의 종류를 하나하나씩 짚어가는 방식을 통해 단계적으로 뚜렷한 윤곽선을 그려나갈 수 있었던 것이다. 의지의 자유를 부자유의 다양한 양태들과 대비한 것도 그중의 하나였다. 부자유에 대한 고찰은 자유를 더 잘 이해하도록 이끌어준다. 무조건적 자유의 경우는 이 점에서도 다르다. 가운데 엄청나게 깊고 큰 낭떠러지를 사이에 누고 한쪽에는 부조건성의 자유를, 반대편에는 모든 조건성에 따르는 부자유를 놓는다. 이렇게 되면 부자유에 대해 아무리 깊이 파들어간다고 해도 자유에 대한 더 많은 이해를 얻을 수는 없다. 부자유에 대한 모든 새로운 사실의 발견은 결국 조건성에 대한 것을 하나 더 발견하는 것에 불과하며 이런 발견이 아무리 많다고 해도 자유에 관한 새로운 사실을 알려주지는 않는다.

그러므로 자유라는 개념의 이해와 관련해 한걸음 앞으로 나아가고자 한다면 우회로를 택해야 하며, 과연 어떤 사고의 방법을 취해야 무조건성이라는 의미에서의 자유의 개념에 도달할 수 있을지 고민해봐야 한다.

▌두 개의 고찰

서로 편이하게 다른 논리에 바탕을 둔 두 개의 고찰 방법이 있다. 그중 첫 번째는 다음과 같은 것을 증명하려 한다. '오직 무조건적 자유의지를 가질 때만이 우리는 **인격(Person)**이다.' 즉 무조건적인 의지의 자유를 가졌다는 사실이 그가 하나의 인격이 될 수 있는 선행조건이라는 뜻이다. 무조건적 자유가 인격 존재의 여부를 가리는 조건이 된다. 이러한 증거를 일반적으로 증명해내고 싶다면 한 인간을 인격으로 만드는 여러 요소를 하나씩 열거하고 점검하면서 그중에 최소한 한 가지를 들어서 그것이 무조건적 자유를 선행조건으로 삼는다는 것을 보여주려고 시도할 것이다. **사실**을 언급하고 증거를 들이민다고 해서 하나의 사실이 다른 하나의 사실에 종속된다는 것을 이러한 증거만으로는 증명할 수 없다. 병의 증세가 나타났다는 사실을 놓고 그것이 또 다른 하나의 사실, 즉 병균의 활동에서 비롯된 것으로 규명할 때와는 다른 것이나. 무조선적 의지의 자유가 사실인지 아닌지의 여부가 여기서 제기되는 바로 그 문제인데 우리가 만일 그것을 간단히 알 수 있는 기정사실로 간주한다면 무엇을 증명한다는 건지 알 수 없게 된다. 그렇다면 증명의 본질은 전혀 다른 것이어야 한다. 각 **개념들** 간의 관계 또는 **관념들** 간의 관계를 밝히는 것이라야 하는 것이다. 그러려면 인격이라는 관념이 무조건적 자유라는 관념을 선행조건으로 삼는지 여부가 여기서 가장 포괄적인 형태의 질문이 되어야 한다. 여기서 조금 더 특수한 질문으로 가지를 뻗어나간다면 인격 됨의 어떤 특정한 측면이 그 내용적인 면에서 봤을 때 무조건적 자유라는 개념을 전제조건으로 삼느냐가 되겠다. 이러한 개념적 연관관계에 대한 물음은 곧 우리가 하나의 개념이나 관념을 다른 특정한 개념이나 관념 없이도 파악할 수 있는지, 또는 각자가 처한 입장에서 가능한 **이해**라는 관점에서 보았을 때 하나의 관념이 다른 하나의 관념을 반드시 필요로 하는지의 물음으로 귀결될 수 있다. 다시 말해 개념적 종속성에 대한 물음은 이해의 종속성에 대한 물음으로 해석된다. 그러므로 우리의 주제에 관해 증명되어야 하는 것이 무언지는 다음과 같은 주장으로 귀결될 수 있다. 인격 존재에 있어서 한 개 또는 그 이상의 측면이 존재하는데 이들은 우리의 의지를 무조건적 자유라는 개념 아래에 놓았을 때 그 개념적 내용이 이해될 수 있다. 우리에게 무조건적 자유가 있다고 할 때에 우리는 스스로를 인격으로 이해할 수 있다. 그에 반해 조건적 자유만이 존재한다고 가정한다면 그것은 불가능하다.

이것이 첫 번째 고찰 방법이었고, 이제 등장하는 두 번째 고찰은 첫 번째보다 좀 더 단순한 구조를 가진다. 우선 우리는 이 고찰을 통해 우리가 경험한 자유의 특정한 현상을 떠올리게 될 것이고 곧이어 이 현상들을 무조건적 의지의 자유가 실제로 존재한다는 증명으로 보라는 요구를 받게 될 것이다. "그저 자세히 살펴보는 걸로 충분합니다. 그러면 사이비 자유가 아닌 진짜 자유로서의 무조건적 자유가 존재한다는 반박 불가능한 증명을 발견하게 될 겁니다. 만일 발견하지 못한다면 그것은 그 생각이 옳지 않다는 뜻이 아니라 여러분이 그 현상을 제대로 보지 못했기 때문입니다."

이 두 가지 고찰 방법은 단순히 논리적로만 따진다면 서로 교차하는 부분이 없다. 순수하게 관념적으로만 본다면 무조건적 자유의 개념은 우리가 실제로 겪는 자유에 관한 경험들을 들어서 이 논리를 증명할 필요가 없이, 우리가 하나의 인격이 되기 위해 필수불가결한 조건으로 간주할 수가 있다. 그리고 역시 관념적으로만 생각할 때, 이 부조건적 자유의 개념이 인격을 이해하는 데 필수적이지 않아도 경험 안에서 증명된다는 것을 주장할 수 있다.

그럼에도 불구하고 이 두 가지 고찰 방법은 서로에게 영향을 주고받는다. 한편으로, 무조건적 자유라는 관념이 과연 그것을 무조건적인 자유라고 해석할 수 있는 우리의 경험들이 없었다면 과연 발을 붙일 수 있었을까 하는 의문을 품어볼 수 있다. 왜냐하면 앞에서 말한 바와 같이 이 관념이 우선 무엇의 부정으로만 이루어졌기 때문에 불가해한 특성을 가진다는 점을 고려해보면 이 의문에 대해서 아니라는 대답이 나오기 쉽다. 또 다른 면에서 생각해보면, 무조건적 자유가 인격 존재를 완성하는 선행조건으로 간주되지 않는다고 한다면 우리의 자유에 대한 경험을 무조건적인 것으로 해석하는 사람은 나오지 않을 것이다.

▌무능력으로서의 조건성

무조건적 자유의 필수 불가결성을 주장하는 다양한 논리들에게 토대를 마련해주는 하나의 사고가 있다. 이것을 최대한 짧고 일반적으로 표현하면 다음과 같다. '모든 의지가 조건적일 수 있다는 생각을 정말로 진지하게 받아들이고 끝까지 관철하는 사람이라면 이러한 의지를 자유롭다고 부를 수 있다는 견해를 배제하지 않는다. 항구적 조건성이라는 프레임 안에 남아 있는 자유의 개념은 본래의 개념이 기괴하게 찌그러진 형상을 갖고 있으며 자유의 경험에 대한 직관적 알맹이를 완전히 빗나간다. 이러한 생각을 가지지 못하는 사람이 있다면 그것은 자

신도 모르는 사이에 중도에 멈춰 서서 생각의 선을 끝까지 이어가는 과정을 놓쳐버렸기 때문일 것이다.'

1부에서 전개되었던 조건적 자유의 개념으로 다시 되돌아가보자. 누군가 자신의 행동을 자유로이 한다는 것은 그가 원하는 것을 행동으로 옮길 수 있다는 뜻이었다. 그 과정에서 어디에 갇혀 있다든지 일어나고 싶지만 몸이 마비된 경우처럼 방해를 받는 정도에 의해서 부자유의 강도가 결정된다. 라스콜리니코프를 보자. 도끼를 전당포 노파의 머리 위로 내리쳤을 때 그는 감금되지도 마비되지도 않았다. 그는 자신의 움직임으로써 하나의 의지를 실현했다. 그러므로 그의 살인은 자유로운 행위로 유효하다. 우리는 '만일 그가 다른 것을 원했다면 다른 행위를 했을 것이다'라는 표현으로 그의 행위가 가지는 자유를 설명할 수 있다. 만일 그가 돈을 벌려는 의지, 기필코 일거리를 찾으려는 의지를 가졌었다면 그에 합당한 행동을 했을 것이다. 그 누구도, 아무것도 그를 방해하지 않았을 것이다. 그는 자유로운 인간이었다.

그런데 그의 의지는 어떠했는가? **그것은** 자유로웠는가? 이제까지의 논의에 따른다면 이렇게 말할 수 있다. '그렇다. 그의 의지는 자유로웠다.' 라스콜리니코프는 단순한 표류자가 아니다. 그는 자기 자신과 거리를 둘 줄 알았고 따라서 자신의 의지를 객관화해서 볼 줄 알았다. 그가 작성했던 논문에는 특별히 뛰어난 인간들이 존재하며 이들은 주위에 어떤 희생을 요구해서라도 목적을 달성할 가치가 있다는 견해가 피력되어 있다. 공감을 불러일으킬 만한 내용은 아니지만 이 논문은 그것을 쓴 사람이 한 가지는 정확히 알고 있음을 보여준다. 즉 의지를 테마화하는 것이다. 표류자가 이 논문을 읽는다면 읽고 나서도 도무지 무슨 소리인지 알아듣지 못할 것이다. 노파를 죽이고자 하는 라스콜리니코프의 의지는 최면에 걸린 자의 경우처럼 아무도 몰래 뒷문으로 슬그머니 들어온 것이 아니다. 또한 누군가에게 예속되어 있기 때문에 도끼를 움켜쥔 것도 아니다. 그의 행위는 누군가를 향한 맹목적 복종에서 비롯되지 않았다. 한편 그가 생각의 들러리인가 하는 문제에 대해서는 쉽게 답이 나오지 않는다. 그가 주장하는 소수의 엘리트 위주의 세계관이 대다수의 사람들에게는 외면받는다고 해도 그 견해 자체에는 광신적인 요소가 존재하며 그 혼자만의 생각이라고 보기는 힘들다. 그러나 사회에서 벗어나 외톨이라고 느끼는 라스콜리니코프가 타인의 말을 앵무새처럼 반복하고 자신의 견해를 세울 줄 모르는 사람이라고 할 수는 없다. 그의 살인 의지는 강박에서 온 것도 아니다. 그는 살인을 행하지 **않으면 안 되는** 이유가 내적 강제 때문이라고 느끼지 않는다. 살인 중독자도 아니다. 본인에게는 낯설기만 한 중독과 처절하게 싸우다가 매번 패배하는 사람이 아닌 것이다. 그는 전적으로 자신의 의지와 일체감을 느끼는 사람이다. 또한 살인의 순간에 그는 통제하지 못하는 자의 특징을 갖추지 않았다. 살인은 이길 수 없는 분노에 힘없이 압도된 성난 자가 느끼는 감정의 폭발에 의해 일어나지 않았다. 마지막으로 누군가 강제로 시키거나 협박을 당해서 살인을 저지르지도 않았다. 라스콜리니코프 자신은 어쩔 수 없이 강도에게 돈을 건네줄 수밖에 없는 창구 직원의 경우처럼 자신의 행위도 강제 상황에서 비롯되었다고 주장할 수도 있다. 그러나 두 가지의 악을 앞에 놓고 자신이 아사한다는 받아들일 수 없는 커다란 악을 피하기 위해 살인이라는 보다 작은 악을 선택하는 수단으로서 살인을 택했다는 주장은 사실이 아니다. 목숨을 유지하기 위해서라면 전혀 다른 행위를 선택할 여지도 많이 있었다.

이런 의미에서 라스콜리니코프는 자유의지에 따라 행동했다. 따라서 노파를 마주한 바로 그 순간까지 그의 미래는 여러 가능성으로 열려 있었다. 그는 생각과 상상력을 활용해 자신이 무엇을 원하는지를 정할 수 있다는 결정의 경험을 갖고 있으며 그렇게 해서 자기 자신이 참여한 가운데 그리고 자신을 위해서 무언가를 행하는 가운데 의지의 장본인과 저작자가 될 수 있다는 사실도 모르지 않았다. 노파의 방으로 향하는 계단을 올라가는 도중에 이제라도 살인 의지를 거두어들일 수 있다는 것도 알았다. 이리저리 망설이는 우리의 망명자가 마지막 순간까지 마음을 바꿀 수 있었던 것처럼, 라스콜리니코프의 경우도 자신의 의지가 그려온 행보에 대해 최종적으로 내린 결론적 지식이 바로 마지막 순간에 그 의지를 바꿀 수 있는 요소였다. 망명자가 가졌던 자신의 비겁함에 대한 결론적 생각이 결국 바뀔 수 있었던 것처럼 라스콜리니코프도 마지막 계단에 발을 올려놓으면서 나의 살인 의지에게 길을 터주는 것 말고는 다른 길이 없다고 자신에게 중얼거리면서 했던 생각을 그래도 되돌리게 만들 수 있었던 것이다.

종합적으로 보면 라스콜리니코프의 경우 다음과 같은 일련의 조건들이 적용된다. 그가 다르게 생각했더라면 다른 결정을 내렸을 것이다. 그가 다른 결정을 내렸더라면 다른 의지를 품게 되었을 것이다. 그가 다른 의지를 품었더라면 다른 행동을 했을 것이다. 그러므로 그가 원하고 행했던 것에 관해서는 그밖의 여러 가지의 가능성을 품은 여유 공간이 있었고 지금까지 논의했던 내용에 따르면 그 여유 공간은 그의 자유를 형성하는 바탕이 되었다. 여기서 결정적인 것은 이 여유 공간이 절대적이고 **무제한적**인 것이 아니고 **상대적**이고 **제한적**인 공간이라는 사실이다. 각각의 조건은 다른 조건이 변화할 때만이 변화할 수 있다. 이 것은 의지의 변화가 없으면 행위의 변화도 없고 결정의 변화가 없으면 의지의 변화가 없으며 사고의 변화가 없으면 결정의 변화도 없다는 뜻이다.

이로써 우리는 지금까지 논의했던 자유가 거짓이며 무조건적 자유를 믿는 것 말고는 다른 수가 없다는 명제에 도달하게 될 시점에 매우 가까이 왔다. 이제 한 단계만 더 내디디면 이 명제는 거칠 것 없이 효력을 발휘하여 그동안의 논의들이 내내 지녀왔을 모든 직관적 설득력을 휩쓸어 멀리 떠내려가게 만들지도 모른다. 그런데 이 한 단계는 너무도 간단해서 어이가 없을 정도다. 바로 이런 논점이다. '다 좋다. 하지만 라스콜리니코프는 결국 다르게 결론을 내리지 **않았다**. 다르게 생각할 수 있었다는 것 **또한** 맞지만 어쨌든 그렇게 하지 않고 결국 **실제로 는** 그가 한 바로 그 행동을 하지 않았는가? 가능하다고 해서 아무 임의의 가능성이나 다 고려한 것이 아니라 **진짜** 심사숙고, 즉 실제로 가능한 특정한 가능성을 고려해서 그 밖의 다른 모든 가능성을 다 배제한 것이 아닌가? 다른 가능성들을 **생각하지** 못해서가 아니라 이 진짜 심사숙고가 다른 많은 가능성 아래서 단 하나의 가능성을 실현함으로써 여타의 사고들이 라스콜리니코프의 의지에 영향을 줄 수 있다는 점을 배제했다는 점을 더 중요하게 봐야 하지 않을까?'

그렇다면 이제 이 논점은 자유의 개념에 많은 파장을 던질 것으로 보인다. 라스콜리니코프가 살인 말고는 다른 것을 전혀 원할 기회가 없었다는 것, 즉 노파를 쳐 죽이는 것 말고는 다른 행위를 할 가능성이 전혀 없었음을 뜻하는 것이기 때문이다. 실제 배출된 의지와는 다른 의지를 배출하기 위해서는 그가 실제로 했던 생각이 아닌 다른 생각을 해야 했다는 뜻이다. 그가 실제로 생각했던 바에 따라 숙고에서 결정으로, 그것이 의지로 이어지고 결국 행위로 귀결되는 연쇄 작용이 일어날 수밖에 없었다. 그 자신을 포함해서 아무도 그것을 막을 수 없었다. 그러므로 그가 다른 행동을 할 수 있었다는 건 실제로 있을 수 없는 일이었다. **어느 누군가**가 라스콜리니코프의 입장이 된다면 다른 결정을 내리고 결국엔 다른 행위를 했으리라고 상상은 해볼 수 있다. 하지만 라스콜리니코프, **바로 그** 라스콜리니코프는 그가 실제로 원하고 행한 것 말고는 그 어떤 것도 할 수 없었다. 그렇게 하기 위해서는 다른 사람이 되어야 했다. 실제로 그에게는 단 한 치의 여유 공간도 없었던 것이다. 그에게 있어서 단 하나의 가능성은 실제뿐이었다. 과연 누가 이런 것을 **자유**라고 말할 수 있을 것인가?

하긴 맞는 말이라고 맞장구칠 수도 있겠다. 그러나 이것은 라스콜리니코프가 다른 사고를 전혀 하지 못했다고 가정할 때만 그렇다. 그리고 그 가정은 틀렸다. 예를 들어 그는 여동생의 결혼에 대해 다르게 생각할 수도 있었다. 여동생이 남편 될 사람을 정말로 좋아해서 결혼한다고 볼 수도 있었다. 그렇다면 자존심에 상처를 입는 일도 없었을 것이다. 어머니와 여동생의 행동을 돈 걱정에서 벗어날 수 있는 해결책으로 보았다면 감사히 받아들일 수도 있었다. 또한 술집에서 오갔던 인간에 대한 경멸적 사상을 담은 이야기들에 다르게 반응할 수도 있었다. 이것을 마음속에 한 점 남아 있던 양심의 조각을 털어버리게 해주는 좋은 기회로 보는 대신에 거부감을 느끼고 자기들의 의견을 크게 떠들어대는 옆 테이블의 손님들의 말을 들으며 자신의 생각이 잘못되었음을 느끼는 계기로 삼을 수도 있었다. 또한 풍부한 상상력을 발휘할 수도 있었다. 도끼가 두개골 위로 내리꽂히는 장면 하나하나를 상상하는 힘이 오히려 끔찍한 살인을 단념하도록 만들 수도 있었다. 그는 꼼꼼함과 상상력으로 구직을 위한 세세한 계획을 세울 수도 있었다. 끝으로, 아무리 비참한 신세가 된다 하더라도 그렇게 사람을 죽이는 건 있을 수 없는 일이라고 말할 수도 물론 있었다.

실제로 선택했던 길 말고 이들 길 중의 하나라도 선택했다면 라스콜리니코프의 의지는 실제와는 다른 것이 되었을 것이다. 그런데 그의 의지는 정말로 다른 길로 접어들 **수 있었을까?** 방금 전에도 나왔지만 이것은 라스콜리니코프가 아닌 **어떤 다른 자**가 그의 처지였다면 다른 생각을 할 수 있지 않았을까 하는 질문이 아니고 어느 누구도 아닌 **바로 이** 라스콜리니코프가 그렇게 하는 것이 가능했을까 하는 질문이다. 대답은 아니라는 것이다. 특정한 인생 항로를 겪은 우리의 라스콜리니코프는 그렇게밖에 할 수 없다. 어떤 인생 항로인지 도스토옙스키는 그리 자세하게 알려주지 않는다. 하지만 한 가지는 짐작할 수 있다. 라스콜리니코프는 자신이 어느 곳에도 속하지 못하는 잉여 인간이라고 느끼며 그러한 단절이 수단과 방법을 가리지 않는 사고방식을 낳는다. 만일 그가 귀족의 자제로 태어나 사회에서 다른 대접을 받았다면 그러한 생각을 품지는 못했을 것이다. 그러나 현실은 귀족으로 태어나지 않았다는 것이다. 그리고 그의 가난한 배경은 그를 **불가피하게** 지금의 그로, 즉 그의 실제 생각이나 의지나 행위가 그렇게밖에 되지 못하게끔 형성했다.

라스콜리니코프가 세상에 태어난 것은 자기가 원해서가 아니었다. 바로 그 부모 밑에서 태어나고 바로 그 사회에서 태어난 것도 그로서는 어쩔 수 없는 것이었다. 여기에는 전제조건이 있었을 테고 그 전제조건의 전제조건, 또 그것의 전제조건이 있었다. 끝없이 과거로 거슬러 올라가야하는 장대한 사슬이다. 이 사실의 연결 고리 가운데 그 어떤 것도 라스콜리니코프가 영향을 미칠 수 있는 것은 없다. 그러므로 태어나기 전부터의 여러 조건들에서 시작해서 개인적인 발달 과정을 거쳐 이기적이고 거리낌 없는 사고방식, 살인 의지, 극악한 행위에 이르기까지 상황이 그렇게 되었던 원인은 그에게서 찾을 수 없다.

"난 달리 어쩔 수 없었어!" 이 말을 우리는 이 책에서 이미 두 번 마주쳤다. 한 번은 기차역에서 방황하는 망명자의 입을 통해서였다. 이제부터 자신의 정체성에 속하게 될 일생일대의 결단의 결과물인 자유를 친구인 레지스탕스군 동료에게 주장하며 했던 말이다. 다른 한 번은 똑같은 말이 부자유의 표현으로 쓰였다. 최면에 걸린 자와 예속된 자는 이 말을 자신의 의지를 판단 행위에 반영할 수 없었다는 것을 표현하기 위한 말로 사용했다. 통제하지 못하는 자도 어쩔 수 없다는 말을 했는데, 폭발적인 감정이 판단 능력을 마비시켰다는 뜻이었다. 강박적 의지의 소유자가 어쩔 수 없다는 말을 할 때 그 뜻은 그가 낯설고 경직된 의지의 희생자이며 본인이 아무리 깨달아도 그것을 몰아내는 데 성공하지 못함을 뜻했다. 또 협박당한 자가 자기에게 요구된 것을 마지못해 할 경우, 이 말은 다시 한 번 다른 뜻을 지니게 된다. 지금까지 우리가 이야기하며 발전시켜온 사고를 통해 본다면 또 다른 해석이 더 가능하다. 라스콜리니코프가 잔인한 짓을 저지르고 나서 "난 어쩔 수 없었어!"라고 외쳤다면 그것은 우리가 방금 이야기했던 여러 가지 유형의 부자유를 말하는 것이 아니다. 여기까지는 이미 살펴본 바 있다. 하지만 라스콜리니코프의 말이 옳을 수도 있다. 그가 살인을 저지르는 순간에 멀쩡한 이성을 가지고 있었고 그 어떤 강요도 받지 않았다면 그의 배경과 살아온 정황 등에 의해 결국 그는 그가 했던 행동 말고는 다른 행동을 할 수가 없었던 것이다. 그렇지 않은가? 그리고 그것이 **자유**란 말인가?

하지만 라스콜리니코프에게는 살인 바로 직전의 순간까지 결정의 자유라는 의미에서의 열린 미래가 있었으며 이 자유를 바탕으로 결정을 되돌릴 수 있었고 심지어 자신의 행동이 피할 수 없다는 것을 엄연히 알면서도 의지를 바꿀 수 있었다는 사실도 우리는 이미 알고 있지 않은가? 우리가 여기까지―무조건적 자유를 향한 논지는 계속된다―알아낸 건 사실이나 아직 결론까지 간 것은 아니다. 우리가 간과한 것이 있다. 무슨 생각을 어떻게 할지 **라스콜리니코프에게는 자유로운 선택권이 없었다.** 자신이 어떤 의지를 선택할지, 살인 의지를 되돌릴지 아니면 그대로 밀고 나갈지 그는 마음대로 할 수 없었다. 계단을 오르면서 자신의 의지가 정말 되돌릴 수 없는 것인지 그리고 이런 재고를 통해 최후의 순간에 마음을 고쳐먹을 수 있을 것인지 아닌지 결정할 자유가 그에게는 없었다. 이 모든 것들에 대한 자유가 그에게는 없었다. 이미 존재해왔던 조건들 때문에 상황은 이렇게 될 수밖에 없었다.

1부에서 본 바와 같이, 강박적 의지의 소유자에게 결여된 것은 열린 가능성의 미래다. 단조롭고 변화의 능력이 없는 의지의 희생자로서 반복의 감옥에 묶여 있기 때문이다. 그러나 라스콜리니코프는 그렇지 않다. 아니, 그럴지도 모른다. 만일 그가 조건적 자유의 소유자라면 그에게도 열린 미래라는 개념이 존재하지 않는다. 이제까지 결정의 자유라고 불리던 것이 기존에 존재하는 조건들에 의해 단 하나의 방식으로만 진행될 수 있는데 이렇게 오직 하나의 길로만 갈 수 있다면 그것이 어떻게 열린 미래일 수가 있는가? 이렇게 되면 미래의 개방성 운운하는 것도 우스꽝스러워지지 않는가? 비록 강박 등에 의한 것은 아니더라도 이미 결정되어버린 모든 것들이 주는 조건성에 의해 라스콜리니코프의 미래는 막혀버린 것이 아닌가?

이제 생각의 흐름이 앞에서 예고되었던 목적지에 도착할 때가 되었다. 목적지는 우리가 조건적 자유만을 가진다면 자유는 **전혀 없는 것**이라는 명제이다. 라스콜리니코프에게 유효한 것은 우리 모두에게 유효하기 때문이다. 우리가 결정의 자유를 가진다고 했을 때 무한한 가능성을 제공하는 것같이 보이는 미래를 지향하며 결정을 내리는 것은 사실이다. 결정권자로서의 우리는 의지와 행위에 관한 여러 선택 사항 가운데 어떤 것을 실현할지 좌지우지할 수 있다고 생각하기 쉽다. 세상이 돌아가는 큰 흐름에 관해서는 어쩔 수 없지만 자신이 원하는 것과 할 일은 스스로 결정하기 때문에 삶이 어떻게 흘러갈지에 관한 문제라면 오롯이 자기 자신에게 달려 있다고 흔히 생각한다. 그런데 이 조건적 자유가 진정 마지막 결론이라고 한다면 이 모든 것들을 이제 우리는 착각이요 거대한 자기기만이라고 불러야 할 때가 온 것 같다. 왜냐하면 우리에게 달린 것은 **아무것도 없고 그 어떤 것도** 스스로 결정할 수 없기 때문이다. 모든 것, 심지어는 의지의 흐름까지도 미리 정해져 있을 것이다. 물론 그 흐름의 모습을 **미리 알** 수는 없다. 자신의 안과 밖에서 일어나는 여러 사건들이 너무나도 복잡하게 얽혀 있기 때문이다. 그러나 객관적으로 보았을 때 미래에 무엇을 원하게 될지 그 답은 **미리 결정되어** 있다. 우리를 높은 곳에서부터 굽어보는 전지전능한 존재가 있다면 그는 우리를 돌바크의 말처럼 앞서 땅에 그어져 있는 단 하나의 선을 따라 걷는 존재로 볼 것이다. 우리는 그 선에서 단 한 치도 벗어나지 못할 것이다. 앞서 등장했던 망명자는 계속 기차를 타고 갈지 아니면 도중에 내릴지 결정할 수 있겠지만 그가 가진 선행조건들로 인해 라스콜리니코프의 경우와 마찬가지로 결국은 최종적으로 **어떤** 선택을 할지 미리 정해져 있는 것이다. 우리는 삶의 진행에 대해 최소한의 **관여**도 할 수 없다. 의지와 결정이라는 측면에서도 삶이란 우리로서는 그 전부를 다 알지도 못하고 설사 안다고 해도 아무런 영향을 끼치지 못했을, 이미 그 자리에 놓인 조건들의 계속되는 전개에 불과할 것이다. 삶은 부동적이고 딱딱한 법칙에 따라 전개될 것이며 불변의 과거라는 어둠에서 우리를 선쳐내어 그에 못지않게 경직된 미래로 데려다 놓을 것이다. 우리에게 미래가 과거보다는 다소 희망차게 보인다면 그 이유는 미래를 우리 힘으로 어찌 해볼 수 있다고 착각하기 때문이다. 기만의 옷을 입은 개방성의 굴레에 발목이 잡힌 우리는 사실 폐쇄되고 일차원적인 미래로 이끌려 들어가는 것이다. 그것은 아마 지옥일 테다. 평생에 걸친 **무력감**을 뜻하기 때문이다. 이 엄청난 무력감을 견디지 못한 나머지, 우리는 조건적 자유를 소리 높여 부르짖는 방법으로 매 순간마다 무력감을 눈앞에서 은폐하며 한편으로는 그 자유가 사실은 자유가 아님을 망각해버릴 것이다. 자유의 바탕을 이루는 내적 행보는 굽히지 않고 정해진 길을 그대로 따라 갈 뿐이기 때문이다.

자, 그런데 우리는 인격을 가진 존재들이다. 이들은 자신의 삶과 의지와 행위에 관해 이런 식으로 무력하지는 않다. 의지와 행위를 통제하는 **힘**이 있으며 이들 앞에는 여러 갈래로 뻗어나갈 수 있는 열린 미래가 **정말로** 있다. 새날이 밝아 오면 새로운 **선택**이 주어져 삶을 만들어 나갈 수가 있다. 이것이 속임수로 제공되는 것이 아닌 **진정한** 선택이며 또한 인격 존재라는 개념의 한 부분이다. 그러나 이 개념에는 인격이 자신의 의지에 관해 반드시 자유로워야 한다는 것도 또한 포함된다. 단지 조건적 자유만 가지고는 이 모든 것이 가능하지 않기 때문이다. 그러므로 다음과 같은 표현이 유효하게 된다. 자신을 하나의 인격으로 이해하는 사람은 의지에 관해서 반드시 자신을 자유롭다고 간주해야 한다. 우리는 우리를 인격이라고 믿는다. 그러므로 우리는 의지에 관해서 우리 자신을 자유로운 존재로 보아야 한다.

▋돈키호테적 숙고

자신의 의지에 관해 자유롭다고 하는 것은 숙고를 거쳐서 결정된 의지를 가지는 것을 말한다. 이것이 조건적 자유의 개념이다. 여기서 단지 임의의 결정을 뜻하는 것이 아니라 자유의 경험에서 비롯된 직관적 개념의 표현이라고 한다면 숙고라는 뜻 안에 바로 이 경험의 핵심을 찌르는 요소가 존재해야 한다. 이 요소는 의지와 행위에 관한 다양한 가능성을 품는 여유 공간에 대한 개념이다. 숙고한다는 것은 이런 의미에서 다음과 같은 의미를 지닌다. 내가 결정할 수 있는 복수의 가능성들을 서로 견주어 재어보고 비교한다는 것이다. 숙고하는 사람은 가능성의 공간을 앞에 두고 선 사람이다. 자유의지의 확신은 숙고의 확신에 바탕을 둔다. 나는 숙고한다, 그러므로 자유롭다.

이러한 생각이 사유의 경험을 수용할 수 있기 위해서는 서로 비교되고 고려되는 가능성들이 진정한 가능성인지 여부를 보아야 한다. 즉 그들이 **실질적인** 가능성이어야 한다는 말이다. 그저 내 **머릿속**에서 다양한 가능성이 존재한다고 되는 것이 아니다. **실제로** 한 가지 이상의 것을 원하고 할 수 있어야 한다. 상상만 하는 가능성은 자유에 아무런 도움이 되지 않는다. 내 머릿속에서만이 아닌, 내 의지와 행위가 관여할 수 있는 바깥세상에서도 존재하는 가능성이라야 한다. 복수의 가능성들 사이에서 생각해보고 선택할 수 있다는 이유로 자기 자신이 자유롭다고 생각한다면 이것에는 한 점의 기만도 없어야 한다. 즉 **사실은** 숙고의 무대 뒤편에서 이미 다 결정되어버렸으면서도 많은 가능성 중에서 실현하고 싶은 것으로 선택된 것 같은 착각을 불러일으키는 것이어서는 안 된다는 뜻이다. 다시 라스콜리니코프로 돌아가보자. 우리가 행동을 하기 이전에 의지의 자유를 구가하는 사람으로 그를 간주하고 싶다면, 그가 돈을 얻기 위해 여러 가지 가능성을 준비해놓았을 경우 이 가능성들이 실제로 존재했으며 실제로는 단 하나의 가능한 방법만이 있을 뿐 나머지는 모두 명목상의 가능성에 불과한 허깨비 같은 상황이 아니라는 가정을 동시에 해야 한다. 그가 숙고하는 그 시점에서부터 땅 위의 길이 여러 방향으로 뻗어나갈 수 있다는 가능성이 **사실**로 존재해야 한다. 겉으로는 숙고하고 선택할 수 있는 것처럼 보이지만 실은 그렇지 않고 단 한 가지 유일한 길, 즉 노파에게 향하는 길만이 열려 있다면 그 누구도 그를 자유로운 사람으로 볼 수 없을 것이다.

이렇게 본다면 과거에 정말 그 어떤 것도 존재한 적이 없어서 그가 갈 길이 제한되지 않을 때라야만 그가 자유로울 수 있는 조건이 충족된다. 그의 과거는 일어났던 그대로이며 그 어떤 것도 변할 수 없다. 그리고 과거가 가진 사실성과 불변성은 라스콜리니코프의 자유에 걸림돌이 될 수 없다. 다만 이것들이 그의 현재와 미래에 끼어들면 안 된다. 그가 숙고하는 현재의 순간은 과거의 그 어떤 그림자도 드리우지 못하게 차단하는 명료하고 최종적인 단면이 되어야 한다. 현재는 모든 부작용으로부터 자유로운 의지와 행위의 새 출발을 가능케 해야 한다. 만일 라스콜리니코프가 이 현재에서는 이것을, 다른 현재에서는 다른 것을 원한다면 그것은 과거에 그에게 이러한 의지의 차이의 근원이 되는 서로 **다른** 일이 일어난 것을 전제로 해선 안 된다. 라스콜리니코프는 동일한 내적 조건과 외적 조건에서도 서로 다른 것들을 원할 수 있어야 한다. **이유는 없이** 그냥 이러한 것을 또는 저러한 것을 원하는 것이다. 그의 의지는 스스로는 아무 영향도 받지 않으면서 다른 것의 유발자, 즉 부동(不動)의 동력(動力)*이 되어야 한다.

이상은 우리가 라스콜리니코프의 숙고 안에 그의 자유가 반영되어 있다고 간주하려면 충족되어야 하는 조건이다. 다른 말로 하면 이렇게도 표현할 수 있다. 그는 숙고한다, 그러므로 자유롭다. **그러나 조건적 자유가 우리의 마지막 결론이라고 한다면 이 조건은 절대 충족될 수 없다.** 앞서 살펴본 바에 의하면, 라스콜리니코프의 의지는 여러 조건들로 줄줄이 이어진 사슬의 맨 마지막에 위치해 있으며 만일 조건이 그렇지 않았다면 그가 실제로 한 행위 말고 다른 행위가 가능했을 것이라고 말

---

* 아리스토텔레스가 우주 운동의 제1원인으로 뽑은 개념으로, '부동의 동자(動者)'라고도 한다.

할 수 있다. 따라서 다음과 같은 전개가 가능해진다. 그의 숙고는 진정한 숙고가 아니다. 왜냐하면 그가 고려한 가능성들은 진짜 가능성이 아니기 때문이다. 그 자신은 자신에게 진짜 가능성들을 허용하는 여유 공간이 있다고 **믿었고** 그것 자체는 사실이다. 그러나 그건 체계적이고 포괄적인 착각이다. 전지적 존재가 있다면 가련하다는 듯 그를 내려다보며 이렇게 생각할 것이다. '불쌍한 것, 실제로 실현 가능한 가능성들 중에서 하나를 고를 수 있다는 착각에 빠져 있군 그래. 하지만 자신의 의지를 포함해서 모든 것들에게 전제조건이 있으며 그 전제조건들에 의해 앞으로의 진행 방향이 이미 정해져 있다는 것을 모르고 있어. 행동과 의지에서 자유롭다고 느끼니까 하루에 수백 번 고민하고 숙고하고 재고하며 발버둥을 치겠지. 하지만 그 가능성들이라는 것은 그의 눈앞에서 교묘하게 아롱댈 뿐 실은 신기루처럼 비현실적이야. 돈키호테의 착각에 비견할 만한 좋은 예지. 어쨌든 저 자가 착각에 빠져 살도록 놔둬야겠어. 진실은 잔인한 법이니까.'

의지와 행위의 편재하는 모든 조건성을 믿어야 한다는 것이 그저 **가혹한** 데 그치는가? 쓰디쓴 **실망**에 불과한가? 무조건적 자유를 주장하는 논리는 단순한 잔인한 현실 또는 실망 그 이상이라고 주장한다. 즉 우리를 완전한 **모순**으로 끌어들인다는 것이다. 여러분은 지금 이 책을 읽고 있다. 언젠가 이 책을 덮고 이제 무엇을 할까 생각할 것이다. 뭘 먹을까, 뉴스를 시청할까, 극장에 갈까 친구네 집에 갈까 생각하는 와중에도 여러분은 이러한 가능성들이 **정말로** 실재한다는 굳은 믿음을 품고 있을 것이다. 누군가 의심의 눈초리를 보낸다면 여러분은 기분이 상하거나 자신만만하다는 투로 이렇게 대꾸할 것이다. "**당연히** 모든 선택에 다 동등한 가능성이 있지! 그렇지 않다면 대체 내가 **뭐하러** 고민하겠나?" 이 말은 숙고라는 **개념** 또는 **관념**에 대해 여러분이 믿는 바를 고스란히 표현하고 있다. 그것은 자신이 정말로 다양한 가능성을 가지고 있다고 **믿는 것**에 이 개념의 **내용적 알맹이**가 있다는 것이다. 다른 말로 하자면, 이러한 여유 공간이 존재한다는 것을 믿지 **않으면** 숙고의 개념을 결정이라는 것과 함께 연관 지어서 **적용할 수 없다**는 것이다. 그럴 경우 이 개념은 우리에게 전혀 **적합하지** 않게 될 것이다. 숙고하는 주체로서, 즉 숙고라는 개념을 올바르게 자기 자신에 대해 적용할 수 있는 사람으로서 여러분은 진짜 가능성의 존재를 믿는 것 말고는 **달리 어찌할 수가 없다**. 이것은 고쳐야 하는 내적 강제가 아니다. 이것은 숙고의 개념을 다른 것이 아닌 바로 이 숙고의 개념이게 하는 **개념적** 강박이다. 만일 누군가가 숙고를 통해 결정을 준비하면서 동시에 자신에게는 **단 하나의** 선택밖에 없다고 믿는다면 그건 이치에 맞지 않는다. 논리를 계속 전개해보자. 그러나 이것은 자신을 숙고하는 자로 봄과 **동시에** 조건적 자유가 우리가 누릴 수 있는 유일한 자유라고 믿는 사람이 처해 있는 상황이다. 이 믿음은 우리의 의지와 행위에 단 하나의 가능성만 있다고 믿는 믿음이다. 만일 여러분이 이 믿음에 공감하는 동시에 다양한 가능성을 선택할 여지가 존재함을 믿을 뿐만 아니라 또한 자신을 숙고하는 존재로 간주하기에 그 사실을 믿어야만 한다는 것을 항상 염두에 두고 있다면 여러분은 곧 완벽한 논리적 모순에 빠지고 말았다는 것을 깨달을 수밖에 없을 것이다. '**가능성은 단 하나다**'라고 믿는 동시에 '**가능성은 하나만이 아니다**'라고 믿고 있는 것이다. 이 모순이 모순인 까닭은 무엇일까? 이것은 그 모든 주장에도 불구하고 결국 **아무것도 믿지 않**

는 것과 마찬가지기 때문이다. 하나의 믿음은 그것을 부정하는 다른 하나의 믿음을 해제한다. 우리가 모순되는 어떤 것을 말하거나 생각하거나 믿을 때 실제로는 **아무것도** 말하거나 생각하거나 믿지 않는다는 것, 모순의 한쪽이 다른 한쪽을 지워버리기 때문에 결국 아무것도 말하거나 생각하거나 믿은 적이 없게 되어버리는 것, 바로 이것이 모든 모순이 가지는 잘못이다.

그러나 여러분은 이 주제에 대해 무엇인가는 **믿고 싶을** 것이다. 따라서 모순의 두 가지 확신 중에서 하나는 **포기해야만** 한다. 포기해야 할 것이 혹시 숙고를 통해 결정할 내용을 준비하는 사람이라는 확신인가? 자기 자신을 그런 사람으로 이해하는 것을 과연 **그만둘** 수 있는가? 그러려면 결정이라는 것 **자체**를 내리는 존재로 자신을 이해하는 것을 그만두어야 한다. 그렇다면 우리가 앞서 살펴본 **표류자**로 보아야 한다는 뜻이 된다. 그것이 호감을 주는 자아상인지 아니면 거부감을 주는 자아상인지는 둘째치고라도 여러분은 자신을 그런 사람으로 **볼 수가** 없다. 자기가 표류자인지 아닌지 자문하는 사람은 절대로 표류자가 **될 수 없**다. 이런 질문을 할 수 있으려면 자기 자신과의 거리가 유지되어야 하는데 그에게는 그것이 없기 때문이다. 그러므로 표류자가 되는 것이 모순에서 빠져나오는 길은 아니다. 그렇다면 한 가지만이 남는다. 지금까지 그래온 것처럼 진정한 가능성들을 품은 여유 공간 속의 숙고하는 자로서 자신을 보는 것이다. 이렇게 되면 지금까지 그 타당성을 검사해본 논리, 즉 우리가 소유하는 유일한 자유는 선택의 여유 공간을 한 방에 단 하나의 가능성으로 축소하는 제한된 자유라는 논리를 포기해야만 한다. 이렇게 되면 자동적으로 무조건적 자유를 옹호하는 입장에 서버리게 된다.

이제 우리는 무조건적 자유에 대한 논지를 형성할 수 있게 되었다. 하나의 인격으로서 우리는 숙고를 통해 결정을 준비하고 그와 동시에 진정한 가능성들의 존재를 믿어야 한다. 이것은 인격 존재의 개념에 속한다. 그러나 그뿐만이 아니라 인격을 가진 인간은 모순에 빠지지 않으려면 의지에 관해 자신을 무조건적으로 자유롭다고 생각해야 한다. 단순한 조건적 자유는 우리에게 그러한 진짜 여유 공간을 제공하지 않기 때문이다. 그러므로 다음과 같은 문장이 성립된다. 자신을 인격으로 간주하는 사람은 의지에 관해 자신을 무조건적으로 자유롭다고 생각해야 한다. 우리는 우리 자신을 인격으로 본다. 그러므로 우리는 우리의 의지에 관해 자유롭다고 생각해야 한다.

▌부자유스러운 의지로서의 결단적 의지

"어쩔 도리가 없어!" 조직의 동료에게 우리의 망명자가 했던 말이다. 나는 이 말을 자유의 표현으로 해석했다. 과연 옳은 해석이었는가? 이런 해석을 위해 필요한 자유의 개념이 정말 우리에게 해당하는 개념인가? 우리는 이 개념을 통해 우리가 겪는 자유라는 것의 핵심을 올바로 표현하는가? 아니면 결국 항구적 조건성의 틀 안에서 억지로 자유라고 부를 만한 그 무언가를 찾으려는 곤경이 낳은, 자유의 원래 개념의 왜곡된 현상인가?

나의 주장은 다음과 같았다. 망명자에게서 볼 수 있는 것은 의지의 자유가 완벽한 비구속성을 뜻하는 것은 아니라는 사실이다. 결정이 의지를 구속하느냐 하는 것은 그 결정의 성질에 달려 있다. 그리고 그다음 부분에서 부자유의 여러 유형을 소개했을 때 내가 반복한 말이 있다. '의지의 자유에서 중요한 것은 당사자가 올바른 방법으로, 즉 이유의 숙고와 고찰에 근거해 그 의지에 구속되는 것이다.' 또한 이런 구절도 등장한다. '마지막 순간까지 그 어떤 결론도 회피하는 의지의 자유는 실은 자유가 아니다.' 이것이 진정 자유의지의 본성에 대한 깨달음이었을까 아니면 일반적인 조건성이라는 개념 아래 작업할 것을 내가 이미 결정해놓고서는 그를 위해 필요로 했던 보호 장치에 불과했을까?

다시 한 번 망명자의 처지가 되어보자. 오지 않는 잠을 억지로 청하는 동안 그의 머릿속에서는 이런 저런 생각이 떠다닌다. 한쪽에는 가족 걱정이, 다른 한쪽에는 동지와 조국에 대한 의리가 묵직하게 자리를 잡고 있다. 아내와 아이들이 달구지에 실려 어디론가 강제로 실려 가는 모습이 또렷하게 자꾸만 뇌리에 떠오른다. 바로 이 모습이 내면의 투쟁에서 승리를 이끌어냈다. 레지스탕스군에 함께할 것을 요구하는 친구의 모습이 아닌, 가족의 이 모습이 바로 그의 의지를 유발하고 결정했다는 것, 그래서 가족을 이끌고 다음날 아침 기차역으로 향했다는 것에 이 승리의 의미가 존재한다.

이 과정을 우리는 지금까지 '결정의 자유'라고 불렀다. 그러나 그가 지금 행사하고 있는 것이 과연 정말로 **자유**일까? 오히려 달구지의 처참한 모습이 그를 도망치도록 **강요한** 것은 아닐까? 이 모습이 그의 내면에서 **저항할 수 없는** 의지가 발생하도록 만든 것이 아닐까? 그는 자유로이 결정을 내리는 존재는커녕 상상 속 모습이 야기한 **피해자**가 아닌가? 우리가 조금 전에 이야기했던, 새로 등장한 논리에 따른다면 진정한 자유는 전혀 다른 것이어야 한다. 즉 그것은 머릿속에 떠오르거나 깨닫는 것이 아무리 강력하다고 해도 또한 그것이 본인의 의지에 영향을 미치든 미치지 않든 간에 상관없이 스스로 결정할 수 있는 능력이다. 자유, 그것은 자신의 사고와 일정 거리를 둘 수 있는 능력, 그리고 표류자의 경우처럼 그 사고에 의해 이리저리 휘둘리지 않는 능력이다. 바로 이것이 1부에서 내가 역설한 내용 아니었던가? 자신과의 거리가 확보되어 있기 때문에 그는 자신의 사고와 내적 그림에 거리를 유지할 수 있고 그것들에 의해 강요당하지 않을 능력이 있다. 의지를 좌우할 수 있는 힘을 그들에게 넘겨주기로 **결정하는** 것은 가능하다. 반면 내면에서 떠오르는 장면들에 굴복하지 않고 그것과는 전혀 다른 것을 하기로 **결정하는** 것도 가능하다. 이것은, 아니 오직 이것만이 '자유로운 결정'이라고 불리기에 마땅한 자격을 갖추고 있지 않은가?

이제 우리는 결정에 관한 새로운 개념을 눈앞에 두고 있다. 이것은 지금까지의 개념과 비교해 단순히 **새로울** 뿐만 아니라 어떤 의미에서는 **반대**되는 것이기도 하다. 이전의 개념에서는 숙고와 상상이 의지를 속박한다고 했다. 결정이 **바로** 이 속박인 것이다. 이제 새로운 개념에서는 의지가 속박되지 않는다고 한다. 즉 숙고와 상상의 과정이 의지에 영향을 끼치게 **할 것인지 말 것인지**, 만일 끼치게 한다면 그들의 여러 선택 사항 중에서 **어떤 것**을 고를 것인지, 결정을 내릴 때마다 매번 처음부터 다시 물어야 한다. 의지의 속박은 **가능**하다. 다시 말해 의지는 숙고의 과정에서 고려된 근거를 따를 능력이 없는 것은 아니지만 **반드시** 따라야만 하는 것을 의미하는 것도 아니라는 말이다. 의지는 속박에 저항할 수 있다. 속박될 것인지 만일 그렇다면 어떤 근거에 속박될 것인지를 정하는 것, 이것이 진정한 자유를 행사하는 것이다. 이러한 결정을 내릴 수 있는 것이 바로 진짜 결정의 사유다.

위의 생각을 이렇게도 표현해볼 수 있다. 우리가 의지에 있어서 자유롭다고 하는 것은 이전의 의미에서 결정할 것인지 말 것인지를 새로 나타난 개념의 측면에서 결정할 수 있는 것이다. 만일 그럴 수 없다면 우리는 진정으로 자유로운 것이 아니다. 여기서 다시 한 번 망명자의 입장으로 되돌아가보자.

"난 결정을 내렸죠." 낯선 나라에 온 우리의 망명자는 훗날 이렇게 회상한다. "달구지가 눈앞에 떠올랐고 그 상상이 현실이 된다면 절대 살아갈 수 없으리란 걸 알았습니다."

"자유에서 비롯된 결정이었나요?" 우리는 이렇게 묻는다.

"네. 물론입니다." 망명자는 대답한다. "새로 정권을 쥔 자가 나를 그런 처지로 몰아넣은 것 말고는 그 누구도 내게 강요 같은 건 하지 않았습니다. 강요는커녕 영향력을 행사한 사람도 없구요. 나는 나 스스로 그렇게 하기로 했고 머릿속에 떠오른 달구지의 모습이 결정적 역할을 했습니다."

"어떠한 상상이 결정적 역할을 하게 만들지도 스스로 결정하신 겁니까?"

망명자는 잠시 망설인다. "어쨌든 **나의** 상상이었습니다. 내 안에서 우러나온 것이었고 말입니다. 게다가 머리에 떠오른 다른 여러 가지 생각들을 서로 비교했습니다. 길고 고통스러운 고민이었죠."

"달구지의 모습이 주는 큰 충격에도 불구하고 마지막에 결국 도피가 아닌 다른 결정을 내릴 수 있다는 생각, 달구지의 모습 때문에 도피가 야기되는 것을 **저지할** 수 있었다는 생각은 안 해보셨습니까? 결정을 **막을** 수 있었거나 당신 자신이 결정 과정 전체에 **끼어들** 수 있었다는 생각은요?"

이번에는 조금 더 오래 주저한다. 우리가 도움의 손길을 내민다.

"당신이 어떤 상상과 생각을 하는지와 의지의 형성은 서로 전혀 **다른 문제**입니다. 생각의 결과 어떠한 의지가 도출되기 이전에 틈이 있다면 그 **틈**을 막는 것이 우선이지요. 당신이 막아야 되기는 하지만 정말 막아야 **할지 아닌지** 그건 당신 스스로가 홀로 **결정할** 수 있습니다."

"글쎄, 잘 모르겠습니다." 망명자는 결국 이렇게 말한다. "좀 더 오래 숙고를 해서 생각을 계속 이어 갔다면 다른 결정이 났을 수도 있겠지요. 비록 그렇게 됐으리라고는 생각하지 않지만요."

"숙고를 언제 끝낼지 스스로 결정하셨습니까?"

"언제까지나 생각만 하고 앉아 있을 수는 없는 노릇 아닙니까. 시간도 촉박했고요."

"그것에 **관여**하실 수는 없었습니까?"

"말했다시피 원칙적으로 따지자면 숙고를 더 거듭할 수도 있었던 건 사실입니다."

"하지만 내려진 결정을 더 이상 변경하지 않았으리라는 느낌이 든다는 것이죠? 다른 결정이 아닌 바로 그 결정일 수밖에 없으리라는?"

"지금 되돌아봐도 마찬가집니다. 달구지의 모습이 너무도 강력했어요."

"달리 어쩔 수가 없기로 **결정한** 겁니까? 그런 결정을 내리기로 **자유로이** 결정했습니까?"

자유의 개념에 관한 여러분의 직관이 망명자에게 던져진 끈질긴 질문들 안에서 공감한다면 여러분은 무소선적으로 자유로운 의지라는 개념, 숙고의 결과에 구속될 만큼 자유롭기도 하지만 반대로 모든 숙고와 근거에도 불구하고 다른 결론을 낼 만큼 자유롭기도 한 그런 의지의 개념에 신세를 지고 있는 것이다. 그에 반해, 의지의 자유가 숙고의 결과에 의해 결정이 좌우되는 바로 그 사실에 있다고 믿는다면 우리의 망명자처럼 마지막 질문에 진땀을 빼게 될 것이다. 어떤 대답을 줘야 할지 모를 뿐 아니라 자신이 질문을 **이해**하는지조차 잘 모른다는 의미에서 그렇다.

새로 등장한 논거에게 이제 최종적 형태를 입힐 수 있을 것 같다. 인격으로서의 우리는 우리의 결정과 **맞닥뜨릴** 뿐만이 아니라 우리 스스로가 어떤 결정을 **밀고 나갈** 것인지 탈락시킬 것인지 권한을 행사한다는 의미에서 그들과 조우한다. 이것은 인격 됨의 개념 중 하나다. 이 개념에는 뿐만 아니라 인격이 의지에 관해 무조건적으로 자유롭다는 점도 포함된다. 조건적 자유는 우리의 개입 없이 그냥 발생하는 결정을 넘어서는 것을 허용하지 않기 때문이다. 그러므로 다음과 같은 문장이 성립한다. 자신을 인격으로 이해하는 사람은 의지에 있어서 무조건적으로 자유롭다고 생각해야 한다. 우리는 자신을 인격으로 이해한다. 그러므로 우리는 우리의 의지에 있어서 무조건적으로 자유롭다고 생각해야 한다.

▌주체 됨이 무너질 때

지금까지 자유의 모습을 규정해왔던 보편적 조건성에 관한 사고가 실제로는 진정한 자유의 개념을 우리에게서 빼앗아 갔고 따라서 우리는 이 진정한 자유를 지키기 위해서 무조건성의 개념으로 맞설 수밖에 없었다. 외부 세계에서 온 조건성은 우리 안으로 점점 깊이 잠식해 들어와 결국 의지와 결정의 차원에까지 다다른다. 조건성을 깊이 파고들면 파고들수록 우리의 자유에 대한 경험은 더욱 더 거짓처럼 느껴진다. 자유의 경험이 완전히 삼켜지지 않게 하려면 우리는 조건성의 개념이 어딘가에서 그 움직임을 멈출 수 있도록 해야 한다.

인격의 또 다른 측면인 행위와 의지의 주체 됨에서도 우리는 이 논지를 만날 수 있다. 인격으로서 의지와 행동을 지배하는 힘을 가지며 그들에 대해 자유롭게 결정할 수 있는 우리는 의지와 행위의 장본인이다. 이 권리를 상실한다는 것은 자유를 상실한다는 의미와 같을 것이다. 우리는 지금까지 이 주체 됨을 조건성의 틀 안에서 설명해왔으며 이 개념의 직관적 내용을 완전히 이해하는 것으로 간주했다. 그 첫 번째 단계로 행위에 있어서 주체 됨을 테마로 삼아 논의한 결과 행동이 의지의 표현일 때 우리는 비로소 그 행동의 당사자가 될 수 있다는 결론이 나올 수 있었다. 그리고 여기서 좀 더 발전된 개념이 도출되었다. 즉 누군가가 심사숙고를 통해 영향을 받으면서 그 어떤 것으로부터도 방해받지 않는 상태에서 자신의 의지와 행위를 결정 내릴 수 있다면 그 사람은 주체 됨이라는 의미에서 자유롭다는 것이다. 영향을 받는다는 행위가 곧 그가 자신과 어떤 적극적 행위를 한다는 뜻이고 행위와 의지의 작자가 된다는 것을 의미한다. 이러한 해석은 충분히 설득력이 있으며 우리가 목격하는 현상들과도 일치한다. 우리가 부자유의 경험을 겪을 때마다 사고가 의지에 영향을 주는 흐름이 방해되거나 제대로 작동하지 않는다는 것을 목격했기 때문이다. 의지가 사고에 의해 제한되는 방식이 옳지 않았던 것이다. 그러므로 주체성이라는 개념에 관해서는 모든 것이 다 맞아떨어지는 느낌을 가질 수밖에 없었다. 우리는 어떠한 개념을 설명할 수 있었고 매번은 아니지만 대부분의 경우 그렇게 설명된 개념을 충족할 수 있었던 것이다. 조건성은 주체성이라는 개념과 양립할 수 있을 뿐만 아니라 더 나아가 주체성의 전제조건이 되는 것처럼 보였다.

그러나 — 무조건적 자유는 여기에 제동을 걸며 이렇게 반론을 제기한다 — 이러한 설명은 애초부터 실패의 씨앗을 품고 있다. 왜냐하면 이 설명은 '주체 됨은 무엇으로 이루어져 있는가?' 하는 물음에 체계적으로 그릇된 답을 제공하기 때문이다. 이것에 의해 그려진 그림은 내적 **사건(Geschenissen)**의 연속적 고리에 지나지 않는다. 외적 정황, 그리고 우리의 성격적 특질을 결정짓는 내적 정황들의 영향 아래에서 우리 안의 소망이 생성된다. 다른 말로 표현하자면 소망은 우리 내부에서 **일어난다**, 라고 할 수 있다. 또한 그밖에도 일어나는 것 중 하나는 우리의 숙고다. 숙고의 다음 단계로 일어나는 사건은 의지의 형성에 씨앗이 되는 소망이 그의 영향을 받는 것이다. 그리고 이렇게 해서 결정된 의지가 행위로 연결되는 것도 결국 하나의 사건에 지나지 않는다. 이 그림 안에서 주체 됨이라는 개념을 설명하는 데 적합한 그 어떤 요소도 찾아볼 수 없다. 오직 앞에서 말한 것들 서로 간의 의존적 관계와 그것으로 인한 사건들만이 찾아질 뿐이다. 이 점이 이해라는 관점을 만족시키지 못한다는 점은 내적 요소의 수가 제한되었다거나 또는 우리가 그들 간의 관계의 복잡성을 이제까지 과소평가했다는 것에 기인하지 않는다.

내면세계에 얼마나 많은 요인들이 등장하든, 그리고 그들 사이의 관계가 얼마나 복잡하게 얽혀 있든지에 상관없이, 단순한 사건이 그려내는 그림이란 그 크기의 어마어마함을 막론하고 주체 됨이라는 개념을 명쾌하게 해명하는 데에 적합하지 않은 것이다. 단순한 사건은 주체 됨을 구성하는 재료가 될 수 없다. 이러한 인지는 새삼스러운 게 아니다. 주체 됨의 개념은 내적 사건의 개념과는 완전히 별개의 개념일뿐더러 단순히 **다르기**만 한 것이 아니라 어떤 의미에서는 **상반되는** 개념이기도 하기 때문이다.

이제 지금까지 자유를 둘러싸고 우리가 해왔던 이야기들을 액면그대로 받아들여서 이 자유가 우리가 단순히 **맞닥뜨리는**, 내적 사건들의 복합체에 불과하다는 것을 인식하게 되면 주체 됨의 개념이 서서히 무너지게 된다. 이것은 결정에 관련한 주체 됨의 개념에만 국한되는 것이 아니고, 사실 더 나아가 끝까지 생각해본다면 그 이전에 의지의 개념에 관련되었던 주체 됨의 내용에도 해당된다. 즉 이런 질문이 가능한 것이다. 의지가 연속된 전제조건들에 의해 발현되는 것이라면 과연 그것은 단순히 우리에게 일어나는 내적 사건 그 이상의 어떤 것이 될 수 있을까? 고개를 앞으로 돌려 의지로 인해 촉발되는 행위를 내다볼 때 의지는 주체 됨을 품고 있는 현상으로 비친다. 그러나 고개를 뒤로 돌려 그 의지가 의존하고 있는 일련의 조건들을 돌아보자마자 그 느낌은 급격히 소멸된다. 다음과 같은 사실이 분명해지기 때문이다. 하나의 행위를 촉발하는 의지는 그 스스로가 또한 다른 것에 의해서 촉발되었으며, 이 점은 의지가 단순한 사건이라는 점을 언뜻 보면 알 수 없게 만들어버린다. 이러한 깨달음은 의지로부터 그 주체 됨의 보증물으로서의 특질을 빼앗아 가버리는 것처럼 보인다. 의지를 조건적인 것으로 간주한다면 그 의지는 더 이상 진정한 **의지**가 아니며 따라서 주체성의 그 어떤 요소도 보증할 수 없게 된다. 의지라는 개념에 걸맞은 진정한 의지는 연속된 조건들의 고리 아래 일어나는 사건이어서는 안 된다. 그것은 전제조건이 없는 새로운 사슬을 건드리는 그 무엇이어야 한다. 자신은 움직이지 않으면서 다른 것의 동인이 되어야 하는 것이다.

이제 우리가 접어든 의지에 관한 개념적 국면의 모습은 또렷하고 매끈한, 조건성이나 무조건성이 어떻게 되든 상관없이 굳건히 유지되는 그런 모습이 아니다. 이제 의지가 조건적이냐 아니면 전제조건이 없느냐 하는 질문을 던질 때는 그 의지가 특정한 특성을 지니느냐 그렇지 않느냐 하는 것뿐만 아니라 실제적으로는 그것이 과연 정말로 의지냐 아니냐 하는 질문과 같게 되는 것이다. 왜냐하면 무조건성은 의지의 **본질적** 특성이며 이 특성을 박탈한다면 의지도 소멸되기 때문이다. 우리가 우리의 자유를 오직 조건적 자유로만 이해할 때 바로 이 현상이 일어난다. 그렇게 되면 전체적으로 의지라는 개념이 상실되고 만다. 무조건성이라는 개념을 포기하는 것은 의지를 결정하고 정의내리는 중요한 특질을 무효화하는 것과 마찬가지이기 때문이다.

이뿐만이 아니다. 의지의 개념이 흔들리기 시작하면 행위의 개념도 따라서 무너진다. 지금까지 우리는 행위는 의지에 기원을 둔 동작이라고 이야기해왔다. 이것이 단순한 동작과 다른 점은 모든 주체 됨의 근원인 의지를 배경에 두었기 때문이라고 했었다. 그러나 조건적 의지가 주체 됨의 근원이 될 수 없음이 밝혀진 지금, 의도된 동작은 행위로서의 특수성을 잃고 의지와 마찬가지로 단지 하나의 사건에 불과하게 된다.

전당포 노파로 향하는 라스콜리니코프로 주의를 돌려보자. 가는 도중 그가 한 행인에 의해 떠밀려 길바닥에 넘어지는 장면을 가정해 상상해보도록 하자. 그가 넘어지는 것은 행위가 아니다. 의도치 않게 어떤 짓을 당했고 따라서 그 동작의 유발자가 아니기 때문이다. 그 어느 누구라도 아는 사실이다. 이제 노파를 향해서 도끼를 치켜드는 그를 상상해보자. 그의 움직임은 행위다. 누구에게 밀침을 당해서가 아닌, 그 자신과 그의 의지에서 스스로 나온 것이므로 그는 그 움직임의 주체이자 장본인이다. 앞서 넘어진 동작과 비교해서 가장 뚜렷한 차이가 있다면 바로 그 점일 것이라고 모두들 말할 것이다. 과연 정말 그럴까? 라스콜리니코프의 팔이 움직인 것은 그가 그것을 원했기 때문이고 오직 그 이유밖에 없다. 그러나 다른 이유 없이 무작정 원한 것은 아니다. 그의 의지는 하늘에서 뚝 떨어진 것이 아니다. 앞서 말했던 것처럼 기나긴 전제조건이 앞서 존재했던 것이다. 그런데 그가 넘어진 것 또한 그에 걸맞은 선행조건들이 있었다. 그렇다면 둘의 차이는 무엇인가? 여전히 하나는 의지가 바탕이 된 반면에 다른 하나는 그렇지 않다고 말할 수 있을 것인가? 물론 맞는 말이다. 그러나 이것이 **원칙적** 차이점인가? 행동과 사건 사이의 개념적 구별을 만족시킬 수 있을 정도로 원칙에 부합하는가? 그렇지 않아 보인다. 라스콜리니코프의 의도된 동작과 길에서 밀쳐져서 넘어진 것 사이에는 공통점이 있다. 둘은 라스콜리니코프가 영향력을 행사할 수 없는 전제조건을 가지고 있으며 이 사실은 둘 모두를 똑같이 단순 **사건**으로 만들어버린다. 넘어진 것의 조건은 **외적** 조건이며 그의 살해 의도는 **내적** 조건, 즉 최소한 한 단계 더 들어간 것임은 의심의 여지가 없다. 그러나 라스콜리니코프의 의도가 개입된 동작과 밀쳐져 넘어진 동작, 이 두 가지가 정확히 똑같은 **카테고리**에 속한다는 사실에는 변함이 없다. 이 카테고리란 조건적인, 즉 그 주체가 없는 사건이라는 카테고리다. 만일 넘어짐과 살인이 전혀 다른 카테고리에 속한다는 생각이 든다면 그것은 보는 시각이 **표면적**이기 때문에 그렇다. 전자는 밖으로부터 제어된, 의도치 않은 움직임인 데 반해 후자는 내부로부터 제어된, 의도에서 비롯된 움직임이라는 생각이다. 즉 하나는 라스콜리니코프가 **움직임을 당했고** 다른 하나는 그가 **스스로 움직였다**는 사실관계가 있다는 것이다. 그런데 여기서 아무 힘도 행사할 수 없는 일련의 전제조건이 있다면 그의 의지란 과연 무엇인지를 면밀히 생각해보면 이 서로 다른 카테고리의 구분이 앞뒤가 맞지 않게 된다. 그리고 결국은 그 제어가 외부에서 온 것이냐 내부에서 온 것이냐의 단순한 구분을 넘지 못한다는 것을 알 수 있다. 기계로 친다면 마치 자동차가 리모컨으로 작동되는 상난감 자동차냐 아니면 진짜 자동차냐에 차이를 두는 것과 같다. 라스콜리니코프가 도끼를 휘두를 때는 자신의 동작을 **스스로** 결정하는 반면 넘어질 때는 그가 아닌 **다른** 누군가가 그 동작을 결정한다는 것은 자동차에서 든 예를 벗어나지 못한다. 즉 진짜 자동차는 그 자동차 안에서 일어나는 일들의 힘으로 움직이는 데 반해 장난감 자동차는 리모컨을 작동할 누군가를 필요로 한다는 점이다.

사고가 여기까지 이르게 되면 그 결과는 놀랍다. **행위자**였던 라스콜리니코프가 **사건이 펼쳐지는 공간**에 불과한 존재가 되어버린 것이다. 표면적으로 보았을 때 당사자로 비춰졌던 것이 한 꺼풀 깊이 들어가보면 의지가 개입되긴 했지만 전후의 사건들을 연결해주는 연결 고리에 불과하기 때문에, 정당한 이름값을 못하는 의지가 끼어든 연속된 사건들이 전개되는 무대이자 장면에 불과하게 되었다. 아주 냉정한 관점으로 보자면 라스콜리니코프는 의지의 전제조건들에서 시작해 전당포 노파의 죽음으로 끝을 맺는 일련의 연속된 사건들 속에 위치한 **통과역**에 지나지 않는다. 그러나 그를 노파의 죽음을 불러온 **도구**에 불과하다고 한다면 그것 역시 옳지 않다. 왜냐하면 도구란 타인이라는 행위자를 필요로 하기 때문이다. 어쨌든 분명한 건 우리는 그를 그에게 의미 있는 과거의 일들과 그가 저지른 짓 사이를 **중개하는 스위치** 같은 것으로 볼 수 있다는 것이다.

원래 라스콜리니코프는 행위자로서 그 밖의 세상에서 일어나는 사건들과는 다른 카테고리에 속하는, 행위의 주체이자 당사자이기 때문에 어떤 의미에서는 세계에서 일어나는 일과 **반대 지점**에 서 있는 것으로 보였다. 그런데 이제는 알고 보니 그도 세상의 사건들이 가지는 또 다른 한 단면의 하나이며 카테고리적으로 그것들과 같은 종류에 속한다는 사실이 나타나게 되었다. 이러한 논리로 인한 주체 됨의 개념의 상실로부터 그를 구제하기 위해서 우리는 무엇을 해야 했을까? 우리는 그 어떤 것에 의해서도, 그 누구에 의해서도 밀침을 당하지 않으려는 의지를 그에게 쥐여줘야 했을 것이다. 라스콜리니코프에게서 주체 됨을 앗아간 것은 행인에 의해 밀침을 당한 일이다. 숙고와 전제조건들로 이루어지는 그의 의지가 밀쳐진 이 현상이 그에게서 주체 됨을 앗아 갔다. 그에게 주체 됨, 즉 자유를 되돌려주기 위해서 우리는 내면의 행인에게 밀쳐지는 일로부터 그를 보호해야 한다. 다시 말해 그를 무조건적 의지, 즉 부동의 동력으로 생각해야 한다는 것이다.

이제 무조건적 자유를 다시 한 번 정리할 수 있게 되었고 이것은 이전의 논의와 일치한다. 행위와 의지에 있어서의 진정한 주체 됨은 인격 존재의 개념에 속한다. 단순한 조건적 자유는 우리에게 진정한 주체 됨을 부여하지 않기 때문에 이 개념에는 인격이 그의 의지에 있어서 무조건적으로 자유롭다는 것도 또한 포함된다. 그러므로 다음과 같은 표현이 가능해진다. 자신을 인격으로 이해하는 사람은 의지에 있어서 무조건적으로 자유롭다고 생각해야 한다. 우리는 자신을 인격으로 이해한다. 그러므로 우리는 우리의 의지에 있어서 무조건적으로 자유롭다고 생각해야 한다.

▍줏대 없는 개념으로서의 책임

전당포 노파를 찾아가던 라스콜리니코프가 도중에 누군가에게 밀쳐지면서 지나가던 다른 행인 위로 넘어지는 바람에 행인이 도로로 밀려나가 다가오던 차에 치여 사망했다고 가정을 해보자. 사건의 전후 관계를 아는 사람이라면 라스콜리니코프에게 법적으로나 도덕적으로 **책임을 지우거나 죄를 묻거나 벌을 내리려고** 하지 않을 것이다. 그도 어쩔 수 없었기 때문이다. 그러나 그가 저지른 살인의 경우는 전혀 다르다. 그것은 냉철히 계산되고 계획된 행위다. 그러므로 라스콜리니코프에게 책임을 묻고 재판정에 세우고 시베리아의 강제수용소로 보낸 것이다. 우리가 넘어짐과 살인 사이에 두는 차이는 한편으로는 그의 행위에 대한 **판단**이고 또 다른 한편으로는 우리가 라스콜리니코프를 어떻게 **취급하느냐**다. 두 행위 사이의 차이는 너무나 명명백백할뿐더러 응당 명백해야 한다고 우리는 생각한다. 우리, 즉 사회가 누군가를 가만히 놓아두느냐 아니면 그에 따르는 결과가 어떨 것이라는 것을 알면서도 조치를 취해야 하느냐, 즉 자유라는 소중한 가치를 박탈해서 그의 일생 전체를 파괴하는 벌을 내려도 되느냐 하는 것이 모두 이 명백한 차이점에 근거하고 있다고 생각하는 것이다.

이 점에 대해서는 그리 크게 걱정할 필요가 없다고 우리는 생각한다. 어떤 행위가 넘어짐에 속하느냐 혹은 살인에 속하느냐 하는 것을 **밝혀내는** 것이 때로 힘들 수 있을 것이고 또한 만일 그것이 고의적 행위라고 했을 때에도 그에 따라 내려진 형벌이 과연 **적당한가** 하는 수위를 두고 논쟁이 벌어질 수는 있을 것이다. 그러나 전체적으로 봤을 때 우리가 개념적으로 완벽한 구분법에 의해 일을 처리하고 있으며 이러한 **구분이 필수 불가결**하다는 데에는 의심이나 논쟁의 여지를 두지 **않는다**. 이 구분은 우리의 사회를 유지하는 데 절대로 없어서는 안 되기 때문이라는 것이다. 만일 모든 행위가 넘어짐처럼 취급되어 아무 조치도 취하지 않거나 반대로 무조건 고의적인 것으로 간주되어서 벌을 받는다면 곳곳에서 저항이 일어날 것이고 사회적 혼란이 야기될 것이기 때문이다. 둘 사이의 구분이 필수적인 이유는 이런 의미에서뿐만이 아니다. 우리가 무슨 수를 써서라도 반드시 이러한 구분법을 고수하려는 이유는 이 구분법이 **옳다**고 믿기 때문이다. 어쩔 수 없는 일이 있고 그 반대편에는 어쩔 수 있는 일이 있다는 것이 **사실**이라고 생각한다. 그러므로 이 구분을 포기하는 것은 **현명하지 않을** 뿐만 아니라 세상에서 일어나는 여러 일들 사이의 차이점을 분별하지 못하는 **과오**를 저지른다는 의미에서 심지어 과오라고까지 여겨진다.

이 구분법은 정말로 명약관화한 것이며 더 나아가 **그냥 이유 없이**

당연한 것이 아니라 그 명확함의 근거가 모든 현상이 두 가지 **카테고리**로 나눠질 수 있다는 점에 근거하고 있다. 그 하나는 라스콜리니코프의 넘어짐이다. 이것은 신체의 움직임에 불과한 것, 즉 원인이 분명한 하나의 사건이고 이 원인을 안다면 모두 이해가 가능한 그런 사건이다. 번개가 치거나 화산이 폭발하는 사건에 비견할 수 있다. 이러한 사건들은 순수하게 인과관계적 사건이며 원인이 분명하니 그 끝도 분명하다. 우리가 라스콜리니코프가 넘어진 데 대해 책임을 물을 수 없는 것은 그를 **봐줘서**라기보다는 넘어졌다고 해서 그에게 책임을 추궁하는 것이 어떠한 **의미**도 없기 때문이다. 화산에게 왜 참지 못하고 폭발했냐고 책임을 지울 수 없는 것과 마찬가지다.

라스콜리니코프의 살인에도 인과관계는 존재한다. 이것은 노파의 죽음이 그의 행위 때문이라는 것을 명확히 한다. 그러나 이 설명으로 모든 것이 끝나는 것은 아니다. 오히려 이때부터 전혀 다른 이야기가 시작된다. 우선 첫 번째 단계는 라스콜리니코프가 죽음을 야기한 동작의 **장본인**이라고 밝히는 일부터 시작한다. 그가 넘어졌을 때는 달랐다. 거기에는 화산 폭발에 장본인이 없는 것과 마찬가지로 행위의 장본인이 없었다. 살인에 장본인이 있다는 것은 그것이 우리가 주지하고 있는 것과 같이 어떤 동작이 의지의 표출이라는 논리에 바탕을 둔다. 이 첫 번째 단계가 책임이라는 개념과 바로 이어지는 것은 아니다. 우리는 단순한 사건과 주체가 있는 행위를 구분하는 데 그치는 사회를 그리 어렵지 않게 연상할 수 있다. 개념적으로 척박한 이 사회에 속한 사람은 라스콜리니코프의 넘어짐과 살인을 두고 "그건 그에게 닥친 일이야"라거나 "그건 그가 행한 일이야"라고 구분할 것이다. 하지만 이 사회에서는 그걸로 그칠 뿐 그의 행위에 대한 설명도, 그를 어떻게 대할 것인지에 대한 계획도 따르지 않을 것이다. 그러나 우리 사회는 다르다. 어떤 특정한 동작에 대해 장본인이 누구인지를 밝히는 것, 즉 의지가 개입된 동작이었다고 판단을 내린다는 것은 그것을 단순한 인과관계에 의한 것이 아니라는 시각에서 하나의 행위로 본다는 것이다. 즉 **규칙**이라는 관점에서 바라보는 것이다. 이것은 자연에서 일어나는 규칙성, 다시 말해 자연법칙의 의미가 아니다. 어떤 행위 자체에서 **발견하거나** 밝혀내는 법칙이 아닌, 우리가 **부여하는** 규칙인 것이다. 우리의 행위가 **어떠한가**가 아닌, **어떠해야 하는가**에 관한 것이 바로 **규범**, 즉 **규정**이다. 이들은 한편으로는 법적, 다른 한편으로는 도덕적 규정이며 특정한 행위를 허용하거나 불허한다. 또 우리에게 특정한 **요구**를 제시하며 특정한 **의무**를 규정한다. 종합적으로 말해서 인과관계와는 다른, 특정한 특성을 지닌 행위를 허용하는 것이다. 이 특성이란 **옳거나 그르거나**다. 그리고 이 새로운 특성화는 결국 타인을 향한 새로운 종류의 행위를 탄생시킨다. 즉 타인이 규범을 준수하지 않았다거나 특정한 요구나 의무를 이행하지 않았다는 이유로 우리가 그들에게 무엇을 **제재하는** 조치를 취하거나 **처벌하는** 것이다.

이러한 맥락에 근거하며 또한 이것을 전제로 하는 것이 바로 책임이라는 개념이다. 누군가가 어떤 것에 대해 책임이 있다고 하는 것은 그와 그의 행위를 당위와 허용의 규칙의 관점에서 바라보며 바로 그런 맥락에서 그의 행위가 옳은지 그른지 판단하는 것이다. 우리가 타인에게 그의 행위에 대한 책임을 따지겠다고 할 때 그것은 '우리는 당신의 행위가 규범에 합당한지 측정할 것이며 만일 어긋나는 점을 발견할 때에는 그에 대해 벌을 내릴 것이다'라는 뜻이다.

누군가의 앞에서 이 입장을 취한다는 것은 '우리는 그가 **규칙을 알고 선택을 할 수 있었으며 그 행위를 하기로 결정했다**는 의미에서의 자유를 바탕으로 행위를 했다는 것을 전제로 한다'라는 조건을 거는 것과 같다. 우리가 라스콜리니코프에게 책임이 있다고 할 때 그것은 첫째로 그가 자신의 행위가 비난받을 것임을 충분히 알고 있었다는 가정에 근거한다. 비록 엘리트적 세계관 때문에 자신이 특출한 인간이며 살인을 저질러도 된다는 확신을 가지기는 했지만 그는 사회적 시각은 그렇지 않으며 법적 도덕적 규범이 자신의 생각과 다르리라는 것을 알고 있었다. 둘째로, 우리는 그에게 선택권이 있다는 것을 전제로 한다. 우리가 그를 고발하고 판결을 내리는 것은 그가 규범을 지키거나 위반하거나의 **두 가지** 가능성을 가지고 있었기 때문이다. 옳은 일을 하거나 그른 일을 하는 것은 그에게, 오직 그 한 사람에게 달려 있다고 우리는 믿는다. 그러므로 그가 살인을 함으로써 법과 노녁을 위반하는 것이 그에게 결코 **피할 수 없는 일**이 아니었음을 전제하는 것이다. 세 번째로, 우리는 그의 행위가 어떤 결정에서 비롯된 것이라고 생각한다. 규범이 어떠한지를 아는 상태에서 숙고의 과정을 거쳤고, 그 결과로 그럼에도 불구하고 규범에 어긋나는 행동을 하겠다는 의지를 형성한 것이다.

이렇게 볼 때 우리는 한 점의 꺼림칙한 마음 없이 라스콜리니코프에게 정당한 책임을 물을 수 있을 것으로 보인다. 그 근거는 그의 살인 행위가 자유, 다시 말해 우리가 지금까지 이야기해왔던 조건적 자유 안에서 이루어졌기 때문이다. 이제 앞서 언급했던 부자유의 여러 유형에 대비함으로써 이러한 일차적인 고찰을 더욱 상세히 살펴보도록 하자. 만일 라스콜리니코프가 표류자라고 한다면 그에게 살인의 책임을 부여하는 것은 조금도 의미가 없을 것이다. 왜냐하면 표류자는 자신의 행위를 규칙이나 요구사항이라는 관점에서 볼 능력이 없기 때문이다. 그것은 그에게 자신과의 그 어떠한 비판적 간격도 존재하지 않는다는 점에 기인한다. 자신과의 간격은 **당위**라는 개념을 이해하기 위해서 반드시 필요하다. 자신이 당장 하려고 하는 일을 하지 **않으려고** 하는 일과 비교해볼 줄 알아야 한다. 다른 말로 바꿔 표현하자면, 행위와 의지에 관한 복수의 가능성들 속에서 자신을 볼 수 있어야 한다는 뜻이다. 그래야만 자신이 어떤 요구를 **수행하려는** 목적을 가지고 무언가를 바라고 어떤 행동을 한다고 말할 수 있다. 만일 어떤 표류자가 있는데 그가 겉으로 보기에도 그렇고 실제로도 자신에게 주어진 모든 요구 사항들을 다 이행한다고 상상해보자. 그는 주어지는 그 일을 **요구로서** 인식하지 못하지만 그래도 하라는 것들을 정확히 다 해낸다. 맹목적이고 자동적으로 요구를 수행하는 것이다. 그의 문제는(이는 부자유의 문제이기도 하다) 요구에 **저항할** 수 있는 무언가를 원하거나 그런 일을 한다는 것이 무엇인지조차 모른다는 것이다. 이 또한 자신과의 거리의 부재에서 비롯된 것이다. 그 결과로 그는 옳고 그른 것의 구별, 요구나 의무의 이행과 불이행의 구별을 할 줄 모른다. 그렇기 때문에 바로 이 구분에 바탕을 두고 있는 책임의 개념을 그에게 연결해봤자 무의미한 것이다.

라스콜리니코프가 노파의 죽음을 강력히 원하는 누군가에 의해 최면에 걸려 살인을 저질렀다고 가정했을 때에도 책임을 묻기 어렵다. 그래도 의지에서 비롯되었다는 점에서 아까 떠밀려서 넘어졌을 때와는 물론 차이가 난다. 그러나 라스콜리니코프가 자신의 행위를 어떤 규범이나 요구 사항에 맞추어보지 못한 채 아무 거리감 없이 그저 그 의지를 실행에 옮겼다는 점에서 맹목적이다. 그의 상태는 일시적으로 표류자의 처지와 같다. 그런데 만일 라스콜리니코프가 자신이 복종하는 어떤 사람에 대한 맹목적 충성심에서 행동한 것으로 밝혀진다면 사정은 좀 더 복잡해진다. 비록 복종심이 자립적 사고 능력을 마비시킨다고는 하지만 최면에 걸린 자의 경우처럼 사고할 줄 아는 능력 자체가 소멸된 것은 아니기 때문에 판단하기가 까다로운 것이다. 그렇지만 완전한 의미의 책임을 그에게 지우기에는 매우 조심스럽다.

생각의 들러리의 경우에는 조심스러움에 대한 염려가 조금 덜하다고 할 수 있다. 이들에게는 완전한 법적 책임이 따른다. 그러나 우리의 도덕적 판단은 법의 엄격함에 비해 그 강도가 떨어질 수밖에 없다. 세뇌의 방법이 얼마나 절묘하게 이루어졌는지를 생각해볼 때 우리는 어떻게 보면 그 사람도 하나의 희생자라고 생각하기 때문이다.

범죄 행위가 강박적 의시에서 비롯된 결과일 때 우리의 망설임은 더욱 깊어지고 공식화된다. 비교적 피해가 적은 예가 도벽이라면 매우 끔찍한 경우는 강간범의 예가 되겠다. 이 두 가지 경우에서 우리는 내적 강제를 함께 형성하는 두 가지 특질을 알아볼 수 있다. 그것은 사고가 아무런 영향을 미치지 않는 현상, 그리고 거부의 의미로서의 소외 현상이다. 그들로 하여금 그런 행동을 하게 만든 것은 어떤 의미에서 그들 자신의 의지가 아니다. 당시 그들은 **그들 자신**이 아니었기 때문이다. 그러므로 내적 강제가 본래의 의지를 소외하지 않는 여느 다른 사람들과 똑같이 그들을 취급하는 것이 옳지 않다고 우리는 느낀다. 그렇다고 아무 조치도 취하지 않는 것은 아니지만 그들을 보는 시각을 변화시킨다. 그들을 **벌**을 줄 수 있는 하나의 인격으로 간주한다면 마지막에는 **치유해야** 하는 인간들로도 보게 될 것이다. 그들은 감옥 대신에 병원에 들어간다. 이것은 우리가 그들에게 규범적 판단을 들이대는 대신에 인과적 해석과 영향의 입장을 적용했기 때문이다.

만일 라스콜리니코프가 분노발작의 한가운데서 노파를 살해했으며 피로 얼룩진 도끼를 멍하니 바라보며 "이러려고 한 건 아니야!"라고 부르짖는다면 우리의 판단은 또 달라질 것이다. "당신은 그러려고 한 게 맞습니다." 그에게 이렇게 말할 것이다. "완벽히 당신의 의지였고 그래서 우리는 당신을 처벌할 겁니다. 그렇지만 고려해야 할 점이 있습니다. 행위 당시 당신 자신은 통제권 밖에 있었습니다. 제어력을 잃은 거죠. 그렇다고 행위가 용서되는 것은 아니지만 또렷한 이성을 가지고 결정을 내렸을 때보다는 그 수위가 낮아집니다." 재판부는 흥분 상태 아래서의 살인이라는 것을 인지할 것이다. 그리고 다음과 같은 도덕적 판결이 나올 것이다. 당연히 용인될 수 없는 행위지만 완벽하게 저항할 수 있는 사람이 과연 어디 있겠는가? 그리고 자세한 전후 사정을 알게 되면 될수록 비난의 목소리도 누그러지게 될 것이다.

우리의 은행 창구 직원은 복면강도에게 돈을 꺼내준 일에 대해서 법정에서도, 그리고 도덕적인 면에서도 책임지지 않아도 될 것이다. 그는 강제 상황에 놓여 있었고 큰 악과 좀 더 작은 악 중에서 후자를 선택했으며 달리 어쩔 도리가 없었다. 본인의 본래 의지가 아닌 협박에 의해 억지로 강요된 의지에 의해 행동했다는 사실은 모든 사람이 볼 때 변명의 이유로 충분하다. 도덕적 의미에서 같은 이유로 용서되는 예를 하나 더 들자면 앞서 소개한 굶어죽지 않기 위해 동료의 시신을 먹어야 했던 우루과이의 축구선수들이 있다. 돈독한 신앙인임을 자처하는, 공감 능력이 결여된 사람들이라면 혹시 다른 시선으로 바라볼 수 있을 것이다. 또한 피눈물을 머금고 사랑하는 여인을 쏘아 죽여야만 했던 레지스탕스군의 대장을 손가락질할 사람은 우리 중에 아무도 없을 것이다.

우리는 위와 같이 부자유의 여러 유형들이 조건성의 틀 안에서 어떻게 펼쳐지는지 다시 살펴보았다. 어떠한 형태로든지 자유의 제한은 책임 소재를 따지는 일을 약화하거나 완전히 면제하는 이유가 될 수 있다는 것을 여기서 알 수 있다. 이것은 우리가 애초에 전제했던 생각을 다시금 확인해준다. 즉 완전한 책임이라는 것은 행위자가 규칙을 인지하고 선택권이 있으며 그중 한 행동을 하기로 결정한 경우에 해당한다는 것이다. 도끼로 노파를 내리친 라스콜리니코프는 이 조건을 충족한다. 그는 조건적인 의미로서의 자유 안에서 그 행위를 했다. 그에게는 책임이 지워졌고 이로써 이야기는 깨끗이 정리된 것처럼 보인다.

그러나 사실은 그게 아니다. 이제 소개될 무조건적 자유에 대한 논리에 따르면 알 수 있다. 지금까지의 논리들과는 달리 이것은 부자유에 숨겨진 또 다른 측면들을 밖으로 끌어내는 데 있지 않다. 그보다는 책임이라는 개념을 완전히 근거 없는 개념으로 못 박기 위해 지금까지 밝혀진 측면들을 끌어모은다. 우선, 기억을 거슬러 올라가 라스콜리니코프가 살인을 저지를지 저지르지 않을지의 자유가 단지 표면적으로만 존재했다는 것을 상기한다. 그가 숙고 끝에 다른 결정을 내렸다면 살인을 하지 않았으리라는 것은 맞다. 그러나 그의 숙고에는 지나온 배경이 있다. 그리고 그 배경을 가진다면 그런 결정에 도달할 수밖에 없다. 즉 그에게는 조금의 여유 공간도 없었으며, 우리가 그를 앞에 두고

"당신은 노파를 살려둘 수 있었습니다. 당신의 의도, 결정, 행위는 오직 당신의 것입니다. 그러므로 우리는 당신에게 책임을 묻겠습니다"라고 한다면 그것은 기만적 주장이 될 것이다. 그리고 그는 이렇게 대꾸할 것이다. "내 이전에 일어난, 내가 전혀 어찌해볼 수 없는 과거의 배경을 생각하면 그런 말을 할 수 없을 겁니다. 내가 살인자가 되리라는 건 미리 정해져 있었습니다. 일이 그렇게 흘러가기까지 그 궤적에 관여할 조금의 기회도 나에게는 주어지지 않았습니다. 자신의 의지와 행위에 손톱만큼의 힘도 휘두를 수 없는 자에게 책임을 묻겠다고요? **공평**하지 않습니다!"

라스콜리니코프에게 오직 조건적 자유만이 있었다고 한다면 그를 시베리아로 유형을 보내어 삶을 파괴하는 것은 대단히 부당하고 불공평한 것이 될 것이다.

"하지만 **생각할** 기회는 얼마든지 있었던 것 아닙니까?" 우리는 이렇게 되묻는다. "즉 당신 앞에는 단 이 **하나**의 가능성이 아닌, **여러 가지** 행동의 가능성들이 있었던 거죠."

"그렇게 생각할 수도 있습니다. 하지만 그건 착각입니다. 실제로는 내 뒤통수 뒤에서 이미 모든 일이 진행되었던 겁니다."

"그래도 당신이 어떤 **결정을 내렸다**는 사실은 인정해야 할 겁니다. 당신은 돈과 그것을 취할 기회를 염두에 두었고 그것이 바로 당신의 의지와 동작을 일으킨 겁니다. 대체 우리가 당신에게 책임을 지울 수 **없는** 이유가 뭡니까?"

"간단한 이유에서입니다. 다른 결정이 아닌 바로 그 결정이 내려지게 된 데 대해서 내가 **할 수 있는** 것이 아무것도 없었기 때문입니다.

나는 그 결정을 **막을 수** 없었습니다."

　이제 우리에게서 밑천이 조금씩 떨어져간다. 하지만 마지막 동전 한 닢은 아직 남아 있다. "그러나 당신이 부정할 수 없는 것이 있다면 그것은 그 살인의 **장본인**이 바로 당신이라는 사실입니다. 노파를 쳐죽인 사람은 다른 사람이 아닌 바로 당신입니다. 넘어지는 바람에 옆 사람이 사망하게 된 사건과는 다릅니다. 살인자로서 당신은 **행위자**이지 몸이 움직여진 단순한 신체의 주인이 아닙니다."

　그러나 라스콜리니코프는 동요하지 않는다. "물론 **내가** 그랬습니다. 그걸 부정하진 않습니다. 그런데 **행위자**라는 것이 무엇입니까? 내가 가진 배경 안에서 여러 일들이 일어났고 그다음에는 내 안에서 일어났던 생각과 소망들이 있었으며 결국에는 도끼를 든 내 동작이 일어났던 겁니다. 그것들은 그저 **일어났습니다**. 이것이 실제 이야깁니다. 이론적으로 소화의 과정과 다르지 않습니다. 먹고 소화하고 배출하는 겁니다. 그런 것에 책임을 물을 순 없지 않습니까!"

　그러므로 자신에게 책임을 지우고 삶을 망가뜨리는 것은 **불공평**하다고 라스콜리니코프는 주장한다. 그의 불평은 이것에 그치지 않는다. 자신에게 일이 그렇게 일어나게 된 데 대해서 아무것도 할 수 없는 사람을 벌주는 것은 **사리에 맞지 않는다**고 주장할 수도 있다. 책임을 구성하는 조건들을 다시 떠올려보자. 규칙을 인지해야 하며 선택을 할 수 있어야 하고 특정 행위를 하기로 결정할 수 있어야 한다. 우리는 지금까지 이 세 조건이 모두 충족된 것처럼 생각해왔다. 그러나 라스콜리니코프는 그중 하나가 충족되지 않았음을 상기한다. 자신은 **선택을 할 수 없었다**는 것이다. 우리가 그에게 책임을 지우려고 할 때 그가 우리를 비난할 수 있는 명분은 우리가 '여러 가지 가능성'이라든가 '자유로운 결정', '장본인' 같은 표현을 들먹이면서 단지 **표면**만 보고 판단한다는 것이다. 정확하고 솔직하게 따져 들어간다면 이들이 정말로 말뿐인 허상이라는 것을 알게 될 것이며 누군가에게 어떠한 책임을 지울 조금의 근거도 없음을 인정하게 될 것이다.

그렇다면 책임을 경감하거나 아예 면제해주는 부자유적 의지와 행위와 제한되지 않은 책임을 가능케 하는 자유로운 의지와 행위 사이의 차이점은 이제 어떻게 되는 것인가? 의지에 영향을 주는 숙고 가운데 제한된 것과 제한되지 않은 것에 차이가 있고 강요된 의지와 강요되지 않은 의지 사이에도 차이가 존재한다는 것에는 라스콜리니코프도 이의를 제기하지 않을 것이다. 이 모든 차이점을 깎아내려 평평하게 만드는 것은 어리석은 짓이라고 할 것이다. 그러나 이것들은 책임이라는 문제에 관한 한 결국 그리 **중대한** 차이가 아니라는 한마디를 덧붙일 것이다. 왜냐하면 결정적 지점은 건드려지지도 않기 때문이라는 것이다. 결정적 지점이란 숙고의 과정에서와 의지가 만들어지는 과정에서 모든 것이 실제로 일어난 바로 그 모습 그대로 그렇게 **일어날 수밖에 없었다**는 광범위하고 포괄적인 사실이다. 다른 맥락에서라면 지금 문제가 되는 이 구분은 유의미할 수 있다. 그러나 책임이라는 면에서는 의미가 없다.

만일 라스콜리니코프의 말이 맞는다면 우리는 조건적 자유로 인해 누군가에게 책임을 물으려고 할 때마다 피할 수 없는 완벽한 모순에 스스로 빠져들게 된다. 즉 그에게 책임이 있다고 한다는 것은 그를 다른 선택의 가능성을 가졌던 사람으로 간주하는 것인데 다른 한편으로는 그의 자유를 조건적인 것이라고 이해하면서 그가 달리 **어쩔 수 없**

었다는 것을 동시에 인정하는 형국이 되어버리는 것이다. 조건적 자유가 단 하나의 유일한 자유라는 논리를 유지하고 싶다면 공평함의 이유가 아닌 사고의 일관성 측면에서 책임을 따지거나 부과하는 실제적 행위를 포기해야 할 것이다. 책임의 개념이 상실되면 그에 수반되는 다른 개념들, 즉 의무, 규칙, 그리고 당위라는 개념들도 모두 효력을 잃을 것이다. 근거를 잃는다는 것이 곧 우리의 개념 목록에서 완전히 **삭제되어야** 한다는 것을 뜻하지는 않는다. 보통 사람들이 하는 것처럼 우리도 계속 평범한 시각을 가지고 당위의 규범 안에서 옳고 그름의 꼬리표를 붙이면 된다. 지금까지 그래왔던 것처럼 라스콜리니코프의 살인 행위를 위법행위이고 도덕적으로 나쁜 것으로 평가할 수 있다. 법과 도덕의 언어를 **잊을** 필요는 없으며 이들을 **이해**하는 능력을 상실하지도 않을 것이다. 그리고 앞으로도 자신과 타인에게 **영향을 가하는** 수단으로 이들을 적용하려는 시도를 멈추지는 **않을** 것이다. 그러나 앞으로 더 이상 할 수 없게 되는 일이 있다면, 그것은 해야 할 일을 하지 않는다는 이유로 타인을 **처벌하는** 일이다. 제재의 행위는 그 정당성을 잃게 될 것이다. 왜냐하면 법적, 도덕적 규범으로 한 사람에게 영향을 행사하려는 것은 그 시도가 성공하느냐 실패하느냐의 여부가 그 사람의 과거 배경, 즉 그의 의지를 그런 모습으로 형성하는 수많은 다른 조건들에 달려 있다는 뜻이기 때문이다. 법적, 도덕적 위반 행위를 했다고 하여 라스콜리니코프를 비난한다면 그는 어깨를 으쓱이며 이렇게 말할 것이다. "알아요, 압니다. 하지만 내가 피할 수 없이 일이 그렇게 되었던 겁니다. 뒤집어 말하면, 일이 그렇게 되도록 나선 것도 아닙니다. 그 누구도 자신이 도덕적인 생각이나 행동을 하도록 스스로 결정할 수 없습니다."

이러다간 일이 걷잡을 수 없이 커지겠군, 여러분은 이렇게 생각할지도 모른다. 그러면서 라스콜리니코프에게 결정타를 한 방 날리고 싶어질 수도 있다. 단순히 그를 감옥에 집어넣고 싶어서가 아닐 것이다. 더 깊은 이유가 있다. 라스콜리니코프뿐만 아니라 자기 자신을 흡사 지나가는 감기에 걸리듯 도덕이나 부도덕에 걸려 당하는 존재로 만들기 싫은 것이다. 여러분은 어떤 도덕적 관점을 **취할** 수 있는 존재, 그리고 그 관점이 요구하는 것에 자유로이 동의하거나 반대할 수 있는 존재가 되고 싶다. 바꿔 표현하면 하나의 **인격체**로 보고 싶은 것이다. 이것은 가능하다. 그러나 치러야 할 대가가 있다고 우리의 논리는 말한다. 여러분은 의지의 무조건적 자유를 믿어야 한다. 그러면 다음과 같은 주장을 통해 라스콜리니코프보다 유리한 고지를 차지할 수 있다. "도끼를 쳐들기 이전에 당신은 **두 가지**를 원할 수 있었습니다. 도끼를 쳐드느냐 **아니면** 쳐들지 않느냐 하는 것이었습니다. 당신이, 그리고 당신 안에서 이전에 일어났던 일들 가운데 그 어느 것도 이 두 가지 중 어떤 것이 일어날지 결정하지 않았습니다. 이것을 할 것이냐 저것을 할 것이냐는 당신의 **자유**였습니다. 즉 법의 규범과 도덕의 규범을 따라 살인을 하지 않을 것인지 결정할 **수 있었던** 거죠. 그렇기 때문에 우리는 당신을 감옥에 가두겠습니다."

이제 우리는 이 논리에 최종적 형태를 부여하고자 한다. 책임이 있다는 것은 인격 존재의 개념에 속한다. 그러나 단순히 조건적 자유가 책임의 개념을 도려내기 때문에 한 인격이 자신의 의지에 있어서 무제한적으로 자유롭다는 것 또한 인격 존재의 논리에 속한다. 그러므로 다음과 같은 논리가 가능하다. 자신을 인격으로 간주하는 사람은 자신의 의지에 관해 무조건적으로 자유롭다고 생각해야 한다. 우리는 우리 자신을 인격으로 본다. 그러므로 우리는 우리의 의지에 관해 자유롭다고 생각해야 한다.

▌무의미한 고문으로서의 도덕적 감정

규범과 의무의 관점에서 타인을 바라본다는 사실은 우리가 타인과 맺는 **관계**의 종류에 큰 영향을 준다. 각 인격체들 사이의 관계는 **기대감**의 힘이고, 기대가 주는 힘은 서로 간의 참여를 불러일으킨다. 이기대가 복합적이고 다면적일수록 서로가 경험하는 관계는 그 강도가 강해지고 촘촘해진다. 반대로 기대가 적어지고 단순해질수록 관계는 빈약해진다. 하나의 관계에서 모든 기대를 빼놓고 생각한다면 결국에는 한 공간에서 서로가 차지하는 위치만이 남을 것이다.

우리가 누군가를, 다시 말해 그의 의도와 행위를 도덕적 관점에서 바라본다는 것은 그를 향해 특정한 기대를 한다는 말과 같다. 그가 무언가를 하기를 **기다리는** 것에 그치지 않고 어떤 특정한 일, 즉 그가 **해야 마땅한** 일을 하기를 **기대**한다. 이러한 기대는 머릿속에서만 일어나는 것이 아니다. 이것은 특정한 **감정**과 매우 밀접하게 연관을 맺고 있다. 이것은 라스콜리니코프가 우리의 도덕적 기대를 저버린 예에서 보는 것처럼 기대가 충족되지 않았을 때 분명하게 드러난다. 우리는 도덕적 규범이라는 시각에서 그의 살인을 비난할 뿐 아니라 **분노, 경악** 그리고 **혐오감**을 느낀다. 앞서 소개되었던 망명자와 그의 친구를 다시 떠올려보자. 친구는 그가 조국을 떠나지 않고 같이 저항 세력에 참여하기를 바랐을 것이다. 이 기대가 실망으로 돌아오자 화가 나는데 그것은 기차가 연착할 때 짜증이나 화가 치미는 상태와는 다르다. 친구는 망명자가 조국과 투쟁하는 동지들을 배반한 데에 몹시 **감정이 상한다**. 그가 느끼는 감정은 **원망**이다.

우리는 남에게뿐만 아니라 자기 자신에게도 도덕적 기대를 한다. 이 또한 충족되지 못했을 때의 전형적인 감정과 연계되어 나타난다. 스스로 판단했을 때 좋지 않은 것을 의도했거나 행했을 때 우리는 **후회, 수치심, 거북한 양심** 등의 공격을 받는다. 우리는 그 행위를 탓하며 자책한다.

도덕적 감정은 기대가 실망으로 돌아왔을 때만 발현되는 것이 아니다. 우리 자신이나 타인에 의해 기대가 **충족되었을** 때에도 우리는 전형적 감정을 느낀다. 라스콜리니코프가 결국 자수하는 대목을 접하는 부분에서 우리는 그를 향한 형용하기 어려운, 그러나 새로운 감정과 마주하게 된다. 반대되는 소망이 있음에도 불구하고 도덕적 행위를 수행하는 사람에게 우리는 특히 더 큰 **존경심**을 보낸다. 이것은 특수한 종류의 **존경**, 어쩌면 **경탄**에 가까운 것일지도 모른다. 그리고 우리가 만일 그 행위를 한 당사자라면 자랑스러움을 느낀다.

우리가 느끼는 것은 우리가 믿는 것과 무관하지 않다. 도덕적 감정도 마찬가지다. 자신 또는 타인에게 그러한 감정을 느낀다면 그것은 특정한 조건을 전제로 하고 있다. 어쩌면 이제 여러분에게 당연하게 들릴 이야기겠지만, 그것은 책임이라는 개념에 부여되었던 조건들과 동일하다. 다시 말해 도덕적 규범을 인지한 상태에서 선택권이 있었고 그 행위를 하기로 결정했다는 의미에서 자유로이 행위를 했다는 전제 조건이다. 이런 맥락에서 부자유의 제 형태를 살펴봄으로써 그 뜻을 더 구체적으로 살펴볼 수 있다.

표류자가 넋을 잃고 이리저리 헤매고 있는 관광지 시내 한복판으로 또다시 돌아가보자. 그는 넋을 잃은 상태의 반대가 무엇인지도 모른 채 그저 그때그때 맞닥뜨리는 것에 사로잡혀 있다. 나와 여자 친구 베라는 분별없이 행동하는 그를 바라보며 놀라움을 금치 못한다. 앞서 일어났던 장면에서 나는 그가 걸인을 대하는 뻔뻔한 태도에 분노하던 중 걸인에게서 주었던 돈을 다시 거둬가는 모습을 보고 경악을 금치 못했었다. "너무 신경 쓰지 마. 저 사람은 저럴 수밖에 없어." 베라가 내게 했던 말이다. 이제 조금 떨어진 곳에서 그가 개 한 마리를 본다. 그가 발을 들어 개의 꼬리를 힘껏 밟는다. 개가 깨갱 소리를 낸다. 그의 발은 여전히 꼬리를 밟고 서 있고 개의 비명소리는 듣는 사람을 견딜 수 없이 괴롭게 만든다. 행인들이 모여들어 비난한다. 그중 한 사람이 나서서 그를 밀쳐낸다.

"저건 괴물이야." 화가 머리끝까지 치민 내가 이렇게 내뱉는다.

"그건 그래." 베라가 대꾸한다. "하지만 잊지 마. 저 사람은 저럴 수밖에 없어. 그냥 저런 일이 일어나 당하는 것뿐이라구."

"그렇다고 저대로 내버려둘 순 없어." 나는 여전히 화가 가라앉지 않는다.

"물론이지. 저런 짓을 하지 못하도록 **막아야** 해. 그렇지만 그에게 **분노하는** 건 옳지 않아."

"왜?" 내가 따지듯 묻는다.

"**해서는** 안 되는 일이 있다는 걸 저 자는 모르기 때문이야."

"그 **말** 자체를 모른다는 말이야?"

"그 말을 알고는 있겠지. 이미 여러 번 들었을 테니까. 하지만 그 말이 담고 있는 **개념**을 이해하지 못하는 거라구. 자기 자신과의 비판적 간격이라는 것이 전혀 없는 사람이기 때문이야."

"그래도 누군가는 저 자를 **가르쳤을** 거 아니야!"

"가르치려고 노력했겠지. 하지만 소용없었을 거야."

"만일 벌을 주었다면?"

"분명 아팠겠지. 하지만 그는 그걸 **벌**이라고 생각하지 못하는 거야. 그저 다른 사람들이 아무 이유 없이 자신에게 **나쁜 짓**을 하는 거라고 느낄 뿐 그 이상은 생각하지 못해."

"그럼 개를 학대하는데도 저자를 나쁘게 생각하지 말라는 뜻이야? 폭발하는 화산에게 기분 나빠할 수 없는 것처럼?"

"바로 그렇지. 날 괴물 보듯 보지 마. 나도 어쩔 수 없어. 하지만 이게 유일하게 **옳은** 관점이야."

표류자가 저지른 짓이 아무리 끔찍하고 경악스럽다 하더라도 그를 탓할 수 없다. 그럼에도 불구하고 우리는 그를 향해 분노와 경악과 혐오감을 느끼지 않을 도리가 없다. 하지만 표류자에게 결정의 자유가 없고 결정의 자유라는 것이 무엇인지도 모른다는 점을 분명하고 확실히 인지한다면 우리가 느끼는 그러한 감정들이 **오류**라는 것을 알게 될 것이다. 즉 우리는 그릇된 것을 전제하고 있다. 이 점을 인지하게 된다면 우리는 표류자를 멋대로 돌아다니게 놔두지도 않을 것이요, 지금까지 그래왔던 것처럼 당연 그의 행동을 환영하거나 좋게 평가하지 않으면서 거주를 제한하거나 그밖에 그의 행동을 막을 수 있는 조치를 취하겠지만, 그렇다고 그를 **원망하거나 탓하지는** 않도록 노력해볼 것이다.

누군가가 여러분에게 해를 입혔는데 그가 폭군의 압제나 최면 때문에 그랬다는 것을 알게 된다면 처음에 가졌던 원한은 수그러들 수 있을 것이다. 원망은 희생자를 향한 동정으로 변한다. 또 누군가에 대한 절대적 예속과 맹목적 복종 때문에 일이 일어났을 때에도 같은 감정이 들 것이다. 가해자가 처한 부자유가 겉으로 드러나지 않아 발견되기 매우 힘들기 때문에 여러분의 동정심은 좀 더 오래 지속된다. 우선은 자신의 부자유를 떨쳐내려는 노력이 부족했다며 가해자를 비난할 수는 있겠지만 그가 그럴 수 **없었다**는 것을 인정하게 되면 원망은 다른 감정에게 자리를 내어주게 될 것이다. 생각의 들러리 같은 경우를 마주칠 때 여러분의 안타까움은 더욱더 오래 지속될 것이다. 교묘한 세뇌는 여간해서 알아채기 힘들뿐더러 눈에 띄지 않는 방법으로 어떤 사상이 강제로 주입된 것을 가지고 그 사람을 탓할 수 없기 때문이다. 이보다 더 원망의 감정이 빨리 물러가는 경우는 행위 뒤의 의도가 강박, 즉 어떠한 것에도 좋은 영향을 받지 못하는 상태의 사람을 보았을 때다. 남편이 카지노에서 전 재산을 날렸을 때 아내의 분노는 하늘을 찌르고도 남을 것이다. 그러나 남편이 자신의 것이 아닌 이물질적 의지의 무기력한 희생양으로서 고통을 받고 있었음을 인정하는 순간 아내는 그를 환자로 볼 수 있을 것이며 이 경우에도 원망이 안쓰러움으로 바뀔 수 있다. 한편 통제하지 못하는 자의 경우는 여전히 까다로운 문제로 남아 있을 수 있다. 분노발작에 휩싸인 자가 여러분에게 폭행을 가해 한쪽 다리를 못 쓰게 만들었을 경우 원한의 감정은 시간이 지나도 완전히 달래지지 않을 것이며 그에게 왜 자신을 제어하지 못했느냐고 비난을 가할 것이다. 그렇지만 완벽한 이성의 통제하에 교묘하고 비열한 방법을 써서 공격한 사람을 대할 때의 감정과는 다소 다를 것이다. 감정의 변화가 이보다 다소 수월하게 이루어지는 경우는 가해자가 외적 강제, 즉 강요된 의지에 의해 행동했을 때이다. 남편이 전 재산을 몽땅 내놓았다고 할 때 아무리 당시 총부리가 겨누어진 상태였다고 해도 일단은 하늘이 무너지는 듯한 느낌을 가질 것이다. 그러나 남편을 비난할 수는 없다. 그래도 모아둔 재산 모두를 카지노 테이블 위에서 잃어버린 것보다는 문제성이 덜한 것이다.

타인에게서 발견하는 부자유의 여러 형태는 우리의 도덕적 감정에 연계 작용을 일으킨다. 앞서 책임에 관해 살펴본 것과 같이 이것 또한 이 감정의 핵심이 가해자가 자유로이 행위를 했는가 하는 질문에 달려 있다. 다시 말해 그가 규칙을 인지하고 있었는지, 선택할 수 있었는지 그리고 그 행동을 하기로 결정했는지의 여부다. 자유가 가지는 이 조건들이 흔들리면 분노와 경악, 원망의 감정도 무너지기 시작한다. 여러분 안에 새로이 자리를 잡는 감정은 타인들을 죄인으로 보는 시각이 아니라 자유를 빼앗긴 상태에서 끔찍한 일을 당한 인간으로 보는 시각이다. 가해자는 저주가 아니라 동정심을 받아야 할 존재가 된다. 그러나 우리의 시각 안에서 일어난 이 변화에는 또한 치러야 할 대가가 있다. 그것은 우리가 그들을 어떤 의미에서 더 이상 **진지하게 받아들이지 않는다**는 것이다. 존중심을 가지고 대하지 않는다는 의미가 아니다. 오히려 그 반대로, 우리는 자유의 침해로 고통받은 사람을 대할 때의 특별한 주의와 조심성으로 그들을 대한다. 그가 협박범 밑에서 노예와 같은 생활을 했던 사람이라고 해도 마찬가지다. 그러나 그들과의 **대면**은 자유로운 사람을 대할 때와는 완전히 다른 양상을 띤다. 그들에게 무엇을 요구하거나 평가하는 태도로 대하지 않는 대신 일정한 **간격**을 둔다. 이 간격은 보통 자유로운 사람들과의 관계에서 생기기 마련인 감정의 연루 현상을 불가능하게 만든다. 그들을 대할 때 여전히 거부감이나 애정을 느낄 수도 있고 그들을 두려워하거나 반가워할 수도 있지만, 이러한 감정들은 자유로운 사람을 만날 때와는 다른 색깔을 띤다. 무언가가 결여되었기 때문이다. 이는 자유로운 사람들끼리 만났을 때의 기대감과 균형에서 오는 상호 작용이다.

앞에서 자신에게 책임을 지우려는 우리의 시도에 저항한 것처럼 라스콜리니코프는 이제 자신에 대한 우리의 분노와 도덕적 혐오감에 대해 저항한다. 그리고 그는 역시 동일한 논리를 펼칠 것이다. 자신이 숙고한 바는 자유에서 비롯된 것이 아니며 의도한 것과 행동한 것도 자유를 바탕으로 이루어지지 않았다, 모든 것이 자신이 조금도 힘쓸 수 없는 선행 조건들의 배경을 가지고 있었기 때문이다, 라고 말이다. 또 이렇게 말할 것이다. 결론써서 선제석으로 생각해볼 때, 자신이 결정의 자유를 가졌다는 것도 결국에는 아무런 차이를 만들어내지 않으며 모든 것이 조건적 자유, 즉 그의 입장에서 볼 때 자신이 마음대로 할 수 없는 조건들에 의존한다는 것이다. 그런데 왜 내게 분노를 느끼는가? 라스콜리니코프는 그것이 불공평하고 비이성적이라고 주장한다. 그러고선 곧바로 수비에서 공격으로 넘어갈 것이다. "당신들 자신을 생각해보시죠. 올바른 삶을 살 것을 고집하는 쓸데없는 자기 비난을 얼마나 많이 하고 사는지! 비이성적인 후회, 불필요한 양심의 가책을 얼마나 남발하는지! 당신들도 나와 별반 다르지 않아요. 당신들도 자신의 생각이나 의지, 행위에 대해 속수무책인 건 같지 않습니까. 그런데 왜 그렇게 스스로를 괴롭힙니까? 그게 얼마나 무의미한 고문입니까! 모두가 입을 모아 칭송하는 도덕적 감정들이 사실은 감옥이라는 것을 왜 모른단 말입니까? 감옥의 담장을 깨부수고 **자유**의 땅으로 나올 생각을 어찌 하지 못합니까? 어려운 일도 아닙니다. 그저 모든 것에, 정말로 모든 것에 **조건**이 있다는 것에 관해 한 번만 생각을 해보면, **정확하고 꼼꼼하게** 따져본다면 될 일입니다!"

그럼 어디 한번 해보자! 여러분이 술에 취한 상태에서 운전대를 잡고 인적이 드문 한밤의 시골길을 달리다가 그만 어린 아이를 치었다는 가정을 해보자. 굽어진 길을 도는데 갑자기 길 한가운데 아이가 서 있었던 것이다! 둔중하게 무언가에 부딪히는 그 느낌, 그리고 저 멀리 날아가는 자그마한 몸을 여러분은 죽을 때까지 잊지 못할 것이다. 여러분은 반사적으로 끼익 하는 소리와 함께 급정거를 한다. 그러나 차에서 내리지 않는다. 술이 확 깨는 느낌이 들면서 교도소에 갇힌 자신의 모습이 눈앞에 떠오른다. 그 길로 다시 차를 출발시켜 몇 시간이고 운전을 계속한다. 움직이는 느낌 없이는 한시도 견딜 수가 없다. 다음날 여러분은 아이가 발견 당시 아직 숨을 쉬고 있었다는 신문 기사를 발견한다. 여러분이 차를 세워 구급차를 불렀다면 살아났을 수도 있었던 것이다. 이루 말할 수 없는 죄의식이 덮친다. 온몸이 마비된 사람처럼 며칠을 지내다가 급기야 병을 얻는다. 마음의 고통을 덜어줄 어떤 명분을 찾아 필사적으로 헤맨다. 내가 평소에는 술을 먹지 않는 사람인데 그날 저녁에는 윗사람이 자꾸 술을 돌리더란 말이야, 그런데 무슨 금욕주의자나 된 것처럼 자꾸 거절하기가 여러 사람 앞에서 민망하단 말이지. 또 빨리 달린 것도 그래. 다음 날 해야 할 일이 많아서 어서 집에 가 쉬려고 했던 거야. 사실 이상하거나 잘못한 일은 없어. 그리고 차에서 내리지 않은 건, 감옥에 가는 상상을 하니 그 충격으로 오직 도망가야 한다는 생각 말고는 그 어떤 생각도 들지 않아서 그랬어. 내려서 아이를 구해야 한다는 걸 몰랐던 건 물론 아니야. 하지만 그건 감옥행에 대한 공포에 상대가 되지 않았어. 도망치고 싶다는 생각이 너무도 강력한 나머지 **그것을 저지하기 위해 그 어떤 것도 할 수 없었다**고. 나도 어쩔 수 없었던 일에 왜 양심의 가책을 느껴야 하고 후회해야 하지? 혹 **다른 누군가**는 나와 똑같은 처지에 처했을 때 다르게 행동했을지도 모르지. 양심이 두려움을 이겼을 경우에 말이야. 하지만 나랑은 상관없어. 나라는 **특정한** 사람은 그 **특정한** 순간에 그렇게 할 수밖에 없었고 사실 나는 고통받을 이유를 찾지 못하겠어.

이것은 비겁한 자기기만인가 아니면 고대의 유물 같은 낡은 감정 또는 그저 관습적 감정에 휩싸이지 않고 이성을 신봉하려 할 때 따라야 할 깨달음인가? 라스콜리니코프는 자기가 후자 쪽이라고 주장할 것이다. 또 아내와 아이들이 달구지에 실려 강제수용소로 이송되는 상상을 끝내 극복하지 못한 망명자가 외국으로 도피한 사실을 언급할 것이다. 두 번의 강력한 내적 광경은 두 번의 도망침으로 끝이 났다. 그러나 우리가 이 두 가지 사건을 대할 때 느끼는 감정은 다르다. 사실 그 차이는 엄청난 것이다. 왜 그럴까? 물론 망명자는 누구를 해치기보다는 오히려 목숨을 구했다. 여러분이 뺑소니를 치면서 사람을 죽게 만든 것과는 다르다. 즉 **결과**가 확연히 다른 것이다. 또 **동기**도 다르다. 여러분은 앞으로 닥칠 처벌을 피하려고 했고 망명자는 자신과 가족의 목숨을 지키려고 했다. 도덕적으로 보았을 때 두 이야기가 하늘과 땅만큼 차이가 있음은 의심의 여지가 없다. 그러나 라스콜리니코프는 이것이 **표면적** 시각이라고 주장한다. 한 꺼풀 벗겨서 파고 들어가면 두 사건에 서로 **머리카락 한 올 만큼의 차이**밖에 없다는 것이다. 여러분이나 망명자나 내면에서 일어난 일들이 그렇게 일어나게 된 데에 대해서 아무 힘도 가지지 못했다고 주장한다. 여러분이 자기중심으로 생각하고 행동한 것에 대해 어쩔 수 없었던 것처럼 망명자도 더 높고 고매한 동기를 위해 움직일 수 없었던 것이 자기 탓이 아니라는 것이다. 여러분과 망명자가 가지고 있는 자유가 단지 조건적 자유라는 사실을 솔직하고 일관적으로 생각해본다면 당연히 나오는 결론이라고 한다. 그런데도 왜 자신을 원망해야 하는가?

　　모든 도덕적 감정이 면제된 공동체에서 산다는 것은 매우 괴상한 일일 것이다. 이 공동체는 결코 비정한 사회는 아닐 테다. 행복이 고통보다 낫다는 원칙이 변함없이 통용되고 도덕적으로 선한 행동과 악한 행동이 구분되며 공동체 생활이 수월하도록 단순한 의미로나마 사람들의 행동에 영향을 미치려는 도덕적 교육의 시도가 분명히 이루어질 것이다. 그러나 그것을 제외한다면 전체적으로 가라앉은 분위기가 지배적일 것이다. 공동체의 일원은 서로 매우 거리를 두고 대면할 것이며, 상대방이 잘못을 해도 나쁘게 생각하지 않는 대신 도덕적으로 뛰어난 행동을 볼 때도 특별히 더 높이 평가한다든가 하지 않는다. 지금 있는 모습 그대로가 현실이라는 태도가 대명제고 사람들은 그저 각자가 할 수 있는 것을 할 것이다. 나쁜 일이나 좋은 일이나 그 순간에 할 수 있는 만큼을 한 명확한 결과이기 때문에 칭찬이나 찬사도 존재하지 않는다. 누군가 자신을 도와주면 그 도움에 기뻐하겠지만 고마움을 느낄 이유는 찾을 수 없다. 범죄나 도덕적 파렴치 행위는 마치 운석이나 토네이도가 비켜가기를 바라듯이 요행히 피해갈 수만 있다면 하고 바라게 될 것이다. 만일 범죄의 희생양이 된다고 해도 산사태에 휩쓸린 사람의 심정과 크게 다르지 않을 테다. 약속을 어기는 것, 배신, 기만과 사기, 이 모든 것들을 마치 그날의 날씨를 받아들이는 것처럼 마음의 동요 없이 받아들이게 된다. 또한 자기 자신을 대할 때에도 온기 없는 집마냥 냉랭함이 가득할 것이다. 무엇이 금지되었다는 이유로 그것을 일부러 하고 반대로 무엇이 권장된다는 이유로 일부러 하지 않는 그런 의미로서의 비양심적 사고 때문이 아니다. 구성원들은 의무감이 투철한 것을 넘어서 도덕적으로 매우 철두철미할 수 있다. 그러나 그들이 알지 못하는 것은 양심의 가책, 후회, 과거에 했던 행위에 대한 부끄러움 등이다. 그때는 그랬다고 말할 뿐이다. 혹시 다르게 행동했다면 달라졌겠지 하는 의미에서의 후회는 있을 수 있다. 그러나 그렇다고 해서 괴로워하지는 않는다. 같은 이유에서 모든 종류의 도덕적 자기만족도 그들에게는 낯선 개념일 뿐이다.

이러한 식의 도덕적 감정의 부재가 과연 **실제로 가능할까**, 하는 의문이 든다. 라스콜리니코프는 이 의문이 옳지 못하다고 말한다. 깊은 곳에 뿌리박힌 무능력과 끈질긴 오류가 존재하기 때문이다. 옳은 질문은 '도덕적으로 어떤 감정을 느끼는 것을 **멈추어야 하는가?**'이다. 만일 이 질문이 **옳다면** 그 옳음은 깨달음과 사고의 일관성 때문인가? 그리고 옳지 않다고 생각한다면 여러분의 논거는 무엇인가? 지금 당장은 생각나지 않지만 **분명히 있기는 있을 것**이라고 여러분은 생각할지 모른다. 여러 기대와 감정 속에서 우리가 서로 연결되어 있고 도덕적 감정이 그것을 인식하게 만든다는 점이 우리를 비로소 인격체로 완성하기 때문이다. 비록 그것이 분노에 불과하다고 해도 인격들을 서로 가깝게 만드는 전형적 **친밀감**을 이루는 것은 바로 그런 점이다. 친밀감을 느낄 수 있는 능력이 없다면 인격으로서 존재할 수 없고 다른 측면에서 감각을 느낀다고 해도 결국 좀비에 불과하다. 우리가 지금까지 걸어온 사고의 궤적은 이렇게 말하고 있으며 바로 그 이유로 여러분은 무조건적 자유의지를 믿어야 한다. 이제 도덕적 감정이 가지는 의미가 돌연 드러나면서 여러분은 라스콜리니코프에게 이렇게 말할 수 있게 된다. "특정한 인간인 당신이 그 특정한 순간에 살인을 **멈출 수 있었기** 때문에 우리는 당신의 행위에 분노할 수 있는 겁니다. 또 바로 그 점 때문에 당신은 삶이 끝날 때까지 후회해야 합니다."

도덕적 감정을 느낄 수 있다는 것은 인격 존재의 개념에 속한다. 그러나 단순한 조건적 자유는 도덕적 감정이 존재하는 기반을 무너뜨리기 때문에 인격이 자신의 의지에 관해 무조건적으로 자유롭다는 것도 또한 이 인격 존재의 개념에 속한다. 그러므로 다음과 같은 문장이 성립한다. 자신을 인격으로 간주하는 사람은 의지에 관해 자신을 무조건적으로 자유롭다고 생각해야 한다. 우리는 우리 자신을 인격으로 본다. 그러므로 우리는 우리의 의지에 관해 자유롭다고 생각해야 한다.

▌그냥 원하고 그냥 행하는 것

지금까지 살펴본 생각들은 우리 자신을 인격으로 이해하려면 우리가 의지의 자유를 무조건적인 것으로 믿어야만 한다는 것을 증명하려고 하고 있다. 우리가 인격체인 이상 기존의 조건들 없이도 새로운 무언가에 부딪힐 능력을 갖추고 있어야 한다. 우리를 움직이게 하는 자유의지 자체는 그 무엇에 의해서도 움식이지 않으며 그런 의미에서 부동의 동력이다. 이 사고를 이제 다른 방식으로 뒷받침해보기로 하자. 우리가 느끼는 직관적 자유 경험이라는 친숙한 측면을 부각해본다면 "그래, 우리는 무조건적 자유의지를 **믿는** 데 그치는 것이 아니라 실제로 **체험하고 있어!**" 하는 말이 나오게 될 것이다.

도끼를 내려치려는 순간의 라스콜리니코프 같은 경우, 자신의 동작이 그 동작을 가능케 한 연속된 내적 사건들의 마지막 고리라고 생각하지 않는다. 자신의 동작으로 인해 훨씬 이전부터 계속되어왔던 사건들의 연속성이 끝을 맺으리라고는 생각하지 않는 것이다. 그는 자신을 그 행위의 장본인으로 경험하는데, 이미 시작되어서 진행되고 있는 사건이 그저 계속되는 데 그치지 않고 **새로운 것**으로 그것을 경험한다는 뜻이다. 오직 그 한 사람만이 새로운 이것이 시작될지 그렇지 않을지를 결정한다. 노끼를 쳐들게 하는 전제조건들의 커다란 물결을 느끼지 않는다. 그가 도끼를 공중으로 들어 올릴 때 그는 **즉흥적으로** 그 행위를 한다는 느낌을 가지며 이 즉흥성은 도끼를 들어 올리는 것과 마찬가지로 또한 들어 올리지 않을 수도 있다는 것을 뜻한다.

이 설명은 아직 완전히 옳다고 할 수 없다. 라스콜리니코프가 분명히 느꼈을 한 가지 조건이 있을 것이다. 그것은 자신의 동작이 자신의 의지에서 나왔다는 조건성이다. 그는 자신이 원했기 때문에 도끼를 쳐들었다는 것을 느낀다. 이것은 하나의 동작을 행위로 만들어주는 전제조건이다. 자신의 동작이 즉흥적이고 새로운 것이라고 느끼는 경험은 실상 새로운 무언가의 시작인 즉흥적 의지에서 행위를 한다는 경험이라고 할 수 있다.

　　의지와 행위의 즉흥성에 대한 이러한 경험은 무조건적인 자유가 추상적 명제에 그치지 않고 우리가 직접 경험하는 것이며 또한 직관적 지식의 위치를 차지하고 있는 그 무엇이라는 생각을 이루는 중요한 원천이 된다. 라스콜리니코프가 너무나 우연히도 도끼를 들고 노파 앞에 나타나게 된 게 아니라 이미 그 이전에 어떤 특정한 방식으로 숙고를 마쳤기 때문에 도끼를 들고 노파 앞에 나타난 점을 되새겨볼 때 그 점은 좀 더 앞으로 뻗어나가게 된다. 그를 그곳으로 데려간 것은 특정한 원인 또는 동기다. 그렇다면 이것은 행동과 의도의 즉흥성과 어떻게 공존할 수 있는가? 라스콜리니코프가 자기가 왜 그곳에 왔는지 갑자기 **잊어버렸을** 리도 없고 자신의 행위가 동기와 아무 관련 없다고 느끼지도 않았을 터인데 말이다. 일반적으로 볼 때, 우리는 우리의 동기와 이유를 전혀 구속력 없는 것으로 느끼지는 않는다. 그런데 이 구속적 힘은 즉흥성과 과연 어떤 관계를 맺고 있는 것일까? 현재 우리가 논의하고 있는 주제와 관련해서 나올 수 있는 답은 '숙고는 우리가 의도와 행위에 관한 수많은 가능성들 중에서 몇 가지를 추려서 선택하는 행위이며 이 몇 가지 가능성만이 남아 결정의 대상이 된다'라는 것이다. 즉 숙고는 소수의 선택지를 제공하며 우리의 행위와 의도가 완전히 임의로 행해지지 못하게 막는다는 의미에서 분명히 영향력을 행사한다. 그러나 끝에 가서는 우리의 자유가 즉흥성의 형태로 표현되는 마지막 여유 공간이 존재한다. 이 마지막 여유 공간은 자유에 있어서 결정적으로 중대하다. 이것이 있기 때문에 **동기나 이유마저도 우리에게 무언가를 행하도록 강요할 수 없다.** 라스콜리니코프가 가진 동기는 그를 노파의 집으로 인도했고 그로써 특정하고 수적으로 제한된 선택을 그에게 안겨주었다. 노파를 내리치거나 노파에게 그와는 전혀 다른 행동을 하거나 아니면 그냥 다시 뒤돌아가거나 하는 몇 가지 길이다. 그다음부터는 순수하고 자유로운 즉흥성이었다. 결국 그가 도끼로 내려친 것에는 아무 구속력도 없었다. **그냥** 내려친 것이었다.

숙고가 의지를 명백하게 그리고 변경 불가능하게 확정하는 것은 자유의 손실을 의미한다는, 앞서 논의했던 주장을 상기해보자. 지금의 논점이 그 주장으로 다시 돌아간다면 그 주장은 유효하지 않은 것으로 나타난다. 그리고 우리가 **경험하는** 바에 따른다고 해도 그 점은 분명하다. 그에 따라 예시도 달라질 것이다. 우리의 망명자는 달구지에 강제로 실려 가는 아내와 아이들의 모습을 떠올렸고 결국 그 상상을 이기지 못해 도망칠 수밖에 없었다고 우리는 전제했었다. 이제 우리의 생각이 진전한 바에 따르면 그의 경험은 자유의 경험이 아니었다. 만일 자유의 경험이 있다면 마지막 순간까지 경험 가능한 여유 공간이 그에게 있어야 했으며 그 공간이 허락하는 안에서 즉흥적 행위를 수행하는 것에 그의 자유가 존재했어야 했다. 그는 모든 숙고와 상상을 등 뒤로 하고 단번에 결심하여 기차에 **올라탔거나 아니면 올라타지 않을 수 있었다.** 바로 이런 것이 자유의 경험이 아닌가?

뺑소니 사건 현장으로 돌아가보도록 하자. 여러분은 아이를 들이받자마자 급브레이크를 밟고 인적 없는 산길에 차를 세웠다. 처음 생각했던 각본은 자신이 수감된 모습이 떠올라 감당할 수 없는 공포에 황급히 차를 몰고 빠져나가는 것이었다. 이제 우리의 논법에 따르면 여러분은 의지와 행동이 자유로운 사람이 아니었다. 자유의 경험은 이와는 완전히 다를 것이다. 즉 감옥에 가고 싶지 않은 소망과 분명한 도덕적 규범을 양쪽에 놓고 비교한 끝에 결국 두 가지 중에 그 어떤 것에게도 영향이나 압력을 받지 않은 채 즉흥적으로 이것 **또는** 저것을 택할 수 있었을 것이다. 그러나 그날 밤에는 그것이 이루어지지 못했다. 그러기엔 공포가 너무나 컸기 때문이었다. 그러므로 이렇게 상상해본다. 다음 날이 되자 여러분은 경찰서로 간다. 차에서 내리지 않은 채 마지막으로 찬성과 반대를 곰곰 따져본다. 이제 머릿속이 정리되면서 어젯밤처럼 손쓸 수 없는 공포는 물러갔다. 어느 순간 생각이 계속 제자리를 맴돌고 있는 느낌이 든다. 모든 생각들을 떨쳐버리고 과감히 몸을 움직여 경찰서로 들어간다. 아니면 집으로 되돌아갈 수도 있다. 모든 것을 고려해 숙고를 한다 해도 결국에는 **두 가지를 다** 할 수 있는 것이 바로 자유의 경험이라는 것이 여기서 나타난다.

이 자유의 경험은 우리가 익히 알고 있는 또 다른 현상, 즉 의지에 있어서의 부자유의 소멸과 사라짐을 증거로 한다. 우리는 최면의 마비에서 깨어나 원래의 의지로 되돌아갈 수 있다. 예속됨을 떨쳐버리고 본래 스스로 하려고 했던 것을 할 수 있다. 세뇌의 경험을 과거로 돌리고 독립적으로 생각하고 원하기 시작할 수 있다. 내적 강제를 깨어버리고 정말로 본인의 것이라고 느껴지는 의지에 따라 행동할 수 있다. 그리고 강요된 의지에서 성공적으로 벗어날 수도 있다. 이 모든 예들에서 보듯이 조건성의 경험이 소멸되는 자리에 의도의 즉흥성이 들어선다. 의지가 무언가에 종속되고 이 종속성에 의해 의지의 자유가 제한된다는 인상을 그간 우리가 받아왔다면 이제 다시 획득된 자유는 종속됨이나 제한됨의 경험 없이 어떤 것을 완전히 즉흥적으로, 그저 아무 이유 없이

도 원할 수 있다는 것을 보여준다. 속박을 떨친 도박꾼은 이제 카지노로 향하는 대신에 수백 가지 다른 일을 할 수 있으며, 의시를 강요받지 않는 은행 직원의 앞에도 여행지에서의 수많은 다른 가능성이 펼쳐진다. 이것이 **해방감을 주는** 경험이라는 것은 그 누구도 부정할 수 없을 것이다. 또 우리가 무조건적 자유의지를 경험할 수 있다는 결정적인 뒷받침, 아니 증거가 아닐까?

▎내적 소실점

무조건적 자유의 개념을 우리의 경험에서 직접 읽어낼 수 있다는 생각의 원천이 또 하나 더 있다. 그것은 한 인격이 가진 자신과의 내적 간격을 생성하고 유지할 수 있는 능력이다. 자신과의 간격이란 자신의 생각과 소망과의 간격을 말한다. 이 점은 결정에 관한 조건적 자유 부분에서 한 번 이야기한 적이 있으며 우리는 이것이 부자유의 수많은 경험의 전제조건도 됨을 보았다. 그러나 한발 뒤로 물러나 자기 자신을 바라볼 수 있는 이 능력을 다른 측면에서 볼 수도 있다. 내적 조건성에서 스스로를 면제하고 의지와 행위에서 새롭게 시작할 수 있는 가능성이 바로 그것이다.

단순히 소망에 나를 내맡기는 것 대신에 잠시 멈추고 소망을 화두로 삼아본다. 나는 소망을 평가하고 그것이 내 행위를 결정하도록 할 것인지 스스로에게 묻는다. 그렇게 하는 순간에 나는 소망의 독재에서 벗어나는 느낌을 받는다. 나는 **각 소망들에 하나씩** 거리를 두는 것부터 시작한다. 그러면 그들이 미치는 효력의 직접성이 중단된다. 이것은 각각의 소망에 **모두** 가능하다. 비판적 간격을 두지 못하는 특질을 가진 소망은 없다. 그래서 나는 **모든** 소망으로부터 물러날 수 있는 것이고 이 새로운 사고는 무조건적 자유의 경험이 되는 것이다. 이 경험은 소망에 국한되지 않는다. 숙고에 관해서도 나는 거리를 둘 수 있다. 우선은 하나씩, 결국에는 모든 숙고를 떨어진 곳에서 바라보는 것이다. 이렇게 해서 나는 마침내 **어떤** 내적 사건들에도 지배당하지 않는 경험을 하게 되며, 내가 가진 동기들도 반드시 떨쳐내야만 할 내적 굴레가 될 필요성에서 벗어난다. 내가 기차역의 망명자라고 했을 때, 나는 내가 원하기만 한다면 모든 동기들의 총합을 뚫고 일어나 서로 상치되는 동기들 중에서 무엇을 따를지 무조건적 자유에 의해 선택할 수 있다는 의미에서 자유롭다. 조건적 자유에서 보는 것처럼 숙고를 통해 의지를 원하는 형태대로 형성함으로써 그것을 조종할 힘이 있을뿐더러, 그에 그치지 않고 그 결과에 따를 것인지 따르지 않을 것인지까지도 결정할 힘이 있다는 뜻이다. 진정한 자유를 이루는 것은 바로 이러한 힘이며 이 힘은 나의 내부에서 일어나는 모든 것들에 내적 간격을 두는 경험에서 나타난다.

자유가 이 내적 소실점의 의미에서 존재하기 때문에 우리는 과거의 포로가 될 필요가 없는 것이다. 우리는 지나간 의지와 행위가 지닌 무게에 짓눌리지 않아도 되며 이제까지 지녀왔던 성격적 특성을 미래에도 계속 지워지지 않는 경계를 긋는 고칠 수 없는 단단한 것으로 생각하여 포기할 필요가 없다. 만일 그렇지 않다면 미래는 끔찍할 것이며, 이 끔찍함은 자유라는 명칭에 합당한 자유를 가지지 못했다는 의식에 기인한다. 그러나 우리는 우리 자신으로부터 거리를 둘 능력을 **가진다.** 우리의 미래에 진정한 개방성을 부여하며 언제든지 원하기만 하면 현재의 순간을 새로운 출발로 만들어주는 차원의 능력이 바로 이 능력이다. 이 능력을 부정하는 건 우매한 짓일 것이다. 그리고 그 범위를 조건적 자유에 국한하는 사람이 있다면 현상을 보지 못하는 그의 무지에 대한 책임은 바로 그 자신에게 있을 것이다.

▍이제 그 다음은?

무조건적으로 자유로운 의지의 개념을 소개하면서 이번 장을 시작할 때 나는 의지에 대해서 부동의 동력이라는 은유와 부정적인 정보를 넘어서는 그 이상의 것을 알아내기가 아마 어려울 것이라는 언급을 한 적이 있다. 그것은 그 개념으로 유도하는 여러 사고를 함으로써 더 깊은 이해를 이끌어내려는 시도였다. 결과는 다소 기묘한 것이었다. 한 편으로는 그 개념이 단순한 철학적 변덕에서 나온 것이 아님이 확연히 드러났다. 개념의 배경에는 강력하면서도 겉으로 아무 이상이 없어 보이는 직관이 있으며, 이 직관은 분명하고 깔끔한 말로 표현되기까지 한다. 다른 한편으로는 자기 자신은 세상에 복속되지 않으면서 세상의 흐름에 관여하고자 하는 의지라는 그 개념이 무엇인지가 다양한 주장들에도 불구하고 완전히 선명해지지 않는다. 진전을 보려면 이 단계에서 두 가지 질문을 던져야 한다. 첫째, 무조건적인 자유의지를 가지면 어떻게 되는가? 그것은 진정한 자유의 경험인가? 둘째, 이 개념은 일관성 있는 개념인가? 즉 내용적으로 유의미한 개념인가? 아니면 머리와 몸통, 꼬리가 각각 다른 키메라 또는 가까이 다가가면 스러지는, 언어가 만들어낸 신기루에 불과한가?

7장

무조건적 자유: 신기루

▌분리되어 나간 의지: 악몽

여러분에게 무조건적 자유의지가 있다고 가정해보자. 그것은 그 어느 것에도 묶이지 않은 의지일 것이다. 원인을 이루는 모든 관계들로부터 자유로운, 완전히 분리되어 나간 의지다. 이러한 의지는 터무니없고 혼란스러운 의지일 것이다. 그 분리됨은 여러분의 육체, 개성, 사고, 감각, 상상, 기억과 전혀 관계가 없다는 것을 의미하기 때문이다. 다시 말해 여러분을 어떤 특정한 인격체로 만드는 모든 것들과 연계되지 않은 의지라는 것이다. 이 언어적 근본 의미의 관점에서 볼 때 이것은 **여러분의** 의지가 아니다. **여러분**이라는 어떤 특정한 개인이 자신의 삶의 논리에서 원하게 된 무언가를 표현하는 대신에 그 의지는 인과관계가 완전히 소멸된 진공상태에서 출발해 머리 위로 나타나기 때문에 그것이 주체 됨의 경험을 뒷받침하러 도입되었음에도 오히려 그것과는 수만 리 떨어진 철저한 외래적 의지로 느껴질 것이다.

무조건성이라는 개념을 액면 그대로 받아들여 의지가 가진 다양한 측면들에 적용한다면 이와 같은 결과를 피할 수 없을 것이다. 우리는 그동안 숙고가 의지에 영향을 미친다고 이야기했고 우선 그 점에 대해 생각해보는 것에서 일단 출발해보기로 하자. 영향을 미친다는 것은 조건성이 있다는 말이므로 우리는 여기서 무조건적 자유의지에 이러한 영향력을 전혀 행사할 수가 없다. 이 말은 즉 **결정 현상이 존재할 수 없다**는 뜻이다. 또한 무조건성의 의미로서의 진지한 자유는 결정에 관여하는 얼마 안 되는 자유를 우리에게서 앗아 간다는 뜻이다. 왜냐하면 우리는 다른 것에 의해 영향을 받는 의지와 영향을 받지 않는 의지, **이 두 가지를 동시에** 가질 수 없기 때문이다. 의지가 실현되는 방법에 대해 생각해보거나 무엇이 근본적 의지인지 고민해볼 수는 있을지라도 이것들은 의지의 형성에 관해선 도무지 쓸모가 없다. 이렇게 본다면 무조건적 의지는 제어할 수 없는 의지다. 만일 이런 의지를 갖는다면 그것이 나아갈 방향에 대해 최소한의 힘도 발휘할 수 없고 제어력도 없을 것이다. 우리가 지금까지 이해한 바에 따르면 의지의 주체 됨을 이루는 것은 의지에 대한 숙고의 영향력 행사 여부이므로 우리는 스스로를 무조건적 의지의 당사자로 경험할 수가 없다. 이러한 의지와의 관계는 철저히 수동적일 수밖에 없다. 의지는 그저 우리 안에서 **일어날** 뿐인 것이다. 이것은 또 다른 경험과 맞닿아 있다. 이 의지가 우리의 숙고와 고찰, 판단과 만나지 못한 채 스쳐 지나가므로 우리는 스스로의 것이 아니라는 **낯섦**을 느낄 수밖에 없다.

　　이러한 중간 결론은 놀라운 것이다. 무조건적 자유의지에서 보는 특성은 지금까지 우리가 논의한 **부자유**한 의지의 특성과 놀랍게도 정확히 일치한다. 그뿐만이 아니다. 무조건적 자유의지는 이 특성을 일시적이 아니라 영구히 지닌다. 지금까지 이야기했던 의미에서의 부자유한 의지는 근거와 이유에 의해 영향력을 되찾을 수 있고 나는 다시 의지의 주인이 될 수 있으며 의지는 이물성을 잃어버리게 된다. 최면이나 복종에서 비롯된 의지는 떨쳐지며 변화한다. 강박은 깨어지고 강요는 사라질 수 있다. 이로써 부자유는 각각의 상황에서 종말을 맞으며 이 종말은 조건성이 결국 변화의 가능성에 기초하고 있기 때문에 가능한 것이다. 그러나 무조건적 의지는 다르다. 이것은 잘못된 방식으로 제한되었기 때문에 부자유의 특성을 지닌 것이 아니라 애초부터 전혀 제한되지 않았기 때문에 그렇다. 그런데 잘못된 조건성을 옳은 조건성으로 만들기 위해 기준으로 삼을 수 있는 지점이 없다. 무조건적 의지는 완전한 독립성의 결과로 밀미암아 처음부터 영원히 부자유의 선고를 받을 수밖에 없을 것이다. 무조건적 의지가 가진 분리성은 언뜻 보기에는 여타 조건적 자유보다 더 광대하고 진정한 자유를 표현하는 것 같지만 알고 보면 그것을 돌이킬 수 없이 부자유스러운 의지로 만들어버리는 특성으로 밝혀질 것이다.

　무조건적 자유의지가 어떤 것의 영향도 받지 않는다는 것은 자신을 이물질로 느껴지게 만들뿐더러 **미친** 의지로 만들 수 있다. 무조건적 자유의지는 숙고에 의해 변화되지 않고 나아가 **지각**에 의해서도 변하지 않는다. 영향을 끼칠 수 있는 모든 것들에서 단절되면 외부 세상에서 일어나는 정보에 관련해 지각한들 의지에 아무 힘도 쓸 수 없다. 무조건적 자유의지는 어떠한 학습 과정이나 경험을 모으고 소화하는 일 등에 의해서도 변화할 가망이 없다. 현실과 동떨어진 의지는 정보의 캄

캄한 공백 안에서 홀로 작용하는 운명에 놓일 수밖에 없다. 경험에서 배우지 못하고 맹목적이며 고집스러운 의지는 자신의 주인에게 그저 되는 대로 명령을 내릴 것이다.

　이러한 의지의 비이성성은 우리에게 **이해 불가**한 것으로 남아 있을 수밖에 없다는 점에서 또한 나타난다. 우리는 자신이 처해 있는 조건들의 그물을 눈앞에 그려봄으로써 조건적 의지를 이해할 수 있다. 누군가 어떤 것을 원한다고 할 때 이 의지에 앞서 일어난 배경을 인지하고 그 의지가 다른 무엇이 아닌 바로 그 의지로 만들어지게 된 데 책임이 있는 여러 조건들을 지명하면서 그 의지를 이해하게 된다. '이것 또는 저것을 지각하고 사고하고 기억하고 느끼기 **때문에**' 그것을 원한다고 말할 수 있는 것이다. 그에 반해 무조건적 의지를 이해할 수 없는 까닭은 그 사람에 대한 이러한 형태의 정보가 전무하기 때문이다. 무조건성은 설명하는 식의 모든 정보와 공존할 수 없다. 우리가 자유롭게 원하는 모든 것에 **아무 이유가 없다**고 한다면 '어째서 그것을 원하는가?' 하는 누군가의 물음에 화를 내며 거부감을 드러낼 것이다. '어째서'라는 질문 속에 뻔뻔한 부자유의 음모가 숨어 있다고 볼 것이기 때문이다. 의지가 이렇다면 행위도 다르지 않을 것이다. 행위가 의지에서 비롯된다고 해도 그렇다. 행위가 진정한 행위가 되려면 이 조건성은 반드시 성립되어야 한다. 그러나 그것을 넘어서고 나면 어떤 사람이 왜 지금 다른 행위가 아닌 바로 그 행위를 하는지 이해할 수 있는 근거가 없을 것이다. 그 사람을 보며 "그냥 저러고 싶었나 보지"라는 한마디 말고는 할 수 있는 말이 없을 것이다.

　우리가 무조건적 자유의지의 소유자라고 한다면 우리는 서로에게 수수께끼투성이의 존재가 될 것이다. 자유로이 행한 일은 자유라는 이유 때문에 어떠한 설명도 이해도 허락하지 않을 것이다. 타인의 행위에서 무엇을 이해할 수 있다는 것은 그것이 부자유 안에서 일어난 행위라는 증거가 될 것이다. 이해라는 것은 그것이 제한되었다는 것으로 보는 데에 근거하기 때문이다. 이것은 타인에 대해서만 국한되지 않는다. 우리 자신에 대해서도 자신의 의지와 행위가 부자유한 정도에 따라서 그 이해도도 달라질 것이다. 자유로이 의지를 세우고 행동한다는 것은 우리에게 매우 불투명하게 비칠 것이다. 그들이 그저 일어나도록 내버려두는 것 말고는 할 수 있는 일이 없을 테니 말이다. 내가 왜 하필이면 지금 이 의지를 가지게 된 것인지 영원한 미스터리로 남을 수밖에 없다.

이렇듯 이해가 불가능해진 의지는 철저하게 **어디로 튈지 모르는 공**이 될 수밖에 없다. 모든 예측이 전제조건들에 의지하기 때문에 이 의지를 예측할 수 있는 가능성은 없다. 전지적 존재라 할지라도 우리의 무조건적 의지를 내다볼 수 없을 것이다. 각각의 상황에서 우리가 실제로 원하는 것이 무엇인지는 알 수도 있겠지만 다른 조건이나 상황들로부터 무조건적 자유의지를 **유추해낼** 수는 없는 것이다. 바꿔 말하면 다음 순간에 무엇을 원하게 될지가 완벽히 **우연하게** 이루어지며 이 우연성은 하나의 순간에서 다음 순간으로 이어진다. 이러한 의미에서 무조건적 의지란 **신뢰할** 수 없는 변덕스러운 의지다. 우리는 여전히 이전의 의지를 기억하겠지만 이 기억이라는 것도 의지에 아무런 영향도 주지 못할 것이기에 그것에 최소한의 연속성도 부여하지 못할 것이다.

무조건적으로 자유롭고 변덕스러운 의지에 의거해 행동하는 사람은 코미디 같은 상황에 쉽게 처할 것이다. 다음과 같은 상황을 가정해보자. 어느 날 아침, 여러분은 자리에서 일어나자마자 이사를 가고 싶은 의지가 생긴다. 지금 살고 있는 집으로 이사 온 지 얼마 되지도 않았고 집을 꾸미는 데에 큰돈을 썼다. 여러분은 집이 마음에 들었고 바로 어젯밤에 집들이도 했으며 집이 예쁘다며 입을 모아 감탄하는 손님들 앞에서 앞으로 영원히 이 집에서 살 거라고 큰소리도 쳤다. 그러나 아침상을 앞에 둔 지금, 이사 가고 싶은 뚜렷하고 굳은 의지가 느껴진다. 왠지 모르게 민망한 느낌을 지울 수 없었지만 갑자기 나타난 이 의지에 속수무책이다. 부동산 중개인을 찾아가는 길에 그 의지는 다시 사라질 수도 있지만 일단 이 이야기에서는 계속 그 생각이 떠나지 않아 결국 새 집을 계약하고 지금의 집을 비우는 단계에 이르렀다고 해보자. "미쳤어?" 친구들이 묻는다. "내가 뭘? 자유가 좋은 게 뭔데? 언제든지 새로 시작할 수 있다는 점 아니겠어." "그렇지만 도대체 **왜** 이사 오자마자 그 집에서 또 나가겠다는 거야? 그 집에 쏟아 부은 돈도 돈이지만 워낙 마음에 들어했잖아." "나도 몰라. 그냥 그러고 싶어. 이유를 댈 수 없다는 사실을 즐기고 있는 중이야. 제대로 **자유**를 만끽하는 느낌이 들어." 이윽고 짐을 나를 트럭이 당도한다. 여러분은 옛 집의 열쇠를 반납하고 새 집으로 간다. 일은 거기서 터진다. 이사 트럭이 도착하기를 기다리는 동안 여러분은 절대로 이 집에서 살고 싶지 않다는 것을 느낀다. 이삿짐센터에서 나온 사람들은 자기 귀를 의심하고, 처음엔 화를 내다가 정신이 성치 않은 사람을 볼 때처럼 가엾다는 얼굴로 여러분을 본다. 그들이 떠나고 이삿짐은 길거리에 덩그러니 놓인다. 여러분은 영화관에 가고 싶어진다. 이 소망은 홀로 남겨진 상황과 아무런 연관이 없이 그냥 생겨나 의지로 변화한다. 늦은 밤이 되어 새 집 앞에 이르렀을 때 가구는 사라지고 없다. 버리는 물건인 줄 알고 청소차가 와서 수거해 간 것이다.

우리의 의지와 이러한 식으로 관계하는 세계에서는 우리와 타인과의 사이, 그리고 우리 자신 사이의 관계가 실제와는 완벽히 다를 수밖에 없다. 그 관계에는 친밀성이 결여된다. 이것은 누군가의 과거에 존재했던 의지나 현재의 의지를 안다는 것이 아무짝에도 쓸모없다는 인식에 바탕을 둔다. 미래에 일어날 의지는 기대한 것과는 전혀 다를 것이다. 우리 중 그 누구라도 지금까지 자신에게 일어났던 의지의 흐름과는 하등 관계가 없는, 밑도 끝도 없는 돌연한 의지를 언제 어디서 만나게 될지 모른다. 이러한 식의 의지의 돌변은 반드시 일어난다고 할 수는 없지만 또한 일어날 **수도** 있는 것이다. 우리는 이러한 일을 겪지 않는다고 확신할 수 **없다**. 그러므로 타인을 대할 때 항상 조심성과 의구심을 가져야 할 것이며 경계와 불신, 두려움의 분위기가 공동 생활을 지배할 것이다. 이것은 자기 자신과의 관계에서도 마찬가지다. 스스로를 잘 알고 친밀하게 느끼는 감정은 자신의 의지를 속속들이 잘 알고 그것을 신뢰할 수 있다는 느낌과 큰 관계가 있다. 그때까지 흘러왔던 모든 것들을 뚝 끊어버리는 새로운 의지가 언제 덮쳐올지 모른다는 것을 항상 감안하고 살아야 한다면 이 감정은 소실되고 만다. 언제 폭발할지 모르는 시한폭탄을 끼고 사는 것과 같다.

무조건적 의지의 소유자의 미래는 철저한 미결정의 상태일 것이다. 앞으로 무엇을 원하게 될지, 무엇을 행하게 될지를 결정하는 것이 아무것도 없기 때문이다. 앞 장에서 우리는 무조건적 자유의지가 이러한 미결정성을 진정한 자유의 조건으로 확보하려고 하는 욕구에서 촉발되었다는 것을 알아본 바 있다. 그러나 이러한 종류의 미결정성 또는 개방성의 실제는 실로 이상한 경험일 것이다. 노파의 집으로 향하는 라스콜리니코프를 불러내보자. 그가 닥쳐올 미래의 시간을 개방된 것으로 느낄 수 있는 이유는 살인 계획을 마지막 순간에라도 되돌릴 수 있다는 사실을 알기 때문이다. 집 앞 마지막 계단에 서서 잠시 정신을 가다듬고 생각한다면 사실 자기가 이러려고 했던 건 아니라는 것을 깨달을 수도 있을 거라는 생각이 있기 때문이다. 이 점 때문에 그는 자유롭다. 그런데 그가 스스로를 자유롭다고 느끼는 이유는 오직 **자신**의 숙고와 **자신**의 감정을 통해 자신의 의지를 결정하는 사람이 바로 **그 자신**이라고 생각하기 때문이다. 그는 영원히 끝나지 않을 궁핍함과 곧 다가올 여동생의 결혼, 그리고 자신이 논문에서 피력했던 사상과 정확히 일치했던 술집에서의 토론을 다시 한 번 상기할 것이다. 이제 결정의 때가 다가왔고 그는 누군가를 죽이는 것이 결국 무의미함을 깨달을지도 모른다. 만일 그렇게 되어 다시 계단을 내려간다면 그는 조건성과 인과관계의 상호작용 안에서 정체성에 기여했으며 그를 인격체로 만든 내적 사건의 영향을 받고 그렇게 한 것이다. 계단을 도로 내려가는 행동이 이러한 식의 조건들에 의해 제한되었다는 점은 자신이 자유로이 살인을 포기했다는 라스콜리니코프 인식에 **결정적**이다. 만일 그의 물러섬이 그의 생각과 기억과는 아무런 관계가 없이 일어났다면 라스콜리니코프는 계단을 내려가는 그 동작을 근본적인 의미에서의 **자신**의 행위로 경험하지 못하므로 미래의 열린 개방성을 가능케 하는 행위로 경험하지 못할 것이다. 그런데 그를 돌아서게 한 원인이 무조건적 자유의지라고 한다면 바로 지금 언급한 상황이 일어난다. 전혀 예상하지 못했던, 준비되지 않은 의지가 갑자기 나타나 지휘권을 앗아가 방금 전까지 확고했던 계획을 무산시키며 계단 아래로 이끌었다는 것을 알게 된 라스콜리니코프는 어처구니없는 기분을 느낄 것이다. 그가 이러한 황당한 경험을 반복한다면, 그리고 그의 불평에 대고 우리가 '그래도 미래에 무한한 바다와 같은 가능성이 열려 있지 않느냐'라고 대꾸한다면 그는 이렇게 말할 것이다. "무한한 가능성? 웃기는 소리! 그건 **자유**와는 정말이지 하등의 관계가 없어." 그 말에 **스스로 원해서** 제 발로 계단을 내려간 것이지 누가 아래로 **떠민 건** 아니지 않느냐고 하자 그가 성을 발끈 내며 소리친다. "하지만 갑자기 그런 마음이 생긴 건 **나 자신과** 절대로 아무 관련이 없어요. 알다시피 나는 노파를 제거하기로 굳게 마음먹지 않았습니까!" 우리의 은행 직원도 비슷한 소리를 할 수 있다. 은행 돈을 몽땅 털어 그때까지 영위하던 삶에서 사라져버리고자 하는 의지가 마른 하늘에 날벼락이 떨어지듯 급작스럽게 생겨난다고 했을 때 그는 이렇게 주장할 것이다. "사실 그러고 싶은 마음이 없었던 건 아니죠. 오래전부터 마음속에서 부글거렸으니까 언젠간 사고를 쳤을 수도 있습니다. 하지만 과연 **정말로** 그렇게 할지, 그리고 그 시점이 **언제**가 될지는 **내가 직접** 결정하고 싶습니다!"

이렇게 볼 때 무조건적 자유의지의 경험은 우리가 자유의 경험이라고 상상하는 것과는 여러 면에서 다르다. 그리고 무조건적 자유에 관해 우리가 착각하고 있는 것이 한 가지 더 있다. 무조건적 자유는 책임이라는 것에 대한 개념과 우리의 도덕 감정에 확고한 개념적 기반을 제공할 것 같지만 그렇지 않다. 오히려 모든 것에서 분리된 그것의 특성은 규범적 기대와 요구를 무의미한 것으로 만들어버릴 수 있다. 라스콜리니코프가 무조건적 자유의지에서 살인을 저질렀다고 가정해보면 그 점은 분명하게 드러난다.

"그 무엇도, 그 누구도 당신에게 그 짓을 강요하지 않았습니다." 우리가 그에게 말한다. "그리고 당신은 살아온 배경 탓을 할 수도 없습니다. 왜냐하면 자유로운 의지에 따라 행동했으니까요. 다시 말하면 자유로운 의지는 그 어떤 것에도 기인하지 않고 그 무엇에도 달려 있지 않은 의지입니다. **진정한 선택**을 가진 사람이 있다면 그건 바로 당신일 겁니다. 당신은 할 수도, 하지 않을 수도 있으며 이리로 갈지 저리로 갈지 영향을 주는 것은 아무것도, 정말 아무것도 없습니다. 무엇을 원할지 그리고 행할지는 오직 당신 한 사람에게 달려 있죠. 그래서 당신의 행위에 대한 용서란 결코 **생각**할 수 없습니다. 또 그런 이유로 우리는 분노하며 당신에게 책임을 지우고 벌하는 겁니다."

이에 라스콜리니코프는 역정을 낼 것이다. "말도 안 돼. **선택**이라니, 게다가 그것이 **내게 달렸다**니, 도무지 말이 되지가 않는 소립니다. 난 그 의지에 속수무책이란 말입니다! 당신이 당신 입으로 그랬습니다. 그 무엇도 의지에 영향을 줄 수 없다고요. 사람을 죽이면 안 된다는 생각도 그렇겠지요. 그러니 그따위를 **선택**이라고 부르는 것 자체가 어처구니없다는 겁니다. 선택을 한다는 건 완전히 다른 겁니다. 여러 가지 가능성에 대해 생각하고 판단을 내린 후 그 판단의 영향 아래에서 그에 걸맞은 의지를 형성하는 것입니다. 선택을 할 수 있다는 것은 숙고를 하면서 자신의 의지에 **간섭**한다는 것을 뜻합니다. **오직** 이 간섭이 가능할 때에만 누군가의 의지에 대해 말할 때 그 의지가 **그에게 달려 있**다고 표현할 수 있는 것입니다. 내가 원하는 것이 **그 어떤 다른 사람**에게도 달려 있지 않았다고 한 당신의 말에는 일리가 있습니다. 하지만 그렇다고 해서 **내게** 달려 있던 것도 아닙니다. 다시 한 번 말하지만 지금 문제가 되는 그 의지에 대해 내가 할 수 있었던 건 손톱만큼도 없었기 때문이죠. 손과 발이 묶인 상태에서 **살인 이외에는 아무것도 원할 수 없었던** 겁니다. 그러므로 내게 분노하고 징계를 내리는 행위는 부당할뿐더러 무의미합니다." 그리고 그는 이렇게 덧붙인다. "무조건적 자유보다 흉악한 것은 없습니다. 가지지 못한 사람에게 그것은 속박되지 않는 의지의 자유와 독립의 최고봉을 의미하기 때문에 최선의 가치로 보입니다. 그러나 나와 같은 경험을 해본 사람은 그것이 오히려 자유의 정반대, 즉 종잡을 수 없는 의지에 대한 철저한 무능을 의미한다는 것을 금방 깨닫게 되지요. 그러나 사람들은 그의 말을 믿지 않고, 기껏 설명을 해줘도 곧 잊어버리고 철저한 자유자재라는 마력에 새로이 빨려 들어갑니다. 이렇게 무조건적 자유의 소유자는 전적인 무능을 충분히 겪어야 하고, 타인의 부러움의 대상이 되며 금지된 의지와 조우하게 되면 결국 처벌받게 됩니다."

▌무조건적 의지의 개념적 붕괴

의지는 언제나 **어떤 특정한** 의지이며 **누군가의** 의지이다. 특정한 내용과 특정 인물에 대한 소속을 통해 다른 의지와 구별되지 않는 의지는 의지라고 할 수 없다. 의지가 의지가 되기 위해서 만족시켜야 하는 이러한 조건은 간단하다 못해 너무나도 통속적인 지식이다. 이것은 개개인의 의지에 관한 사건들을 일일이 조사해야만 규명할 수 있는 지식이 아니다. 결코 **현상**을 관찰해서 얻어지는 지식이 아닌 것이다. 이것은 의지라는 **개념**에 관한 지식이며 **내용적** 지식이다.

우리는 이에 대해 2장에서 이야기한 바 있다. 거기서 우리는 특정성과 개인에 소속되는 것에 대한 내용적 조건은 우리의 의지가 자기 통제하에 놓이지 않은 수많은 것들에 의해 제한되고 좌우된다는 사실에 의해 충족된다는 점을 알게 되었다. 무엇을 원할지는 한편으로는 세상이 무엇을 제공하느냐, 즉 외적 조건에 달려 있고 다른 한편으로는 특정 성격과 특정한 삶의 역사를 지닌 인격으로서의 우리가 어떻게 사고하고 느끼는가, 즉 내적 조건에 의존한다. 이렇게 완성된 의지의 조건적 제한성은 첫눈에 보기에는 자유의 제한처럼 느껴질 수 있다는 것을 우리는 또한 알게 되었다. 그러나 이 제한이 실은 의지에 내용적으로 필수 불가결한 특정성과 개별성을 부여하는 역할을 하는 것이다. 만일 우리가 의지에 걸려 있는 모든 제한을 풀어보려는 상상을 한다면 무제한성으로 인해 더 많은 자유를 보장하는 의지 같은 것은 남아 있지 않을 것이다. 남아 있는 것이 있다면 그것은 의지가 아니다. 특정한 의지가 아니기 때문이다. 완전히 경계가 사라진 의지의 소유자는 완벽히 자유로운 자가 아니라 전혀 의지를 가지지 않은 자다.

의지가 가지는 특정성은 그에 따르는 조건성을 요구한다. 따라서 무조건적 의지는 특정한 의지가 아닐 수가 있다. 이것이 무슨 의미냐 하면, 전혀 의지가 아닐 수 있다는 말이다. 무조건성은 의지에게 자유를 부여할 수 있을 것 같지만 실은 의지로서의 성질을 잃어버리게 한다. 우리가 자유를 설명할 때 필요한 여유 공간이라는 개념에 대해 생각해봐도 이와 똑같은 결론에 도달하게 된다. 앞에서 살펴본 바에 의하면, 라스콜리니코프의 의지에는 여유 공간이 있었다. 풀어서 말하자면,

다양한 숙고는 다양한 의지를 만들어낼 수 있었다는 뜻이다. 이러한 여유 공간은 결정의 자유인 의지의 자유에 있어서 결정적이다. 그러나 그것은 **상대적**이고 제한된 공간이다. 의지가 다양해지기 위해서는 **다른 무엇**이 달라져야 한다. 라스콜리니코프, 즉 한 특정한 인물인 라스콜리니코프가 실제로 여타 다른 방식이 아닌 하나의 아주 특정한 방식으로 숙고했다는 점을 생각해보면 자유가 충분하게 나타나지 않은 것같이 여겨진다. 그러므로 만일 그에게 자유라는 명칭에 합당한 자유가 있다면 그의 의지는 **절대적**이고 무제한적인 여유 공간, 다른 어떤 것에 의해서도 영향을 받지 않는 여유 공간을 가져야 한다는 생각이 들 수도 있다. 라스콜리니코프가 설령 동일한 내적 조건과 외적 조건에 처했더라도 한 가지 것만이 아닌 다양한 것을 원할 수 있어야 하는 것 아닌가, 다른 모든 것이 동일할지라도 여러 가지 의지가 나올 수 있어야 하는 게 아닌가 하는 생각이다. 그러나 논리가 여기까지 나간다면 의지는 무조건적 의지가 되어버리고 우리는 다시 앞서 인지했던 결과, 즉 그러한 의지는 의지가 아니라는 결론으로 되돌아가게 된다. 다른 말로 하면, 그러한 공간에서는 의지가 존재할 수 없기 때문에 의지의 절대적 여유 공간은 여유 공간이 **아니다**.

무조건적 의지는 바깥 세계와 아무 연관을 맺지 못하므로 현실과 동떨어진 의지일 것이다. 내적 세계와 외적 세계를 막론하고 그것의 생성을 가능하게 하는 것은 없다. 이러한 의지를 가진다는 것이 얼마나 이상하고 혼란스러운 경험일지 우리는 이미 보았다. 이 책에서는 가상의 상황을 예로 들어서 그 점을 부각할 수밖에 없었다. 그것은 그 어느 것에도 묶이지 않은 무조건적 의지에 특정한 내용을 부여하려는 시도였다. 이제 우리는 무조건적 의지가 그러한 내용을 가진다는 것이 개념적으로 불가능하다는 것을 안다. 여러분이 이사하려다가 변심하는 바람에 모든 살림살이들을 잃어버린 아까의 예로 되돌아가보자. 엄격하게 따진다면 여러분에게 **새 집에서 다시 나가려고 하는** 무조건적 의지가 생겼다고 말할 수 없다. 무조건적 의지는 그 의지의 외부에 존재하는 것과 아무 연관을 맺지 않으므로 집이라든가 이사와는 관계를 가질 수 없다. 또 **영화관에 가고자 하는 것**도 의지일 수 없다. 세계가 제시하는 가능성에 반응하는 것이 아니기 때문이다. 원칙적으로 본다면 우스꽝스러운 이 에피소드도 사실은 예로 들 수 없는 에피소드다. 여러분이 무조건적 의지를 가진다고 하는 이 가정은 아무 의지도 가지지 **않는다는** 가정과 마찬가지기 때문이다. 그러므로 실상 이 작은 코미디는 연속되는 고난에 빠져 허우적대는 이야기에 지나지 않는 것이다.

▌ 풀어야 할 과제

무조건적 자유의지란 없다. 이것은 자기의 내면에 불을 비추며 샅샅이 뒤지다가 끝내 '아무 데도 없네' 하게 되는 성질의 것이 아니다. 이것은 무조건적 의지라는 개념을 확대경으로 자세히 살펴보면서 개념적 일관성을 집중적으로 조사할 때 알아낼 수 있는 것이다. 내용적 렌즈에 초점을 맞추고 정밀하게 들여다보면 그것이 일치된 어떤 개념이 아니며 더구나 개념이라고도 할 수 없다는 것을 알게 된다. 앞 장에서 무조건적 자유의지에 대해 소개할 때, 이것이 부정에 의해서만 탄생하며 더 깊은 내용에 대한 직접적인 질문을 통해서는 앞으로 나아가지 못하리라는 것을 밝힌 바 있다. 이제 그 이유가 밝혀진다. 즉 더 이상의 설명이 불가능한 이유는 무조건적 자유에 대한 이야기에는 부정 이상의 아무 내용도 **없기** 때문이다. 나는 무조건적 자유의지가 **막연한** 개념이라고 소개했다. 이제 우리는 어떤 다른 표현 방법을 쓴다고 해도 그 막연함이 극복되지 않음을 알게 되었다. 말로 이루어진 외관 뒤에 고찰할 만한 어떠한 개념적 내용도 없다는 사실에 근거한 극복 불가능한 막연함인 것이다. **무조건적 자유의지**, 이 말 뒤에 표현 가능하거나 더욱 세부적이고 지속적인 이해를 필요로 하는 것은 **아무것도 없다**. 무조건적 자유, 이것은 **순수한 수사학적 창조물**이라고도 말할 수 있다.

이제 이 결론에 의해 도출된 논리적 상황을 다시 한 번 정리해볼 필요가 있다. 우선 우리는 다음과 같은 깨달음을 고수할 수 있다. **의지의 자유와 의지의 부자유 사이의 차이를 조건성과 무조건성 간의 대비와 연관시키려 하는 것은 근본적 오류다.** 자유와 부자유, 이 두 가지는 개념적으로 보았을 때 모두 다양한 조건성의 틀 안에서 존재할 수 있는 현상이다. 조건성이라는 개념은 자유와 부자유라는 개념보다 우선적으로 분류되므로 자유와 부자유의 차이를 설명하기 위해 조건성의 개념을 이용한다면 개념적 순서를 거꾸로 뒤집는 셈이 되기에 중대하고 심각한 오류를 저지르는 것이다.

이렇게 관찰해볼 때, 피해 가야 할 두 번째 오류가 이제 드러난다. 의지의 자유에 대한 물음을 다른 질문, 즉 어떤 전제조건들을 통해서 확연히 결정되고 정해지는 결과가 세상에 존재하느냐 하는 질문과 연계한다면 의지의 자유를 완전히 잘못 이해하고 있는 것이다. 그런 것이 있다면 미시물리학의 영역이겠다. 그러나 이러한 발견은 의지의 자유에 대한 물음에 있어서 아무 의미를 가지지 못한다. 의지의 현상이 훨씬 굵직한 서술과 분석의 차원에서 일어나기 때문만이 아니라 또한 미시물리학적인 비결정성이 미시적 차원에서 거시적 차원으로 옮겨 가는지가 불분명하기 때문이다. 진정한 이유는 더 깊은 곳에 있으며 역시 개념적 성질을 가진다. 다시 말해, **자유를 조건성과 특정성의 이완이나 부재에서 찾는다면 그것은 자유를 올바르지 못한 곳에서 찾는 것이다.**

이밖에 저지르지 말아야 할 또 다른 오류가 더 있다. 무조건적 자유가 무(無)로 녹아 없어졌다는 사실의 해석에 관한 것이다. 이 자유는 개념적 허상으로 밝혀졌다. 이것은 자유롭고자 하는 우리가 무언가를 **빼앗겼다**는 의미가 아니다. 우리는 수사적 환영 말고는 잃은 것이 없기 때문에 무엇을 잃어버렸을까 봐 걱정할 필요가 없다. 만일 무언가가 상실되었다고 느낀다면 그것은 자유의 경험을 잘못 이해했기 때문이다. 잃어버린 것은 **자유의 경험적 측면**이 아니라 **그릇된 개념적 해석**이다. 자유의 경험은 아직 이전의 것 그대로다. 그런데 조심히 다루어야 할 것은 우리가 **오류**를 수정했다는 사실이다. 그 자체로는 맞아떨어지지만 사실로서는 틀린 것으로 밝혀지는 믿음, 예를 들면 태양이 지구의 주위를 돈다는 확신 같은 것들이 일반적인 오류다. 그런데 무조건적 자유의지에 대한 믿음의 경우는 다른 종류의 오류에 속한다. 엄밀히 말해서 이 믿음은 틀렸다고 밝혀질 수조차 없다. 애초부터 그 안의 요소들이 진실이나 거짓일 수 있는 일치된 내용이 아니기 때문이다. 어떤 사실을 굳게 믿었다가 그보다 더 나은 사실이 밝혀짐으로써 그 믿음을 포기해야 하는 그런 식이 아니다. 오류는 그보다 더 크고 교묘하다. 우리는 처음부터 사고라고 할 수 없는 사고를 믿었던 것이다.

의지의 자유에 있어서 중요하고 이해 가능한 것은 일반적인 조건성 안에서 얻을 수 있다는 사실을 이제 우리는 알게 되었다. 따라서 의지의 자유를 다룰 때 해결해야 하는 과제에 대해 옳은 서술과 옳지 않은 서술을 구분해야 한다. 옳지 않은 기술은 다음과 같다. 자유를 조건성으로부터 **지켜내며** 자유의 **존재를 증명하는** 일이 자유를 추종하는 우리에게 달렸다는 생각이다. 또 반대로, 포괄적인 조건성을 당당하게 직면하는 현실주의자인 우리에게 무엇보다 중요한 것은 자유의 환상으로부터 **벗어나야** 한다는 것을 **증명하는** 것이라는 믿음이다. 이 주제는 온통 이러한 증명의 전쟁으로 가득 차 있다. 그러나 이것은 아무 의미도 없는 싸움이며 그 무의미함은 분석적 깊이의 결여에 있다. 이 상황의 올바른 기술은 다음과 같다. 우리는 그 어떤 것도 **증명할** 필요가 없다. 해야 할 것은 자유와 부자유가 일반적 조건성 안에서 어떻게 구별되는지 **이해하는** 것이다. 우리가 이러한 이해에 도달한다면 의지의 자유가 존재하는가 하는 물음은 해결될 것이다. **당연히** 의지의 자유는 존재한다. 문제는 그것을 올바른 곳에서 찾아야 한다는 것뿐이다.

물론 이 탐색은 쉬운 과제가 아니다. 무조건적 의지에 대한 담론은 단순한 말실수나 격정적 웅변 도중에 튀어나와 여기에까지 이른 것이 아니기 때문이다. 그 뒤에는 사고의 과정, 즉 **논거의** 배경이 있다. 이 논법은 우리가 자신을 인격으로 이해하기 위해서는 그 자유가 무조건성에 기인하는 의지를 **강제로** 믿어야 하는 것처럼 보이게 만든다. 그러므로 우리는 "좋아, 그럼 조건적 자유로 만족하면 되지, 뭐" 정도의 냉정하고 짤막한 한마디 말로 일축할 수는 없다. 해결되지 않은 긴장과 만족을 주기 힘든 사고의 불균형을 남기기 때문이다. 그렇다고 이렇게 말할 수도 없다. "인격 존재의 개념은 지금까지 증명된 대로 무조건적 자유를 요구하지. 이제 우리는 그러한 자유는 개념적인 이유 때문에 존재할 수 없음을 알게 되었어. 그러니까 우리는 인격이 아니야." 이 말은 하나의 사상이 가지는 개념적 불일치성에 대한 언급으로써 내부적으로 **일치하지 않는** 다른 사상, 즉 인격에 대한 사상을 거부한다는 뜻이다. 이것은 매우 위험한 결론일 수 있다. 내용적으로 아무것도 아닌 것을 가지고 내용적으로 무언가 존재하는 것에 대항한다는 뜻이기 때문이다. 만에 하나 그것이 가능하다고 한다면 구제 방법은 "인격 존재의 개념은 무조건적 자유의 개념을 필요로 하지. 후자가 실은 공허하고 결론적으로 전혀 개념이 아닌 것으로 나타났어. 그러니까 전자도 결국 공허하고 아무 개념도 아니라는 것 말고는 다른 결론이 나오지 않아"라고 말하는 것밖에 없다. 즉 불일치성으로 미루어 불일치성을 추론하자는 것이다. 스스로를 인격으로 이해하려는 우리가 무조건적 자유에 대한 담론과 개념적으로 똑같이 불일치하는 이야기를 한다는 주장이다. 우리가 무조건적 자유에 대해 이야기할 때 그것이 결국 내용적으로 **무(無)**이므로 우리를 하나의 인격으로 만드는 다양한 측면들에 대한 이야기들, 즉 열린 미래를 앞에 두고 하나의 선택을 하는 것, 이 선택을 다양한 가능성의 비교를 통해 준비하는 것, 결정이 저절로 일어나게 놔두지 않고 직접적으로 결정을 내리는 것, 자신의 의지와 행위의 주인이 되는 것, 자신의 행위에 책임을 지고 도덕적 감정의 대상이 되는 것 등도 똑같이 **무(無)**라는 주장인 것이다. 그러나 아무 편견 없이 본다면, 인격 존재가 가지는 이 특질에서 개념적 불일치성이라는 결과를 내는 것은 아무것도 없다. 혹여 이것이 개념적으로 불안정하거나 앞뒤가 안 맞는다고 느낀다면 인격 존재가 무조건적 자유라는 내부적으로 불안정한 개념을 조건으로 한다고 이미 **전제했기** 때문일 것이다.

지금까지의 결과를 놓고 이렇게 말한다면 어떨까. "무조건적 자유의지가 수사학적 허상에 불과하다는 것이 그리 놀랍지는 않아. 어차피 이 책의 전반부는 우리가 경험할 수 있는 의지의 자유와 부자유에 대한 내용에 할애되어 있는데 무조건성에 대한 개념 없이 전개되지. 한 가지 확실히 해야 할 것이 있어. 자유가 무조건성을 요구한다는 것이 사실이라면 **이 이야기는 애초부터 시작되지도 못했을 거야. 아니면 처음부터 우리는 이 이야기가 우리의 자유와 하등의 관계가 있다고도 생각하지 못했겠지.** 그런데 그런 게 아니었잖아. 바로 그게 무조건적 자유가 처음부터 실패로 돌아갈 수밖에 없었다는 증거야."

이 말은 진실일 수도 있다. 그러나 이 말로는 충분치 않다. **철학에서는 옳은 것만으로는 충분하지 않다. 거기서 더 나아가 어디에 오류가 있는지 이해해야 한다.** 이것을 우리의 이야기에 대비해본다면, 인격 존재가 무조건적 자유의지를 전제조건으로 삼는다는 잘못된 확신이 어떻게 가능하게 되었는지 밝혀야 한다는 뜻이 되겠다. 어떤 면에서 이미 밝혀냈다고도 할 수 있는데, 자유를 무조건성 안에서 해석하도록 강제하는 듯한 사고의 단계를 우리가 이미 거쳐왔기 때문이다. 그러나 부가적으로 이해해야 할 것이 더 있다. 사고의 단계 어디에서 오류가 발생했는지 그 지점을 점검해야 한다. 그리고 그 지점을 발견했다고 해도 여기 **이렇게** 생각한 것은 옳은데 저기 **저렇게** 생각한 것은 그르다, 라고 말하는 것만으로는 충분하지 않다. 이해도의 진단은 더 깊은 차원에서 이루어져야 한다. 오직 무조건적 자유만이 소중하기 짝이 없는 인격의 면면을 지켜줄 수 있다는 느낌으로 응축되는 **단순한** 사고의 오류가 아니기 때문이다. 우리는 **어째서** 그리 쉽게 사소하게 보이는 숙고에서 시작해 자신노 모르는 사이 부조건적 자유로 가는 길에 서 있게 되었는지를 밝힘으로써 좀 더 근본적인 오류의 근원을 찾아내야 한다.

또한 오류가 가지는 특수한 본질에도 그 이유가 있음을 알려면 우리의 이해는 깊은 심도를 가져야 한다. 이 오류는 실제로는 존재하지 않지만 그 자체 안에서는 문제없이 개념적으로 안정된, 인격 존재를 위한 전제조건을 유효하게 만드는 데 의거하는 일반적인 오류가 아닌 탓이다. 우리가 찾아야 할 오류는 특수하고 기이한 종류의 오류다. 여러 모로 봤을 때도 개념적으로 아무 이상이 없어 보이고 논리적 허점이 없어 보이는 것, 즉 인격 존재가 실상 가까이 다가가보면 개념적으로 앞뒤가 맞지 않고 단지 수사학적 허상에 불과한 무조건적 자유라는 것을 전제조건으로 삼는다는 주장이 이 오류의 내용이다. 이렇게 특이한 오류에 어떻게 이르게 되었으며 우리가 여기에 빠져들게 된 뿌리 깊은 원인은 어디에 있는가? 그 결과가 내용적으로 무의미해서 결코 **맞을 수가 없는** 사고의 소용돌이 속으로 그렇게 쉽게 빨려 들어가는 이유가 무엇인가? 이 책에서 소개된 여러 군상들에 설득력이 있었다면 여러분은 지금 앞 장을 들춰보면서 **여전히** 납득이 간다고 느낄 것이다. 그 이야기들이 착각으로 이끈다는 것을 **아는데도** 그럴 수 있는 이유는 무엇인가?

이제 우리가 도달하고자 하는 이해도의 진단에 있어서 기대할 수 있는 것이 한 가지 더 있다. 각각의 논거에서 오류들이 **공통적으로 가진 뿌리**를 찾아내 드러내는 것이다. 표면적으로 보면 무조건성의 개념을 인격 존재의 여러 측면으로부터 발원하게 만드는 다양한 논거들에 대한 논의로 보인다. 그럼에도 불구하고 이 논거들은 서로 인접한 관련성

없이 존재하지 않는다. 이들이 전부 같은 결과로 모이는 것은 우리가 설명해내야 할 관련성이 있음을 추측하게 만든다. 이 논리가 가지는 매력뿐 아니라 그 실패에 대한 설명이 얼마나 설득력을 가지는가 하는 것은 서로가 정비례할 것이다. 오류로 이끄는 이 사고의 단계가 인격 존재의 해당 측면에 대한 **오해**로부터 비롯된다는 것, 그리고 이것이 **우연한** 오해가 아닌 **체계적**인 오해라는 것을 밝혀내는 설명이 되어야 할 것이다.

▎감금하는 언어

없애야 할 오해에는 여러 측면이 있는데 이들 다양한 측면들이 결국 하나의 오류로 귀결된다는 것을 보여줘야 할 것이다. 이들 사이의 관계는 엄격한 논리적 관계가 아니기 때문에 그 성격이 그리 단순하지 않다. 느슨하며 동시에 풍부한 이들 사이의 관계는 '하나의 오류는 다른 오류의 **사고(思考)의 동기**'라고 표현될 수 있다. 일직선상에 있지 않은 이 관계는 하나의 상호작용적 성격을 가진다. 즉 여러 오류가 상호작용 속에서 발생하며 서로 뒷받침해준다는 뜻이다. 따라서 어느 하나가 빠지면 다른 것도 동기를 잃게 되며 그들의 매력도 상실된다.

가장 접근하기 쉬운 오류는 특정한 **말**을 곡해하는 것이다. 이것은 하나의 단어에 **잘못된** 의미를 부여하는 것을 뜻하지 않는다. 사전을 찾아보면 금방 해소되는, 단어의 오해가 아니라는 말이다. 그 말 속으로 잘못 인도되면 옳은 의미로부터 전혀 다른 방향으로 벗어나게 된다. 이런 오류는 눈에 띄지 않게 슬그머니 일어나는데 **바로 그렇기 때문에** 흥미로운 모습을 띤다. 다른 맥락에서라면 가능하지만 우리가 처한 현재의 맥락에서는 적합하지 않은 **연상 작용의 줄**을 그어나가게 되는 것이다. 다른 표현을 빌리자면 현재 대상이 되는 맥락에서는 정당하지 않은 연상 작용의 환경을 통해 말을 **극적으로** 만드는 것이다. 이밖에도 또 다른 현상이 하나 더 있다. 어떤 말을 사용하는 사람이 그 말의 뜻을 불분명한 방식으로 알고 있어서 적당한 연상 작용의 범위를 그만 넘어버린 다음 그것을 감추기 위해 그 말에 대해 더없이 잘 알고 있는 것처럼 **큰 소리**를 치는 것이다. 마치 "이 단어를 아주 진지하게 받아들여야 해. 그럼 **원래의 뜻**이 뭔지 알아채게 되지!" 하고 장담하는 것과 같다. 그런 다음, 얼핏 생각할 때 그 단어에 속하지 않을 것 같은 무언가를 우리가 믿게 하기 위해 그 단어에서 연상되는 한 의미를 길게 뽑아낸다. 그러므로 우리가 논의하는 이 주제에 관해 확신과 장담에 가득 찬 단어가 사용될 때는 조심해야 한다. 눈에 띄지 않게 조금씩 작용해서 결국 파장이 큰 오류를 생산할지 모른다.

방금 이야기한 내용은 이 책에서 수없이 많이 사용된 단어, 즉 '**조건**'이라는 단어에 적용할 수 있다. 이 단어를 연상적 환경 안에 놓는다면 '**자유**'라는 단어와 대비가 된다. 우리가 무언가를 하고 싶은데 그것이 흔한 표현을 빌리자면 **조건과 연결되어 있는** 경우가 빈번히 발생한다. 그렇다는 것은 우리 자유의 제한을 의미한다. 즉 우리는 원하는 것을 그전에 어떤 특정한 조건들을 충족하지 않고 그냥 얻을 수 있을 때 자유롭다고 느낀다. 예를 들어 어서 빨리 자동차를 운전하고 싶은데 18세가 될 때까지 기다려야 할 때 화가 난다거나 하는 것을 자유의 제한으로 느낀다. 또 운전을 하려면 운전면허가 필요하고 운전면허를 따려면 큰돈을 들여서 학원에서 정해진 수업 시수를 이수해야 한다는 사실이 귀찮고 짜증날 수도 있다. 또는 자동차 대리점에서 차를 구입하려면 돈을 내야 한다는 것에 화가 날 수도 있다. 이런 식으로 일정한 조건에 연결되어 있는 일은 열거할 수 없을 정도로 많다. 이 조건들은 요구라는 형태를 띠고 우리에게 다가오며 요구는 우리의 여유 공간, 즉 자유의 폭을 줄인다. 사정이 이렇다면 조건과 조건성에 관한 개념이 부자유의 색채를 띠게 되고 **조건적 자유**라는 개념의 형성은 모순처럼 들리게 된다.

조건성의 개념이 **종속성**의 개념을 통해 설명되면 이 느낌은 더욱 강해진다. X가 Y에 의해 제한된다는 것은 X가 Y에 종속된다는 뜻이다. 자유를 추구하는 존재로서의 우리는 그 어떤 사람이나 사물, 즉 술이나 약물, 부모, 직장 상사 등에 의해서도 종속되길 원치 않는다. 독립을 향한 발걸음 하나하나를 자유를 찾아가는 발걸음과 동일시하여 기념한다. 우리의 의지가 많은 것들로 제한되어 있다, 다시 말해 많은 것들에 종속되어 있다는 말을 이 단어들의 연상 작용의 범위 안에서 듣는다면 우리는 흠칫 놀라며 이렇게 생각할 것이다. '그렇다면 그건 의지의 자유가 아니야.'

그렇다면 같은 생각이 우리에게도 재빨리 나타날 수 있다. 조건성의 개념을 설명할 때, 또 하나의 조건이 그 조건에 의해 제한된 것을 **필수 불가결**하게 만든다는 것, 또 이 현상이 결코 **부재하지 않으며** 그 현상이 **발현되어야만 하도록** 조건이 **결정한다**는 의미에서 그렇다. 자유로운 존재인 우리가 원치 않는 것이 바로 그것, 즉 의지와 행위에 있어서 무언가에 의해 결정되는 것, 무언가를 하거나 원하도록 **강요당하는** 것이다. 만일 그렇다면 우리는 확신컨대 자유의 정반대 개념인 **강제적** 상황에 놓인 것이기 때문이다. 우리가 빠지기 쉬운 연상 작용의 범위에 속하는 것이 또 하나 있다. 의지가 다른 모든 것들과 마찬가지로 그를 구속하고 결정하는 조건들에 둘러싸여 있다면 이 의지가 조건의 **하위**에 위치하며 결코 진정으로 **자유롭다**고 할 수 없는 **억눌린** 의지라는 것을 인정해야 한다는 것이다. 이렇게 우리가 의지를 조건에 의해 제한된 것이라고 이해한다면 의지의 자유는 처음부터 실패한 것이 아닌가, 그래서 대안으로는 무조건적 자유 아니면 부자유 둘 중의 하나라는 결론이 아닌가 하는 느낌을 받을 수 있다.

　이것이 잘못된 대안이라는 것을 우리는 이제 안다. 앞의 언어적 암시 뒤에 서 있는 패턴을 알아차리는 것은 그리 어렵지 않은 일이다. 이것은 중립적이고 개인적 감정이 섞이지 않은 단어들이 사람이 다른 사람의 자유를 제한하는 영역에서 기원하는 연상 범위 안에 놓이는 현상이다. 사람들이 요구라는 겉옷을 입힌 행동의 조건을 서로 간에 지시하는 것은 별개로 생각할 일로, 실제로 부자유와 관련이 있다. 그러나 이와 따로 떼어놓고 생각해야 하는 것은, 의지에는 조건이 따른다는 것이다. 이 말은 어떤 특정한 의지가 존재하기 위해서 한 개인의 안과 밖에서 일어나는 특정한 일들이 **여기에 해당되어야만 한다**는 뜻에 지나지 않는다. 이것이 가진 논리에 따르면 이 관계는 부자유나 자유와는 상관이 없다. 이는 세상 **어디에서건** 각 현상들 간에 존재하는 관계이며 하나의 현상이 나타날 때 그에 선행하는 조건들을 지목함으로써 다른 현상을 빌어 해명할 때 이용하는 관계다. 조건성에 관한 이 두 번째 해석에 속하는 것이 하나 더 있으니, 바로 조건적 자유를 이루는 숙고와 의지 사이의 인과관계다. 의지는 숙고에 따라 변화한다, 그러므로 의지를 가지는 자가 다르게 숙고했다면 다른 의지에 이르렀을 것이라는 둘 사이의 관련성이다. 이러한 종류의 조건성이 부자유와는 아무 상관이 없으므로 우리가 조건적 자유를 이야기할 때 모순이 일어나지 않는다.

　　같은 원칙은 의지의 종속성을 말할 때도 유효하다. 조건적 자유에 가해지는 한계에 대한 직관적인 저항감을 느낄 때면 이런 불평이 쏟아지기도 한다. "의지가 다른 것에 이렇게 **의존한다**면 대체 뭐가 **자유롭다**는 거야!" 종속성의 개념은 힘으로 타인을 굴복시키는 누군가에게 종속되었을 때 우리가 겪었던 부자유의 경험에 알게 모르게 호소하며 자유의 개념의 반대 위치에 놓이게 된다. 그러나 여기서 논의되어야 하는 것은 자유나 부자유와의 대비와는 사실 아무 연관이 없다. 의지를 **차별화**하는 것은 의지 이전에 무엇이 일어났는가 하는 것, 뒤집어 말하자면 어떤 상황에서 내 의지가 발생했는지에 **큰 의미**가 있다는 사실이 중요하다. 우리가 자유로운 의지와 부자유한 의지를 구분하려고 할 때 이러한 사고를 항상 **필요로 했다**는 것을, 그리고 이러한 사고 없이 의지의 자유라는 개념을 결코 끝까지 써내려갈 수 없다는 것을 내내 보아왔다.

　　연상 작용에 의한 날조 중에 가장 흔히 일어나고 또 영향력이 제일 큰 것은 의지가 특정한 선행조건들에 의해 필수 불가결한 것으로 만들어진다는 생각이다. 왜 이것이 날조인가 하면 이러한 생각이 침묵 속의 연상이라는 토대 안에서 전혀 다른 생각, 즉 조건적 의지는 **강요된** 의지, 따라서 부자유스러운 의지라는 생각으로 변질되기 때문이다. "의지에 우리를 **강요**하고 특정한 무언가를 하도록 **억지로 권하는** 선행조건이 있다면 그 의지가 어떻게 **자유로울** 수 있겠는가!" 확신에 찬 이 발언은 우리가 강제적으로 원하고 행하는 무엇과 선행조건의 영향 아래서 원하고 행하는 것 사이에 공통점이 존재한다는 생각이 있어서 비로소 가능한 것이다. 두 가지 경우에서 모두 **가능성의 축소**가 일어난다는 공통점이 있다. 우리의 은행 직원이 죽고 싶지 않다면 복면강도 앞에서 취할 수 있는 행동은 단 한 가지다. 돈을 내어주는 것이다. 불길에 닿았을 경우 휘발유에게 일어날 수 있는 일은 오직 하나, 불이 붙는 것이다. 그러나 이 두 가지 예에는 결정적 차이가 있다. 첫 번째 예에서는 가능성의 축소가 한 개인과 그의 의지로 거슬러 올라가지만 두 번째 예는 그렇지 않다. 그러므로 적확하게 다시 표현하자면 이렇다. 복면강도는 창구 직원에게 돈을 내어줄 것을 강요하지만 만일 불꽃이 휘발유에게 불붙으라고 강요한다고 표현한다면 그것은 틀린 말이다. 불꽃은 그러한 행위를 하지 않는다. **할 수 없기** 때문이다. 여기서 가능성의 축소는 자유나 부자유와는 조금도 관련이 없는 것, 즉 불꽃과 휘발유의 행태가 서로 자연법칙으로 맺어져 있다는 사실로 귀결된다. 휘발유가 불꽃의 영향 아래 **필수적으로** 불이 붙는다고 우리가 말할 때, 이 말은 단순히 두 현상은 **항상 함께 일어난다**는 뜻 그 이상도 이하도 아니다. 우리는 공동으로 발생하는 이 두 현상을 휘발유의 분자구조를 들어 더 깊이 설명할 수 있다. 이 설명의 단계 그 어디서도 강제나 강요 같은 것은 일어나지 않고 다만 두 현상의 동반 발생이라는 동일한 객관적이고 물적인 사실관계만이 발생할 뿐이다. 전제 조건이 의지에 미치는 영향의 경우도 다르지 않다. 전제 조건들이 반드시 어떠한 일이 일어나게끔 의지를 강제한다든가 무엇을 강요하는 일은 없다. 필요하다면 동반 발생 현상이 가지는 법칙성 또는 규칙성을 필연성이라는 개념을 사용해 설명할 수는 있을 것이다. 심지어 **강제적**이라는 단어를 동원할 수도 있을 것이다. 그러나 일어나서는 안 될 것이 있다면 그것은 이러한 설명 도중에 저도 모르게 인간관계에서 일어나는 영향력이라는 범주 안으로 미끄러져 들어가는 것이다. 이 범주에서는 강제라는 개념이 부자유의 의미로 쓰이기 때문이다. 우리가 확신을 갖고 조건성과 의지의 강제됨 사이에 연관성을 만들어낸다면 바로 그러한 일이 일어나게 된다. 이것은 전혀 다른 두 카테고리가 서로 합해져 녹아내리는 것과 같다. 의지가 가지는 조건성에 대한 두려움은 만일 그것이 강제에 대한 두려움이라면 카테고리적 오류에 기인한다. 조건에 종속된 의지는 억눌린, 즉 부자유스러운 의지라는 생각도 이와 마찬가지임은 두말할 필요도 없다.

조건성이라는 말이 강요 또는 부자유라는 말과 같지 않다는 것이 확실해지면 이제 무조건적 자유의지가 필요하다는 생각의 동기 중 하나가 사라진 셈이다. 이제 여기서 다른 어휘를 하나 더 조명한다면 동기가 하나 더 사라지게 된다. 그것은 무력함이다. 부자유의 여러 유형들을 살펴보는 과정에서 우리는 이 무능력을 만나본 적 있다. 의지가 부자유스럽다는 것은 어떤 의지를 가질지 스스로 결정하지 못한다는 뜻이다. 이것은 다른 말로 표현하면, 숙고의 영향력을 발휘할 수 없었든 또는 타인에 의해 지배되는 상황에 대한 반응으로서든 간에 자기가 힘을 쓸 수 없었던 의지가 행동으로 나타나는 모습을 그저 바라보고 있어야만 한다는 뜻이다. 그에 반해 그저 속수무책으로 바라보고만 있어야하는 것이 아닌 의지, 우리의 숙고와 판단에서 비롯된 의지는 자유의지로 설명되었다. 앞장에서 우리는 지금까지 이야기했던 힘과 자유 대신 무능력과 부자유가 지배하는 상황과 맞닥뜨렸다. 사고의 단계 가운데 결정적인 단계는 언제나 똑같았다. 자유로워 보이는 모든 조건적 의지는 그 조건성으로 말미암아 실제로 나타난 바로 그대로 나타날 수밖에 없다는 것이었다. 그리고 이러한 깨달음은 매우 특정한 방식으로 표현되었다. 숙고와 결정을 거친 의지를 포함해 우리의 모든 의지는 전체적으로 우리의 힘이 닿지 않는 조건적 상황에 놓여 있다는 것이다. 물론 숙고로서 의지에 영향을 줄 수 있을 때도 많다. 하지만 착각하면 안 된다. 우리가 성공적으로 영향력을 행사하든 그렇지 않든 우리에게는 힘이 없다. 정확하게 사고하고 따져본다면 온통 무력함이 지배하는 것을 알 수 있다. 동기에 의해 살인 계획을 행동에 옮기고 마는 라스콜리니코프나 달구지에 앉은 식솔들의 끔찍한 모습에 결국 굴복한 망명자, 감옥의 철창이 주는 가공할 공포에 무릎을 꿇은 뺑소니 운전자, 이들이 보여주는 것은 온통 무력함뿐이다.

문제가 되는 이 무력함을 뒷받침하는 어휘는 풍부하다. 생각을 다음과 같이 끌고 나가보자. 라스콜리니코프의 의지 형성 과정을 거슬러 올라가 단계별로 하나씩 잘게 쪼개어본다면 그가 결국 전당포 노파를 죽이려고 했다는 것이 **불가피**하고 **변경 불가능**하고 **돌이킬 수 없었다**는 것을 알게 된다. 누구도 이 의지의 탄생을 중지하거나 가로막을 수 없었다. 이것은 라스콜리니코프 자신도 마찬가지다. 그 자신도 이 현상에 **관여**하거나 현상에 반해 자신을 **방어**할 수 없었다. 결정의 진행을 형성하는 내적 사건들의 결과가 그의 머리 위로 덮쳐와 그를 **휩쓸어 데려간** 것이다. 그도 자신을 결정의 주인이요 당사자라고 느꼈을 것이다. 그러나 실제로는 자신의 내부에서 벌어진 일들의 **힘없는 희생양**이었다. 어쨌든 라스콜리니코프의 자유가 단지 조건적 자유라면 그렇다. 그러므로 그에게 진짜 자유를 부여할 수 있는 방법은 단 하나, 그를 무조건적 자유를 가진 사람으로 간주하는 것이다. 오직 이 방법을 통해서만 그는 무력함에서 벗어날 수 있다.

그러나 우리가 알아낸 바에 따르면 그의 무조건적 자유의지는 전혀 의지가 아니다. 그러므로 그 방법으로는 그를 무력함으로부터 건져낼 수 없다. 그럼 어떻게 할 것인가? **그가 한 번도 무력하지 않았다는 것을 증명하면 된다.** 그러나 무력함의 언어로 표현되는, 강력하고 설득력 있는 직관이 있는데 어떻게 그것을 증명한단 말인가? 내적 논리에 따를 때 무력이라는 용어가 절대 적용되면 안 될 곳에 확신적으로 적용됨으로써 결국 이 직관이 허위의 창조물이라는 것을 밝혀낸다면 가능하다. 우리가 무력감의 언어 앞에 있는 암묵적인 조건들을 망각한 나머지 그것이 요구하는 바를 충족하지 못한다는 점을 보지 못하면 결국 그 말에 갇히고 만다는 것을 보여주는 것이다.

여기서 의미 있는 조건이 세 가지 있다. 이들은 너무나 일상적이고 사소해 보여 그냥 지나치기 쉽다. 첫 번째 조건은, 누군가가 어떤 사건 앞에서 무력하고 무방비 상태가 되려면 그는 그 사건과 **달라야** 한다는 것이다. 즉 무력하다는 것은 자기 자신이 아닌, 다른 무엇 앞에서의 상태이다. 스키 선수는 자신을 향해 덮쳐오는 눈사태에 무력하다. 둘째 조건은, 누군가를 무방비로 만드는 위협적인 사건은 그 원인을 놓고 볼 때 희생자와 별개이며 연관성이 없다. 다시 말해 사건은 희생자에 의해 **영향을 받지 않는다.** 마지막으로 세 번째, 희생자는 위협적인 사건이 일어나기를 **바라지 않으며** 그것이 멈추기를 바란다. 만일 그가 사건에 동의한다고 해도 사건이 가지는 영향으로부터의 비감응성이라는 객관적인 사실은 변하지 않는다. 그러나 그는 그 사건을 끔직한 무력감으로 경험하지 않을 것이며 우리가 지금 이야기하고 있는 무력감의 감정을 가지지 않을 것이다.

이 조건들을 이제 의지와 결정의 무력함이라고 일컬어지는 것에 적용해보자. 우선 의지에 초점을 맞춰본다. 나와 별개인 의지, 내적 산사태처럼 나와 별도로 형성되는 의지에 의미가 있을까? 그리고 그 내적 산사태를 막았으면 하는 것이 의미 있는 일인가? 일별하면 이 물음들에 대한 답은 모두 부정적일 것 같다. 한 사람의 의지란 그 사람 **안에** 있는 것이 당연한데 사람이 자신의 것이 아닌 낯선 것과 어떻게 마주할 수 있단 말인가? 일반화하면, 한 개인이 그 자신 안에서 일어나는 사건 앞에서 어떻게 무력화될 수 있단 말인가? 한편 잘 생각해보면 이것은 그리 이해하기 어렵지 않다. 여러분은 자신의 몸 안에서 활동하는 질병에 관해 무력감을 느끼지 않는가? 비록 몸 안에 있지만 자신과는 이질적인 질병을 상대해야 하며 그것이 여러분으로부터 아무 영향도 받지 않은 채 독자적으로 심각한 증상을 나타내는 것을 경험할 수 있다. 우리가 독자성을 말할 수 있는 까닭은, 생각하고 느끼는 존재로서의 여러분과 여러 육체적 증상이 일어나는 신체적 존재로서의 여러분을 두 가지로 구분할 수 있기 때문이다. 이것은 영적인 실재와 육체적 실재로 분리한다는 뜻이 아니다. 다만 물적인 면과 정신적인 면이라는 **여러 측면**으로 볼 수 있다는 뜻이다. 또한 관점이라는 비유를 써서 표현할 수도 있다. 즉 사고와 감정이라는 관점에서 보면 질병은 영향으로부터의 비감응성이라는 길을 가는, 여러분과는 별개의 것으로 여러분에게 비칠 수 있다.

그러나 질병과는 달리 정신적인 관점에 해당하는 의지는 어떠한가? 정신적 활동의 총체 안에서 무력감이라는 감정의 조건인 거리감과 별개성과 거부의 경험이 일어날 수 있는가? 충분히 그러하다. 우리가 앞에서 이야기했던 부자유의 여러 형태들은, 숙고와 사고를 통한 우리의 간섭을 받지 않고 스스로의 궤도를 따라간다는 이유로 우리에게 외부의 것, 힘이 미치지 않는 것으로 느껴질 수 있다. 도박 중독에 걸린 사람은 판단 능력이 있는 한 자신을 낯설고 간섭할 수 없는 존재로 느낀다. 의지의 면을 말할 때 그가 처한 처지는 산사태를 마주한 사람과 별반 다르지 않다. 그가 판단할 때, 자신의 의지가 나름의 독립성과 생소함을 가지고 자신을 비껴 지나간다고 느낀다. 관여할 수도, 대항해 싸울 수도 없는 그 무엇인 것이다. 그는 강박적 의지의 산사태를 멈추고 싶지만 그럴 수 없다. 이 생소함과 거부가 만들어내는 내적 거리가 존재하기 때문에 여기서 무력함의 언어가 등장할 수 있다. 도박 중독자는 자신의 의지에 관한 한 **희생자**다.

이제 우리는 아까 설정했던 증명의 목표에 근접했다. 무력함의 언어는 **부자유**한 의지에 그치지 않고 조건적 **자유**의지에까지 무제한적으로 적용될 때 그 자신이 갖고 있는 내적 논리에 부딪히며 앞뒤가 맞지 않는 허상임을 알게 하는 직관을 만들어낸다고 보여주는 것이 그 목표였다. 이제 조건적 자유의지가 독립적이고 비감응적이며 거부당한 것으로서 사고와 판단을 비껴가지 **않는다**는 것을 기억 속으로 불러낼 필요가 있다. 자유로이 의지를 갖는 사람은 자신의 의지를 멈추고는 싶지만 손쓸 도리가 없는 산사태로 경험하지 **않는다**. 이 사람을 비록 두 가지 측면, 즉 의지를 가진 사람과 판단을 내리는 사람으로 분리해서 볼 수는 있으나 이제 이 두 가지 관점 사이에 거대한 간극은 존재하지 않는다. 이들은 서로 겹쳐지고, 바로 이 밀착됨에 자유가 존재하는 것이다. **그렇다면 무력함이 의미를 가질 수 있는 관점은 더 이상 존재하지 않는다. 이 조건적 자유는 무력함을 개념적으로 불가능하게 만든다.**

그저 무엇을 원하고 의지를 가지는 것이 아닌 복합적인 결정에 관한 문제라고 본다면 우리는 조금 더 빨리 목적지에 도달하게 된다. 무력함의 첫 번째 조건이 여기서 이미 충족되지 못한다. 그것은 결정의 과정이 자신과는 **완전히 별개의 것**이어야 한다는 조건이었다. 이것이 무의미하게 되어버리는 이유는 이런 결정을 할 때는 내가 의지를 가진 자와 판단하는 자 이 **두 가지** 역할에 모두 가담하기 때문이다. 결정이라는 것은 내가 판단하는 역할을 맡은 자로서 의지를 가진 자의 역할에 영향력을 행사하는 과정이다. 또한 이것은 결정 과정에서 두 가지 역할 또는 입장이 발현하여 서로 녹아들어가는 사건이다. '나는 내가 판단하는 대로 의지를 가진다.' 만일 내가 이 사건 전체를 나와 분리된 별도의 것으로 느끼려면 이 **두 가지** 측면이 서로 융합하는 과정을 멀리 떨어져서 볼 수 있게 만드는 또 다른 제3의 역할 또는 입장이 있어야 할 것이다. **그러나 이러한 또 다른 입장은 존재하지 않는다.** 그렇기 때문에 무력함을 성립시키는 두 번째 조건도 충족되지 않는다. 즉 나는 내 결정이 내게서 아무 영향도 받지 않고 내 곁을 비껴 지나간다고 경험하지 않는다. 옆으로 비껴 지나갈 수 있는 **다른 사람이 없기** 때문이다. 조건적 자유의지를 가진 **내가 바로 이 사건**이다. 그리고 이로써 세 번째 조건도 역시 성립되지 않는다. 내 의지가 판단에 의해 자유롭기를 **원하지 않는** 것, 그리고 이러한 총체적 과정을 거쳐서 마지막에는 조건적 자유의지가 생겨나는 것을 **막고** 싶어도 그러지 못한다는 가정은 의미가 없다. 나의 결정은 산사태처럼 나를 위협하지 못한다. 그렇게 느낄 수 있는 관점이 존재하지 않기 때문이다. 이 마지막 사항은 이제까지 알아냈던 무력함이라는 개념에 한 가지를 추가하면 더욱 뚜렷해진다. 위협적 사건을 멈출 수 없다는 것이 이 개념에 속하기는 하지만 대부분의 경우에 멈출 수 있도록 어떤 조치를 취할 수 있지 않을까 하는 상상은 **원칙적으로** 가능하다. 산사태를 막을 수 있는 울타리를 치는 것이다. 그에 반해 나의 자유로운 결정을 막을 수 있다는 생각은 무의미하다. 자신의 자유로운 결정을 막고 **싶은** 사람은 사실 아무도 없을뿐더러 있다고 해도 그 방법을 모른다. 이유는 간단하다. 결정의 자유의 행사는 원칙적으로 그 진행을 저지하거나 중지할 수 있는 그 어떤 것의 **카테고리**에 속하는 것이 아니다. 왜냐하면 이번에도 이러한 카테고리의 사건이 요구하는 외부의 관점(입장)이 존재하지 않기 때문이다.

이번에는 우리의 망명자가 독신이라는 가정을 해보자. 여러분은 그의 처지가 되어 레지스탕스군에 대한 의리와 자신의 생존 사이에서 한없는 고민에 빠진다. 그리고 마침내 굳은 결단을 내린다. '절대 도망칠 수 없어, 만일 그렇게 한다면 나 자신을 용서할 수 없을 것 같아.' 번민은 종식되고 목소리를 높였던 의구심은 침묵한다. 다음날이 되자 여러분은 레지스탕스군에 합류해 그 성패 여부에 많은 동료의 목숨이 걸려 있는 작전을 맡는다. 이제 여러분의 결심이 빛을 발할 때다. 그리고 여러분의 자신이 판단한 바에 따른다. 그런데 잘 막아냈다고 믿었던 두려움이 튀어나와 뒤통수를 친다. 결국 여러분은 도망가고 동료들은 죽음을 맞는다. 그럼에도 불구하고 도망가면 안 된다는 여러분은 판단은 아직 유효하다. 그러나 너무도 두려운 나머지 도망치고자 하는 의지에는 저항할 노리가 없다. 여러분은 무력감을 느낀다. 자신이 내린 판단의 관점에서 나쁜 것이라 생각되는 것을 하고자 하기 때문이며, 판단의 주체지만 실제 행동으로 옮겨진 소망에 반해 아무것도 할 수 없기 때문이다. 마치 덮치는 산사태 속에 파묻혀버린 느낌이다. 훗날 여러분은 회상한다. "나는 두려움에 속절없이 당했어." 여러분의 느낌은 옳다. 무력감의 언어가 적절하게 사용될 수 있는 관점에서 이 말이 사용되었기 때문이다.

이제 이야기를 달리 해보자. 여러분은 처음부터 자신의 두려움을 심각하게 받아들이고 그것을 먹구름 같은 방해 요소로 생각하기 보다는 충분히 이유를 지닌 하나의 감정으로 인식하는 것이다. 여러분은 자신의 목숨을 위험에 노출하지 않을 권리가 있다. 이 권리는 모든 사람이 가지는 권리다. 여러분의 삶에는 아직 많은 것들이 남아 있다. 또한 지금까지 애국심과 큰 관련 없이 살아왔으며 과연 그것이 목숨과 맞바꿀 정도로 가치가 있는지 확신도 없다. 모든 것은 다 레지스탕스 군의 친구에게서 들은 이야기다. 여러분은 이러한 자신의 생각을 흔들림 없이 침착하게 말한다. 친구는 분노와 경멸로 반응하지만 그 생각에는 변함이 없다. 여러분은 자유로이 결정을 내린 것이다. 판단과 의지는 서로 일치한다. 이러한 합일성은 조건성으로 가득한 복합적 내적 사건의 결과다. 만일 여러분이 다르게 살아왔고 다르게 생각했다면 결정을 다르게 내렸을 것이다. 그런데 여러분은 다르게 살아오지 않았고 다르게 생각하지 않았다. 그러므로 이와 같은 결정이 내려질 수밖에 없었다. 과연 이것이 무력함의 증거가 될까? 결코 그렇지 않다. 여러분은 자신이 무력하다고 **느끼지** 않는다. 오히려 반대로, 고향을 떠나는 기차에 앉은 여러분의 심경은 편안하고 자유롭다. 변덕스러운 열정에 제멋대로 사로잡히곤 하던 과거와는 판이하게 다르다. 자유로운 결정을 이루어낸 지금이 행복하다. 심사숙고의 힘이 제한 없이 의지에 관여했고 친구의 시선에도 약해지지 않은 것이다. 그 어느 때보다 무력함에서 멀어진 이 경험 자체가 여러분이 **무력하지 않다**는 충분한 증거 아닌가? 그런데 혹시 꼭꼭 숨겨져서 느낄 수 없기 때문에 더욱 위험한 무력감도 있지는 않을까? 그렇다. 그러나 여러분에게는 해당하지 않는다고 확신해도 좋다. 여러분은 **무력함의 개념적 조건을 충족하지 못한다**. 바로 이것이 가장 강력한 이유다. 누군가를 무력하다고 표현할 수 있으려면 '그 사람은 자신의 의지에 힘을 행사하고 싶어 하지만 아무리 해도 안 된다'라고 말할 수 있어야 한다. 망명자의 첫 번째 이야기라면 이 말이 옳다. 그러나 두 번째 이야기에는 해당되지 않는다. 그 이유는 자기 자신에 대해 무력감의 의구심을 품을 수 있는 입장이라는 것이 없기 때문이다. 이 의구심은 개념적으로 불가능하다. 그것이 단순한 의지가 아닌 좀 더 복잡한 결정에 해당된다고 해도 마찬가지다. 여러분은 여러분의 결정과 별개가 아니다. '자신이 최선이라고 생각하는 그 이유가 자신의 의지를 좌지우지하는 것을 저지하고 싶지만 그는 이러한 의지의 형성을 중지하지 못하며, 결정의 자유는 마치 눈사태처럼 덮쳐와 그를 파묻어버린다'라고 말할 수 없다. 자신의 목숨에 대한 권리와 조국 및 레지스탕스군에 대한 의무를 견주어놓고 생각한 결과 이러한 의지에 무리 없이 도달하게 되었다면 여러분이 자신을 이 자유로운 결정 안에서 무력한 희생자로 느낀다는 것은 개념적으로 불가하다. 마찬가지로, 내적 강박을 이겨낸 도박꾼이 불야성의 카지노를 홀가분하고 여유로운 마음으로 지나쳐 갈 때 그를 두고 자유로운 의지에 무력하게 당했다고 한다면 이것은 (개념적으로도) 불합리한 이야기다.

식솔이 딸린 망명자에게 우리가 어떤 질문을 했던 지난 장을 떠올려보자. 우리는 이렇게 물었다. "달구지의 모습이 주는 큰 충격에도 불구하고 마지막에 결국 도피가 아닌 다른 결정을 내릴 수 있다는 생각, 달구지의 모습 때문에 도피가 야기되는 것을 **저지할** 수 있었다는 생각은 안 해보셨습니까? 결정을 막을 수 있었거나 당신 자신이 결정 과정 전체에 **끼어들** 수 있었다는 생각은요?" 이 물음 속에 숨은 생각은 다음과 같은 것이었다. 긍정적 대답이 돌아올 때만이 진정한 자유이며 만일 그렇지 않다면 망명자는 자기가 내린 결정의 무력한 희생양이라는 생각이다. 그러나 이제 우리는 그것이 앞뒤가 맞는 생각이 아님을 알게 되었다. 이 생각이 무너지게 되면 이 생각이 동기가 되었던 결정에 관한 새로운 생각도 그 근거를 잃게 된다. "당신은 그런 결정을 내리기로 **자유로이** 결정했습니까?" 말을 얼기설기 쌓는 재미는 둘째치고라도 이 질문은 오직 원래의 결정(첫 번째 단계의 결정)을 이미 우리에게 가능한 모든 자유를 포함하지 않은 것으로 간주할 때만이 의미를 가진다. 자신의 결정 과정에 관해 무력하다고 느낄 수 있다는 모순적 표상을 가질 때 이렇게 간주할 수 있다. 이러한 오류를 범하지 않을 때 앞서 나온 것 같은 말 쌓기식 질문이 생겨나지 않으며 오로지 말놀이로만 국한할 수 있다. 자신의 결정을 결정할 자유, 우리는 이것을 필요로 하지 않는다. 이것을 통해 저지되어야 할 무력함과 부자유가 없기 때문이다.

▎숨은 난쟁이

결정의 자유를 행사하는 누군가에게 무력함의 언어는 개념적 이유로 인해 적용할 수 없다. 자신의 의지와 결정에 관해 어디선가 덮쳐와서 휩쓸고 가는 피할 수 없는 사건의 무기력한 희생자가 된다는 말은, 자신을 희생자나 휩쓸린 자로 볼 수 있는 사람이 없기 때문에 성립되지 않는다. 이로써—조건성이라는 말이 강제라는 말과의 연상 작용으로부터 해방된 후—무조건적 자유의지를 유발하는 사고적 동기 가운데 또 한 가지가 설 자리를 잃는다. 그러나 그 증명 가능한 모순성에도 불구하고 무조건적 자유가 발산하는 직관적 이끌림은 아직 완전히 사라지지 않았다. 그러므로 우리는 이제까지 이끌어낸 진단적 이해를 더욱 깊이 파내려가야 한다. 이제 논의할 오류는 언어에 의해 스스로를 가두는 것과는 더 이상 관계가 없다. 이것은 언어의 감옥으로는 표현할 수 없다. 감옥이라고 친다면 이것은 직관의 감옥이다. 다시 말해 우리가 자유의 **경험**을 잘못 해석할 때 생기는 감옥인 것이다.

이 오해를 해결하기 위한 최선의 방법은 앞서 전 장에서 논의했던 단순한 조건적 자유가 진정한 의지와 행위의 주체 됨을 부여하지 않는다는 논점에서 시작하는 것이다. 이 논점의 핵심은 의지가 그 조건성으로 인해 다른 여느 사건과 같은 단순한 사건이 되며 그를 통해 진정한 의지로서의 특성을 잃고 이 상실의 결과로 의지와 행위의 장본인이라는 개념 전체가 무너진다는 것이었다. 이것이 그려내는 그림에 의하면 행위자인 라스콜리니코프는 하나의 사건이 일어나는 장소에 불과한 라스콜리니코프가 된다. 이것을 막기 위해 어떤 조치를 취해야 할 듯 보였고 그래서 무조건적 의지라는 개념이 등장하게 된 것이다. 그동안 사고의 단계는 더욱 복잡해졌다. 이번 장에서 우리는 무조건적 의지는 특정한 의지가 아니며 특정한 의지가 아닌 의지는 개념적 원인으로 인해 전혀 의지가 될 수 없음을 보았다. 따라서 이제 조건성과 무조건성의 **양방향** 모두에서 의지를 상실하는 결과가 나타나게 되었다.

사고의 단계에서 무언가가 잘못되어 주체 됨이 도려내진 것이 틀림없다. 우리가 라스콜리니코프의 소망, 즉 의지를 단순히 내적 사건 가운데 하나로 취급할 때 그가 더 이상 의지와 행위의 주체로 유효하지 않은 **이유**는 무엇일까? 논거는 이러하다. 소망과 의지는 단순히 라스콜리니코프에게 **일어날 뿐**이며 그렇게 되면 의도된 행위라는 카테고리와 주체가 없는 사건이라는 카테고리 사이의 구별이 없어진다는 것이었다. 그러나 이 카테고리적 구분은 직관적으로 필수적인 한편 또 책임의 개념과 도덕적 감정의 논리에 필요하므로 우리가 절대 포기할 수 없는 것 아닌가? 그렇다. 우리는 이 구분을 포기할 **필요**가 없다. 그러나 우리가 이것을 **어디에 적용하느냐가 결정적**이다.

일반적인 경우, 우리는 여기서 오류를 범하지 않는다. 라스콜리니코프가 노파를 가격하는 것, 이것은 하나의 행위이며 우리는 라스콜리니코프라는 인격 전체를 행위자로 간주한다. 우리가 행위의 당사자라는 딱지를 붙이는 것은 바로 이 **인격 전체**인 것이다. 우리는 당사자라는 것을 이렇게 설명한다. "그가 그렇게 하려 했다." 마찬가지로 그가 길에서 넘어진 것을 두고 우리는 이렇게 말한다. "그것은 하나의 단순히 일어난 일이다." 이것에 연루된 존재도 아까와 마찬가지로 인격 전체기는 하지만 우리는 이런 말을 한다. "그는 그렇게 하려고 하지 않았다." 이것으로 두 가지 사이의 차이점은 일반적으로 충분히 설명된다.

카테고리적 논쟁은 종결되고 우리 앞의 논점을 발전시킬 토대는 없다.

논점을 더 풀어나가려면 어떻게 하면 될까? 그러려면 한 **인격의 내부로** 들어가야 한다. 개별적 현상들, 예를 들면 소망이나 의지들을 그 인격 **안에서** 관찰해야 한다. 그런 다음 앞에서 나온 둘 사이의 구분을 적용한 다음 이렇게 묻는 것이다. "의지는 단순한 사건인가 아닌가?" 이제 질문의 토대가 마련되었다. 만일 의지가 다른 사건들과 연결되어 있는 단순한 사건이라면 그는 본질적 특질, 즉 무언가를 원하는 **주체의** 의지라는 특성이 자신에게 결여되었다고 느낄 것이다. 만일 그가 인격 전체의 주변부에 머물러 있다면 그 주체를 어디서 찾아야 할지 알 것이다. 그곳은 그 인격 자체다. 그러나 그의 사고는 인격의 내부에 있으므로 그것은 그가 원하는 대답이 아닌 것으로 비칠 수 있다. 따라서 그는 인격의 내부에서 그 주체를 탐사할 것이다. **분명히** 거기 어딘가에 있을 것이라고 생각한다. 만일 아니라면 주체라는 개념과는 끝이기 때문이다. 그래서 그는 **내적 주체**라는 것에 대해 생각하기 시작한다. 그것은 단순한 사건으로 용해되지 않는 한편 무조건적 의지를 가진 무조건적 주체여야 한다고 생각한다.

이것은 오류다. 이 오류를 이해하기 위해 우리는 첫 번째 간주에서 언급한 것을 상기할 필요가 있다. 모든 사상과 개념적 구분은 우리로부터 **만들어진 것**이라는 대목이다. 이제 여기에 한 가지가 추가된다. 이들은 어떤 **특정한 맥락을 위해** 만들어졌으며 그 범주 밖에서는 적용될 수 없고, 만일 그렇게 된다면 모순적 질문들만을 양산할 뿐이라는 것이다. 이것이 주체 됨과 주체의 개념이며 의도된 행위와 단순 사건 사이의 구별이다. 이들은 인격 전체에 대해 이야기하기 위해 만들어졌으며 한 인격의 내부에서 일어나는 현상들에 적용될 경우 그 의미를 상실한다. 장본인의 개념을 무너뜨리는 사고의 단계에서는 세밀하게 끝까지 사고를 해나간다면 행위와 사건 사이의 구분이 다만 **표면적인** 것에 지나지 않는 것으로 증명된다고 말할 수 있다. 이러한 진단에 맞서 우리는 다음과 같은 반대의 진단을 내리고자 한다. 인격 전체에 맞춰진 구분이 유일하게 유의미한 구분이며 이 구분에는 처음부터 **깊이라는 것이 존재하지 않으므로** 표면적일 수 없다. 이러한 관점에서 볼 때 당사자 개념의 붕괴는 지금까지는 다른 모습을 띠게 된다. 즉 이 개념의 붕괴는 조건성에 의한 것이 아니라 내부, 즉 개념적으로 찾아질 수 없는 곳에서 주체 됨을 찾으려고 하기 때문이라는 것이다. 주체 됨이 속하는 곳에서 붕괴되지 않고, 붕괴되는 곳은 주체 됨이 속하는 곳이 아니다.

이로써 우리는 한 발 더 앞으로 나아간 이해가 가능하게 되었다. 그러나 아직 목적지까지는 많이 남았다. **왜** 이러한 카테고리적 오류를 저지르는 경향을 가지게 되었는지 아직 이해하지 못했다. 그거야 뻔하지 않은가, 하고 여러분은 생각할지 모른다. 주체 됨이라는 것은 **당연히 인격 전체**를 놓고 하는 말이 아닌가, 그런데 왜 이런 법석을 떠는가? 하고 말이다. 실제로, 라스콜리니코프가 아닌 우리는 외부에서 그를 관찰하고 그의 주체 됨에 관해 생각하는 한 라스콜리니코프 안에 깊이 숨겨진 부가적 주체를 가정하려는 유혹에 빠지지 않는다. 이것은 불필요할 뿐더러 우스꽝스럽기까지 하다. 라스콜리니코프라는 사람 전체, 우리에게는 이것으로 충분하다.

그런데 외부로부터의 관점은 타인을 볼 때의 유일한 관점이 아니다. 안에서부터의 관점, 누구나 자기 자신과 자신의 경험을 볼 때 취할 수 있는 관점도 있다. 이럴 경우 상황이 완전히 다르게 비춰질 수 있다. 어떻게 보이는가에 대해서는 이미 앞 장의 말미 부분에서 조명했던 대로 내적 소실점의 경험과 즉흥적 의지의 경험을 들 수 있다. 즉 나는 나 자신과의 비판적 간격을 적용함에 있어서 모든 내 소망과 숙고 뒤로 한 발짝 물러나거나 내 안에서 일어나는 모든 것에서 뒤로 물러나는 것이다. 이것을 행하는 동안 나는 **순수한 주체**라고 말할 수 있다. 여러분이 망명자가 되어 플랫폼에서 기차를 기다리는 동안 그동안 일어났던 서로 상반되는 여러 동기들을 마지막으로 눈앞에 죽 펼쳐놓는다면 여러분은 그 역할 안에서 순수한 주체인 것이다. 달구지와 새로운 정권의 우두머리 치하의 난폭한 군화 소리, 레지스탕스군 친구의 책망하는 듯한 얼굴을 영상처럼 떠올릴 수 있는 주체 말이다. 이 모든 영상, 그리고 그 영상들이 여러분 안에서 발생시키는 것들과 여러분은 별개다. 그리고 여러분이 마침내 내리는 결정은 이 한발 뒤로 물러난, 순수하게 주체가 된 입장에서 내리는 결정이다. 여러분에게 일어나거나 마주칠 수 있는 모든 내적 및 외적 사건은 여러분이 이렇게 뒤로 한발 물러남으로써 피할 수 있다.

이렇게 뒤로 물러나서 보는 것은 의지와 결정의 즉흥성을 품은 자유를 여러분에게 선사한다. 머릿속에서 하나씩 따져보는 의지와 행위의 가능성은 이제 진짜 가능성이며 등 뒤에서 이미 모든 것이 다 정해져 있기 때문에 스스로를 속인다는 걱정은 하지 않아도 된다. 여러분의 등 뒤에는 교묘한 장난이나 외양만 그럴싸한 자유 같은 것은 없다. 이것은 여러분을 책임의 진짜 주체로 만들어준다. 그러나 여기에는 이면도 있다. 순수한 주체로서의 여러분은 여러분의 삶의 배경이나 그 삶에서 연유한 조건성의 핑계를 댈 수 없게 된다. 내가 뭘 원하는지, 그리고 뭘 행하는지 사실 나한테 달린 게 아니라는 식으로 이제 더 이상 말할 수 없는 것이다. 나도 어쩔 수 없어, 라는 말로 자신을 향한 비난이나 원망에서 벗어날 수 없다. 여러분이 저지른 비난받아 마땅한 행동에 대해 이제는 양심의 가책, 후회, 부끄러움을 느껴야 한다. 여러분은 다르게 행동할 수 있었다는 것을 이제는 무제한적으로 적용할 수 있기 때문이다. 대신 여러분은 타인들에게 매우 진지하게 받아들여진다. 여러분은 진짜 결정을 내리는 진정한 도덕적 주체이기 때문이다.

위와 같은 해석에서, 유연한 소실점을 가진 내적 관점의 사고방식은 의지의 조건성이 다시금 강요와 무력함으로 나타날 수 있는 결과를 낳는다. 나의 의지가 엄격한 조건성의 법칙에서 한 번이라도 돌출할 경우 순수한 주체인 나는 나를 강요하는 이 사건 앞에서 속수무책의 무력감을 느낄 수밖에 없을 것이다. 무력함의 개념적 선행조건, 즉 내적 사건은 나와 별개고 나는 내적 사건을 막고 싶어 하지만 막을 수 없다는 조건이 한꺼번에 충족되었기 때문이다. 그러면 이미 해결되었다고 생각했던 추론이 다시 고개를 내민다. 그것은 스스로를 자유로운 존재로 이해하고 싶다면 부동의 동력으로서 내적 사건의 소용돌이 속에서 스스로를 지키고, 이 사건이 그리는 포물선 위에서가 아니라 그것과 전혀 별개의 무언가를 원할 수 있는 순수한 즉흥성을 갖춤으로써 자신을 조건성의 강제와 무력감을 극복하는 주체로 파악해야 한다는 것이었다.

또 다시 망명자의 처지로 돌아가보자. 망명자는 타지로 와서 잘 지내고 있다. 전에 하던 여러 일보다 훨씬 마음에 드는 일자리도 얻었다. 아내도 만족해하고 아이들도 어느새 새로운 환경에 적응하며 잘 자라고 있다. 조국의 사정은 점점 첨예화되어 새로운 정권이 휘두르는 폭정은 갈수록 심해진다. 망명자는 오랫동안 조국에서 들려오는 뉴스와 소식들을 애써 외면하며 오로지 새로운 생활에만 집중했다. 그러나 버티는 데에도 한계가 있었다. 레지스탕스군 친구가 처형되었다는 소식을 들은 날이었다. 조국으로 돌아가 독재자를 죽여버리겠다는 욕망이 활활 치솟아오른다. 망명자의 머릿속에서 벌어지는 일은 내적 소실점의 개념이 설명해준다. 망명자는 사적, 직업적 삶과의 일치 상태로부터 자신을 분리하기 시작한다. 그건 결코 쉽지 않다. 분리되지 않도록 버티는 다양하고 강력한 내적 힘과 싸워야 한다. 완전한 분리를 이루려면 그 힘 하나하나에 저항해야 한다. 폭력에 대한 혐오와 심지어 죽음에 대한 공포를 앞에 두고 한 발짝 물러설 줄 아는 법을 배우는 것도 그중에 하나다. 하나씩 성공할 때마다 망명자는 자유를 경험한다. 그리고 실패할 때마다 무력감을 경험한다.

이제 우리는 내적 소실점의 경험과 모든 소선싱으도부디 해방된 순수한 주체의 사고 사이의 연관 관계를 서술할 수 있게 되었다. 책 앞부분에서 추상적으로 스케치되었던 것처럼, 이 연관성은 복합적이다. 즉 사고의 동기들은 상호작용을 하며 서로를 생산해내며 보완한다는 것이다. 우리는 우리의 소망을 테마화함으로써 그것과 거리를 두고 소망의 직접적 영향력을 차단하는 경험을 한다. 이러한 자신과의 내적 거리감은 논란의 여지가 없고 결정의 자유와 무자유의 분석에 있어서 열쇠 같은 결정적 역할을 한다. 이러한 현상은 **모든** 소망 뒤에 있는 소실점을 논하지 않고도 설명할 수 있으며 앞에서 이미 한 번 설명된 바 있다. 이 현상의 요구를 받아들인다면 특정 소망과의 내적 거리는 **다른**

소망의 입장에 섰을 때만 가능하다고 주장할 수 있다. 그러니까 **상대적 거리 두기**라는 것이나. 다른 말로 하면 거리 두기의 경험을 절대적 거리 두기와 **절대적** 소실점의 의미로 해석하기 위해서는 특별한 사고의 동기가 필요하다는 뜻이다. 만일 이렇게 믿을 다른 이유가 있다면 이 동기는 조건성으로 서로 연결된 모든 내적 사건이라는 의미에서의 주체가 있어야 한다는 결과를 낳는다. 여기서 다른 이유란 이 연결 관계를 자유를 위협하는 무력함으로 표현할 수 있다는 것이다. 그러나 이러한 무력함은 순수한 주체를 이미 전제로 했을 때만이 보이는 것이다. 그러니까 순수한 주체라는 개념에는 양면적 역할이 있다. 한편으로는 무력함의 감정을 생산하기 위해 필요하고 다른 한편으로는 자신으로부터 생산된 무력함으로부터 자유를 지키기 위해 필요한 것이다. 다시 말하면 **자기 자신을 통해서만** 동기화되는 개념, 즉 **전혀 동기화되지 않은** 개념이다. 이렇게 되면 이 개념을 내적 거리를 절대적 소실점의 의미에서 해석하는 근거로서 취할 수 없다.

　내적 거리 두기의 경험, 그리고 내적 거리를 형성하는 내적 사건이 두 가지 모두 순수한 주체라는 개념의 근거를 형성하지 않는다. 그 근거가 마련되기 위해서는 이 개념이 가지는 관점으로 바라보아야 한다. 사실 어느 누구도 그것을 강요하지는 않는다. 망명자가 새로운 나라에서 시작한 삶 전체로부터 떨어지려는 시도를 할 때는 아무 소망도 없이 다만 상상 속에서 하는 것이 아니다. 그의 내적 입장은 새로 생겨난, 현재 가지고 있는 모든 다른 소망들에 반하는 입장이다. 그것은 얼마나 큰 대가를 치르든 간에 피로 얼룩진 독재를 끝내고 싶은 소망이다. 이 소망은 그의 나머지 부분과는 아무 관계가 없는 유동적이고 우연한 소망이 아니다. 그것은 과거에 기차역에서 결정을 내리고자 고민할 때 이미 느꼈었던 감정을 포함한다. 당시 완전히 사라지지 않고 남아 있었던 죄책감의 감정이 친구의 죽음을 맞이하여 이제 강렬한 복수심의 소망으로 변환되었다는 것을 우리는 상상해볼 수 있다. 망명자 안에 다양한 소망을 지닌 구체적인 인격에 대립하는 순수한 주체는 없다. 그가 느끼는 것은 자기 안에서 서로 적대적 소망들이 전쟁을 벌인다는 사실이다. 그리고 그가 지금까지 쌓아올린 모든 것을 던져버리는 새로운 소망 쪽으로 기운다면 그것을 통해 생겨나는 정체성은 구체적 인격의 새로운 정체성이다. 새로운 인격이 익숙하고 편한 과거의 인격에 비해 역부족일 수도 있다. 망명자는 그것을 무력감으로 인식할지도 모른다. 그러나 그것은 내부에서 일어나는 사건이 가지는 조건성에 직면해서 순수한 주체가 느끼는 무력감은 아니다. 바로 우리가 익히 아는 무력감, 즉 판단에서 비롯된 것을 원하고 행할 수 없을 때 느끼는 것이다.

자유와 부자유의 경험을 서술하기 위해 순수한 주체가 필요하지는 않다. 개념적으로도 아무 쓸모가 없다. 이러한 주체라는 것이 어떻게 만들어지게 되었는지 자문해보면 금방 알 수 있다. 무모한 일이겠지만 여러분이 순수한 주체라고 한번 가정해보자. 여러분은 체계적 거리두기의 방법을 통해 자신을 드러낸다. 여러분의 역할은 내적 사건이 가진 조건성에 대항해 자유를 지키는 것이다. 이 역할을 해내기 위해 여러분이 가져야 하는 특성에는 어떤 것이 있을까?

일단 여러분이 어느 **특정한** 주체라는 것을 확실히 해야 한다. 문제는 이미 여기서부터 힘들어지기 시작한다. 앞서 무조건적 의지라는 개념의 붕괴를 불러일으켰던, 특정성은 조건성을 필요로 한다는 해법이 여기서도 통용되기 때문이다. 우리는 다른 사람이 아닌 **바로 여러분**이 문제의 그 순수한 주체가 되기를 원하는데 그것은 우리가 오직 여러분이라는 인격 전체와 관련을 맺고 있는 정체성을 부여해야만 가능하다. 예를 들어 여러분이 망명자의 순수한 주체라고 가정해보자. 이것은 오직 여러분의 주체성을 다른 인격과 구별되는 망명자로서의 특성으로 한정 지을 때만이 가능하다. 이렇게 되면 이미 무조건성 안에서 이루어져야 할 순수성은 이미 파괴돼버린다. 이것이 전부가 아니다. 여러분은 온전한 수동성의 상태에 머무른 주체가 되어야 할뿐더러 어떤 특정한 것, 예를 들면 독재자의 제거와 같은 것을 **원할** 수 있어야 한다. 여기서 특정성은 조건성을 필요로 한다는 논리가 다시 유효하다. 정말로 순수하고 무조건적인 주체라면 여러분은 그 어떤 이유에도 묶이지 않고 이번에는 이것을, 다음번에는 저것을 원하는 변덕스러운 존재여야 할 것이다. 폭군을 제거하려는 계획을 가진 사람으로서 여러분은 최소한 자기 자신에게라도 사신이 가진 의지의 신뢰성을 보여줘야만 하는데 여기서는 그렇지 않게 된다. 의지에 계획성과 신뢰성이 있기 위해서는 여러분에게 내적 일치성, 즉 과거로부터의 내적, 외적 에피소드들이 주는 조건성 안에 존재함으로써 내용을 이루는 삶의 기억들을 부여해야만 가능해진다. 또한 숙고할 수 있는 능력도 갖추어야 하는데, 폭군의 살해라는 의지는 숙고의 과정을 통해 행동으로 옮겨지지 않는다면 전혀 진정한 의지라고 할 수 없기 때문이다. 자신의 살인을 도덕적으로 정당화하고 대신 책임을 질 수 있는 사람이라면 응당 숙고를 할 수 있어야 한다. 다시 말해 도덕적 규칙을 알아야 한다는 뜻이다. 외국에서의 삶으로부터 여러분을 떼어낸 새로운 의지는 바싹 마른 양피지처럼 건조한 의지가 아니고 결국 강력한 감정에서 우러나온 의지인 것이다.

순수성을 지키기 위해서 여러분을 특정한 어떤 사람으로 만드는 모든 요소를 내적으로 전부 다 제거한다면 결국 개념적 황무지에 도달하게 될 것이며, 그곳에서는 주체가 될 수 없다. 그러나 개념적 황무지에서 되돌아올 경우 원래의 개념에 상반되는, 어쩌면 당연할지도 모르는 일이 일어난다. 그것은 여러분이 **내적 주체로서의 인격체가 된다**, 라는 것이다. 이것이 일어나는 원인은 방심했다거나 여러분이 순수한 주체가 되어야 한다는 것을 망각해서가 아니다. 이것은 개념적 원인 때문에, 즉 **필연적으로** 발생한다. 여러분이 주체로 머물러 있기 위해서는 인격체가 되어야 한다. 이로 인해 발생하는 생각의 단계는 다음과 같은 두 가지로 서술할 수 있다. 그중 하나는 주체가 되기 위해 큰 인격 안의 작은 인격이 되어야 한다는 것, 즉 **숨은 난쟁이**가 되어야 한다는 것이다. 내적 이중화라고 하는 이 개념은 지나치게 난해하게 들릴 수 있으므로 다른 서술을 내세워본다면, 주체가 되기 위해 설정된 순수성을 벗어버리고 원래의 모습, 즉 인격체로 되돌아와야 한다는 것이다.

앞 장으로 돌아가 결정을 결정할 수 있는 필수적 자유를 부르짖던 망명자의 대목으로 가보자. 우리는 그에게 이렇게 말했었다. "당신이 어떤 상상과 생각을 하는지와 의지의 형성은 서로 전혀 **다른 문제입니다**. 생각의 결과 어떠한 의지가 도출되기 이전에 **틈**이 있다면 그 틈을 막는 것이 우선이지요. **당신이 막아야** 되기는 하지만 정말 **막아야 할지 아닌지** 그건 **당신** 스스로가 홀로 **결정할** 수 있습니다." 망명자는 무슨 대답을 해야 할지 몰라 망설였다. 우리가 하는 말이 무슨 뜻인지 전혀 **이해하지** 못하는 눈치였다. 놀랄 일도 아닌 것이, 이것은 이해할 수 있는 일이 **아닌** 것이다. 대체 **누가** 소위 틈이라는 것을 메울 수 있겠는가? 망명자라는 인격체가? 그러나 그는 오직 한 가지, 즉 계속 숙고만을 세속할 수 있을 따름이며 당연히 이것은 우리가 의미한 것이 아니다. 인격체 **안에** 결정 기관이 있어야 한다. 이 결정 기관은 물론 결정 능력 및 그에 따르는 모든 능력을 갖추고 있어야 한다. 이 결정 기관은 무의미한 창조물, 즉 숨은 난쟁이다. 다시 말해 어떤 결정대로 결정할 것인지 아니면 그 결정에 반대하기로 결정할 것인지 여부에 관해 존재하는 자유라는 개념은 아무 의미가 없는 것이다.

앞 장에서 이야기했던 것들을 되돌아보자. 우리는 다시금 진단적 이해라는 면에서 한걸음 앞으로 나아갔다. 그래서 의지의 주체 됨을 어째서 인격 안에서 찾으려는 경향을 가지게 되었는지 이제는 이해할 수 있게 되었다. 바로 내적 소실점을 그릇되게 경험하기 때문이다. 또한 우리가 우리의 의지와 결정을 단순히 조건성에 의해 관철된 내적 사건으로 파악한다면 그것이 바로 무력함과 부자유를 의미한다는 오해에 대한 좀 더 깊은 이해에 이르게 되었다. 무력함의 언어는 우리가 자신을 순수 주체로 파악하는 데서 기인하고 이 순수 주체라는 것은 결국 숨은 난쟁이로 드러난다. 이러한 진단을 오해하면 곤란하다. 여기서 기술된 착각은 우리가 확실한 사고의 단계로 실행하는 것이 아니다. 오히려 그 반대로, 이 착각을 명확한 사고의 형태로 떠올리는 순간에 우리는 이미 그것이 난해한 오해라는 것을 알아차리게 된다. "아니, **그런** 뜻이 아니었습니다!" 여러분은 이렇게 외칠지도 모른다. 하지만 우리가 말하는 **다른** 뜻이라는 건 과연 무엇인가? 언급된 오해나 착각을 조목조목 따진다고 해서 우리를 무조건적 자유의 방향으로 자꾸 잡아당기는 직관이 사라지는 것은 아니다. 이것은 어떻게 하면 내적 소실점의 경험을 오해하는 사태를 피할 수 있는가 하는 것을 확실히 이해하고 난 후에도 사라지지 않고 정당한 권리를 요구할 수 있다. 이렇게 사라지지 않고 끈질기게 살아남은 직관이 어떤 착각에 기반을 둔 것일 경우 이 착각은 지금껏 이야기된 여러 오해들 **뒤에** 아직 숨어 있는 착각임이 분명하며, 이 착각을 밝은 곳으로 끌어내는 것이 중요하다. 이는 앞으로 이 책에 남아 있는 두 개의 장에서 풀어나갈 과제가 될 것이다.

▌중용적 무조건성?

이 과제에 들어가기에 앞서, 자유와 조건성이라는 이 두 핵심 단어가 나타날 때 종종 마주하게 되는 한 가지 사고를 관찰함으로써 이제까지의 진단을 완성해보고자 한다. 이 사고를 무조건적 자유에 관해 지금까지 내가 비판한 내용에 대한 반응으로 이해한다면 다음과 같을 것이다. "당신은 무조건적 자유에 대한 것 중 가장 우스꽝스러운 것만 골라 비판을 했다. 무조건적 자유를 하찮고 우습게 만드는 데 성공한 것이다. 자유의지가 어떤 특정한 인격체와 그를 둘러싼 인생, 특질과 **전혀 무관한** 의지를 가진다는 의미에서 **완벽히** 무조건적이라는 것을 뜻할 수는 없음은 **당연**하다. 이러한 의지가 있다면 실제로 그것은 백 퍼센트 우연에 의지하며 도저히 이해의 여지가 없는 의지일 것이다. 그러나 이는 여기서 우리가 의미하는 '의지의 자유와 결정의 자유는 지나간 과거의 일에 의해 명백하게 좌우되지 않는다'라는 생각과는 다르다. 우리가 말하고자 하는 것은 이들이 훨씬 작은 크기의 여유 공간을 가진다는 것이다. 의지에 조건들로 이루어진 틀이 존재해야 한다는 것, 그래야만 어떤 의지가 특정한 사람의 의지가 되어 특정한 사건에 반응할 수 있다는 것을 우리도 인정하는 바다. 그러나 과거의 그 어떤 일에도 불구하고 당사자가 무엇을 결정할지에 관해 개방되어 있는 하나의 점이 존재한다. 그가 어떤 한 가지를 원한다면 그와 똑같이 다른 한 가지도 원할 수 있는 것이다. 그가 무엇을 원할지에 관해 뚜렷하게 정할 수 있는 것은 없다. 결국 자유라는 것은 바로 이 마지막 남은 개방성이다. 이 자유를 설명하기 위해 우리는 무력함이나 순수 주체라는 개념을 끌어들일 필요가 없다."

이 서술은 올바른가? 그리고 과연 자유와 정말로 연관성이 있는가? 일단 본질적 결정, 즉 우리의 인생이나 장기적 정체성에 관한 경우를 살펴보도록 하자. 우리의 망명자는 조국에 머무를지 아니면 떠날지를 결정하는 데 주도권을 쥐고 있는 자신 내면의 기억이나 내적 자화상 및 여러 숙고들 없이도 이렇게나 저렇게 결정할 수 있는 사람으로 스스로를 이해할 수 있을까? 그는 동전을 던져 어느 면이 나오느냐 하는 우연에 따라 결정하는 사람이라고 자신을 생각할 수 있을까? 최소한 자신이 자유를 행사하는 사람이라고 생각한다면 그는 그렇게 할 수 없다. 만일 원하는 것과 행하는 것을 우연성이 지배한다고 한다면 이것은 **전혀 결정이라고 할 수가 없으며** 따라서 자유의 행사가 아니다. 그리고 이러한 개념적 관찰은 또한 경험에서도 확인된다. 망명자가 자유에 근거해서 행동을 결정하려고 하기 **때문에** 내적 조건 중 하나가 다른 조건들과 겨루어 우위를 차지해서 의지를 형성할 때까지 자기 자신과 싸워야 할 것이다. 자신이 원하는 그것이 우연에 근거하지 **않았다**는 느낌을 갖고 나서야 자유의 인식 안에서 비로소 편안함을 느낄 수 있다. 내적으로 채 안정되지 못했는데 행동이 필요한 시점과 맞닥뜨려 자신의 의지와 행위가 마치 우연에 의해 일어난 것처럼 느껴진다면 이것은 **좌절된** 자유의 경험이 될 것이다.

자신의 의지가 가지는 우연성에 대한 사고는 그러므로 자유의 경험과는 아무 관련이 없으며 이 제한된 상황 안에서도 그 점은 변함이 없다. 다를 거라는 느낌은 자유와 미결정의 상태를 혼동함으로써 생긴다. 미결정은 때때로 부자유의 형태로 경험된다. 상대적으로 중요도가 덜한 도구적 결정의 경우에서도 그러하다. 두 가지 다른 결정이 다 똑같이 일리가 있는 것처럼 느껴질 때가 **존재한다.** 이사 갈 집을 놓고 고민할 때가 그렇고 또 교통수단을 선택할 때도 그렇다. 상징적으로도, 또 실제로 동전을 공중에 던질 때도 있다. 그러나 이렇게 하는 것은 우리의 자유를 좌지우지할 정도로 크게 **중요하지** 않은 일을 결정할 때다. 그러므로 이사 갈 집 두 채를 놓고 고민할 때 우리는 동전의 앞뒷면에 따라 결정하지 않고 상상력을 동원해 확연히 자유로운 의지가 찾아졌다고 느낄 때까지 고민과 숙고를 계속한다. 교통수단의 경우는 다르다. 너무 오랜 고민은 유익하지 않다. 그러므로 그때그때 상황에 맞는 우연에 따라 결정되도록 놔둔다. 우리는 이것을 심지어 즐기기까지 하며 자유의 한 형태로 해석하기도 한다. 그러나 이것은 여행지의 도심 골목길에서 우리가 인파에 떠밀려 발길 닿는 대로 걸어가는 것과 흡사하다. 우리는 표류자가 된 것을 즐기는 것이다. 만일 나중에 지금 이 대목을 다시 들추어본다면 우리는 순수한 우연이라는 것의 존재에 대해 의심을 품게 될 것이다. 여기서 우연이라는 것은 버스 정류장에서 기다리고 있는데 마침 택시가 와 앞에 멈추는 것이 바로 우연이다. 그러나 우리가 그 택시에 올라타는 행위에는 돈 따위는 상관하지 않겠다는 기분을 가능케 하는 과거의 배경이 있기 때문이다. 우리가 바라는 것은 바로 이런 것이다. 아무리 사소한 일이라고 해도 그것이 어디까지나 **우리 자신의** 일이기를, 그리고 우연이라는 익명의 통제기관에 의해 지휘되지 않기를 바라는 것이다.

무조건성은 또한 우리의 중용적 해석 안에서도 자유의 경험을 이해하는 데 아무런 도움을 주지 못한다. 자유를 조건성과 확실성의 이완이나 부재에서 찾는다면 그것은 자유를 올바르지 못한 곳에서 찾는 것이라는 법칙이 여기서도 통용되기 때문이다. 또한 자유를 조건의 부재에서 찾으려는 이런 시도는 '어떤 것을 불러일으키기에 충분한 조건들은 강요와 무력감을 의미할 수밖에 없다'라는 착각에 암암리에 빠진 것이 아닌가 하는 인상을 불러일으킨다.

8장

안으로부터의 자유,
밖으로부터의 자유

내적 소실점 현상을 순수 주체의 의미로 오역하지 않고 숨은 난쟁이의 덫에 걸려들지 않도록 조심한다고 해도 자유를 오직 조건적 자유로만 파악한다면 자유의 경험을 제대로 할 수 없는 것이 아닌가 하는 의심을 가질 수 있다. 그것이 단지 조건적 자유라는 것을 **안다**고 해도 그 속에서 우리가 스스로를 다시 알아볼 수 없는 건 아닐까 하는 생각이 들 수 있다. 또 뭔가가 **빠져** 있는데 그것이 **생각해낼** 수 있거나 오류를 발견해냄으로써 **교정할** 수 있는 것이 아닌, 우리가 의심의 여지 없이 **겪고 있는** 그 무엇이 아닐까 하는 느낌이 떠나지 않을 수도 있다. 이제 풀어야 할 과제는 이것이 무엇인지 알아내는 것이다. 우리는 우리의 자유를 바라보는 내적 관점이 조건성의 범위 안에서 완전하고 빠짐없는 분석에 반하는 느낌으로 모아지는 이 현상이 과연 무엇인지 알아내야만 한다. 또한 이러한 이해를 바탕으로 직관적 인상이 지금까지 논의했던 여러 오류들을 아우르고 그 동기가 되는 사고적 오류에 기반을 두고 있다는 것을 인식할 수 있는 지점에 이를 때까지 나아가야 한다.

▌상상: 효과적 가능성

일단 우리가 언제라도 의지와 행위에 관한 복수의 가능성들 중에서 선택을 할 수 있다는 인식에서 출발하도록 하자. 이것은 자유의 경험을 구성하는 이른바 여유 공간의 존재를 의식하는 것이다. 지금까지 전개되어왔던 조건적 자유에 대한 이야기가 최종적 결론일 경우 이 인식이 위협당할지도 모른다는 인상을 받기 위해 순수 주체라는 개념에 수반되는 모순에 휘말릴 필요가 없다.

이 이야기 속에서 전개되는 미래의 개방성이라는 것을 다시 한 번 떠올려보자. 우리의 망명자 앞에 개방된 미래가 펼쳐진다는 것은 어떤 것일까? 우리는 열린 미래의 경험에서 세 가지 구성 요소를 꼽아보았다. 첫째는 결정의 경험, 즉 숙고와 상상을 동원해서 자신의 의지를 정할 수 있는 경험이었다. 둘째는 결정이 번복 가능한 것이라는 인식이다. 셋째, 자신의 의지가 가는 통상적인 길에 대한 지식이 결정에 영향을 줄 수 있고 의지를 역방향으로 틀 수 있다는 경험이다. 이 세 가지 요소를 모두 합쳐보면 가능성들의 여유 공간이 언제나 우리를 따라다님을 알 수 있으며 이것은 우리에게 매우 중요한 문제다.

그러나 이번 2부를 시작하면서 우리는 모든 것을 무위로 만들어버리는 것처럼 보이는 하나의 논거를 접하게 되었다. 누군가가 인식하는 열린 미래가 거짓이 되지 않으려면 그가 말하는 가능성이란 **상상 속에서만** 존재하는 것이 아닌 **진짜**의, 즉 **실제적인** 가능성이라야 한다는 주장이었다. 머릿속에서만 존재하는 가능성은 자유에 그 어떤 기여도

하지 않는다. 그러나 진짜 가능성이라는 것은 고민과 숙고의 커튼 뒤에서 이미 결정되어 있는 그런 것이 아니어야만 한다. 그런데 모든 것이 조건에 따른다면 바로 이런 경우가 발생한다. 망명자의 경우를 살펴보자. 그가 앞날에 대해 상상했던 여러 가지 중에서 과연 어떤 것이 다른 것들을 제치고 의지 결정에 관여할지는 그가 살아온 삶의 이야기, 그리고 그 삶을 거치며 그가 어떤 사람이 되었는지에 따라 명확하게 달라진다. 그러니까 그가 지표면에 그을 수 있는 족적이 여러 개일 수 있다는 주장은 **사실**이 아니라는 것이다. 물론 숙고의 순간에는 여러 가능성의 존재를 믿을뿐더러 믿어야 한다. 그것이 바로 숙고의 개념이기 때문이다. 하지만 망명자의 자유가 단지 조건적 자유일 때 이것은 실제로 잘못된 것이다. 그가 한편으로는 숙고하는 존재로서, 다른 한편으로는 자유가 제한된 사람으로서 자신을 인식한다면 이것이야말로 모순에 **빠**지는 것이기 때문이다.

이러한 생각이 아무리 불가피하며 당연한 듯 들린다고 해도 뭔가 석연치 않은 점이 있다. 이 혼란의 근원은 **진짜 가능성**이라는 말에 있다. 여행 가방 위에 엉덩이를 걸치고 기차를 기다리는 망명자를 떠올려보자. 진정한 가능성과 그렇지 않은 가능성을 구별한다는 것이 과연 무슨 뜻이며 이 구별은 의지의 자유와 어떤 관련이 있는가? 지금까지 우리는 망명자가 기차를 타고 외국으로 떠나거나 레지스탕스군 친구와 손을 잡는다는 것을 전제했다. 진짜 가능성이라는 것은 이 두 가지 행위가 바로 그 시점에서 세상이 허락하는 범위 안에서 진행 가능하다는 뜻이다. 이 이야기를 변형해 새로 권력을 손아귀에 넣은 폭력 정권의 충실한 개들이 망명자의 뒤를 밟아 그를 덮쳐 끌고 갈 때만을 노리며 기차역 담 뒤에 숨어 있다고 가정해본다. 그러면 원래의 이야기에서 진짜 가능성으로 유효하던 것들이 더 이상 그렇게 않게 된다. 이제 망명자는 기차를 타고 떠날 수도, 레지스탕스군에 합류할 수도 없다. 이것이 망명자의 결정의 자유에 차이점을 만들어낼까? 그가 추적자들을 발견하지 못할 때까지는 차이가 없다. 그러나 모든 것을 아는 우리들에게는 그가 플랫폼에 앉아 실제로는 자신에게서 떠나버린 두 가지 가능성에 대해 곰곰 생각해보는 모습이 그저 안타깝기만 하다. 사실 전체적으로 볼 때 그의 자유에 변한 점이 있다. **행위**의 자유가 대폭 축소된 것이다. 그러나 자신도 모르는 사이 세계가 변했으며 자신의 행동의 자유가 곧 완전히 질식할 것임에도 불구하고 그가 가지는 **의지**의 자유는 전혀 타격을 입지 않았다. 만일 레지스탕스군에 대한 충성심 쪽으로 마음이 기울었다면, 이렇게 형성된 의지를 실천하기 위해 여행 가방에서 벌떡 일어나 뚜벅뚜벅 되돌아갈 것이며, 그를 기다리는 추적자들의 품에 제 발로 낭낭히 늘어가게 될 것이기 때문이다.

그러므로 숙고된 가능성이 실제로 존재해야 하며 단지 상상된 가능성은 자유에 아무 도움이 되지 않는다는 주장은 옳지 않다. 이 주장은 행위의 자유에는 유효하다. 이유는 단순하다. 나는 정말로 **할 수가 있을** 때만 내가 원하는 것을 할 수 있기 때문이다. 그러나 이것은 의지의 자유에는 유효하지 않다. 내 판단을 반영한다는 의미에서 볼 때 내 의지가 자유로운가 하는 물음에 있어서 판단 형성 과정에서 고려하는 가능성들이 실제로 존재하는가, 즉 내 상상이 현실적인가의 여부는 아무 역할도 하지 않는다. 또한 광적인 상태에서 이루어진 자의 의지도 자유로운 의지일 수 있다. 앞뒤가 맞지 않다 보니 타인에게는 우스꽝스럽게 비춰질 것이고 외부 세계가 그의 상상과는 전혀 부합되지 않기에 시작부터 번번이 실패한다는 이유로 이러한 의지를 과연 의지라고 부를 수 있을 것인가 하는 의구심이 들 수도 있다. 그러나 이 경우에도 결정적인 개념적 요소는 건재하다. 무엇을 원하는 당사자의 숙고와 판단이 의지와 일치할수록 그 의지는 자유롭다. 이전에 소개한 피아노 연습생이 60초 안에 〈강아지 왈츠〉를 완주하려는 의지를 현실적으로 실현할 수 없으리라는 것을 우리 모두가 알고 있을지 모른다. 그는 비극의 주인공이 되고 우리에게는 연민의 감정이 일어날 수도 있다. 의지의 존엄성이 아닌 자유의지의 존엄성은 그렇다고 해서 손상되지 않는다. 물론 강박의 희생양이나 여타 다른 부자유스러운 의지가 아니라 그녀가 원할 수 있다고 생각하는 틀 안에서 형성된 의지일 경우에만 해당한다는 전제조건이 있지만 말이다.

자유 경험을 위해 필요로 하는 미래의 개방성은 상상력의 게임에 있다. 그리고 **오직** 이 안에만 있다. 상상된 가능성이 의지의 자유에 아무 공헌을 하지 못한다는 것은 옳지 않다. 오히려 그 반대. **오직** 상상된 가능성만이 의미가 있는 것이다. 망명자가 비밀경찰의 끄나풀에게 미행당한다고 믿은 나머지 자기의 다락방에서 죽은 듯 꼼짝하지 않고 숨어 지낸다고 생각해보자. 문밖으로 한 발짝도 나가지 않은 채 불도 켜지 못하고 전화벨과 초인종 소리에도 아무 반응을 보이지 않는다. 상상력을 발휘할 수 있는 단 하나의 길은 그들이 완력을 써서 들이닥칠 때를 대비해 저항하는 방법과 지붕 위의 탈출로에 대해 머리를 짜내는 것이다. 그런데 실제로 초인종을 누른 사람은 그를 몰래 탈출시키려고 찾아온 친구들이다. 결국 망명자에게는 탈출의 가능성이 **있는** 것이다.

그러나 이 가능성은 그의 상상 안에서 입구를 찾지 못했기에 그의 자유에 아무 도움이 되지 못한다. 이것은 어처구니없을 정도로 단순해서 여러분은 이렇게 생각할지도 모른다. 알지 못하는 가능성을 고려하지 못하는 건 너무도 **당연한** 일 아닌가. 그러나 단순함에도 불구하고 이러한 관찰은 매우 중요하다. 의지의 자유에 있어서 우리가 예상했던 것처럼 실질적 가능성이 아닌 상상된 가능성이, 세계가 아닌 상상이 요점이 된다는 것을 다시 한 번 명료하게 보여준다. 한 가지 덧붙이자면, 상상의 가능성은 **진짜**이며 전이된 의미에서 본다면 **실제적**이기까지 하다. 상상된 가능성으로 여러분은 의지에 진짜 영향력을 행사하며 이렇게 영향을 받은 의지는 자유로운 의지가 된다.

그럼에도 불구하고 이 논의는 아직 완전히 끝난 것이 아니다. 진정한 가능성이라는 것에 아직도 전혀 다른 의미가 있을 것이라는 생각은 아직도 살아 있기 때문이다. 눈앞에 보이는 진정한 가능성이란 숙고의 과정을 거치지 않고 무엇을 선택할지 이미 사전에 정해지지 않은 상태에서만이 가능하다는 생각인 것이다. 이것은 표면적으로 보면 인과 관계가 뚜렷하다는 인상을 풍긴다. 그래서 만일 조건적 자유만이 존재한다면 이 조건들은 충족되지 못할 것이므로 우리에게 진짜 가능성과 진정한 숙고의 기회를 부여하는 것은 오직 무조건적 자유밖에 없다, 이렇게 생각하기 쉽다.

그러나 사실은 이와는 반대다. 숙고와 상상력이 미치지 못하는 뒤편에서 상상된 가능성 중 어느 것이 선택될지 이미 결정되었다는 것은 우리의 망명자에게 무엇을 의미할까? 전혀 다른 두 가지 의미가 있을 수 있다. 그 하나는 그의 **의지가 숙고와 무관하게 형성되었다**는 것이다.

그가 자신의 상상력을 동원해 머릿속에 그렸던 것, 즉 달구지나 친구의 분노한 얼굴 같은 것은 어떤 것도 움직이지 못하는 헛바퀴 같은 것이라는 뜻이다. 우리가 이미 알다시피 이것은 실제로 의지의 부자유를 뜻한다. 그러나 이것은 의지가 **조건적**으로 자유로울 때 일어나는 현상이 아니라 **무조건적**으로 자유로울 때 일어나는 현상이다. 당사자가 그어떤 상상력을 동원하든 상관하지 않고 숙고의 내용을 무시한 채 갑자기 어디선가 나타나 형성되는 의지는 무조건적으로 자유롭고 변덕스러운 의지일 것이다. 조건적 자유의지가 아닌 무조건적 자유의지는 상상된 가능성이 주는 여유 공간과는 무관하다. 그에 반해 조건적 자유의지는 숙고와 가능성의 여유 공간 밖으로의 내적 확장과 무관하지 않게, 그리고 그들의 영향력 아래에서 형성된다. 다른 말로 하면 오직 조건적 자유만이 누군가의 상상이 진정한, 즉 효과적인 가능성이 될 수 있도록 보장할 수 있다는 뜻이 되겠다.

상상된 여러 가능성들 중 어느 것을 선택할지 망명자에게 미리 결정되어 있다는 생각에 대한 두 번째 가능성은 **그가 상상한 것들 가운데 어느 것이 마지막에 다른 것들을 앞질러 그의 의지를 결정하게 될지 여부가 열려 있지 않다**는 가정이다. 그 의미는 망명자의 성격적 요소와 살아온 사연 및 삶의 조건 안에 그가 할 선택과 의지 형성에 대한 결정적 요인이 이미 내재되어 있다는 뜻이다. 이것은 일상적인 조건성의 범위 안에서는 실제로 그렇기도 하다. 그러나 그 밑에 정말로 우리가 논의하고 있는 진정한 가능성이 묻혀 있을까? 그 반대다. 그렇지 않다는 가정을 해보자. 그렇다면 망명자의 의지를 결정했던 가족들의 압송이나 친구의 분노한 얼굴에 대한 상상이 그 **어떤 것에도** 의존하지 않는다는 말이 된다. 그렇다면 이 상상을 하든 저 상상을 하든 **아무 상관이 없게** 된다. 이것이 상상된 가능성들에게 특별한 진성성을 부여하는가? 질대 그렇지 않다. 망명자가 어떤 결정을 내릴지는 순전히 우연에 의하게 된다. 그의 의지가 어떤 상상의 뒤를 따를지가 완전한 **우연**이기 때문이다. 결정의 우연성은 아무것도, 정말로 아무것도 망명자나 그의 내적 상태, 그의 삶의 이야기와 무관하다는 것을 의미한다. 그가 그 당시 내린 결정이 **이러하다면** 그가 내리는 **그 어떤 결정도** 마찬가지일 것이다. 망명자는 자신이 내린 결정의 결과가 자신의 기억이나 감정, 성격적 특질과는 전혀 무관한 상태로 그저 우연한 결정들 사이를 전전하는 사람이 되고 말 것이다. 이것은 무조건적 자유의지 못지않게 기괴한 형태의 자유일 테다. 망명자는 의지 안에서 자유를 행사하고 싶어 하지만 결과는 그 반대가 되어버린다. 망명자는 복수의 가능성들을 저울질하는 일이 그라는 특정한 인격체에 걸맞은 의지가 형성되는 데에 도움을 주기를 바란다. 상상의 힘이 그에게 제공해야 하는 것은 자신과 일체감을 느낄 수 있는 의지를 찾아주는 것이다. 그리고 이 일은 상상력이 만들어낸 그림이 주는 효과가 우연이 아닌 그를 바로 그 사람일 수 있게 만드는 모든 요소와 함께 작용했기 때문에 가능한 것이다. 그렇지 않다면 상상된 가능성들은 아무짝에도 쓸모가 없다. 그리고 오직 앞에서 말한 것이 이루어질 때만이 진정한, 즉 효과적인 가능성이 될 수 있다.

우리의 자유에 대한 경험이 환상일 뿐이라는 결론으로 귀결되는 생각은 그러므로 그에 따르는 두 가지 가능한 의미 모두에서 틀렸다고 할 수 있다. 머릿속의 상상이 실제로 존재해야만 한다는 생각, 그리고 단지 상상된 가능성이 자유에 아무런 이익도 되지 않는다는 생각은 맞지 않는다. 또 이해 가능하고 바람직한 자유의지는 상상된 가능성들이 의지에 미치는 영향력에 있어서 기존의 조건들에 의해 아무 제약도 받지 말아야 한다는 생각도 옳지 않다. 진정한 결정의 자유를 둘러싼 상황은 이와는 전혀 다른 것이다. 나는 알고 있다. '결국 나는 오직 한 가지만을 원하고 하게 될 것이다. 내가 여러 가능성을 앞에 놓고 숙고하는 한 의지 형성의 과정은 종결된 것이 아니며 설사 차선책을 고려하고 있다고 하더라도 고려를 계속하는 **그 순간까지는** 아직 끝난 것이 아니라는 나의 생각은 옳다. 그러나 차선책의 고려는 전체적으로 봤을 때 나와 내 과거를 결국 어느 특정한 의지로 고정하는 사건이 될 것이다. 나는 이것을 잘 알고 있음에도 불구하고 흔들리지 않는다. 오히려 그 반대로, 바로 그 점에 결정의 자유가 존재하는 것이다. 나의 숙고가 끝도 없이 계속될지도 모르며 그렇게 되면 영원히 의지가 정해지지 않을 수도 있다고 생각한다고 해서 이 자유가 더 커지지는 않는다. 도리어 앗아질 뿐이다. **이것은** 나의 숙고를 돈키호테적 행위로 만들며 무력감을 의미할 뿐이다.'

이제 우리는 앞에서 조목조목 논의된 모순을 해결하는 국면에 접어들었다. 숙고라는 것의 개념은 여러 개의 열린 가능성이 존재한다고 믿는 것에 있다고 우리는 들은 바 있다. 그러나 우리가 조건적 자유를 유일한 자유로 생각한다면 이것은 반대의 확신을 의미한다. 즉 최후에는 복수의 의지 중에서 단 하나의 가능성만 남는다는 확신이다. 이것은 완벽한 모순이 아닌가? 그렇지 않다. 양쪽의 확신은 서로 다루는 **주제**가 다르다. 망명자가 여러 행동의 가능성들을 차례차례 펼쳐본다는 것은 가능한 행위 및 이런저런 행위를 했을 때 어떻게 될 것인가 하는 결과에 대해 숙고한다는 것을 의미한다. 조국에 남았을 때 아내와 아이들이 강제로 끌려갈 수 있는 위험에 대해 생각해보고 다른 한편으로는 조국을 등졌을 때 친구가 보일 반응과 자신의 비겁함에 대한 죄책감을 눈앞에 그려보는 것이다. 그는 각기 다른 이 두 가지 감정을 가지고 살아가야만 할 미래를 가상으로 느껴본다. 이미 보았듯이 이러한 그의 생각은 반드시 실제일 필요가 없다. 그러나 이것은 단순히 부담 없는 상상 게임이 아니라 실제로 일어날 수 있다고 그가 **믿고 있는** 상황들인 것이다. 그리고 그는 자신에게 **두 가지** 행위와 의지의 가능성이 있다고 확신한다. 그렇지 않다면 양쪽 선택을 놓고 갈등에 휩싸일 필요도 없을 것이다. 그런데 여기서 이 확신의 내용에 잘못된 딱지를 붙이지 않는 것이 중요하다. 이것은 **내가 어떤 숙고를 하든 간에 무관하게 결국에는 두 가지를 다 원하는 것이 가능할** 거라는 확신이 **아니다**. 이 확신은 방금 다 끝난 숙고가 의지에 미치거나 미치지 않는 영향력에 대한 것이 **전혀** 아니다. 사고와 의지 사이의 관계는 확신의 대상이 아닌 것이다. 숙고하는 망명자가 다루는 것은 자기가 상상하는 **내용**이지 상상이 그의 내부에서 어떤 **영향**을 가질지가 아니다. 그는 상상 안으로 완전히 **빠져들며**, 그래야만 한다. 상상이 그 영향력을 의지에 펼쳐낼 수 있기 위해서다. 만일 그가 자신의 상상이 의지에 미치는 영향—내적 거리 두기의 능력이 허용하는 것—을 주제로 삼게 되면 그 영향력은 무너질 것이며 원래의 결정 과정이 중단되는 결과를 낳을 것이다.

가능성들을 상상하는 작업에 있어서 상상이 의지에 미치는 영향력에 대한 생각은 **사실상** 배제된다고 치자. 이 두 가지는 우리 안에서 동시에 자리 잡을 수 없다. 하나에서 다른 하나로 넘어가는 과정은 내적 상황을 매우 크게 변화시킬 수 있다. 생각에 깊이 빠진 망명자는 자신의 숙고가 마지막에도 단 하나의 의지에 안착하지 않을 거라는 생각을 사실상 완결할 수 없는 것이다. 하지만 이것은 지금 논의되는 주장이 당면한 문제는 아니다. 중요한 것은 두 갈래의 길을 다 갈 수 있다는 망명자의 확신이 **논리적으로** 볼 때 숙고의 마지막 순간에도 복수의 것을 원하는 게 가능하다는 확신을 요구하지 않느냐는 것이다. 다르게 표현하자면 '**나는 여러 가지 것들을 원할 수 있고 할 수 있다. 또 나의 숙고는 결국 한 가지만을 원하고 할 수 있는 결과를 낳는다**'라는 이 두 가지 생각의 내용이 결국 공존할 수 있는가 하는 문제인 것이다.

물론 공존할 수 있다. 앞에서 말한 것처럼 이 두 가지는 서로 다른 테마에 속하기 때문이다. 또는 **적용 범위**가 다르기 때문이라고 말할 수도 있다. 하나는 의지와 행위의 가능성에 대한 이야기, 즉 숙고가 의지에 그 최종적 영향력을 발휘하기 이전의 이야기고 다른 하나는 결정이 내려진 다음에 그것이 지속되는 상황에 관한 이야기다. 전자는 결정 과정을 고려하지 않은 의지에 관한 것이고 후자는 이 과정을 끌어들인 상태의 의지에 관한 것이다. 그러므로 이 두 가지 사이에는 모순관계가 성립하지 않는다.

▌핵심에 집중하기

자유를 조건적인 것으로 이해한다면 이 자유를 바라보는 우리의 내적 관점이 올바르게 판별된 것이 아닐 수도 있다는 느낌이 과연 어디서부터 유래되었는지 파헤쳐보자는 목표를 우리는 세운 바 있다. 이 느낌을 탄생시킨 사고의 오류는 무엇일까? 앞 장에서 우리는 두 가지의 오류를 발견해냈다. 그것은 무력감의 잘못된 해석, 그리고 순수 주체라는 것에 대한 오해였다. 이제 세 번째 오류가 덧붙여졌다. 바보 숙고 및 개방된 미래에 대한 그릇된 견해다. 다양한 가능성에 대해 생각하는 작업, 그리고 이것이 종국에는 단 하나의 가능성으로 귀착된다는 것을 우리가 알며 또 그렇게 기대한다는 사실, 이 두 가지가 논리적으로든 기능적으로든 모순 관계에 있지 않다는 것을 이제 우리는 알게 되었다. 모순 관계에 있기는커녕, 어떠한 결론에 귀결하려는 의도는 여러 가지 생각을 거쳐 마지막에는 하나의 선택을 하려는 의도와 정확히 일치한다. 사실 이것은 매우 명백하다. 그런데 왜 오해가 발생하는 것일까? 우리는 어떻게 하면 더 깊은 진단적 이해에 이를 수 있을까?

이 책에서 앞서 한 번 관찰했던 사실을 이용해보도록 한다. 망명자를 상상 속에 깊이 **빠져 들어간** 인물로 묘사했던 대목이다. 빠졌다는 것은 그가 전적으로 숙고의 **내용**에 몰두했다는 뜻이다. 다른 표현을 빌리자면 **그 일에 집중한다**는 의미다. 망명자의 처지가 되었다고 상상해보자. 제복을 입은 정권의 앞잡이들이 식솔들을 강제로 달구지에 거칠게 신는 광경이 마치 실제처럼 머릿속에 펼쳐지자 그는 공포로 하얗게 질리고 만다. 수용소에 갇힌 아내와 아이들이 죽음으로 향하는 마지막 발걸음을 복도로 내딛는다. 두려움으로 일그러진 얼굴들, 그들의 울부짖음이 들려온다. 반대편에는 레지스탕스군의 비밀 모임 장소인 지하 공간이 보인다. 그들은 여러분이 저지른 배신과 비겁함에 대해 이야기한다. 그 녀석은 빼버려, 라고 내뱉는 그들의 얼굴에는 경멸이 가득하다. 이 모든 것을 보는 여러분은 양자택일의 고통 속에서 이리저리 나부낀다. 상상 속의 장면에 완전히 몰두한다. 의식에선 상상 속의 광경이 주는 것 이외에 그 어떤 것도 자리하지 못한다. 여러분은 여러분을 압박하며 **밀고 들어오는** 것들, 달구지를 실은 열차, 강제수용소, 아내와 아이들의 얼굴, 레지스탕스군들의 표정과 이야기들로 인해 완전히 경계 바깥에 위치한다. 외부에 위치하게 된 이러한 경험을 더 특징적으로 표현한다면, 여러분의 생각과 상상이 그려내는 그림은 **그 그림이 그려내는 대상으로 넘어간다**고 말할 수 있다. 더 나은 표현으로는 생각과 그림을 넘어서서 그들의 대상으로 향한다고 할 수 있을 것이다. 여러분의 숙고하기와 상상하기는 이런 의미에서 외부를 향해 **투명하다**고 할 수 있다.

바로 이 투명성의 경험이 상상 속이 아니라 바깥 세상에 있다는 가능성이 자유에 있어서 중요하다고 생각하게 만드는 요인이 아닐까 나는 생각한다. 상상 속에서 다양한 가능성을 하나하나 짚어볼 때 선택할 수 있는 객관적 가능성들로 이루어진 우주 속에서 움직이고 있다는 느낌을 받는다. 그렇게 되면 오류의 두 번째 부분으로 넘어가게 된다. 자유란 여러분의 의지가 이러한 실제적 가능성들 중에서 하나를 고르는 것이라고 느낄 수 있다. **그에 해당하는 상상이나 가정에 의해 결정되지 않은 채** 말이다. 이 자유는 객관적 가능성들로 구성된 여유 공간에 직접적으로 대면함으로써 이루어질 것이며 이러한 직접적 대면은 의지가 내적 조건들에 의해 제한되거나 고착된다는 약점에 좌우되지 않을 것이다. 다시 말하면, 이 의지는 무조건적 의지가 되는 것이다. 가능성이 상상으로서 여러분 안에서 구현될 때만이 비로소 쓸모 있어진다는 것, 그리고 이 상상력의 역할이 여러분의 의지를 정하는 데 있다는 것을 여러분이 다시 한 번 상기한다면 여러분은 마치 하나의 그림이 돌연 앞으로 쓰러지면서 전혀 다른 형상이 눈앞에 나타나는 것 같은 느낌을 받게 될 것이다. 객관적 가능성들과 그에 따르는 무조건적 의지가 사라지고 그 자리에 상상력과 조건적 의지가 조금씩 자리를 차지하는 모습을 보게 될 것이다. 이렇게 생각이 정리된다면 숙고의 개념으로부터 무조건적 의지의 개념을 이끌어내는 논지를, 사고의 전복을 복구하고 원래 가지고 있던 사고의 형상을 복원하려는 하나의 시도로 이해할 수 있을 것이다.

우리가 우리의 상상을 그 자체로 완결된 내적 에피소드로 경험하는 것이 아니라 상상의 대상으로까지 넘어간 상태에서 경험한다는 사실은 무조건성이라는 환상의 또 다른 주요한 원천이다. 이것은 상상의 **즉흥성**을 잘못 해석하는 결과를 낳는다. 사고가 외부에 존재하는 경험에는 상상의 그림이 난데없이 **나타나는** 경험도 속하기 때문이다. 여러분이 상상을 통하여 가능성에 대해 모색할 때 상상이 주는 강력한 집중력과 논리에 휘말려 들어가 자신을 온전히 내맡기는 동안에는 **상상의 뿌리가 어디서 왔는지**는 아무 문제가 되지 않는다. 망명자의 경우 중요한 것은 오직 그의 가족과 레지스탕스군 동료들, 즉 상상의 대상뿐이다. 이러한 내용 자체에 깊이 잠겨들게 되면 상상력의 조건성 같은 것은 끼어들 여지가 없다. 그리고 이것은 상상에 아무런 조건이 **없다는** 인상을 주게 된다.

이렇게 내린 진단을 우리는 의지에도 적용해볼 수 있다. 의지는 상상력이 가진 투명성을 똑같이 가지고 있기 때문이다. 소망을 경험할 때도 우리는 그것을 그 자체로 완결된 내적 에피소드로 경험하지 않는다. 여러분이 망명자의 입장이 되었다고 생각해보자. 여러분은 가족이 강제로 끌려가는 것을 어떻게든 막으려고 한다. 이 의지를 실현하려고 애쓰는 동안 그 의지가 어디서 왔는지는 아무 문제가 되지 않는다. 이 의지는 어느 순간 그냥 그 자리에 생겨나 여러분을 통째로 휘어잡는다. 이러한 즉흥성, 직접적으로 경험되는 존재감 때문에 우리는 의지가 그것을 탄생시킨 내적 조건들과 **전혀** 연관성이 **없는 것처럼** 느끼기가 쉽다.

앞 장에서 라스콜리니코프가 훨씬 이전에 이루어진 내적 에피소드들의 결실로서 살인 행위를 경험하지 않는다고 말한 바 있다. 그는 살인 행위를 무언가 **새로운 것**, 더 정확하게 말하자면 **새롭게 등장하는** 무엇으로 경험하며, 이러한 느낌은 주체 됨의 경험의 일부를 이룬다. 그렇다면 그의 의지에 관해서도 똑같은 말을 할 수 있으며 이제 우리는 그가 느끼는 즉흥성을 더욱 잘 이해할 수 있다. 그가 자신의 의지를 새로운 시작으로 느끼는 이유는 살인이라는 행위에 깊이 집중함으로써 의지에 선행하는 에피소드적 배경이 자신에게 아무런 문제가 되지 않기 때문이다.

의지의 즉흥성을 무조건성으로 오해하는 이가 있다면 그것은 의지의 투명성 너머의 진정한 원천을 간과하기 때문일 것이다. 그러나 또 다른 착각이 있을 수 있다. 뺑소니 사고를 낸 다음 날 경찰서 앞에서 갈등하던 운전자의 예를 상기해보자. 고민을 거듭하던 그가 결국 모든 숙고를 뒤로 하고 과감하게 경찰서 안으로 걸어 들어가는 것, 또는 그와는 반대로 왔던 길을 되돌아가는 것까지 우리는 보았다. 이것에 대한 이성적이고 공정한 의견을 낸다면 '숙고는 **돌연 중단**되고 그때부터 또 다른 내적 사건에 발동이 걸리기 시작하는 것'이라고 할 수 있다. 우리가 이런 생각을 한다고 가정해보자. '하지만 그것이 **전부**일 수는 없어. 만일 그게 다라면 **자유**가 아니잖은가!' 이러한 생각은 어떻게 생겨나는

가? 어째서 우리는 '자유의 경험은 모든 숙고를 마치고도 **여전히** 두 가지를 다 선택할 수 있는 것이냐'라는, 무조건적 자유를 주상하는 이들의 주장에서 등장했던 말들을 되풀이하려는 유혹에 빠지는가? 우리는 무조건적 자유가 존재할 수 없다는 것을 알고 있으며, 그래서 이것이 **틀린 서술이어야만 한다**는 것을 알고 있다. 대신 우리는 이렇게 말할 수 있다. 뺑소니 운전자는 계속 뱅뱅 맴도는 생각들과 이것들이 그에게 촉발했던 모든 것들에 의해 결국 **자신을 의지에 내맡기게 된 상태가 된 것이**라고 말이다. 다만 이러한 서술을 받아들이려는 우리를 주저하게 만들고 여전히 틀린 방향으로 잡아끄는 것이 있다면 그것은 무엇일까? 그것은 우리가 아까의 착각에 빠짐에도 불구하고 무력감이란 우리의 뺑소니 운전자 안에서 **느닷없이 활동을 시작하는** 그 무엇이라는 느낌을 또다시 가질 때일 것이다. 그러나 우리는 이 무력감의 언어에 더 이상 발목을 잡히지 않는다는 가정을 해본다. **그럼에도 불구하고** 뭔가 석연치 않은 구석이 있다고 해보자. 그것은 과연 무엇일까?

▎색깔 없는 자유

여태껏 제기되었던 그 어느 반론보다도 더 과격한 방식으로 지금까지의 이야기를 문제 삼는 논지가 있을 수 있다. 일단 그 논지의 실마리를 잡아본다면 다음과 같다. 의지의 조건성이 가진 어떤 특정한 형태에서 의지의 자유를 찾는다면 이 자유의 특수한 **내면성**을 놓치게 된다. 조건성이라는 개념은 외부로부터 유래된 관점을 가진 개념이며 그 본질상 내적 관점을 지닌 자유를 표현하기에 적당하지 않다는 것이다. 그럼에도 불구하고 표현을 강행할 경우 결국 **내적 관점을 외적 관점에서 서**

술하게 되는 모순을 만들어낸다. 그렇게 되면 내적 관점을 외적 관점으로부터 **포괄되는** 것으로 착각하기 쉬우며 이렇게 하면 내적 관점을 더 잘 이해할 것이라고 기대하게 된다. 그러나 실제로는 내적 관점의 본질을 완전히 상실하는 결과를 낳는다. 이것이 바로 조건적 자유의 개념이 가진 고민인 것이다.

위의 생각을 이제까지 논의되었던 조건적 자유에 대해 느끼게 되는 직관적 반발심의 뿌리로 이해하면 좋을 것이다. 이것은 무엇보다도 지금까지 번번이 등장한 저항감의 원천인 주체 됨이라는 직관적 느낌에 적용된다. 우리를 혼란에 빠뜨렸던 것은 이제까지의 이야기 중 주체 됨에서 남은 것이 오직 내적 **사건**뿐이며 그것으로 인해 자유의 **주체**로서 실패했다는 느낌을 받을 수 있다는 것이다. 이제 그것을 해명할 차례다. 조건성에 관한 사고를 분석의 지침으로 이용할 때, 우리는 애초부터 내적 관점을 외적 관점의 관찰 대상으로 만들어버리며 저도 모르게 내적 관점을 그것의 진짜 본성으로부터 분리하고 마는 것이다.

라스콜리니코프의 예를 들어 이 생각을 조금 더 진전시켜보자. 우리는 그의 살인 의지의 형성을 내적 조건들의 연쇄로 간주했다. 이것은 외부로부터의 시선이다. 이 시선으로 보았을 때 라스콜리니코프는 원칙적으로 시계와 다름없는 존재가 되었다. 즉 내적 사건에 의해 기계적으로 작동하는 하나의 물체나 시스템이라는 뜻이다. 물론 그는 여러 가지 면에서 시계와는 **다르다**. 그에게 작용하는 것은 톱니바퀴가 아니라 사고, 상상, 기억, 감정, 그리고 당연히 의지다. 그러나 기본적인 **카테고리**상으로는 전혀 다른 점이 없다. 외부에서 보았을 때 내적 사건, 다시 말해 내면의 재깍거림에 의해 움직이는 것이다. 그의 자유가 거론되었을 때 우리는 **이러한 관점을 유지**했으며 조건성의 핵심 개념을 고수하는 가운데 그 자유를 다시금 내면의 재깍거림으로 보는 것이다. 이것은 우리가 묘사하는 바에 따르면 특별하면서도 동시에 특별히 중요한 재깍거림에는 틀림없다. 숙고, 즉 결정에 의한 의지 형성이기 때문이다. 그렇다고 해도 그저 **재깍거림**에 지나지 않을 뿐, 그저 발생하여 정해진 길을 가는 것 이상은 아니다. 이것은 우리가 의지와 결정을 자유를 행사할 때 내적 관점에서 경험하는 것과는 근본적으로 다르다. 우리가 라스콜리니코프를 **그런 식으로 바라본다는 것 자체**가 틀렸다는 것이 아니다. 외적 관점의 존재 방식 자체를 비난하는 것은 아무런 의미가 없다. 중대한 오류는 그러한 식으로 자유의 특별한 내면성을 이용해 그의 **자유**를 설명할 수 있다고 생각하는 그 믿음에 있다.

이러한 사고에는 앞뒤가 맞지 않는 면이 있다. 그것은 조건성의 개념이 **이해**의 개념과 밀접하게 연관을 맺는다는 사실을 상기해보면 더욱 분명하게 드러난다. 조건을 알지 못하면 이해도 불가능하다. 만일 조건성의 개념이 오직 외부로부터의 관점 안에서만 존재한다면 내적 관점 안에서는 이해가 부재하거나 만일 존재한다 해도 그것은 철저히 다른 것이 되고 말 것이다. 이제까지 통용되던 이해라는 개념은 전형적 내면성을 폐기하고 우리로 하여금 자유에 대해 맹목적 태도를 가지게 만드는 그 무엇으로 등장하게 될 것이다. 이것은 우리의 자기 이해라는 현상과 조화를 이루지 않는 결과다. 우리가 과거 또는 현재의 의지 안에서 그 의지들이 가진 조건을 인식함으로써 자신을 이해할 때 우리는 자신이 밖으로 속속들이 까발려져 자유를 상실하는 것 같은 느낌을 결코 받지 않는다.

그러나 이것은 위 문제에서 야기되는 오류에 대한 해명은 아니다. 단지 해명되어야 할 오류가 존재한다는 간접 증거일 뿐이다. 이 오류를 해명한다는 것은 무엇을 의미하는가? 그것은 우리의 자유의지의 행사가 특별한 내면성에 의해 **둘러싸여** 있지만 그 내면성이 **자유 자체와는 상관이 없다**는 것을 증명하는 것이다. 이것을 좀 더 공고히 하자면 다음과 같은 생각을 전개해볼 수 있다. 내면성의 경험에 있어서 설사 조건성의 개념과 충돌하는 무엇이 있다고 해도 그 사실은 똑같은 충돌이 자유와 조건성의 개념 사이에도 존재한다는 것을 증명하지는 못한다는 것이다. 여기에 한 가지가 더 있다. 설령 내면성에 외적 관점으로부터의 이해를 체계적으로 피하는 무언가가 있다고 해도 이것은 자유가 그러한 이해를 회피한다는 의미는 아니다.

증거에 있어서 중요한 것은 내면성이라는 단어에 두 개의 완전히 다른 현상이 숨어 있다는 것이다. 하나는 우리가 **경험**을 가진다는 현상이고 다른 하나는 우리가 자유를 실현할 때 특수한 **은밀함**을 통해 타인의 시선으로부터 보호되는 현상이다. 이 현상들을 제시하는 것은 이들이 비록 실질적으로 우리의 자유와 **동반해** 나타나기는 하지만 자유의 본질을 **형성하지는** 않는다는 것을 보여주기 위해서다. 이 두 현상을 배제한 상태에서 과연 자유가 달라졌는지 생각해본다면 확실히 알 수 있을 것이다.

우리가 무언가를 경험함으로써 생기는 내면성을 먼저 살펴보도록 하자. 여러분은 자신이 무언가를 원하고 숙고를 통해 결정된 의지를 발견하는 인격이라는 것을 **특정한 방식으로 느낀다**. 애인이 레지스탕스군 동료들에게 위협이 된다는 것을 알게 된 후 오랜 내적 갈등 끝에 결국 그녀를 쏘아 죽이겠다는 결정을 내린 레지스탕스군 대장의 처지가 되어보자. 이 결정은 여러분을 갈가리 찢어놓는다. 그녀를 찾아가 총부리를 겨누고 마지막으로 눈빛을 마주친 다음 방아쇠를 당기는 순간 여러분은 일찍이 한 번도 겪어보지 못했던 흥분 상태에 놓인다. 여러분에게 그런 결정을 내리도록 강요한 점령군에 대한 증오, 두려움과 고통은 실로 어마어마하다. 그리고 여러분의 이러한 경험은 자유가 표현하는 감정에서도 나타난다. 그녀에 대한 사랑을 억지로 누르려는 안간힘, 그리고 의지의 형성에 관해서는 이 인식을 바탕으로 고통과 싸워 승리하려는 노력.

여러분이 이 모든 감정을 느낀다는 것은 여러분 자유의 성취가 내면성의 경험을 동반한다는 뜻이다. 숙고와 의지와 행동의 대상뿐 아니라 감정의 대상이 되는 경험인 것이다. 이 경험은 외적 관점을 피해가는가? 외부로부터의 관점을 대변하는 타인인 우리에게 이 경험은 접근 불가능한가? 중요한 것은 우리가 이해하고자 하는 것이 과연 무엇인가 하는 것이다. 우리가 그것에 대해 전혀 **알 수** 없다고 가정해보자. 그렇다면 그것은 틀렸다. 한편으로는 여러분에게 갈등과 고통이 어떻게 느껴지는지 우리에게 **말해줄** 수 있다. 즉 **묘사할** 수가 있는 것이다. 다른 한편으로 우리에게는 공감의 능력이 있어서 여러분이 과연 어떤 감정을 느끼고 있을지 **공감할 수 있다**. 그러므로 이러한 종류의 내면성이 외적 관점에 있어서 아무런 주제가 될 수 없다는 것은 아니다. 물론 절대 가능하지 않은 것도 있다. 우리가 여러분이 겪은 고통의 경험을 **가지는** 것이다. 그 경험은 오직 여러분만이 가질 수 있다. 오직 여러분의 것이지 다른 이의 것이 될 수 없는 것은 경험이 가진 성질에 속하기 때문이다. 원칙적으로 말해서 타인인 우리는 여러분과 똑같은 **종류**의 경험을 가질 수 있다. 다만 우리에게 불가능한 것은 여러분의 경험과 관련한 에피소드에 대해 함께 겪는다는 의미에서 참여하는 일이다. 이 것은 여러분의 자유 결정을 실행하는 데에 따르는 복합적인 경험에도 해당된다. 우리가 여러분이 **될 수 없는** 까닭에 이 경험은 어떤 의미에서 닫혀 있다고 할 수 있다.

앞에서 언급한 논지가 주장하는 것처럼 이것은 우리의 자유가 원칙적으로 폐쇄되어 있어야 하며 우리가 그것을 바깥에서 관찰할 때 기껏해야 왜곡된 형태로 나타난다는 것을 의미하는가? 그럴 수는 없다는 간접 증거가 있다. 여러분의 경험된 자유가 우리를 비껴가는 것과 마찬가지로 여러분에게서 경험된 **부자유**도 우리를 비껴간다는 의미에서 그렇다. 여러분이 거듭된 깨달음에도 불구하고 화려한 불빛으로 치장된 카지노의 유혹을 이기지 못하는 도박 중독자라고 할 때, 여러분의 내적 강박에도 마찬가지 의미가 적용된다. 우리가 이 경험을 여러분과 함께 **나누거나** 우리 것으로 **만들** 수 있는 길이 닫혀 있다는 뜻이다. 우리가 여기서 이야기하는 내면성은 자유의 존재에서 기인하는 내면성일 수 없다. 여러분이 경험하는 자유가 외부에서 발원한다면 그 이유는 그것이 **자유**라서가 아니라 **경험되었기** 때문이다.

경험의 내면성은 자유에 자유라는 꼬리표를 붙이는 것이 아니다. 이전에 언급했던 생각의 실험, 즉 내면성을 모두 배제한다는 가정을 해보았을 때도 역시 같은 결론에 도달한다. 다시금 레지스탕스군 대장의 입장으로 되돌아가보자. 상황은 아까 말했던 대로다. 사랑하는 여인을 죽이기로 결심을 했지만 여전히 끔찍한 갈등을 겪고 있다. 그런데 다른 점이 한 가지 있다. 갈등이 진행될수록 경험의 모든 색깔들이 **빠져나가**기 시작한다. 맨 먼저 마음의 상처가 옅어지기 시작하고, 마음의 저항을 이기려는 모든 노력들이 조금씩 수월하게 느껴지기 시작하며 그 농도가 조금씩 옅어진다. 결국 여러분의 내면세계에는 어떠한 색깔도 남아 있지 않게 된다. 그러나 동료를 잃고 싶지 않은 두려움, 점령군에 대한 증오, 방아쇠를 당기는 순간을 생각하는 순간 치솟는 마음의 고통은 여전히 남아 있다. 이것들은 여러분의 내면 안에서 고스란히 똑같은 자리를 차지하고 있으며 이전과 다름없이 똑같은 조건적 힘을 가진다. 그러나 그들은 이제 더 이상 **경험**이 아니다. 여기서 결정적 질문을 던져본다. 이렇듯 경험과 내면성이 희미해지다가 결국 완전히 소멸한다면 **자유**에도 변화를 미치는가? 대답은 아니다, 이다. 이제 더 이상 **경험된** 자유가 아닌, 완전히 색깔 없는 자유라고 할지라도 말이다. 그러나 구성 면에서 보면 이전과 다름없는 동일한 자유일 것이다. 즉 여러분이 자신이 판단한 바에 따라 의지를 탄생시키는 일을 여전히 해내고 있는 한 말이다. 우리가 여러분의 무색무취에 대해 알게 된다면 여러분을 대하는 우리의 느낌은 아마 달라질 것이다. 여러분의 고통을 대할 때 이전과 같은 식으로 가슴 아프게 느끼지 않게 될 것이다. 여러분이 고통을 고통으로 경험하지 않는다는 것을 알기 때문이다. 그렇다고 해도 여러분의 자유에 대한 우리의 태도는 변하지 않는다. 비록 점령군이 여러분으로 하여금 끔찍한 의지가 생기도록 강요한 주범이라고 해도 방아쇠에 손가락을 걸고 당긴 순간만큼은 여러분이 가진 결정의 자유에서 비롯된 것이라고 우리는 말할 것이다.

　이러한 이유로 유효한 것은, 경험의 내면성은 조건적 자유에 관해 이제까지 논의되었던 이야기들과 결코 충돌하지 않는다는 사실이다. 내면성에 관해 여전히 이해하기 힘든 것—본문의 설명보다 이해하기 힘든 것—이 있다면 그것은 조건적 자유에 그 어떠한 이의도 제기할 수 없다는 것이다.

▌투명한 자유

이러한 상상을 해보자. 여러분이 의지나 숙고하는 내용이나 결정에 관해 유리병처럼 완벽하게 투명하다고 말이다. 타인인 우리는 여러분을 꿰뚫어볼 수 있으며 여러분은 자신의 생각이나 의도를 숨길 방법이 없다. 우리의 시선은 그 어떤 방해물도 없이 여러분을 관통해 들어가 여러분의 의지 형성을 보호하고 있는 모든 은밀함을 파괴한다. 이것은 두말할 것도 없이 악몽 그 자체일 것이다. 그런데 이것이 **부자유**의 악몽도 의미하는가? 사적 은밀함이라는 의미에서의 내면성을 잃어버리는 것이 필연적으로 자유의 상실도 뜻하게 되는가?

경험의 내면성 부분에서 이야기했던 것과 마찬가지로 여기에서도 반드시 그렇지는 않다는 증거가 존재한다. 즉 자유에 해당되는 것은 부자유에도 똑같이 해당된다는 말이다. 내가 자유로이 원하는 무언가가 공적인 절차가 되어버릴 때 마음을 불편하게 하는 것이 있다면 그것은 자유롭지 않은 환경 속에서 무언가를 원하는 과정에서 타인의 꿰뚫어보는 듯한 시선에 노출될 때에도 똑같이 나를 불편하게 만들 것이다. 강박이나 예속에 의해 어떤 의지를 가지게 될 때 마치 쇼윈도 안에 앉아 있는 듯 느껴진다면 자유로운 의사 결정을 내릴 때 누군가가 지켜볼 때와 비교하여 더하면 더했지 그 불쾌감이 덜하지는 않을 것이다.

그러므로 자유를 자유로 특징짓는 것이 은밀함의 내면성이라고 볼 수는 없다. 우리가 풀어야 할 숙제는 은밀성과 자유 사이에 어째서 깊은 연관성이 있다는 듯 느껴지는지 그 이유를 알아내는 것이다.

그 이유는 여러분이 타인의 시선으로부터 보호될 때보다 그렇지 않을 때, 즉 의지가 공공연히 노출될 때에 더욱 **조종되거나 지배되기** 쉽기 때문이다. 여러분은 본인의 의지라는 결과를 맺게 하는 여러 복잡한 방법에 대해 폭넓게 알고 있을 것이다. 이것은 의지와 결정에 있어서 예상이나 예측을 가능하게 하는 요인이다. 이제 타인인 우리가 여러분의 의지라는 환경 안에서 모든 자잘한 것들까지 다 들여다볼 수 있다면 그들이 보이지 않는 곳에서 자라날 때보다 훨씬 더 쉽게 의지에 영향을 미칠 수 있을 것이다. 우리는 그 누구보다도 여러분에게 막강한 힘을 미치는 존재가 된다. 갈등에 빠진 망명자가 된 여러분이 우리의 눈앞에 있다고 해보자. 여러분의 친구는 여러분의 마음을 돌리기 위해서 세밀한 계획을 꾸미고 있다. 그는 레지스탕스군에 선뜻 동참하지 못하는 여러분의 불편한 양심을 더욱 부채질하는 방법을 더 잘 알 수도 있다. 여러분은 이것을 자유의 축소로 여길 수 있다. 그러나 여러분이 말하는 자유는 숙고를 통해 의지를 형성할 수 있는 가능성이 아니다. 그것은 결정을 내릴 때 계획적인 조작의 희생양이 되지 않을 자유다. 여러분에게 은행 강도의 의도가 있지만 아직은 그저 불확실한 계획이라는 것을 알게 된 형사가 그 의도를 실행에 옮기도록 만들어 현행범으로 체포할 요량으로 은행원 행세를 하며 여러분에게 현금 운송 날짜를 넌지시 알려준다고 하자. 나중에 그 사실을 알게 된 여러분은 결국 자신에게 자유는 없었다는 것을 느끼게 될 것이다. 그러나 이 부자유라는 감정은 결정의 자유에 관한 것이 아니다. 여러분은 결정의 자유를 빼앗기지 않았다. 교묘히 제공된 형사의 정보를 이용하여 은행을 털 것인가 말 것인가는 여러분에게 달려 있었기 때문이다.

바로 이것이 타인에 의한 조종이 가진 위험성이다. 이것은 여러분을 잘못된 결정으로 이끌 수 있으며 결국 은밀성의 파괴가 자유 결정의 파괴를 의미할 수 있다는 것을 말해준다. 그런데 만일 이런 위험을 배제한 채 타인인 우리가 아무런 조종이나 간섭의 의도를 품지 않고 그저 여러분을 관찰하기만 한다면 어떨까? 여러분의 투명한 자유를 보면서 여러분이 갈 길을 자유로이 가게 놓아두는 것이다. 그럼에도 불구하고 여러분은 그 무엇도 숨길 수 없다는 것을 안다. 여러분은 계속 불쾌감을 느낄 것이며 왠지 모르게 자신의 자유가 제한되고 있다는 불길한 느낌을 지울 수 없다. 왜 그럴까?

관점을 바꿔서 이제 여러분이 외부로부터 지켜보는 관찰자라고 가정해본다. 방송국 카메라 앞에 앉은 여러분은 모니터에 비치는 자신의 모습을 본다. 오늘의 주제는 사형이다. 여러분의 적수는 이미 여러 번 사형 집행 서류에 서명을 한 바 있는 텍사스 주 정치인이다. 그는 기본적으로 전제된 냉소주의와 이중적인 인명 경시적 태도를 바탕으로 현란한 언변을 펼친다. 시간이 지나갈수록 여러분은 카메라가 돌아가든 말든 그의 면상에 찬물을 휘갈기고 싶은 욕구가 꾸역꾸역 올라옴을 느낀다. 그러나 여러분은 그것이 화를 참지 못해 우발적으로 일어난 행위가 되기를 원치 않는다. 그래서 다른 출연자들이 이야기하는 사이를 틈타 명분에 대해 머릿속으로 하나씩 짚어나간다. 사람을 앞에 두고 저 따위로 말하면 안 된다는 걸 보여줘야 해, 속으로 중얼거린다. 저자의 폭력에 비록 상징적이라고 해도 다른 폭력으로 맞서지 않으면 안 된다는 것을. 그리고 그동안 절세된 센들낸으로 통하넌 내가 바로 그렇게 한다면 더더욱 좋을 거야. 게다가 점잖은 논객이라는 그동안의 답답한 이미지를 벗어던질 절호의 기회이기도 하고. 이렇게 혼잣말을 중얼거리는 동시에 자리에서 일어나 물 잔에 물을 반쯤 따른 다음 들이키려는 듯이 손에 쥐는 여러분의 모습이 고스란히 카메라에 잡힌다. 이제 곧 결정을 내리겠지, 여러분은 자신의 모습을 보며 이렇게 생각한다. 바로 그 순간 화면에는 신기한 변화가 일어난다. 여러분이 투명하게 변한 것이다. 여러분 안에서 결정이 어떻게 진행되는지가 그대로 드러난다. 내부에서 경험하는 것이 밖에서도 보이는 것이 싫은가? 여러분의 시선을 받음으로 해서 그 결정이 부자유스러워지는가? 그렇지 않다고 여러분은 대답할 것이다. 내 의지가 형성되는 과정을 지켜보는 사람이 다름 아닌 나 자신인데 뭐가 어떠냐고 할 것이다. 내부에서 경험하는 대신 밖에서 보는 것이 다소 **색다르기**는 하지만 말이다. 이런 다름은 **자유**와는 상관이 없다. 결정은 나의 시선하에서도 본연의 자유를 잃지 않는다. 내 자신의 시선이 나에게서 어떻게 자유를 앗아갈 수 있겠는가?

위의 말이 옳다고 할 때, 여러분이 투명한 자유에게서 뭔가 불편함을 느낀다면 그 원인은 시선이 지닌 **외적 형식** 때문이 아니다. 여러분 자신의 시선에도 자유가 동반되기 때문이다. 원인은 외부로부터의 시선이 통상 **타인**의 시선이기 마련이라는 데 있다. 그렇다면 여러분을 불편하게 만드는 것은 정확히 무엇인가? 투명인간이 되는 신기한 현상이 여러분 자신에게만 보이는 것이 아니라 녹화장에 있는 다른 이들과 텔레비전 시청자들에게 모두 보인다고 가정해보자. 텍사스 정치인과 온

국민 전체가 머릿속에서 떠도는 여러분의 혼잣말을 다 들으며 여러분이 소망에 접근하는 모습과 그 소망을 의지로 만들어내는 과정을 지켜본다. 여러분은 창피함을 느낄지도 모른다. 그러나 오히려 그 반대일 수도 있다. 온 세상 앞에서 자신의 생각을 펼쳐 보일 준비가 되었을 수도 있다. 그렇다면 이제 여러분의 자유가 어떻게 위협을 받는다는 것일까? 자유의 위협은 텍사스 정치가가 빙그레 웃음을 짓는다는 데 있다. 다시 말해, 머릿속에 어떠한 비밀도 없으며 여러분이 자신의 의지로 그어떤 **반전**이나 놀라움도 주지 못하기 때문에 타인이 여러분을 다르게 **대면한다**는 데 있는 것이다. 텍사스 정치가가 뜻 모를 웃음을 지었다는 것은 여러분의 투명성과 약점이 드러났다는 것을 의미하며 그것을 알아챈 여러분은 물 컵 작전을 포기하게 될 지도 모른다. 즉 그의 미소가 여러분의 결정을 변화시킨 것이다. '내가 당신 예상대로 할 줄 알아?' 여러분은 이렇게 생각한다. 물론 텍사스 정치가는 여러분의 **이런** 생각도 읽을 수 있고 당연히 그의 미소는 더욱 노골적이 된다. 자신의 변화된 생각이 무슨 결과를 이끌어냈는지 알아채는 바로 그 순간, 여러분은 그의 얼굴에 물을 뿌린다.

여러분이 그 일을 감행하든 그렇지 않든 간에 여러분이 그렇게 하는 이유는 원래의 결정과는 관계가 없는 것이었다. 반항심 때문에, 반항심에 대한 반항심 때문에 하는 것이다. 이 말은 즉 타인으로부터 영향을 받는다는 뜻이다. 이는 어째서 여러분이 자유를 잃어버리는 느낌을 갖게 되는지에 대한 설명이 된다. 상황은 이전에 이야기했던 상황, 즉 여러분이 조종되는 상황과 논리적으로 동일하다. 자유가 영향을 받는 것, 그리고 반항심에서 비롯된 의지는 진정한 자유의지가 아니기 때문에 결국 결정의 자유가 아니라는 것은 맞는 말이다. 의지가 **어디서 왔느냐** 하는 문제가 여러분을 불편히게 만드는 것이지 결코 의지의 **부자유** 문제가 아니다. 여러분 본연의 모습을 되찾기 위해서 해야 할 일은 텍사스 정치가의 비웃음이 여러분에게 휘두르는 영향력을 막아내는 것이다. 여러분의 투명성이 그를 즐겁게 했든 그렇지 않았든 여러분은 신경 쓸 필요가 없다. 여러분은 그저 그에게 물을 휘갈기기만 하면 된다. 그것이 여러분의 결정이었기 때문이다. 그러나 그 행동을 할지 하지 않을지는 다시금 결정의 자유에 달려 있다.

투명한 자유는 그것이 투명하다고 해서 부자유가 되지 않는다. 은밀성이 침해받았을 때 우리는 불쾌감을 느낄 수 있겠지만 결정의 자유의 상실을 의미하지는 않는다. 다만 우리의 의도를 꿰뚫어 본 타인이 행하는 영향력으로 인해 원래의 의지를 거두어들이게 만들 수는 있다. 텍사스 정치가의 미소에 해당하는 타인의 반응이 반드시 뒤따라야만 할 필요는 없다. 타인이 나를 들여다본다는 것을 아는 것만으로도 충분할 때가 있다. 그러므로 우리는 우리를 가장 잘 아는 사람들로부터 피해 갈 때가 있는 것이다. 그들과의 친밀성은 나 자신과의 은밀성을 위협할 수 있으며 우리는 오직 우리 스스로에 의해 결정이 내려지기를 원한다. 텅 빈 바닷가가 타인과의 대화보다 나을 때가 있는 것이다. 그럴 때는 어디든 함께 있다는 신의 존재조차도 귀찮게 느껴진다.

그러나 반대의 경우도 있다. 자신보다 더 많은 지혜를 갖고 있어서 원하는 결정을 찾아내는 데 도움이 되는 타인의 존재가 필요할 때도 있다. 이때는 그가 볼 수 있도록 투명해진다고 해도 큰 문제로 느껴지지 않는다. 이 경험에 있어서 결정적인 것은 누구에게 자신을 보여줄 것인가를 스스로 결정하는 데 있다. 그래서 그 사람이 그의 시선으로 우리에게 영향을 줄 때에 우리는 조종당하는 것이 아니라 오히려 답을 찾은 듯한 시원한 느낌을 받는다. 이러한 방법을 통해 부자유스러운 의지로부터 자유로운 의지에 도달할 수도 있다. 이것이 은밀함이라는 의미를 가진 내면성의 개방이 우리의 자유를 훼손할 수 없다는 마지막 증거다. 또한 내면성의 이러한 형태가 대부분의 경우 우리의 자유를 둘러싸고 있기는 하지만 자유를 이루는 필요조건이 되지는 않는다는 증거도 된다.

▌숙명론자가 망각한 것

무조건적 자유가 존재할 수 없다는 개념적 사실은 무조건성이라는 그릇된 개념으로 흘러갈 수 있는 직관과 사고의 동기를 해명하라는 과제를 우리 앞에 던져놓았다. 그래서 우리는 이 동기를 우리의 인격 존재에 대한 유일하고 체계적인 오해의 한 단면으로 인식하기 위하여 다양한 관점과 관계성 안에서 이해하기로 했다. 그동안 우리는 이 과제를 상당 부분 성취했다. 조건적 의지가 무능력한 의지가 아니며 오히려 순수 주체라는 맞지 않는 개념이 내적 소실점 현상을 절대적 소실점의 의미로 왜곡하는 경우에 무능한 의지를 탄생시킨다는 것을 알게 되었다. 이러한 관계에서의 깨달음은, 우리가 진정한 가능성과 열린 미래가 있는 여유 공간을 가진 인격체가 되기 위해 무조건적으로 자유로운 의지를 필요로 한다는 착각에 어떻게 이르게 되었는지 알게 해주었다. 그와 동시에, 이러한 진단에 도움을 준 상상과 의지의 투명함에 대한 관찰은 경험된 의지의 즉흥성이 무조건성이라는 개념을 어떻게 유발하게 되었는지 설명해주었다. 마지막으로, 우리는 다른 오류들의 직관적 배경이라고 볼 수 있는 하나의 오해, 즉 자유 경험의 내면성을 두고 의지의 자유가 의지의 조건성의 특별한 한 형태라고 파악하는 기본 사상에 반하는 것으로 간주하는 오해에 대해 고찰해보았다.

의지의 자유에 있어서 우리에게 중요하고 놓치지 말아야 할 모든 것은 일반적인 조건성의 틀 안에서, 그리고 오직 이 틀 안에서만 얻을 수 있다. 이제 우리는 숙명론자를 등장시켜 그의 항변을 들어봄으로써 이 결론에 이르는 데 필요한 마지막 관문을 하나 더 통과할 것이다.

숙명론자는 말한다. "다 좋습니다, 좋아요. 하지만 발생하는 모든 일에 조건이 붙은 세상은 법칙에 의해 움직이는 세상이며 그러한 세상은 앞날이 확실히 정해진 세상이라는 것을 기억할 필요가 있습니다. 그런 세상에서 과거는 확실한 단 하나의 현재만을, 그리고 확실한 단 하나의 미래만을 규정하지요. 실제의 과거는 실제의 자연법칙과 더불어 오직 하나의 앞날의 사건을 허용합니다. 세계가 밟게 될 궤직은 그 어떤 지점에서도 옆으로 뻗어나가지 않으며 가능한 복수의 궤도로 가지를 치지 않을 겁니다. 우리를 포함하지 않는 세계에서 통하는 법칙은 우리를 포함하는 세계에서도 똑같이 통합니다. 하지만 이것은 우리의 의지와 결정과 행위 전체가 속속들이 조건에 의해 제한되어 있으며 바로 이 의지와 결정과 행위의 앞날에도 유일한 하나의 진로만이 존재한다는 것을 의미합니다. 다른 말로 해볼까요? **미리 결정되어 있으며**, 우리들 각자가 원하고 결정하고 행위하는 것이 무엇일지는 처음부터 정해져 있다는 뜻입니다. 돌바크의 세계를 예로 들어 설명하겠습니다. 우리 각자 앞에는 단 하나의 선이 지표면에 그어져 있습니다. 삶의 선이죠.

이 선이 어떻게 뻗어나갈지는 미리 정해져 있습니다. 골프공이 한번 공중에 날아오르면 단 하나의 포물선을 그리는 것과 마찬가지로 우리도 한번 세상에 잉태되어 태어나면 가능한 단 하나의 삶의 선을 그립니다. 이 선은 우리의 숙명, 운명이죠. 우리에게는 이 운명을 좌지우지할 능력이 없습니다. 조금도 손을 댈 수가 없는 겁니다. 견고한 법칙에 의해 운명은 정해진 과거로부터 정해진 미래로, 마지막엔 죽음으로 이끌어 갑니다. 우리는 때로 거부하고 저항도 해보지만 어리석은 짓입니다. 세상의 법칙은 결국 우리 삶에도 통용되는 법이니까요. 즉 **와야 할 것**은 오고야 만다는 것입니다. 이제 이 우울한 사실, 그리고 절망적인 전망에 대해 당신들은 무슨 할 말이 있습니까?"

우리는 할 말이 아주 많다. 그리고 신을 끌어들이지 않는 개화된 숙명론자를 상대한다는 사실에 그나마 안심한다. "모든 것은 주님의 뜻입니다. 주님은 우리의 의지와 결정과 행위를 마음대로 다루시며 각자가 어떤 삶의 선을 따라야 할지 예정해놓으셨습니다"라고 주장하는 숙명론자가 등장할 수도 있는 것이다. 그의 말에 따르면 운명은 신이 준비한 것이다. 그렇다면 우리는 종과 주인 사이의 관계, 즉 부자유의 상태에 놓이게 된다. 숙명론자는 이 점을 적극 이용한다. 이 관계가 주는 석연치 않은 점을 제거하기 위해 온갖 신학적 궤변을 늘어놓는 것이다. 그러나 지금 우리가 상대하는 숙명론자는 통상적인 조건성에 수반되는 사고를 자기식으로 이끌어 가는 일에만 충실한 이성적인 인물이다. 그러므로 그가 말하는 운명이라는 것은 우리의 머리 위에 있는 존재로부터 내려진 것이 아닌, 과거의 사건이 미래의 사건을 규정하며 우리의 의지도 그것으로부터 예외가 아니라는 논리를 벗어나지 않는다.

그럼에도 불구하고 마음을 놓을 수는 없다. 이제 연상 작용에 의한 과부하와 왜곡을 통해 우리를 포로로 만들 수 있는 단어들의 작용 범위에 들어왔기 때문이다. 강요, 예속, 무력감의 수사학은 여기서도 우리를 미혹할 수 있다. 운명이라는 말도 불가피성, 불가항력과 같이 객관적인 표현을 이용해 이해할 수 있으며 우리는 처음부터 이전에 나왔던 결론, 즉 무력감의 개념을 조건적 자유에 적용할 수 없다는 것을 염두에 두어야 한다. 또 한 가지 특히 조심해야 할 사항은, 의지가 가야 할 궤도가 사전에 **결정되어** 있다는 주장을 대할 때다. 우리는 특정한 사회적 역할이나 특정한 이미지에 고착되어 있을 때 부자유스러움을 느낀다. 이전에 해왔던 대로 앞으로도 똑같이 계속해나가야 하며 다른 길을 갈 수가 없기 때문이다. 직업적으로도 마찬가지다. 다른 직업으로 바꿀 수가 없는 것이다. 결정되어 있다는 것은 여기서 **국한되었다**는 의미이며 이것은 자유에 대한 공격을 뜻한다. 그러나 여기서도 이전에 조건성에 대한 언어에서 관찰한 것과 똑같은 것이 통용된다. 이성적이고 감정이 개입되지 않은 말이 서로의 자유를 구속하는 공간에서 비롯된 연상 작용의 힘 안에 놓이게 된다는 사실이다. 의지의 조건적 자유가 과연 어떻게 숙명론적 주장의 상대편에 놓이게 되는지 검토하려면 우리는 이렇듯 지나치게 강조된 부자유에 빠지지 않도록 조심해야 한다.

숙명론자가 제기하는 이의를 근본적으로 검토하기 위해 제일 좋은 방법은 다음과 같은 주장을 들어보는 것이다. "우리는 운명의 결정권을 스스로 쥐고 있지 않으며 조금도 변화시킬 수 없다." 이 문장이 암시하는 힘은 우리가 다음과 같이 해석할 때에 극명하게 드러난다. "**정해진 대로 일어날 뿐이고 그에 대항해서 우리가 할 수 있는 것은 없다.**" 우리는 자유로운 행위자가 되는 대신에 운명에 모든 것을 의존하는 희생양, 즉 순수한 수동체가 되고 마는 것이다. 오류는 어디에 있는 것일까?

오류는 숙명론자가 결정적인 것들을 잊어버린 데에 있다. 그가 전체적으로 망각한 것은 다음과 같다. '내게 일어나는 일들이 일어나는 곳에는 내가 있다'라는 사실이다. 숙명론적인 포기 선언의 여러 가지 예들을 살펴보면 뜻이 더 명확해진다. 첫 번째는 다음과 같다. **될 것은 내가 무엇을 하든 간에 그렇게 될 것이다.** 이것은 지상을 벗어나 일어나는 일들, 날씨나 강대국들의 결정 등 세상사 대부분의 일에 들어맞는 말이다. 그러나 나의 사생활이나 직업에 관련된 일들을 보면 들어맞지 않을 때도 많다. 내가 무엇을 하느냐에 따라 달라지는 일이 태반이기 때문이다. 그러나 외적인 세상사의 흐름은 숙명론자가 관심을 기울이는 대상이 아니다. 그에게 중요한 것은 **나 자신**이다. 이제 이것과 관련해 두 번째 표현을 보자. **나는 내가 무엇을 원하는가에 상관없이 내가 하는 것을 할 것이다.** 실로 끔찍한 상상이다. 나의 행위가 내 의사와 하등의 관계가 없이 진행된다는 것인데 이것이야말로 철저히 소외된 행위로 악몽과 다름없을 것이다. 그러나 개념적 이유로 인해, 이 위험이 실제로 발생할 가능성은 없다. 나의 행위가 나의 의지의 명령을 받지 않는다면 이것은 **행위**가 아니다. 나의 행위란 내가 무엇을 원하는가와 무관하지 **않기** 때문에 일어나는 사건이다. 그러므로 숙명론적 공포에 사로잡힐 필요는 없다. 이제 다음 표현을 살펴보자. **나는 어떤 판단을 내리든 관계없이 내가 원하는 것을 원할 것이다.** 이것 역시 악몽임에는 틀림없을 테지만 이번에는 개념적 오류는 없다. 우리는 이 악몽을 오래전부터 알고 있었다. 이것은 지속적이고 포괄적인 **의지의 부자유**가 가지는 악몽이다. 우리가 이토록 지속적인 부자유를 견딜 수 없다는 사실을 안다. 그러므로 숙명론은 이런 의미에서 사실상 틀린 것이다. 그러나 숙고와 의지의 판단이 전혀 힘을 쓰지 못하는 불행한 사람도 있다는 가정을 해볼 때, 숙명론자가 두려워하듯 이것은 조건성의 결과가 아니고 또한 지속적인 **의지**의 조건성이 낳은 결과는 더더욱 아닌, 이 불행한 자 앞에 **거짓** 조건성이 놓여 있음으로 해서 나타난 결과다. 따라서 일반적인 조건성으로부터 우리를 불안하게 만들 수 있는 것은 도출되지 않는다. 그렇다면 **내가 어떤 결정을 내리든 관계없이 나는 내가 하는 것을 할 것이다**는 어떤가? 여기서도 의지와 행위에 해당되었던 것이 동일하게 통용된다. 즉 개념적으로 불가능하다는 것인데, 나의 행위를 확정하는 의지에 대한 성공적인 영향력 행사가 결국 결정이기 때문이다.

숙명론적 반론의 기본 개념이 될 만한 또 다른 주장이 더 있을까? 한번 찾아보도록 하자. 일단 이렇게 시작하면 어떨까. **나는 …하든 상관없이 내가 결정하는 대로 결정할 것이다.** 이 말은 어떻게 이어질까? 결론은 **결코** 어떻게든 이어질 수가 없다는 것이다. 왜 그럴까? 내가 서 있는 **입장**이 존재하지 않기 때문이다. 여기서는 사물이 나와 관계없이 진행된다고 불평하거나 확언할 수 있는 근거로서의 나의 위치가 없다. 이제까지는 이러한 나의 입장이 항상 존재해왔었다. 우선 나의 행위, 그다음에 의지, 또 판단이 그것이었다. 그러나 지금까지 우리는 이 모든 입장들에 대해 끝까지 숙고해보았다. 결정이란 것이 모든 것을 삼켜버린 것이다. 그리고 이 결정 말고는 내가 취할 수 있는 그 어떤 입장도 **없다**. 말하자면 **내가 곧 결정 그 자체**이기 때문이다. 이로써 숙명론적 반론에는 더 이상 **동기**를 찾아볼 수 없게 된다. 내게 일어나는 일들이 일어나는 곳에는 내가 있다는, 앞에서 언급한 말이 여기에서도 여전히 유효하기 때문이다. 나는 수동적인 의미로서 그냥 그 자리에 있을 뿐만 아니라 나아가 내게 일어나는 일을 **결정**한다. 이것이 바로 숙명론자가 절망적이고 위협적인 전망으로서 우리 앞에 펼쳐놓으려고 하는 주장, 즉 삶이 진행되는 동안 내 삶의 결정권에 조금도 동참할 수 없다는 주장의 정반대다.

숙명론자는 우리가 마치 휘몰아치는 생의 강둑에 앉아서 물살이 흘러가는 모양을 그러려니 하고 풀 죽은 태도로 지켜보는 것처럼 말하고 있다. 그러나 사실은 다르다. 의지를 가지고 결정을 내리고 행위를 실현하는 우리는 그 물살 **한가운데**에 있다. 또는, 우리가 **그 물살**이며 물살의 흐름은 종종 우리의 자유로운 결정의 실천이기도 하다. 숙명론자는 이 점을 잊고 있다. 그의 망각은 단순한 우연일까? 그동안 진단적 이해에 도달한 우리가 보기에는 그렇지 않다. 숙명론자는 자신도 알지 못하는 사이 강둑에 앉아있는 순수 주체, 순수한 내적 소실점에 앉아 있는 주체를 생각하고 있기 때문에 그것을 망각한 것이다. 그런 주체에게는 자신의 결정조차도 자신을 비껴간다. 그것이 사실이다. 숨은 난쟁이에 비견될 수 있는 이 주체는 전혀 존재하지 않는다. 그러므로 숙명론적 주장은 스스로 붕괴한다.

"뭘 한다는 게 무슨 의미가 있겠어. 일어날 일은 결국 일어날 텐데." 숙명론적 기분에 휩싸여서 이렇게 말하는 사람이 있을지 모른다.

"네가 뭔가를 한다면 하지 않을 때와는 다른 일이 일어날 거야." 우리가 대꾸한다.

"그렇다고 해도 내가 뭘 할지는 미리 다 나와 있는 거 아니야? 그런데 어떡하라구!"

"네가 하는 일은 그리 미리 정해져 있지 않아. 네가 무엇을 원하느냐에 따라 네 행동도 달라지지."

"하지만 무얼 원할지도 미리 정해져 있는걸. 그러니 별 수 없어."

"무엇을 원하는지도 미리 정해져 있지 않아. 네가 어떻게 생각하고 숙고하느냐, 그리고 어떻게 결정하느냐에 따라 네 소망과 의지도 달라져."

"정 그렇게 주장하고 싶다면야. 그런데 내가 어떤 결정을 내리는가 하는 것도 **마찬가지로** 미리 정해져 있거든. 그러니까 제발 더 이상 말 좀 시키지 마!"

"한 가지만 물어볼게." 우리가 말한다. "무엇을 바란다는 것, 그게 대체 뭘까?"

"바보 같은 질문 다 보겠네. 맹목적 운명이 아닌, 내게 일어날 일을 **내가** 결정하는 거지!"

"바로 그렇지. 끊임없이 결정을 내리고 자유의지에 의해 한 가지 행동을 선택하는 사람, 그 사람이 바로 **너야!**"

"답답해 죽겠네, 하지만 그것도 **선행조건**에 의해 좌우되지. 즉 **미리 갈 길이 정해져 있다**는 말이야!"

"그래서?" 이렇게 대꾸할 수도 있겠지만 그것만으로는 충분치 않다. 직관에서 나오는 다른 여타의 저항심들의 경우와 같이 여기서도 더 깊이 파고들어가서 그 원천을 찾아내야 한다.

원천은 숙명론자가 잊고 있는 그 무엇이며 그가 잊은 것은 우리가 골프공이 아니라는 사실이다. 그는 우리 삶의 선이 어떻게 진행될지 미리 결정되어 있다고 하는 생각과 연결되어 있을 수 있는 연상 작용에 속아 넘어간다. 조금 전에도 말했지만, 종의 인생 곡선을 정하는 주인의 연상 작용이 아니다. 이것은 다른 연상 작용이다. 즉 그 선이 어떤 **특정한** 선이기 때문에 **단순하고도 경직되어야** 한다는 것이다. 골프공이 날아가면서 그리는 선은 간단하고도 경직되어 있다. 지구 중력이 작용한다는 전제하에 특정한 역학적 에너지와 특정한 공기저항 환경이 마련되어 있다면 골프공은 완전히 예측 가능하게, 그리고 반전의 가능성 없이 날아간다. 이전에 등장했던, 결혼하지 않은 상태의 망명자를 다시 기억 속에 불러내보자. 그는 수용소로 실려 가는 사람들의 모습을 담은 신문 기사를 읽고 나서 플랫폼에 여행 가방을 내려놓고 그 위에 엉덩이를 걸친다. 눈에 익은 친구의 모습이 보인다. 그는 도망치듯이 역을 빠져나간다. 모퉁이를 도는데 새 정권의 끄나풀 일당과 마주친다. 그는 곧장 뒤를 돌아 역으로 돌아와 기차를 탄다. 그야말로 갈지자 선이 왔다갔다 지상에 그어진 셈이다. 그러나 망명자가 그은 갈지자 선뿐만 아니라 그의 궤적이 **그 자신**을 원천으로 삼는다는 점이 망명자와 골프공을 구분 짓는다. 물론 세계가 주위 여건에 따라 그에게 쥐여준 것, 여기서는 친구의 등장과 앞잡이들과의 마주침 등에 의해 촉발되기는 했지만 무엇보다도 그들이 나타났을 때 망명자는 민감하게 반응해서 가려던 길을 두 번이나 되돌아갔다. 그가 반응한 것은 이 두 사건이 전부가 아니다. 기차역을 마주한 것, 플랫폼에 게시된 열차 관련 정보, 신문의 글자들, 모퉁이에 서 있는 집, 교통 등 수천 가지 것들에 반응했다. 외부의 것뿐만이 아니다. 그가 그리는 선은 머릿속에 떠오르는 여러 기억들, 상상으로 그려낸 것들, 또 그의 의지를 돌려놓고 또 다시 돌려놓는 생각과 감정들에 의한 것이다. 영향력의 다양성과 반응의 민감성이라는 의미에서 이 선은 **가변적** 선이다. 그럼에도 불구하고 **완전히 특정한** 선이다! 그러나 이 특정성이 망명자에게 방해가 될 수 있을 때란, 오직 그가 자신의 민감성과 결정의 자유를 통해 표현되지 못할 때, 다시 말해 그가 결정한 의지에 아랑곳하지 않는 어떤 힘이 강제로 그에게 선을 그으라고 시킬 때, 마치 골프공처럼 운명의 궤도를 따라 쫓겨 다닐 때뿐이다. 오직 그럴 때만이 그는 그 선을 **경직된** 것, 마찰을 일으키거나 반항하고 싶은 것으로 경험할 수 있을 것이다. 자신의 의지에서 발생한 삶의 선에 반항하는 것, 그것은 처음부터 어떤 의미도 없다. **거역할 대상**이 없기 때문이다.

지금까지 살펴본 바에 의하면 다음과 같다. 조건성과 사전 확정성은 **그 자체**가 거부할 수 있는 것이 아니다. 따라서 우리의 숙명론자가 짜증을 낸다고 될 일이 아니다.

"하지만 임도 있고 뇌종양도 있고 사고를 당해서 사지가 못 쓰게 될 수도 있잖아?" 숙명론자는 이렇게 물을 수도 있다. "그건 저항하거나 거부할 수 있는 일이 아니란 말이야! 혹시라도 이런 소리는 하지 마. '저항하는 건 아무 의미가 없다. 일어나야 하는 대로 일어난 것이다!' **바로 이런 말을 나는 거부한단 말이야!** 변화시킬 수 없는 무언가를 거부하는 게 의미 없다고 한다면 나는 이렇게 대답할 거야. 거부한다는 것, 그것이 무슨 뜻인지 너희는 모르고들 있다고. 그것은 쓰러뜨릴 수 있는 어떤 대상을 향한 반란 같은 것이 아니야. 그건 그 일이 변할 수 **없다**는 사실을 **내용**으로 하는 내적 반란이지. 운명에 순종한다, 이것은 삶에 지친 사람들이 품을 수 있는 태도지. 하지만 그것이 단 하나의 **의미 있는** 태도라고 날 꼬드길 생각은 마. 사람을 지치고 기진하게 만든다고 해서 저항이 가진 특별한 의미가 없어지진 않아."

우리가 상대하는 숙명론자는 복잡한 사람이다. 그가 하는 말에서 우리는 다음과 같은 것을 읽어낼 수 있다. 숙명론이라고 해서 흔히 연상하듯이 순순히 납작 엎드린 상태를 의미할 필요는 없다는 것이다. 분노하는 숙명론자도 얼마든지 있을 수 있다. 어째서일까? 숙명론의 핵심이 항복이나 반항의 이전 또는 이후에 이루어지는 평가이기 때문이다. 그것은 **미리 결정되는 것은 악**이라는 평가다. 그리고 바로 이 평가가 숙명론자의 착각을 만든다. 이제 우리는 그에게 이 점을 설명한다.

"뇌종양이 끔찍한 악이라는 데에는 의심의 여지가 없어. 자신은 그것을 거부하지 않는다고 말하는 사람은 착각에 빠진 것이거나 스스로를 속이는 사람이지. 하지만 나쁜 것은 **종양**이지 전제조건들에 의해 일어난 기나긴 사연에 의해 어쩔 수 없이 그것을 받아들였다는 사실이 아니야. 선결정성이 아닌, 종양에 따르는 무서운 부작용이 악이지. 만일 너를 덮친 것이 종양이 아니라 엄청난 행운이라고 가정해봐. 그런 경우, 그것이 전제조건들이 연결된 기나긴 사슬 중의 하나라고 생각된다고 해도 너는 거부하거나 저항하지 않겠지. 그런 이유로 거부감을 느끼지는 않을 거야. 이것은 네가 종양에 걸렸다고 해도 사실은 선결정성이 아닌, 선결정성이 그려내는 악을 저주한다는 사실을 알려주지."

선결정성은 그 자체로는 악이 아니기 때문에 우리의 **자유 결정이 가지는 선결정성도 악일 수 없다.** 숙명론자는 순순히 복종하든지 분노해서 저항하든지 둘 중에 하나겠지만 어느 쪽이든 옳지 않다. 우리는 불행한 운명에만 저항하고 행복한 운명에는 저항하지 않는다는 사실을 잊었기 때문에, 그리하여 운명을 아예 **통째로** 거부하기로 마음먹었기 때문에 옳지 않은 것이다. 그는 거부해야 할 대상을 착각한다.

냉정을 되찾은 숙명론자가 다시 말한다. "그래도 걸리는 일이 한 가지 있어. 앞으로 일 년 후에 내가 무엇을 하게 될지 지금 정해진다는 단순한 사실이야. 미리 알다니, 왠지 질식할 것 같지 않아? 그러고도 자유롭게 숨이 쉬어진단 말이야?"

"네가 잊은 게 한 가지 있어. 너의 의지가 네가 **그동안 무엇을 생각하고 무엇을 하고 어떻게 결정을 내리는지와 무관하게 탄생된다는 뜻이 아니라는** 거야. 만일 정말 그렇다면 너무 끔찍할 거야. 마치 마비된 사람처럼 스스로 아무것도 하지 못하는 채 미래에 이루어질 의지를 물끄러미 바라봐야 한다는 뜻이겠지. 하지만 미래에 생겨날 의지는 눈사태처럼 느닷없이 불쑥 맞닥뜨리는 게 아니야. 하나의 자유로운 결정으로부터 그 다음의 자유로운 결정으로 이행하다가 하나의 의지에 다다를 때까지, **의지를 불러일으키고 작업에서 완성하는** 사람은 바로 너야. 그런데 뭐가 석연치 않다는 거지?"

숙명론자의 목소리가 조금씩 온화해진다.

"혹시 이런 것 아닐까. 선결정성이라는 것이 무엇보다도 미리 다 **예견할 수 있다는** 걸 의미하진 않을까. 원칙적으로 말이지."

"신에게 있는 전지적 능력이 거슬린다는 뜻인가?"

"음…… 아니. 물론 만일 전지적 능력이 존재한다면 거슬릴 수도 있어. 하지만 그건 인간이 철저한 벌거숭이가 되기 때문일 거야. 내가 말하고자 하는 건 그것과는 달라."

"타자인 우리가 만일 가능하기만 하다면 원칙적으로 네 생의 모든 것을 미리 예상할 수 있기 때문에 그런 거야?"

"그것도 아니야. 그렇다면 신과 다름없으니까."

"그렇다면 네가 원하고 결정하고 행동하게 될 것들이 **네 스스로에게** 미리 보이기 때문인가?"

"응. 자유로운 결정이 거쳐 갈 기나긴 과정, 그러나 **사실은 이미 결정이 끝난** 것을 눈앞에 본다는 것이 어쩐지 무섭고 끔찍하지 않아? 최소한 끔찍하게 **지루할** 걸."

"걱정하지 않아도 돼. 절대 미리 보일 일은 **없을 거라고** 너를 위로하지는 않을게. 모르는 게 약이라는 흔한 말을 되풀이하고 싶지는 않으니까. 우리가 네게 줄 수 있는 위로는 좀 더 깊은 차원으로 들어가지. 그건 '**절대 네가 상상하는 대로 될 리가 없다**'라는 거야. 이런 상상을 해봐. 지금 이 순간 네 앞에 있던 미래에 대한 무지라는 베일이 확 벗겨지는 장면. 너는 **베일 뒤**에서 내려질 너의 모든 결정들이 갑자기 모습을 드러내며 눈앞에 펼쳐진다고 생각하겠지. 하지만 이제 베일은 없어. 그 말은 결정자로서의 네가 미래에 지금과는 완전히 다른 입장에서 결정을 내리게 되리라는 뜻이야. 미래에 대한 완벽한 조망은 이제부터 네가 내릴 결정 안에 녹아들어가게 될 거야. 다음번에 닥칠 결정 한 가지를 골라봐. 직장을 옮긴다든가 하는 중요한 사안이면 돼. 모든 걸 다 알 수 있는 너는 지금의 직장이 문을 닫고 새로 옮길 직장이 흥하게 되리라는 걸 알게 되지. 이 앎을 바탕으로 너는 결정을 확정하고 그것이 **옳은** 결정이라는 것을 알아. 그럼 다른 결정을 예로 들어보자. 문제는 네 상사의 옛날 애인과 결혼할 것이냐에 관한 거야. 너는 모든 걸 알기 때문에 그 결혼이 가정적으로나 직업적으로나 크나큰 결과를 불러일으킬 **잘못**

된 결정이라는 것을 알게 되지. 그 결혼은 잘못된 결정이 **될 것이다**, 라고 하면 더 정확한 표현이 되겠지. 그래서 너는 **당연히 그와는 다른 결정**을 내리게 될 거야. 이런 예가 단 한 번으로 그치게 될까? 당연히 아니야. 이제부터 네 삶은 다르게 흘러가고, 검은 베일 뒤에 숨겨져 아무것도 모르는 채로 그 여자와 결혼했을 때 그에 뒤따르게 될 여타 후속 결정들이 처음부터 존재하지 않게 될 거야. 그리고 그들이 사라짐으로 해서 네가 네 앞에 펼쳐져 있다고 믿었던, 그들로 인해 이루어진 확정된 운명도 사라지게 되는 거고. **전지적 존재로서의 네 결정이 네 운명을 바꿔놓는 거야.** 변화는 네가 이 한 번의 잘못된 결정을 피하는 것에 그치지 않아. 넌 인생을 살아가면서 더 이상 잘못된 결정을 내리지 **않을** 거야. 그것이 잘못된 결정이 될 거라는 걸 미리 알기 때문이지. 너는 오직 옳은 결정만을 내리게 될 거야. 그렇게 할 수밖에 없어. 어때, 멋지지 않아?"

"그렇다면 내 삶은 미리 완벽하게 주지된, 철저히 옳은 결정들의 연속이 되겠네. 그건 너무 재미없지 않나?"

"지겹기야 지겹겠지. 하지만 **자유**가 없이 산다느니 하며 불평할 일도 없을 거야."

숙명론은 사고적의 차원에서 일치하지 않는 생각이라는 것을 이제 우리는 알게 되었다. 게다가 심리적으로 불가능한 인생관이기도 하다. 소위 **내가 무엇을 원하게 될지 두고 봅시다,** 하는 심리이기 때문이다. 또한 언제나 **스스로에게 일이 그냥 일어나도록 놔두려는** 시도이기도 하다. 이것은 극장에 가거나 몽상을 즐기거나 여행지, 해안가 등 특별한 결정을 내리지 않아도 될 때, 다소간 휴지기에 있을 때 단기적으로는 가능하다. 심리적 방편으로서의 숙명론은 우리가 그 숙명론으로부터 영구한 인생관을 세울 수 있는 것처럼 말하지만 그렇게 되려면 우리는 표류자가 되어 결정이라는 것이 무엇인지 모르는 상태로 변신하지 않으면 안 된다. 결정을 아는 한 결정을 하지 않는다는 것은 불가능하며 이 불가능성에 우리의 자유가 존재한다.

일어날 일은 일어나게 되어 있다는 인식이 자유의 경험과 자유 그 자체는 건드리지 않는 까닭에 어떠한 식으로도 우리의 **주목**을 받을 필요가 없다. 우리에게 **당면한** 문제가 아니기 때문이다. 이 인식에는 **새로운** 것이 없으며 자유에 대한 우리의 생각에 **수정**을 요구하지도 않는다. 그 모습 그대로 일어날 뿐이라는 논리로 우리가 지표면에 긋는 선이 오직 하나밖에 될 수 없다는 주장은 우리의 자유를 털끝만큼도 앗아가지 않는다. 나는 나 자신이 세계를 어떻게 대면하는가에 따라 특정한 방식으로 스스로를 발전시키며, 이 진보는 내가 누구인지를 드러내준다. 진보는 자유 안에서 이루어지는 것도 있고 그렇지 않은 것도 있다. 내게 부자유가 군림할 때는 다른 악에 대해 불평하듯이 역시 불평할 수 있다. 그러나 자유와 마찬가지로 부자유도 조건들에 의해 통제된다는 사실을 불평할 수는 없다. 내게 불평을 펼칠 만한 입장과 근거가 없기 때문이다.

9장

삶의 이야기와 책임
─ 라스콜리니코프와 재판관

무조건적 자유가 존재할 수 없다는 개념적 사실로 인해 우리의 자유 경험은 환영이 되지 않는다. 오히려 그와는 반대로, 이 경험은 일반적인 조건성의 범위 안에서만 이해될 수 있다. 이제 우리는 이에 반하는 인상을 불러일으킬 수 있는 여러 오류들을 고찰하고 해명했다. 그러나 우리가 과제로 삼은 진단적 이해는 그걸로 끝나지 않았다. 6장에서 논의한 바와 같이, 무조건적 자유의 상실이 인격체로서의 우리의 자기 이해에 파괴적 결과를 초래하는 것처럼 보이게 하는 또 다른 형태의 숙고가 있다. 그것은 우리가 무조건적이라는 의미에서 자유롭지 않다면 책임의 개념과 형벌의 실제가 그 의미와 존재 이유를 잃어버린다는 생각이다. 같은 이유로, 우리의 도덕적 감정도 그것이 '부동의 동력'을 의지로 가진 사람에게 향할 수 없다면 의미와 존재 이유를 상실한다는 생각도 마찬가지다.

▌재판의 개시

라스콜리니코프가 어느 날 재판관 앞에 출두했다. 재판관은 그에게 유죄를 선고하여 시베리아의 강제수용소로 보내려는 생각을 하고 있다. 우리는 재판관이 이해력이 깊은 사람이고 따라서 자신이 유죄를 선고하는 사람에게 의식적으로 고통을 안겨주고 때로는 삶 전체를 망가뜨리기도 한다는 인식을 한시도 놓쳐본 적이 없는 사람이라고 가정해본다. 자신이 하는 일이 과연 옳은 일인지 확신을 잃어버려 그런 생각들로 잠 못 이룬 밤들도 많았다. 만일 누군가 재판관 앞에 나타나서 그가 평생에 걸쳐 옳지 않은 일을 했으며 지속적으로 끔찍한 오류를 범해왔다는 것을 증명하려고 한다면 재판관은 그저 차분히 있지만은 않을 것이다. 그는 아마 혼잣말로 이렇게 중얼거리지 않을까. "이 도전에 맞서 나의 역할과 직무를 지켜내지 못한다면 나는 이 사람에게 판결을 내리지 않을 것이며 재판관으로서의 자리를 영영 내려놓을 것이다." 라스콜리니코프와 재판관, 이 두 사람은 각자 많은 것을 걸고 있다. 한 사람에게는 자유, 또 한 사람에게는 직업적 삶에 관한 의미가 걸려 있는 문제인 것이다.

재판관　　어떤 변론을 펼칠 생각이시오?

라스콜리니코프　　달리 어쩔 수 없었습니다. 제 힘으로 되지 않는 일이었다는 말씀입니다. 그래서 저는 제 행위에 대해 책임이 없습니다.

재판관　　말도 되지 않소. **당연히** 당신은 달리 행동할 수 있었소.

라스콜리니코프　　증명해보십시오!

재판관　　　　당신은 그날 그 시각에 그냥 집에서 나오지 않았을 수도 있었소. 전당포 노파를 찾아가 살해하는 대신에 말이오.

라스콜리니코프　　아뇨, 그럴 수 없었습니다. 나는 노파를 죽이려는 의지가 있었고 노파가 그날 그 시각에 홀로 집에 있으리라는 것을 알게 되었습니다. 의지와 앎이 나를 노파의 집으로 내몰았던 겁니다. 나로서는 전혀 어쩔 수 없었습니다.

재판관　　　　당신이 그 의지를 가졌다면 살인은 일어나야 했겠지. 하지만 **충분히 다른 것을 원했을 수도 있었고** 그렇다면 **다른 행위를 했었을 것이오!**

라스콜리니코프　　절대 불가능했습니다. 의지란 하늘에서 뚝 떨어지는 것이 아닙니다. 의지를 형성하는 사전 배경이 있는 겁니다. 제 경우도 그랬죠. 오랜 숙고 끝에 결국 노파를 죽이겠다는 의지가 선 겁니다. 그것을 막을 수 있는 어떤 방법도 제겐 없었습니다. 저는 살인을 **원해야 했던** 겁니다.

재판관　　　　**다르게 숙고할 수도 있었소.** 그렇다면 다른 것을 원하게 됐을 것이고 다른 행동을 했을 것이오.

라스콜리니코프　　생각과 고민도 역시 땅에서 혼자 불쑥 솟아나는 것이 아닙니다. 그것도 지나간 역사에서 생겨나고 역사는 생각이 어떻게 흘러갈지를 정합니다. 제 숙고 이전에 놓인 과거사는 제가 다른 쪽으로 숙고하지 않도록, 오직 그렇게만 숙고하게끔 결정했습니다. 저도 어쩔 수 없는 일이었습니다. 저는 그저 그렇게 숙고할 수밖에 없었습니다. 다시 말씀드리지만 그런 이유로 저는 책임이 없습니다.

재판관　　　　당신은 인간이고 인간은 필연적으로 살인의 의지가 생겨나도록 그렇게 숙고하지는 않소. 아무리 돈이 급하고 살인을 통해서 그것이 해결될 수 있는 가능성이 있다 하더라도 말이오. 인간은 그러한 유혹을 이겨낼 **수 있는** 존재요.

라스콜리니코프   인간이 **일반적으로** 어떻게 숙고하는가, 그리고 **일반적으로** 무엇을 원할 수 있는가 하는 문제가 아닙니다. 지금 재판관님 앞에 서 있는 사람은 그냥 **아무개**가 아니라 한 **특정한** 사람입니다. 여기서 중요한 것은 **특정한 사람인 제가** 그때 그 순간에 다른 생각을 할 수 있었는지, 그래서 다른 것을 원하고 행동할 수 있었는지 하는 문제입니다. 다른 사람들이 어떤지는 이 문제와 하등의 상관이 없습니다. 그리고 한 가지 더, 다른 이들 한 사람 한 사람에게 모두 같은 원칙이 적용되죠. 특정한 사람이 특정한 시간에 숙고와 의지와 행위에 관해 다른 결론을 낼 수 있느냐, 하는 문제가 하는 것이 항상 핵심이 됩니다. 대답은 항상 같습니다. 아니라는 거죠. 원인은 언제나 동일합니다. 과거의 배경이 있기 때문입니다. 그러므로 모든 이에게도 똑같은 원칙, 즉 자신들의 행위에 책임이 없다는 원칙이 통용됩니다.

재판관   좋소. 그러면 당신 한 사람에 집중하도록 하겠소. 그래도 이건 확실하오. 당신은 그 당시에도 여러 가능성을 숙고하고 원하고 행동할 수 있는 **능력**을 지니고 있었소. 자신의 욕망과 거리를 둘 줄 모르고 본능대로 살아가는 짐승이나 어린아이와는 다르다는 말이오. 당신은 단순히 욕구에서 행위로 곧바로 **떠밀리지** 않소. 소망이 생기면 한 발짝 뒤로 물러나 그 소망을 평가하고 그 결과로 생기는 판단을 통해 어떤 소망을 의지로 만들 것인가 결정할 수 있소. 이것이 바로 책임을 이루는 결정적 전제조건이고 당신은 그 조건을 충족하오. 그러므로 살인에 대해 책임이 있소.

라스콜리니코프 　그러한 능력이 있다는 것을 부정하지는 않겠습니다. 그러나 그 능력이 있다고 해서 책임을 질 수 있는 충분한 조건이 된다고는 보지 않습니다. 그것은 단지 어떤 시점에 사고와 생각을 통해 의지에 영향력을 행사할 수 있다는 것 이상을 의미하지 **않습니다**. 능력은 오직 거기까지입니다. 그것은 특정한 시점에 나의 소망을 매우 **다양한** 방식으로 평가하고 그것을 통해서 매우 **다양한** 의지를 가지게끔 하는 데 있지 않습니다. 사실이 그렇습니다. 제가 사고와 평가와 의지가 활동할 수 있는 공간을 소유한다는 것은 서로 시차를 둔 **여러** 시점에 대해서만 맞는 이야기일 뿐, 같은 시점에 그렇다는 것을 뜻하지 않습니다. 그래서 저의 사고와 소망이 훗날 다른 시점에서라면 다르게 이루어질 수 있다는 것은 그동안 사고와 소망이 다르게 진행되어왔기 때문이지 다른 이유는 없습니다. 또한 훗날의 결정도 처음의 결정과 다를 바 없이, 하나의 시점에서는 **오직 하나**의 소망의 평가가 있을 뿐이며 따라서 이 평가의 영향 아래 이루어질 수 있는 소망도 **오직 하나**뿐입니다. 자기 평가 능력, 아니 여타 다른 능력들에 대한 언급은 아무 쓸모가 없습니다. 중요한 점은 항상, 이 능력의 **실행**이 특정한 시점에 어떤 행보를 갖느냐 하는 것입니다. 행보는 과거의 배경이 어떤가에 따라 오직 하나만 가능합니다. 이 말은 즉 누군가 어떤 숙고를 하고 어떤 의지를 갖고 어떤 행동을 했다면 그것은 그렇게 될 수밖에 없었기 때문입니다. 그러므로 그 누구도 자신의 행위에 대해 불가항력일 수밖에 없습니다. 따라서 책임이 뒤따르지 않습니다.

재판관   숙고를 통한 의지의 형성이라는 능력을 부정하지는 않아 다행이오. 당신은 그 능력으로 말미암아 자유로운 결정 능력을 가진 사람이 되는 것이오. 그리고 당신은 살인의 의지가 숙고의 영향 아래 이루어졌다는 것도 역시 부정하지는 않소. 그 말은 자유로운 의지로 사람을 죽였다는 말이 되오. 이것은 책임의 결정적 조건이오. 당신은 그 조건을 충족했소. 그러므로 살인의 책임이 있소.

라스콜리니코프   재판관님의 말씀을 확대하자면 다음과 같습니다. 재판관님은 '결정', '자유', '책임'이라는 세 가지 단어의 의미를 정의 내리고 있습니다. 물론 그러실 수 있습니다. 하지만 제가 반드시 재판관님이 내리는 정의에 순순히 동의해야 한다는 뜻은 아닙니다. 그럴 필요도 없는 것이, 제가 생각하는 것과는 차이가 많기 때문입니다. 결정이라는 것이 숙고를 통한 의지의 확정이라는 재판관님의 견해는 그나마 받아들일 수도 있습니다. 그러나 절대 동의할 수 없는 것은 무엇이 **자유**와 연관이 있느냐 하는 것에 대해서입니다. 보아하니 재판관님은 자유란 오직 사고를 통한 의지의 결정으로 **이루어진다**고 보시는 것 같습니다. 그러나 그것은 좋게 말해 직관적으로 불만족스러운 의견입니다. 그 이유는 얼마든지 말씀드릴 수 있습니다. 결정이 이루어지는 과정은 그 결정의 요소들인 숙고나 소망이 이루어지는 과정과 전혀 다르지 않습니다. 누군가가 한 특정한 시점에 어떠한 결심을 했다면 그는 그가 실제로 내린 결정 말고 다른 결정은 내릴 수가 없어서 그렇게 한 겁니다. 여러 숙고 중에서 어떠한 숙고가 의지의 형성에 결정적 역할을 할지는 그 사람이 지나온 여러 과거의 사건들에 의해서 결정됩니다. 제가 과거로부터 나름대로 생각하고 느끼고 기억하고 상상해오던 것들, 다름 아닌 돈에 대한 생각이 저의 의지를 형성하게끔 만들었습니다. 저는 이 결정을 좌지우지할 조금의 **힘**도 없었습니다. 그것을 **막을** 수도, **저지할** 수도 없었으며 제 결정은 자기가 가야 할 길을 갔을 뿐입니다. **이걸** 어떻게 그 자유라고 부를 수 있겠습니까? 제가 할 수 있는 것은 오직 이 말을 되풀이하는 것뿐입니다. 결정에 관해서 달리 방법이 없었습니다. 오직 **그렇게 할 수밖에** 없었습니다. 그러니까 저도 어쩔 수가 없었죠. 그래서 저에게는 책임이 없습니다. 자유를 완성하는 전제조건이 없었기 때문입니다. 재판관님이 책임에 대해 정의한 바에 따르면 행위는 결정을 전제로 하는 것만으로도 충분하다고 합니다. 그리고 결정 안에 자유가 존재한다고 보시기 때문에 **자유 없이는 책임도 없다**는 직관적 원칙을 충족하기에 모자람이 없다고 보일 수도 있습니다. 그러나 실제로 그것은 그 원칙을 거의 냉소적이라고 할 수 있을 정도로 뒤틀리게 해석한 것입니다. 저는 묻고 싶습니다. 다르게 결정하는 일이 능력 밖의 일인 사람에게 결정으로 인한 행위에 대한 책임을 어떻게 물을 수 있다는 것입니까?

여기서 중간 점검을 해본다면, 라스콜리니코프의 전략은 직선적이고 명확하다. 복수의 사람과 일반적인 능력이 아닌, 특정한 과거사를 가진 특정한 사람의 의지와 행위에 집중하기를 고집한다. 책임에 관한 물음은 언제나 어떤 특정한 사람이 특정한 시점에 가지는 책임에 대한 질문이라는 점에서 그의 말은 맞다. 또 멀게는 한 사람의 의지와 결정이 과거의 지나온 삶의 역사에서 기인하며 따라서 실제로 행해진 것 이

외의 다른 결과가 나올 수 없다는 것도 역시 맞는 말일 수 있다. **이 사실을 슬쩍 모른 척 지나가려는 책임론은 그 어떤 것이라도 결코 믿을 만한 것이 못 된다.** 이 논쟁을 버텨내고자 한다면 재판관은 라스콜리니코프에게 "아무리 특정한 시점에 특정한 당신이 한 가지 결정밖에 내릴 수 없었다고 하더라도 살인에 대한 책임은 백 퍼센트 당신에게 있소"라고 말할 수 있는 이유를 담은 논리를 전개해야 한다.

비록 라스콜리니코프의 끈질긴 주장이 옳다고 해도 정확하고 세심하게 살펴볼 필요가 있다. 그러면 그가 논지를 관철하기 위해 강요와 무력감의 유혹적 언어를 사용하고 있음이 쉽게 눈에 띈다. "그렇게 소망하고 숙고하고 결정**해야 했다**"라고 그는 말한다. 그러나 이것은 사실이 아니다. 그에게 강요한 사람은 아무도 없다. 그의 소망과 숙고와 결정이 전제조건들에 의존한다는 것은 자발성과 대칭 관계에 있는 의무를 뜻하지 않는다. "나도 달리 어쩔 수가 없었다"는 그가 애용하는 후렴구다. 그리고 살인하기로 결정한 것에 대해서도 "이 결정을 좌지우지할 조금의 **힘**도 없었다. 그것을 **막을** 수도, **저지할** 수도 없었다"라고 한다. 우리는 그의 언어를 통해 확실한 것으로 표현되는 무력감이 개념적 일치성의 여부를 점검하는 과정에서 버티지 못하고 내부적으로 붕괴되고 마는 허상의 그림이라는 것을 이미 알고 있다. 무력감을 언급할 때는 그 무력감이 경험되거나 상상될 수 있는 시점, 입장이 필요한데 자유로운 결정을 내릴 때에는 그러한 입장이 존재하지 않는다. 조건적 자유는 무력감을 개념적으로 배제한다. 그래서 라스콜리니코프가 마지막에 던진 질문에 재판관은 이렇게 대꾸해야 한다. "어떤 행위를 하기로 결정을 할 때, 그 사람은 이 결정에 대해 동원할 수 있는 모든 힘을 가지고 있소. 그 사람이 여타 다른 결정이 아닌 바로 그 결정을 내린다는 것, 즉 자신의 의지를 다른 숙고가 아닌 바로 그 숙고를 통해서 내린다는 것에 바로 그 힘의 존재가 있소. 또한 결정이 그가 쓸 수 있는 힘 아래에 있는지 그렇지 않은지는 더 이상 의미가 없소." 그리고 라스콜리니코프에게 다음부터는 말하고자 하는 핵심, 즉 특정한 결정이 과거의 전제조건에 의해서 도출된다는 것에만 냉정하게 머무르도록 경고해야 할 것이다. 그러면 냉소주의라는 비난이 다소 누그러질 수 있을 것이다.

재판관은 인간이 일반적으로 무엇을 할 수 있는지에 대한 언급으로 입을 연다. 그리고 라스콜리니코프에게 그에게도 자아와 거리를 둠으로써 생기는 자기 평가의 능력이 있다는 것을 상기시킨다. 이것은 재판관의 자의에서 나온 말도, 교묘한 술수도 아니다. 이것은 우리가 책임에 대해 말할 때 종종 취하는 관점이다. 우리는 어떤 사람에게 무엇을 과연 요구할 수 있는가의 여부에 대해 검토할 때가 있다. 예를 들어 이전에 등장했던 은행 직원에게 목숨을 희생할 것을 요구할 수 있는가 하는 문제 같은 것이다. 또 최면에 걸린 사람이나 예속된 사람과 다르게 그가 자신의 소망을 비판적으로 바라볼 수 있는 능력을 갖고 있는가 하는 질문도 던져본다. 한 재판관이 있어서 이런 말을 한다고 가정해보자. "이것은 책임에 관해 따질 때 물을 수 있는 **전부**다. 검토한 결과 그렇다고 나오면 책임이 있는 것이다. 그뿐이다. 개인에 따른 내적 삶의 배경은 전혀 신경 쓸 필요가 없다." 그러나 우리의 사려 깊은 재판관은 이렇게 강압적으로는 라스콜리니코프의 입을 다물게 할 수 없음을 느낀다. 그래서 결정을 결정한다는 삶의 과거사를 고려하기로 순순히 동의한다. 어떠한 결정이 조건적 결정이라고 해도 그것은 자유로운 결정이며 이 자유가 책임이라는 문제를 해결하기에 충분하다는 것에 재판관은 집중한다. 이것 역시 궤변 따위가 아니고 우리들 대부분이 이제 곧 이어질 라스콜리니코프의 도전과 맞닥뜨릴 때까지는 극히 자연스럽다고 느끼는 관점인 것이다.

▌말꼬투리 잡고 싸우지 않기

라스콜리니코프는 재판관이 '자유'와 '책임'이라는 키워드를 사용하는 방식이 불만이다. 그는 그 말들이 더 수준 높은 의미로 쓰이는 모습을 보고 싶다. 이럴 경우 어떻게 할 것인가? 한 가지는 분명하다. 양측이 똑같이 인정하는 뜻의 단어를 공유할 때만이 이 논쟁이 앞으로 나아갈 수 있다. 만일 그렇지 않다고 할 경우 다음과 같은 대화가 오고갈 것이다.

라스콜리니코프 제 행위가 자유에서 비롯된 것이고 따라서 그에 대한 책임을 진다고 하시는데, 재판관님이 그 말들을 얼마나 쉽고 천박하게 쓰시는지 기가 찰 노릇입니다. 법복을 입은 재판관님은 여기서 힘을 쥔 자이고 저를 퇴장시킬 수 있으니 재판관님의 값싼 해석은 제게 큰 부담이 됩니다. 값싼 해석이 남발되는 저 법률 책도 재판관님과 한편이죠. 제게 판결을 내린 뒤 가정으로 돌아가서서 편히 주무시면서 이렇게 혼잣말을 하시겠지요. "그는 자유인이었으므로 뒤따르는 결과도 스스로 안아야 해." 그러나 저는 이렇게 말하겠습니다. "재판관님은 내 생을 파괴할 도덕적 권리가 조금도 없다." 저는 자유롭지 **않았습니다.** 그래서 행위에 대한 책임도 없습니다.

재판관　　　　　값싼 해석이든지 말든지, 나는 우리가 통상적으로 사용하는 대로 그 말들을 사용했을 뿐이오. 그들에게 그런 뜻을 붙인 건 나 혼자가 아니오. 내가 따르는 사용법은 이 언어를 사용하는 모든 이들이 따르는 사용법과 동일하오. 만일 당신이 더 많은 뜻을 부여하고자 한다면 이 언어 사용 집단의 외부에 서게 될 것이오. 그러고 싶다면 그렇게 하시오. 하지만 정말로 그렇게 한다면 사람들이 당신의 주장을 진지하게 받아들이기를 기대해서는 안 될 거요. 논법으로 따지자면 마치 "상트페테르부르크에는 사람이 아무도 없다"라고 말하는 것과 같소. 대체 그게 무슨 소리냐고 누군가 묻는다면 당신은 이렇게 대답하오. "내가 이해하는 인간이란 영생불사의 존재요. 여기 돌아다니는 모든 이들은 그러나 언젠가 죽지요. 그러니까 여기에 사람이 아무도 없다는 겁니다. 인간이라는 존재가 불사가 아니라니, 그런 값싼 언어 해석으로 날 속이려 하지 마시오!" 당신은 도저히 충족될 수 없는 조건, 따라서 아무도 갖다 붙이지 않는 조건을 인간의 개념에 제시하기 때문에 비록 당신의 논리 자체는 완벽하지만 우리는 어이없는 웃음을 터트릴 거요. 그 누구도 당신의 주장이 자신에게 조금이라도 **해당된다**고 느끼지 않으며 그래서 아무도 **관심을 주지 않을** 것이오. 당신이 말하는 자유와 책임이라는 것도 그렇소. 당신은 어느 누구도 생각하지 않고 또한 충족되지도 못하는 조건들에 자유와 책임을 연결하고 있소. "나는 자유롭지 못했으므로 책임도 없습니다"라는 당신의 말은 옳기는 하오. 그러나 이것은 겉으로 보기에만 우리 두 사람 공동의 언어를 사용하고 있을 뿐이오.

즉 그 말은 한 주제 아래 우리가 나누는 대화의 일부분인 듯하지만 오직 겉모습만 그럴 뿐이라는 뜻이오. 사실을 알고 보면 당신은 그 말로 혼자만의 게임을 하고 있으며 진정으로 주제에 관련된 것이나 문제가 되는 것에 대해서는 단 한마디도 하지 않고 있는 거요.

　재판관의 말은 원칙적으로 맞다. 그러나 **백 퍼센트** 맞지는 않다. '인간'이나 '불멸'과 같은 말에는 없는 직관적 해석의 여지가 '자유'와 '책임'에는 있다. 전자의 경우에는 그러한 해석이 정도를 벗어난다는 것이 명확하지만 후자는 다르다. 재판관이 주장하는 자유가 단 하나의 뜻만을 가지지 않는다는 견해를 도출하는 직관적 원천을 이미 여러 가지로 보아왔으며, 또 바로 그 원천에서 **우리가** 지금까지 알게 된 책임이라는 개념이 재판관이 라스콜리니코프에게 말하는 자유 그 이상의 것을 필요로 한다는 사실의 근원이 된다는 것도 안다. 만일 그렇지 않다면 자유의지라는 테마에 대해 혼란스러워하거나 의문을 가지는 사람은 없을 것이며 이러한 책을 쓸 필요도 없을 것이다. 직관적 해석의 여지에 관한 사실은, 신중한 재판관으로 하여금 재판정에 선 피고인이 정말로 책임이 있는지 그의 의지와 결정에 대안은 없었는지의 여부를 몇 날 며칠 고민하며 잠 못 이루게 만든다는 것이다. 그러므로 이제 등장할 재판관의 질문은 그저 얕은 꾀가 아니라 진정한 관심에서 나온 것이다.

　재판관　　　　　책임을 가능하게 하는 자유란 과연 무엇으로 이루어져 있다고 생각하시오? 당신이 자유로운 사람, 즉 책임을 질 수 있는 사람이 되기 위해서는 어때야 할 것 같소?

라스콜리니코프　　　그거야 아주 간단합니다. 나의 의지를 결정하는 것이 나의 과거가 아닌 **나 자신**이어야 한다는 겁니다. 내가 내리는 결정은 내가 지나온 과거의 그 어떤 것으로부터 영향을 받지 않은 결정, 즉 **자유로운** 결정이어야 한다는 거지요.

　이제 우리가 해야 할 일은 분명해졌다. 우리가 알게 된 것들을 재판관도 알게 하기 위서 그에게 이 책의 앞 장들을 읽어보게 하는 일이다. 우리가 알게 된 것들이란, 라스콜리니코프가 뜻하는 결정의 주체, 즉 그 어떤 과거사와도 무관하게 어떤 의지를 갖게 하고 결정하는 주체로서 자기 자신을 강조해서 말할 때 그것은 무조건적 자유를 행사하는 모순적 순수 주체를 뜻한다는 사실이다. 우리가 이 책을 통해서 알게 된 모든 개념적 사실들, 즉 무조건적 의지는 특정한 의지가 아니며 개개인에 따라 달라지는 의지가 아니라는 점, 그러므로 아예 의지가 아니라는 점, 또한 완벽하세 외부에서 비롯되고 우연에 의지한, 예측할 수 없는 의지라면 그것은 주체 됨과는 억만 년 떨어진, 그저 우리가 당할 수밖에 없는 그 무엇에 지나지 않는다는 것을 재판관이 라스콜리니코프에게 훈계해줄 수 있는 것이다. 더불어 그는 우리가 이전에 했던 이야기를 함으로써 자신의 주장을 마무리할 수 있다.

　재판관　　　당신이 말한 의미로서의 결정은 결정이 아니오. 그 결정은 의지에 아무런 영향력도 미치지 못하니 말이오. 당신이 그러한 의미로 자유롭다면 자신의 의지에 전혀 관여할 수 없을 것이오. 그 말은 즉 당신이 무엇을 원하는지가 **전혀 당신 손 안에 있지 않다**

는 것을 뜻하지요. 의지에 관한 한 당신은 두 손과 두 발이 다 묶여 있게 될 거요. 이 말은 다시금 당신이 **살인을 원할 수밖에 없었다**는 뜻이 되오. 그렇다면 보시오. **이것은** 당신에게 책임이 없다는 주장에 대한 좋은, 아니 결정적인 명분이 되오. 당신은 당신이 말하는 자유의 개념에 관해 원래 의도한 것의 정반대 지점에 도달하게 되오. 자유에 특별한 중대 의미를 지닌 개념으로서의 책임을 부여하는 대신에 내가 이야기하는 최소한의 책임도 파괴한다는 말이오.

라스콜리니코프는 이렇게 주장한 적이 있다. "책임이란 것은 무조건적 자유를 전제로 합니다. 그런데 무조건적 자유는 없습니다. 그러므로 책임도 없습니다." 이에 대한 재판관의 반론은 이제 라스콜리니코프가 그러한 주장을 펼칠 수 **없다**는 것을 보여준다. 첫째, 그가 말하는 전제조건이라는 것이 불일치할 뿐만 아니라 불일치하는 것은 그 어떤 것의 전제조건도 될 수 없다. 둘째, 재판관은 라스콜리니코프가 가지고 있는 자유에 대한 개념이 우리에게 책임을 보증하는 대신에 오히려 박탈한다는 것을 증명했다.

이것은 여러 측면에서 매우 중요한 결과다. 우선은 재판관이 새로이 논리에 끌어들인, 조건적 자유의지 위에 세워진 책임이라는 개념에 대해 라스콜리니코프가 크게 고민하지 않으면 안 될 상황에 처하게 되었다. 그가 이 개념 위에서 험난한 길을 가게 되리라는 것을 우리는 쉽게 예측할 수 있다. 그러나 그는 이제 더 이상 재판관에게 또 다른 자유의 개념을 들이대는 방법으로 복수하지는 않을 것이다. 자유에는 또 다른 개념이란 **없기** 때문이다. 둘째로, 이전에 있었던 '자유'와 '책임'에 대한 해석에 대한 논쟁에 대해 **결정**이 내려질 수 있었다는 것을 의미한다. 양측이 각자의 생각을 끝까지 고집한 채 등을 돌려야 하는 실망스러운 무승부가 아닌 것이다. 이것은 내가 서곡의 끝머리에서 말한 것의 또 다른 예다. 철학이란 이러한 일들을 서로 도저히 합의할 수 없는 세계관의 격차로 머무르게 해서 어깨를 으쓱 들었다 놓으며 할 수 없지 뭐, 하고 각자 갈 길을 가게 하는 것이 아니라, 결정을 내릴 수 있게 해주는 노력이며 방법이라고 이야기한 바 있다. 그리고 비록 이 논쟁이 처음에는 말의 꼬투리를 잡고 싸우는 것처럼 보이기는 했지만 말의 용법, 즉 언어적 관습에 관한 싸움이 아니라 사실은 개념의 일치성과 그들이 우리의 경험에 기여하는 역할에 대해 생각해보는 것에 관한 일이었음이 밝혀진 것이다.

▌만들어진 책임

재판관　　　　　책임은 무조건적 자유를 요구하지 않을뿐더러 요구할 수도 없소. 그것은 일치하지 않는 개념이기 때문이오. 책임은 오직 조건적 자유만을 필요로 하오. 살인을 저질렀을 때 당신에게는 그것이 있었소. 그러므로 행위에 대한 책임이 있소. 그래서 나는 당신에게 판결을 내릴 수 있는 것이오.

라스콜리니코프　　하지만 나의 과거사에서 필연적으로 연유한 행위 때문에 나에게 책임을 묻는 다는 것은 **정당하지** 못합니다!

바로 이것이 라스콜리니코프가 처음부터 이야기하고 싶었던 내용이다. 그의 이 주장은 논쟁의 흐름에 결정적 전환점이 된다. 이것은 두 부분으로 이루어져 있다. 그 하나는 여기서 처음으로 등장한 것으로, 누군가가 다른 사람에게 책임을 **지운다**는 것이고 다른 하나는 도덕적 관점에서 비판받으며 어떤 행동 방식이 부당하다고 낙인찍히는 것이다. 이제까지는 라스콜리니코프에게 **책임이 있는가**가 논쟁의 주제였다. 이것은 마치 우리와 우리가 하는 행위와는 무관하게 세상에 그저 **존재**하는 특성의 현존에 대해 논쟁하는 것처럼 들릴 위험이 있었다. 이것에 대한 물음은 "라스콜리니코프는 지능이 높은가?"와 같은 물음과 똑같은 논리를 가지고 있다. 이 질문에 대한 답을 하기 위해서는 지능에 대한 전제조건을 명확히 하고 라스콜리니코프가 그 조건들을 충족하는지의 여부를 검토해야 할 것이다. 경험을 통해 배울 수 있는 능력이 그에게 있는가? 책임에 대해서도 우리는 똑같은 패턴을 적용할 수있거나 적용해야 할 것이다. 책임이 어느 정도의 자유를 전제로 하는지 검토하고 라스콜리니코프가 충분한 자유를 가지고 있는지를 자문해야한다. "책임이란 무엇인가?" 하는 물음이 "지능이란 무엇인가?" 하는 물음과 정확히 일치하는 모습을 보였다. 즉 이미 세계에 존재하는 특성을 분석하는 과제를 던지는 것이다. 지능에 관한 물음에 대한 답은 지능이 **무엇으로 이루어져** 있으며 그 **특성**은 무엇인가에 대한 것을 설명할수 있어야 한다. 따라서 책임에 관한 물음은 책임이 무엇으로 이루어져 있으며 그 특성은 무엇인가를 설명할 수 있어야 한다.

　　누구도 자기한테 **책임을 지울** 수 없다는 라스콜리니코프의 말에서 우리는 그렇지 않다는 사실을 기억한다. 우리가 누구에게 지능이 높다는 딱지를 붙인다고 해서 그의 지능을 **높이는 것**은 아니다. 지능이 높거나 그렇지 않거나 하는 사실을 그저 **발견할** 뿐이다. 누구를 똑똑하다고 묘사하는 언어적 행위는 묘사되는 그 특성의 일부가 아니라 단지 외적인 것일 뿐이다. 그러나 책임의 경우는 다르다. 우리는 어떤 이가 책임이 있다는 것을 **발견**하는 것이 아니라 그에게 책임이 있다고 언명하는 것이다. 이러한 언명을 통해, 오직 이것을 통해 그는 책임이 있게 되는 것이다. 이 언명 뒤에는 그 언명이 언급하는 책임성에 대해 우리가 고려해야 할 또 다른 사정 같은 것은 없다. 책임을 귀속시키는 것은 약속을 하거나 세례를 받거나 하는 것과 같다. "약속합니다"라는 말은 **이미 약속** 자체이며 그 말이 따로 지칭하는 '진짜 약속'이 숨어 있거나 하지는 않는다. 세례도 마찬가지다. "네게 세례를 주노라" 하는 말은 곧 **세례 자체**를 의미하며 그 말과 상관없는 세례의 또 다른 정보를 주는 역할을 하지는 않는 것이다. 약속이나 세례를 표명하는 그 말이 결정적인 것이지 그것이 **진실**이냐 **아니냐** 하는 것이 아니다. 이들은 별도의 정황 관계에 해당하거나 또는 해당할 수 없는 기술(記述)이나 설명이 아니기 때문이다. 약속이나 세례, 이들은 어떤 것을 기술하는 것이 아니라 만들어낸다. 마찬가지로 우리가 누구에게 책임이 있다고 선언할 때는 그 선언으로써 그에게 책임을 만들어내는 것이다.

라스콜리니코프가 애초에 했던 말은 다음과 같다. "나에게는 책임이 **없습니다**." 그 말에 재판관은 이렇게 말할 수도 있었다. "아니, 있소. 내가 당신에게 책임을 **지우기** 때문이오." "당신은 그럴 수 **없습니다**. 왜냐, 나에겐 책임이 **없으니까요**." 만일 라스콜리니코프가 이렇게 반박한다면 재판관은 냉정한 목소리로 이렇게 대꾸할 것이다. "내가 그렇게 하기 전까지 당신에게는 책임이 없었을지도 모르오. 그러나 지금은 그렇지 않소." 라스콜리니코프는 어떻게 대응해야 할까? "내게 책임이 있다는 말은 틀렸습니다"라고 한다면 돌아오는 대답은 "전혀 틀리지 않소. 내가 당신에게 책임을 지우는 것이 맞기 때문이오"일 것이다. 그렇다면 이제 라스콜리니코프가 자신을 방어할 수 있는 단 하나의 방법은 자신에게 책임을 지우는 재판관의 **행위**를 문제 삼는 것뿐이다. 이렇게 되면 논쟁의 논리는 근본부터 달라진다. 이제 누가 **사실**을 옳게 기술하느냐가 문제가 되는 것이 아니라 라스콜리니코프에게 책임을 묻는 재판관의 행위가 **옳은 것이냐** 하는 문제가 된다. 라스콜리니코프가 '틀렸다'라는 말을 포기하고 싶지 않다면 이렇게 이야기할 것이다. "내게 책임을 귀속하는 것은 틀린 일입니다." 이 말은 지금까지와는 전혀 다른 뜻을 지니게 된다. 즉 사실을 똑바로 맞추지 못한 것이 아니라 재판관이 **규칙**이나 **규범**을 위반했다는 비난의 표현이 새로이 등장하게 된다. 바로 이것이 아까 라스콜리니코프가 부당하다고 표현한 비난의 속뜻이다.

이제 남은 논쟁 모두는 이 비난을 중심축으로 돌아가게 될 것이다. 재판관은 애초부터 이런 비난을 받을 것을 두려워했다. 자신이 판결을 내린 피고인이 경찰관의 손에 이끌려 재판정으로부터 끌려 나가는 모습을 지켜본 후 잠도 못 자고 고민하게 만들었던 바로 그것이다. 교도소의 차가운 담장 안으로 사라지기 직전에 피고인은 마지막으로 재판관과 눈길을 마주쳤다. 재판관이 대면해야 했던 눈길은 여러 가지 색깔을 띠고 있었다. 분노와 복수심으로 물든 눈길, 무력감과 절망, 또는 판결을 도저히 납득할 수 없다는 눈길도 있었다. 그러나 그 모든 눈길에는 단 한 가지의 공통적 메시지가 있었다. '내게 일어난 일에 대해선 나도 어쩔 도리가 없었다. 그렇기 때문에 당신은 내게 이런 짓을 할 수 있는 단 한 점의 도덕적 권리도 없다.' 재판관이 항상 심적 부담으로 느끼고 있었던 것은 이 비난에 과연 정당한 근거가 있는가 그렇지 않은가 하는 물음에 대해 그 많은 세월이 지난 후에도 여전히 답을 찾지 못했다는 것이다. 그를 잠 못 이루게 하는 고민은 항상 똑같은 곳에서 빙글빙글 돌았다. "법을 지키기 위해서는 그를 판결하는 수밖에 다른 방법이 없다. 의심의 여지없이 확실한 것 하나는 그가 결정의 자유를 가지고 있었다는 것이다. 그는 제정신으로 범죄를 선택한 것이다. 범죄를 저지르겠다는 생각이 그의 의지를 이끌도록 허용했다. 문제는 그렇게 될 수밖에 없도록 옭아맨 과거사의 영향 아래서 일이 일어났다는 사실이다. 결국엔 인정해야 하지 않을까. 어떤 사람, 예를 들면 유복한 집안에서 태어나 정상적 가정에서 자라난 나 같은 사람은 자신의 의지가 범죄의 힘에 굴복하지 않아도 될 행운을 가졌고 반대로 다른 어떤 사람은 그저 운이 나빠 길바닥에서 어린 시절을 보내야 했으며 단지 살아남기 위해 법과 도덕에 코웃음 치는 방법을 배운 것뿐이라고. 그리하여 인생의 복권 뽑기에 당첨된 사람들이 불운한 사람을 벌하는 것이라고 말이다. 그러니까 불운아는 **이중으로** 벌을 받는 것이다. 인생의 출발선상이 다른 것이 그 하나요, 다른 하나는 행운아들에 의해 감옥으로 보내지는 것이다. 그러니 내게 판결을 받은 사람들이 억울함이 가득한 눈빛으로 나를 쏘아보는 것이 어쩌면 **당연하지** 않은가? 그러나 다른 한편으로 생각해 보면 무자비한 살인을 저지른 사람을 법과 도덕규범을 잘 지키는 사람과 다르게 취급하는 것이 **마땅한** 것 아닌가? 양편에 **아무런 차이**를 두지 않는 것도 부당하지 않은가?"

재판관의 심란함이 가라앉기를 원한다면 우리는 우리가 책임에 부여하는 논리와 의미의 실제를 더 자세히 들여다보아야 한다. 우리는 누군가에게 **지위를 부여**하고 있다. 즉 그를 책임 있는 사람으로 만들고 있다는 것이다. 재판관을 임명한 그 누군가도 재판관에게 특정한 지위를 부여한다. 그 지위는 대통령이나 장교, 의사의 경우처럼 어떤 특정한 일을 할 수 있는 허가를 내리고 의무를 지운다. 그에 비해 책임성이라는 지위는 더욱 근본적이고 광범위하다. 다시 말해 우리는 당사자가 법 규범과 도덕을 잘 지키는지 총체적으로 검토하고 그러한 틀 안에서 잘잘못을 따지며 그가 어긴 규범에 대해 벌을 줄 수 있다는 뜻이다. 우리는 그가 규범을 준수할 것을 기대하며 이 기대가 충족되지 않았을 경우 그가 그 점을 느낄 수 있도록 조치한다.

하나의 지위는 당사자들이 속해 있는 공동체의 협약 또는 약속에 기반을 둔다. 그리고 지위는 그러한 합의에 의해 만들어진 것이므로 재판관이 면직될 때의 경우처럼 다시 되돌려질 수도 있다. 그렇다면 그 점이 지위를 자의적인 것으로 만들고 마는 것은 아닐까?

라스콜리니코프　　재판관님이 이렇게 말하셨습니다. "당신이 살인에 책임이 있는 이유는 내가 당신에게 책임을 **지우기** 때문이오"라고요. 그렇게 함으로써 재판관님의 자리가 더 굳건해질 거라고 생각하시고 계십니다. 그 말을 듣고 제가 대체 뭘 어떻게 하겠습니까? 하지만 틀리셨습니다. 그 자리는 책임에 관한 새로운 이론으로 인해 더욱 공고해진 것이 아니라 오히려 약해졌을 따름입니다. 다시 말해 책임은 재판관님이 제게 떠넘기려고 **의도하는** 그 무엇, 즉 마음대로 만들어진 **자의적** 대상이 되었다는 말입니다. 그러나 그러한 재판관님의 의지에 맞서 저는 제 의지를 관철하고자 합니다. 저는 책임성의 지위를 **수용**하지 않겠습니다. 그것을 **반려**하는 바입니다. 그럼에도 불구하고 제게 형벌을 내리실 것을 압니다. 하지만 그것은 재판관님의 강력한 권한만을 보여줄 뿐, 그 어떤 정당함도 증명하지 못합니다.

재판관　　　개인적 자의으로 당시에게 책임을 지우는 것이 절대 아니오. 나는 당신과 내가 함께 살고 있는 이 공동체의 의지를 대변하기 위해 재판관에 임명되었소. 나를 통해 당신에게 책임을 지우는 것은 이 공동체 전체요.

라스콜리니코프　　　그래도 달라지는 것은 없습니다. 오히려 더 불리해질 뿐이지요. 만일 공동체 전체가 제게 책임을 지우는 것이라면 그거야말로 저에 대한 집단적 전횡입니다. 재판관님 한 사람만 나를 공격하는 것이 아니라 사회 전체가 공격을 퍼붓는 것이니까요. 그러나 그 수가 얼마가 되었든 대다수라고 해서 도덕적 권리를 가지는 것도 아니고 전횡이 아닌 걸로 되지도 않습니다. 재판관님의 판결은 회식자리에서 동료들이, 또는 갖가지 언론 매체들이 잘했다고 어깨를 두드려준다고 해서 정당해지지 않습니다. 제 생각은 변하지 않습니다. 과거사로 인해 다른 길로 갈 수 없었던 저의 행위를 제게 책임지라고 한다면 그것은 부당합니다!

　　이 대목에서 재판관이 또 다시 힘이 빠지고 말이 막힐 수밖에 없으리라는 것을 우리는 짐작할 수 있다. 자신이 타인들의 기대에 부응하는 일을 할 뿐이라는 사실은 끈질기게 파고드는 회의를 물리쳐주지 못한다. 왜냐하면 사회적으로 수용되는 행위를 수행한다고 해서 그것이 그 행위에 정당성을 부여하지는 않는다는 라스콜리니코프의 말이 맞다고 속으로 은밀히 생각하기 때문이다. 바로 그 점을 알기 때문에 그는 근무가 끝나고 회식에 참석하지도, 자신의 판결에 대한 논평이 실린 신문기사를 읽지도 않는 재판관인 것이다. 그러나 밤이 깊으면 알 수 없는 분노가 치밀어 오른다. 사람들은 왜 **깊이 생각하지 않는** 것일까? 왜 내 곁에는 그러한 생각의 들러리들이 우글거리는 것인가?

책임을 지우는 자신의 행위가 공동체의 의지와 연관되어 있다는 사실을 라스콜리니코프에게 상기시킨 재판관의 말에는 오류가 없다. 이제 우리는 라스콜리니코프의 도전을 결국 근본적으로 바꿀 수 있는 생각을 형성화하는 과정에서 이 사실에 큰 의미가 뒤따르는 것을 보게 될 것이다. 그런데 재판관은 임의성이라는 비난을 또 다른 모습으로 만나게 된다. 누구에게 책임이 있으며 무엇에 책임을 지는가 하는 문제에 대한 합의를 정말로 임의적인 또 다른 종류의 사회적 견해, 예를 들면 '**멋지다**'라는 견해와 비교해보도록 하자. 무엇이 멋지다는 판단이 가지는 특성은 그것이 왔다가 가는 변동 가능한 것이며 그 어떤 **사실**에도 기반을 두지 않는다는 것이다. 멋진 것은 멋지게 생각되기 때문에 멋진 것일 뿐, 다른 무엇도 없다. 근거를 댈 필요도 없고 증명할 필요도 없다. 유행을 창조하는 사람들은 무슨 근거 같은 것은 대지 않고 단지 유행을 만들어내기만 한다. 하나의 유행이 새로운 유행으로 넘어갈 때 어떠한 사실이나 증거는 필요 없다. 하나의 유행에 반론을 펼치는 행위는 웃음거리가 될 것이다. 유행의 판결에 저항할 방법은 없다. 유일한 것이 있다면 유행을 무시하는 것이다.

그러나 책임의 특성은 이것과는 사정이 다르다. 그것은 사실과 증거에 의지하는 바가 매우 크다. 사실들만으로 책임이 **성립**되는 것은 아니다. 그러나 그것은 누군가에게 책임을 부과하기로 결정을 내릴 때 우리가 **근거로 삼는** 그 무엇임에는 틀림없다. 누군가에게 책임이 있다는 것을 증명해보이려고 할 때 우리는 사실에 바탕을 두고 주장하며 사실을 통해 우리가 이전에 말했던 책임성의 지위를 철회해야 한다는 것을 알게 된다. 그렇다면 이 사실이라는 것은 과연 무엇이며 각각의 사실들 간의 공통점은 무엇인가?

▌변명

라스콜리니코프가 길을 가다가 넘어져 지나가던 행인이 피해를 입었다면 우리는 라스콜리니코프에게 책임이 있다고 하지 않는다. "고의가 아니었다" 또는 "행위로 볼 수 없다"라고 한다. 이것은 가장 간단하고도 근본적인 변명의 형태다. 누군가에게 책임을 지우기 위해서는 그가 어떠한 **행위를 해야**만 한다. 이와 유사한 기본적 법칙이 있는데, 그것은 당사자가 자신의 행위가 법칙에 어긋난다는 것을 **알고 있어야** 한다는 것이다. 백화점에서 마냥 행복한 얼굴로 주머니에 물건을 이것저것 집어넣고 노래를 흥얼거리며 걸어나가는 어린아이에게 책임을 지우지 않는 까닭은 자신이 도둑질을 한다는 사실, 즉 법을 어긴다는 의식이 없기 때문이다. 또한 **정황을 잘못 판단**하는 사람에게도 변명의 여지가 있다. 환자가 특정 약물에 대해 알레르기 반응을 일으킨다는 것을 알지 못한 상태에서 주사를 놓아 그 환자가 사망에 이른 경우를 예로 들 수 있다. 물론 사람에게 신중함은 요구되지만 모든 것을 다 알아야 할 것을 요구하지는 못한다. 이러한 세 종류의 변명을 요약하자면, **법적 또는 도덕적 과오**를 범하지 않은 자에게 책임을 지울 수 없다, 라는 것이다. 다시 말하면 법적이거나 도덕적인 원칙을 위반했을 때 그 사실을 인지하지 못했다면 책임을 부과할 수 없다는 뜻이다. 그러나 모두가 알다시피 라스콜리니코프는 이 사항에 해당하지 않는다. 그는 자신의 행위를 알면서도 냉정하게 범죄를 저질렀던 것이다.

그러나 이것이 우리가 누군가의 책임을 거두어 가거나 최소한 망설이게 하는 유일한 원리는 아니다. 여기 다른 원칙이 있다. 그것은 **법적 또는 도덕적 과오를 저지를 당시 그 사람이 자유로운 상태여야 한다**는 것이다. 이 원리는 책임의 개념을 자유의 개념과 연결 지어준다. 자유가 제한될수록 책임의 여부도 더욱 따져봐야 한다. 이것에 대해선 이미 6장에서 한번 논의한 적이 있으나 여기서 한번 더 떠올려볼 필요가 있다. 여행지 번화가에서 개의 꼬리를 밟으며 좋아하는 표류자에게 책임을 따질 수 없는 이유는 전체적으로 봤을 때 그가 결정의 자유를 소유하고 있다고 볼 수 없어서다. 그에게는 당위와 요구의 개념을 이해하기 위해서 필수적인 자기 자신과의 비판적 간격이 존재하지 않는다. 또한 최면에 걸린 자와 완전히 예속된 자가 규범을 어겼을 때에도 우리는 그들에게 책임을 물을 수 없다. 그들에게는 규범을 지킬 수 있는 자유가 없기 때문이다. 이것은 감정적으로 폭발 상태에 있는, 자신을 통제하지 못하는 자와 강박에 사로잡힌 자에게도 해당된다. 이들은 변명의 이유를 자유의지의 부재에 돌릴 수 있다. 규칙을 어긴다는 것을 알면서도 그렇게 하는 협박받는 자의 경우는 이와는 조금 다르다. 그에게는 결정의 자유가 있기 때문이다. 그럼에도 불구하고 우리는 그에게 책임을 물을 수 없다. 규칙을 어기려는 그의 자유는 강요와 협박을 당해 이루어진 것이기 때문이다.

우리는 경우에 따라 이렇게 크고 작은 구별을 둘 수 있으나 가능한 책임 면제의 목록은 원칙적으로 이로써 거의 완성된다고 볼 수 있다. 이밖에도 책임성의 소재 두기에 언급된 모든 이가 직감적으로 옳다고 생각하는 것으로도 확대될 수 있다. 즉 자유로이 이루어진 행위, 다시 말하면 자유로운 의지에서 비롯된 행위만을 책임진다는 것이다. 여기서 말하는 자유란 조건적 자유고 그것은 숙고에 의한 의지의 결정이다. 설사 무조건적 자유가 개념적으로 가능하다고 해도 그것은 여기서 아무 **유용성**도 없을 것이다. 이것은 재판관이 재판을 시작하면서 던졌던 질문에 라스콜리니코프가 했던 대답에서 드러난 두 가지 공식을 떠올려 본다면 명확해진다. "달리 어쩔 수 없었습니다." "제 힘으로 되지 않는 일이었습니다." 이 공식들은 매우 많은 것을 시사하며 재판관의 공격을 방어할 수 있는 효과적인 무기를 마련해준다. 그러므로 이것에 현혹되지 않는 것이 아주 중요하다. 라스콜리니코프가 앞서의 논쟁에서 자신의 의지와 선택과 행위가 과거사로 인해 결정되었다는 것을 설명하기 위해 이것을 사용했다는 것을 우리는 알고 있다. 그런데 3장에서 나타난 바에 의하면, 이 말들이 가진 진짜 **기능**은 그런 것이 아니다. 우리는 의지와 행위의 일반적인 결정성을 표현하기 위해 이 말들을 만들어낸 것이 아니다. 그들이 전하는 진정한 메시지는 '**내가 원하고 행했던 것은 내 판단과 일치하지 않는다**'라는 것이다. 라스콜리니코프가 달리 어쩔 수 없었다고 했던 말의 의도는 '**그 행위 말고 어떤 것이라도 좋으니 다른 것**'이라는 의미였을 것이다. 그러나 그 말을 한 번이라도 사용했던 사람 중에 그런 뜻으로 말한 사람은 아무도 없다. 보통은 **특정한 다른 것**, 즉 나의 판단이 명령하는 바로 그것을 원하거나 행할 수 없었다는 뜻이다. 도박에 빠진 사람이 어깨가 축 처진 채 카지노 밖으로 나오면서 중얼거린다. "역시 오늘도 달리 어쩔 수 없었군." 여기서 '달리'라는 말이 하는 역할은 그의 판단이 시키는 일을 했었어야 옳았다는 것, 다시 말해 카지노를 멀리해야 했었다는 것을 결국 드러내는 것이다. 최면에 걸린 자나 예속된 자가 과거를 회상하며 달리 어쩔 수 없었다고 할 때도 마찬가지다. 당시 임의의 것을 원하거나 행할 수 없었다는 것이 아니라 자신의 독립적 판단에 합당한 것을 할 처지가 되지 않았다는 것이 그들이 하는 한탄의 핵심이다. 만일 은행 창구 직원이 똑같은 말을 했다면 그것은 '그때 수많은 임의적 대안적 행위들 중 하나를 실천할 수 없었던 것이 유감이다'라는 뜻이 아니라 '협박으로 인해 나는 내가 본래 옳다고 생각하는 행동, 즉 돈을 내주지 않는 그 행동을 실행으로 옮길 수 없었다'라는 뜻이다. '무언가 다른 것'이라는 말에서 묻어나는 불확정성은 함정이다. 이 말은 임의성의 여지를 생각나게 하지만 실상 이것은 매우 특정한 하나의 대안, 즉 옳다고 판단되는 의지와 행위를 의미한다. 따라서 우리가 누군가 다른 사람에 대해 "그 사람은 달리 어쩔 도리가 없었던 거야" 또는 "다르게 할 수도 있었는데"와 같이 이야기할 때도 같은 맥락으로 이해할 수 있다. 이때 우리가 말하고자 하는 바는 임의의 여느 가능성들이 아니라 당사자가 자신의 판단에 일치하는 의지와 행위를 실천할 수 있는 상황인 것이다. 다른 말로 하면 **그 사람은 결정의 자유를 소유하고 있었다**는 뜻이다.

라스콜리니코프에게는 이러한 자유가 있었기 때문에 달리 어쩔 수 없었다는 말로 주장을 관철하려는 그의 시도는 완전히 **잘못된** 것이다. 의지의 조건성을 아무리 들먹여봤자 그에게는 아무런 도움도 되지 못한다. 그의 또 다른 공식도 사정은 비슷하다. "저도 어쩔 수 없습니다." 그렇다면 어쩔 수 없다는 말의 반대는 무엇일까? 그것은 결정한 대로 행하는 것이다. 라스콜리니코프는 지나가는 행인의 피해에 대해 어떻게 할 수 없다. 행인을 밀치기로 결정하지 않았기 때문이다. 최면에 걸린 사람, 예속된 사람, 자신을 통제하지 못하는 자, 그리고 강박에 시달리는 사람을 두고서 우리는 그들이 그런 자신을 달리 어쩌지 못한다고 말한다. 그 말의 뜻은 그들의 행위가 자유로운 결정에 부합하지 않는다는 뜻이다. 그러나 이러한 변명은 라스콜리니코프가 저지를 살인에 해당하지 않는다. 살인을 피하기 위해 그는 **모든 것**을 할 수 있었다고까지 말할 수 있다. 또한 조건성의 변명도 전혀 도움이 되지 않는다. 여기서도 그의 말은 그저 **거짓**인 것이다.

▎난제

이 모든 이야기를 재판관은 라스콜리니코프 앞에서 하나하나 따져나갈 것이며 우리는 재판관의 목소리가 점점 커지면서 열기를 더해가다가 마치 홀린 듯 빠르게 말을 이어가는 광경을 쉽게 상상할 수 있다. 마침내 근본적인 것을 건드림으로써 라스콜리니코프의 말문을 막히게 하는 좋은 기회를 재판관이 놓치지 않을 것이기 때문이다. 그러나 그는 역시 매우 신중한 재판관이기 때문에 열변의 뜨거운 기운이 사라지자마자 완승하려면 여전히 멀었다는 사실을 느낀다. 다음을 살펴보자.

라스콜리니코프　다 좋습니다. 재판관님이 말씀하시는 요점 두 가지를 다 받아들일 준비가 되어 있습니다. 그러니까 저는 규범을 위반하는 과오를 범한 것이군요. 재판관님의 뜻에 수그린다면 제게 당시 결정의 자유가 있었던 것이고 말입니다. 돈 욕심이 모든 것을 압도하여 제 의지까지 손아귀에 넣어버린 게 사실입니다. 그러므로 재판관님이 말씀하신 몇 가지 변명들을 제게 적용해달라고 주장할 수 없습니다. 거기에서 그치지 않고 제 스스로 한 가지 더 말씀드릴 것이 있습니다. '달리 어찌할 수 있다'라거나 '제 힘으로 어떻게 하다'라는 것을 재판관님께서 설명하신 대로 이해한다면 제가 처음에 이야기했던 것, 즉 달리 어쩔 수 없었고 그래서 어찌지 못했다는 말을 철회하겠습니다. 그러니 이제 재판관님 앞에는 위법적이고 비도덕적인 생각을 가지고 스스로 내린 결정에 의해 살인을 저지른 한 남자가 서 있습니다. 또 재판관님이 대변하고 계시는 법 적용의 실제에 비추어볼 때 제게 책임을 물을 수 있다는 것도 압니다. 제게 적용될 수 있는 변명거리가 없기 때문입니다. 그러나 이 모든 것에 저는 개의치 않습니다. 재판관님이 이제껏 단 한마디도 하시지 않은 것이 있습니다. **비도덕적인 돈 욕심이 모든 것을 압도해버리지 않을 수 없었던** 사실에 대해서입니다. 저의 과거사가 그러하기 때문에 일이 그렇게 될 수밖에 없었던 것입니다. 다시 한 번 말씀드리지만 저는 '달리 어찌할 수 있다'라거나 '제 힘으로 어떻게 하다'라는 것에 대한 재판관님의 의견을 존중합니다. 하지만 보십시오. 재판관님은 제가 생각할 줄 아는 사람으로서 자기의 의지를 지휘하는 상황, 즉 결정이라는 것을 염두에 두고 계셨습니다. 거기에는 다른 결정을 내리고 다르게 조치할 수 있는 여지가 있는 입장이라는 것이 언제나 존재합니다. **그러나 생각이라는 것 그 자체에는 자신을 지휘할 수 있는 또 다른 입장이 존재하지 않습니다.** 그냥 그 시점에서 생각할 수 있을 만큼만 생각하는 겁니다. 그 생각을 선택하는 또 다른 감독자는 없습니다. 생각이란 그냥 일어나는 것인데, 이전에도 말씀드린 바 있지만 그것이 일어날 때는 아무런 바탕도 없이 하늘에서 뚝 떨어진 것처럼 그냥 주어지는 것이 아니라 과거에 일어났던 일의 결과로 일어나는 겁니다. 더 좋은 말이 도저히 생각나지 않으므로 저는 제가 이전에 했던 말로 되돌아가야겠습니다. 제가 범행을 저질렀을 당시 저는 그럴 수밖에 없었고 다른 생각이 아닌 바로 그 범행을 할 생각이 떠오르는 것을 막지 못했다는 것 말입니다. 엉뚱한 말입니다만, 재판관님은 그런 생각이 떠오를 일이 없었겠지요. 재판관님이 언제나 법에 준하는 생각만 하게 된 것도 그저 재판관님께 우연히 일어난 일일 따름이므로 거드름 피우실 것 없습니다. 재판관님이 하는 생각의 흐름이 재판관님을 그 자리에 앉혀놓는 **행운**에 당첨된 것이고 저는 저의 생각의 흐름 때문에 이 자리에 서게 된 **불운**에 휩쓸린 것뿐입니다. 바로 그런 이유로 제게 책임을 지우는 것은 공정하지 않습니다. 실제로 판결이 어떻게 내려지든 말입니다.

재판관　　　내적 조건성의 **어느 한 특정한 형태**가 그 사람의 행위를 용서해줄 수 있는 사유가 된다는 사실로부터 조건성이 **일괄적으로** 변명의 사유가 될 수 있어야만 한다는 결론을 끌어내면 안 되오. 우리가 말하는 테마에서 조건성을 제외하면 말이 되지 않으므로 특수성에서 일반성을 도출하는 것은 오류요.

라스콜리니코프　　저는 그런 오류를 저지르는 것이 아닙니다. 생각이 가지는 조건성에 대해 제가 말하는 내용이 무지라든가 내적이거나 외적인 강박에서 오는 제약과는 **다른** 것이라는 사실을 몰라서 하는 말이 아닙니다. 이러한 차이를 부정하는 말은 한 적이 없습니다. 다만 어쩔 수 없이 필연적으로 생겨난 생각으로 인한 행위를 구실로 그 사람에게 책임을 지우는 것이 공정하지 않다는 말을 하는 것입니다. 바로 이것이 제가 드리고 싶은 말씀이지만 아직 이것에 대해선 재판관님은 한마디도 하지 않으셨습니다.

재판관　　그러니까 공정함에 대해 이야기하는 거로군. 공정함은 땅에서 솟아난 것도 아니고 또 당신이 지금 하듯이 우리가 외부에서 그대로 가져다가 인격에게 책임을 묻는 법의 실행에 그대로 갖다 쓸 수 있는 카테고리에 속하지도 않소. 그것은 내용과 범위 면에서 판결의 실제 적용에 의해 결정지어지는 카테고리요. 무엇이 공정하고 무엇이 그렇지 않은지는 우리가 실제 적용을 내리는 가운데 결정하오.

라스콜리니코프　　그 말이 설마 진담은 아니겠지요. 재판관님 말씀대로라면 그토록 수많은 사람들이 불행의 나락으로 떨어뜨리는 이 중대한 법 활동을 **전혀 비판할 수 없다**는 말이 됩니다. 외부에서 그것에 의문을 제기할 수 **있어야** 합니다. 그렇지 않다면 아무 집단이나 말도 안 되는 규범적 제도를 만들고 그 어떤 비판이 제기되어도 자기네들의 활동이 괜찮은지는 자기네들이 결정한다는 주장만 늘어놓을 것 아닙니까.

재판관　　좋소. 그러나 비판에는 **논거**가 있어야 하오. 불공평하다고 소리치는 것만으로는 충분하지 않아요.

라스콜리니코프　압니다. 그러니 저에게는 논거가 **있습니다**. 이것은 매우 강력한 논거지요. 법복을 입은 재판관님이 대표하고 계시는 그 판결의 실제가 내적 **모순**을 갖고 있다는 것을 증명하니까요. 판결은 한편으로 **특정한** 사람들에게 죄를 물으며 각각의 **개인**에게 벌을 내립니다. 그러니까 저라는 개인에게 책임을 지우는 것이지 단지 임의의 경우의 하나로서 책임을 지우는 것이 **아닙니다**. 그런데 다른 한편으로는 판결을 내릴 때 저를 하나의 개인으로 만드는 요소들은 무시됩니다. 즉 제 생각의 흐름과 그 조건성 말입니다. 특정한 인간의 생각이 실제로 흘러간 대로 **그렇게밖에 될 수 없었다**는 것을 재판관들은 전혀 **상관하지 않는** 듯 보입니다. 그것을 조금이라도 문제 삼는 경우는 오직 병적이라고 할 수 있을 만큼 이해할 수 없이 이상한 방향으로 생각이 흘러갔을 때뿐입니다. 그러나 저같이 정상적인 사람이 비도덕적인 생각을 했을 때에는 그 생각의 기원이나 발자취에 그 어느 재판관도 관심을 기울이지 않습니다. 이것은 너무나도 모순적인 현상이며 이토록 많은 결과가 따르는 판결에 일어날 수 있는 가장 최악의 일, 즉 그 자체가 합일을 이루지 않는 현상입니다. 이 불일치에 대한 책임이 어디에 있는지 제가 말씀드릴까요. 그것은 **무개념**의 매우 극단적인 형태이거나 그것보다 더 나쁜 **부정직, 위선**입니다. 사람의 생각이 무조건적으로 자유로운 것처럼, 다시 말해 그 언제라도 또 전제 조건 없이 자신의 생각을 바꾸거나 결정할 수 있는 것처럼 취급하고 있다는 말씀입니다. 하지만 그게 그렇지 않다는 것은 누구나 다 압니다. 이제 저는 한 가지를 덧붙이고자 합니다. 책임 귀속에 유효한 것이라면 원망이나 도덕적 분노에도 유효하다는 것을요. 이러한 감정들은 자기에게 나쁜 짓을 한 사람이 오직 그럴 수밖에 없었다는 것을 알게 되는 순간 조용히 사그라집니다. 그러므로 저는 도덕적 감정들 전체가 무개념 또는 위선 위에 쌓아올려진 것이라고 말씀드리는 바입니다.

▍빗나간 한 수
그러자 재판관이 앞으로 진격하며 적극적 공세를 펼친다.

재판관　　　　알겠소. 일치하지 않는 부분이 있고 어느 정도의 부당함이 끼어들어가 있소. 물론 책임을 면제해줄 수 있는 다양한 요인들이 있고 법적이거나 도덕적 심판관은 특수한 사정들을 고려하려 멍청히 노력하기 마련이오. 그러나 당신 말이 옳소. 우리가 내리는 판단이나 느끼는 감정들 속에서 언젠가는 '도덕적 근본을 소홀히 하는 사람들에게 책임을 추궁한다'라는 원칙에 의해 행동하게 되는 거요. 그들이 도덕적 측면을 무시하게 된 원인을 제공한 사연에 대해서는 더 이상 신경을 쓰지 않지요. 그러나 그것은 생각이 깊지 않아서라거나 불성실 또는 기만에서 기인한 것이 아니오. 거기에는 충분한 **이유**가 있고 당신이 말하는 불공평함은 **자의적** 불공평함이 아니라 필수적 근거를 기반으로 하오. 첫 번째 근거는 공동체를 조직하는 과업이 우리를 그렇게 하도록 강요한다는 거요. "그가 그렇게 부도덕적인 생각을 하게 된 것이 불가피했기 때문에 그 사람 자신도 어쩔 수 없었다"라는 말로 그의 행동에 대해 그 누구한테도 책임을 묻지 않는다면 어떻게 될지 상상해보시오. 그 결과로 살인과 우발적 살인이 난무할 것이오. 도덕적 노력을 지속적으로 기울이며 자신이 원하는 바를 희생하는 사람이 생기지 않을 것이기 때문이오. 사적으로 복수를 가하는 행위들이 끊이지 않을 것이오.

라스콜리니코프　　도덕적 사고가 가지는 조건성을 항상 생각할 줄 아는 깨어 있는 사회에서라면 그러지 않을 것입니다. 도덕적인 사람들이 비도덕적인 사람들을 **사랑**할 필요는 없습니다. 그러나 비도덕적인 사람들이 자신도 어쩔 수 없이 그저 불운했다는 점, 그리고 세상 돌아가는 현상 중의 한 단면에 불과한 그들의 생각이 법과 도덕을 비껴 지나갔다는 점을 안다면 도덕적인 사람들도 그들을 내버려둘 겁니다. 또한 공동체를 조직한다는 것, 그것이야말로 죄를 저지른 사람들을 철창 안에 가두고 자신들의 마음을 편하게 하려 그들의 고통을 의식에서 몰아내는 대신 이러한 깨달음을 사회에서 통용되게 만드는 것이라고 생각합니다.

재판관　　　　그 말대로라면 **도덕 교육**이라는 중요한 도구를 스스로 포기하게 되는 거요. 이 교육은 형벌이 존재할 때만 효과를 보게 되어 있소. 평화롭고 쾌적한 사회에서 살아가기를 원한다면 사람들이 규칙을 지키도록 하게 할 필요가 있소. 그리고 인간이라는 것이 그러하듯, 그것은 규칙을 깼을 때 대가로 돌아올 고통을 보여줄 때만이 가능하오. 그냥 좋은 이야기만 들려준다고 해서 되는 것이 아니고 이렇게 겁을 주어야만 도덕적 행동을 이끌어낼 수 있지요. 그러니까 우리가 이야기하는 불공평함은 **불가피**한 것이오.

라스콜리니코프　　그러니까 다른 사람들이 도덕적으로 교육받기 위해서 **다른 사람이 아닌 내가** 스스로도 어쩌지 못하는 살인의 생각을 했다는 이유로 시베리아로 유형을 가야 하는 거군요. 이게 말이 된다고 생각하십니까!

　불운으로 인해 비도덕적이 된 사람을 법과 도덕의 준수를 고양하기 위한 교육에 **이용**할 수 있는가? 바로 이 점이 재판관에게 불면의 밤을 선사한 이유였다. 불행을 만난 이 사람들을 단순한 **도구**로 이용하는 것은 아닐까? 너무 냉소적인 것은 아닌가? 재판관은 불공정함에 대한 이러한 정당성의 주장에 대해 느낌이 좋지 않다. 그래서 두 번째 시도를 해본다.

재판관　　　　그렇다면 당신이 바람직한 것으로 묘사한 상황에서 우리 두 사람이 만났다고 가정해봅시다. 즉 범죄자와 선한 자가 자신들의 사고가 정해진 길을 갔을 뿐이므로 각각의 행위에 어떠한 책임도 없다는 것이 항상 의식 속에 머무르고 있는 상황이오. 당신 말대로 우리의 반응과 감정은 완전히 달라질 것이오. 타인을 나쁘게 생각하거나 그들에게 분노할 수 없소. 또한 도덕적인 칭찬을 하거나 누가 도덕적으로 훌륭한 인물이라고 존경하는 일도 없고. 타인을 바라보는 우리의 시선은 곤충학자가 곤충을 볼 때의 시선과 다름없이 호기심 어리지만 열정이 결여된 냉정함으로 채워질 거요. 아니면 의사가 환자를 대할 때처럼 적어도 일정 간격을 유지할 거고. 이것은 인간 사이의 **만남**을 완전히 바꾸어놓을 것이오. 이러한 만남 속에서는 인간이 서로 도덕적 감정을 가지고 만날 때 발생하는 특별한 **친밀감**이 없을 거요. 다른 사람에 대해 분노할 수 없는 것뿐만 아니라 **감사**하거나 **용서**할 수도 없을 것이오. 도스토옙스키의 작품에서 소냐가 당신에게 주었던 그 모든 감정들이 그 의미를 잃게 될 것이오. 우리가 그토록 차가운 냉랭함을 과연 견딜 수 있을지 상상이 되지 않소. 그러나 그럴 수 있고 없고는 결정적 요소가 아니오. 우리는 그런 냉랭함을 **원하지** 않소. 우리 모두가 원하지 않는다는 말이지. 작품의 말미에 가면 당신도 소냐의 감정에 감사함을 느끼잖소. 바로 이 점이 우리가 방금 말한 불공정함을 감수하는 이유요. 우리의 삶에 절대 놓치고 싶지 않은 다양하고 풍부한 감정이 존재하게 하는 조건이라고도 말할 수 있소.

라스콜리니코프　　그렇다면 불공정하게 취급된 **내가 타인들**이 따뜻한 온정과 친밀감 속에서 살 수 있도록 대가를 치르는 셈이군요. 대체 그게 말이 됩니까! 감정에 치우친 사회에서 시베리아로 끌려가는 것보다는 차라리 냉랭한 자유 속에서 사는 편이 백 배 천 배는 낫겠습니다. 그리고 감정이라는 테마에 관해서도 재판관님이 잊고 계신 것이 있습니다. 제가 경비병에 의해 법정에서 끌려 나가는 모습을 보면서도 마음이 흔들리지 않으시려면 **상상할 수 없을 정도로** 강철같이 단단하고 메마른 감성을 가지셔야 할 겁니다. 사상이 자유롭고 공정한 사회라면 어느 정도의 냉정함이 지배하고 있어야 하겠죠. 그러나 이런 종류의 비정함은 없을 것입니다.

　이 말이 재판관의 뼛속을 파고들었다는 것을 우리는 충분히 알 수 있다. 판결을 받고 법정에서 끌려 나가는 사람들의 시선에 잠 못 이룬다는 사실로도 그가 몰인정한 사람이 아니라는 것을 알 수 있기 때문이다. 그는 판을 뒤집어보려는 안쓰러운 시도를 해본다.

재판관   당신은 처음부터 끝까지 줄곧 도덕적 분노에 대해서만 말하고 있소. 그런데 그 말은 당신이 제스처를 통해 말하는 것을 부정하고 있소. 주장대로라면 당신은 이렇게 말해야 하오. "법복을 입고 높은 곳에 앉아 있는 저 자는 자기가 하는 생각 말고는 다른 생각을 할 수 없다. 그런데 내가 왜 이렇게 흥분하는가? 나는 다른 것들과 마찬가지로 그의 불공정한 생각과 행위를 여유롭게 받아들여야 한다."

라스콜리니코프   여유로워지지는 못할 겁니다. 제게는 인생이 나락으로 굴러 떨어지느냐 마느냐 하는 문제니까요. 그러나 재판관님 말씀이 맞습니다. 제가 느끼는 분노는 도덕적 분노여서는 안 됩니다. 다만, 제가 이렇게 인정한다고 해서 제가 하는 비난에 **정당성**이 없어진다고 믿으신다면 착각입니다. 재판관님의 불공정함에 대해 흥분해서는 안 되는 것이 맞지만 그렇다고 재판관님이 제게 행하는 것이 **불공정하다**는 사실은 전혀 달라지지 않습니다.

▌올바른 공격

재판관이 세웠던 이제까지의 전략은 모두 무위로 돌아갔다. 판결의 실제에 대한 **목적**과 **유용성**을 설명하여 라스콜리니코프를 공략하는 데는 성공했지만 그 대가는 적지 않았다. 불일치를 인정해야 했고, 더 군다나 재판관이 라스콜리니코프에게 비도덕적인 행위를 한다는 것을 인정함과 동시에 그 불공정함을 자백해야 했기 때문이다. 작은 것을 희생해서 큰 것을 얻겠다는 그의 전략이 실패한 것이다. 상대방이 주장하는 불공정에 숨겨진 깊은 **의미**, 다시 말해 모든 외적 목적성의 상위에 있는 의미를 낱낱이 파헤치는 일을 그는 이루어내지 못했다. 그래도 그 언저리까지는 진출했으며 마지막 대화에서 우리는 그가 라스콜리니코프에게 증명해 보여야 하는 것이 무엇인지 어렴풋하게나마 알 수 있다. 그것은 **불공정함이라는 비난을 가할 수 있는 입장이 존재하지 않는다**는 것이다. 라스콜리니코프가 주장하는 것들은 모두 이 입장이 존재한다는 전제 위에서 세워진 것들이었다. 만일 그것이 오류라고 증명된다면 그의 공격은 스스로 무너질 것이다. 이 말은 모든 자유의 조건성을 책임이라는 개념에 반하도록 허용하는 일관되고 일치된 사고가 없다는 뜻이나.

그렇다면 어떻게 이것을 증명해낼 수 있는가? 결국 책임 묻기가 실제로 어떻게 적용되는지 그리고 그것이 도덕적 감정 안에서 어떻게 표현되는지 다시 한 번 상기하는 수밖에 없다. 어린아이를 치고 도망간 운전자의 예를 기억 속으로 불러내보자. 그가 도망친 이유는 처벌을 받고 감옥에 갈 것이 두려워서였다. 그러나 다음날 신문에서 아이가 즉시 병원에 이송되었다면 살았을 수도 있었다는 기사를 읽고는 큰 충격에 빠져 경찰서를 찾아갔다. 이 남자와 역시 인적 없는 도로에서 아이를 친 또 다른 운전자를 비교해보도록 하자. 이 운전자도 차를 세운다. 그러나 심하게 쇼크를 받은 첫 번째 운전자와는 달리 그는 잔뜩 화가 났을 뿐이다. 그는 차에서 내려 휴지를 꺼내 범퍼에 묻은 피를 닦아낸다. 마침내 반들반들 윤이 나도록 말끔히 닦은 그는 흠 없이 반듯한 자동차를 흐뭇하게 손으로 어루만지더니 다시 차를 타고 떠나버린다. 그 광경을 본 사람이 있었다면 역겨움과 경악을 동시에 느꼈을 것이다. 왜일까? 이 운전자는 매우 근본적인 것, 즉 **도덕적 입장**을 모르고 있거나 모른 척하고 있기 때문이다. 도덕적 입장은 무엇으로 이루어져 있는가? 그것은 **타인의 이익이 내 행동의 이유가 된다**는 사고다. 첫 번째 운전자는 그 생각을 인지하고 있고 그에 상응하는 감정으로 반응한다. 그러나 두 번째 운전자는 다르다. 그에게는 애지중지하는 자동차의 무사함이라는 자기 자신의 이익만이 전부일 뿐이다. 아이의 생명은 자신과는 상관이 없는 것으로 간주한다. 누군가 그에게 물어본다면 그는 이렇게 대답할지 모른다. "왜요? 내 생명이 위험한 것도 아닌데요? 왜 내가 그 문제로 고민해야 합니까?" 이 사람에는 **배려**, 그리고 타인과 그들의 이익에 대한 **존중**이 결여되어 있다. 라스콜리니코프의 경우도 그렇다. 돈더미를 숨겨둔 노파를 눈앞에서 내리칠 때 그는 도덕적 입장의 기본 사상을 위배한다. 즉 노파의 이익을 자신이 어떤 행위를 하지 말아야 할 이유로 인정하지 않는 것이다.

　　우리가 누군가에게 책임적 지위를 부여한다는 것은 그와 그의 행위를 도덕적 입장의 측면에서 바라보겠다는 뜻이다. 명문화되어 있거나 아니면 그냥 머릿속에 존재하는 규칙의 목록을 기준으로 누군가의 생각과 결정과 행동의 잘잘못을 따진다는 것만을 뜻하지 않는다. 물론 이것은 법적 재판관도 하는 행위고 도덕적 판단이라 할지라도 '어떤 행위가 어떠어떠한 규범을 해친다'라고 하는 일정한 형태를 가질 수 있다. 그러나 여기서 우리에게 특히 더 중요한 규칙들은 그들 나름대로 도덕적 입장에 깊게 연결되어 있다. 누군가에게 책임이 있다고 말할 때 우리는 전체적으로 이러한 질문을 우리 자신에게 던진다. 이 일과 상관 있는 사람의 이익이 그와 그의 행위에게도 주도적인 역할을 해야 한다는 것을 그가 인정하는가? 그는 타인의 이익에 대한 배려가 자신의 이익에 우선할 수 있다는 것을 인정하는 사람인가? 그는 그의 행위로써 타인을 배려하였으며 그에 필요한 존중심을 보여주었는가? 우리의 도덕적 감정의 바탕이 되는 논리도 역시 같다. 행위자가 도덕적 입장을 벗어나서 흔히 말하듯 이기적인 결정을 내렸다고 생각되는 행동을 보았을 때 우리는 분노하고 화를 낸다. 즉 우리가 힐책하는 행위는 언제나 똑같다. 누군가가 자신의 의지를 도덕적 입장 안에서 형성하지 않는 것이다. 이제 재판관은 이 사고를 바탕으로 라스콜리니코프에게 반격을 시도한다.

> **재판관**　　　　당신은 당신의 행위로써 명백하고 확실한 방법으로 도덕적 입장을 위배하였소. 당신에게는 오직 돈만이 중요했을 뿐, 노파의 목숨은 아무것도 아니었소. 당신은 그로써 자신을 도덕적 입장의 외부로 밀어버린 사람이 된 거요. 그를 통해 그 입장에 속하는 범주 내에서 판결되고 취급될 모든 권리를 잃어버렸소. 공정성도 그 범주 안에 있소. 그러므로 당신은 공동체를 대리하고 있는 나에게 당신에 관한 판결에 있어서 그 범주 내에서 일을 처리할 것을 기대할 아무런 이유가 없는 거요. 범주 밖으로 이동한 사람은 당신 자신이오. 타인의 이익을 무시하기로 결정한 사람은 **당신**이니 당신도 우

리가 당신의 이익을 배려하기를 원하면 안 되오. 도덕적 입장 안에서 숨을 쉬면서 동시에 그것을 거부하는 것은 모순 덩어리 아니겠소. 당신이 스스로에게 말할 수 있는 것은 이 정도일 거요. "다른 사람들은 나를 경멸하며 공정함을 요구할 수 있는 사람들의 범주 밖 변두리로 나를 밀어낸다. 이것은 자의에서 비롯된 것이 아니며 그들이 원해서도 아니다. 단지 내가 나를 **스스로** 소외했기 때문에 일어난 일이다. 타인들은 내가 도덕적 입장의 범주를 떠났을 때 내가 나 자신을 보았던 모습 그대로, 즉 외톨이로 나를 취급한다. 그들은 그저 **일관된** 행동을 할 뿐인 것이다."

 이런 의문이 들 수도 있을 것이다. 라스콜리니코프의 부도덕한 사고의 조건성을 면죄의 구실로 인정하지 않는다는 것은 그것이 **불공정하다**는 것을 재판관 스스로가 **인정**하는 것이 아닌가? 대답은 그렇지 않다, 이다. 재판관은 그것이 **불공정하다고도, 또 공정하다고도** 말하지 않는다. 그것은 **그의** 도덕적 입장에서 내려지는 판단들이고 아직까지는 그 입장에서 어떤 일이 벌어지는지 단 한마디도 나온 적이 없다. 재판관은 라스콜리니코프에게 그가 공정함을 **요구할** 권리가 없다는 것을 상기시킬 뿐이다. 재판관이 불공정하다고 생각하는 것, 그러나 '라스콜리니코프는 그것에 대해 불평할 수 없다'라고 말하는 것, 이 두 가지의 공존에는 아직 아무 문제가 없다. 그리고 반대로 그가 공정하다고 생각하지만 "라스콜리니코프는 착각하고 있다. 비록 부당하더라도 그의 요구는 충족되었다"라고 말하는 두 가지도 마찬가지로 아직 공존 가능하다.

라스콜리니코프　　　제가 도덕적 입장에서 벗어나게 된 일은 제 힘으로 막을 수 있었던 일이 아닙니다. 거기에 대해 저는 아무 힘이 없었습니다. 스스로 외톨이가 되도록 그저 저에게 닥쳐온 일일 뿐입니다. 재판관님께서 그 점을 **고려해주시기**를 어째서 바라면 안 되는지 그 이유를 설명해주십시오.

　　재판관은 배려의 카테고리는 공정함의 카테고리와 동일하므로 이 질문에 대한 대답은 이미 주었다며 고집을 굽히지 않을 수도 있다. 라스콜리니코프에게는 이러한 도덕적 청원의 배경이 되는 도덕적 **권위**가 더 이상 없다. 그럼에도 불구하고 재판관이 또 다시 대답을 하는 이유는 자신의 생각을 더욱 예리하게 주장하기 위해서다.

재판관　　　　　당신이 살인을 결정했을 때 당신은 눈앞에 이런 글귀가 석힌 눈에 보이지 않는 작은 칠판을 손에 들고 있었을 거요. "**타인을 배려할 아무런 이유가 없다.**" 이 문구는 누구에게나 통용되는 원리를 담고 있소. 즉 당신에게도 적용 가능하다는 뜻이오. 그러므로 칠판에는 이 말도 함께 적혀 있어야 하오. "**나를 배려할 아무런 이유가 없다.**" 이것으로 당신은 우리가 당신을 배려해야 할 이유와 당신에게 공정해야 하는 이유가 전혀 없음을 납득한다는 것을 타인인 우리에게 알려주고 있소. 이것은 당신이 모든 종류의 공정함을 포기한다는 메시지와 동일하오. 이제 우리의 대화와 관련해 당신의 비도덕적 사고의 조건성에 대해 논의해야 할 이유가 단 한 가지밖에 없소. 그것은 당신에게 공정하고 싶은 소망이오. 그러나 칠판에 실제로는 "**나에**

게 공정해야 할 아무 이유가 **없다**"라고 쓰여 있으므로 우리가 그러한 소망을 실현하기를 기대해서는 안 될 것이오. 또 한 가지 더, 칠판에 적혀 있는 것은 당신이 공정함을 요구하지 않는다는 것뿐만이 아니오. 우리가 만일 당신을 공정하게 대한다면 당신이 그것을 **아무 근거도 없고** 따라서 **비이성적인** 행위로 간주한다는 것도 포함되어 있소. 그 결과, 우리가 공정함이라는 목표 때문에 당신의 비도덕적 사고의 조건성을 조금이라도 고려한다면 당신은 그것을 불합리하다고 생각하게 되는 거요. 그 말은 당신이 **비도덕적인 사고**를 함으로써 당신 스스로가 이 조건성이 무의미하다는 것을 증명한다는 뜻이오.

재판관의 이 논리는 그의 첫 번째 전제조건이 맞을 때라야만 유효하다. 그것은 도덕적 입장을 벗어나는 사람은 '타인을 배려할 아무 이유가 없다'라는 원칙에 따라 행동한다는 것이다. 라스콜리니코프가 문제를 제기할 법한 논점이다. 그러나 일단은 그가 의구심을 표명하지 않는다고 가정한 상태에서 전략을 바꾸어 재판관 **스스로 만든** 기준에 맞추어 그를 판단함으로써 재판관을 공격한다고 생각해보자.

라스콜리니코프　　제가 제 처지에서 재판관님이 제 비도덕적 사고의 조건성을 고려해줄 것을 기대할 수는 없다는 말이 맞을 수도 있습니다. 그러나 저는 이렇게 묻고 싶습니다. 그렇다면 재판관님은 **당신의** 도덕적 입장에 서서 그것을 배려해줄 수는 없는 것입니까? 도덕적 입장에서 보면 가능한 일입니다. 타인의 이익은 특정한 행위를 하거나 하지 않을 이유가 된다는 것이 도덕적 입장입니다. 따라서 저의

비도덕적 사고가 가지는 불가피성과 조건성을 양해해달라고 요청한
다면 *그것은* 저의 *성낭한 이익*을 표명하는 것이 아니란 말입니까?

라스콜리니코프의 이번 전략은 정당한가? 자기 것이 아닌 재판
관의 도덕적 입장을 이런 식으로 이용해도 되는가? 그렇다. 그가 지금
제기하는 이의는 비록 겉으로는 도덕적 입장에 관한 것이지만 사실은
도덕적인 것이 아닌, **일치성**에 대한 기준에 관해 따지고 있기 때문이다.
우리가 이미 알다시피 이 논리는 라스콜리니코프가 자기 자신에게 수
없이 제기했던 것이기 때문에 재판관에게 정확히 적중한다.

범죄의 의지에 과거사가 개입되어 있기 때문에 그 점을 양해받을
권리가 **누구에게나** 있는 건 아닐까? 이 질문은 재판관이 이 대목에 이를
때마다 언제나 스스로에게 던졌던 물음이고 그때마다 천 번도 넘게 똑
같이 허공을 멍하니 응시하곤 했다. 그는 뻔뻔한 웃음을 머금은 채 무
분별한 범죄 의지 뒤에 있는 조건성을 들먹이며 너그럽게 봐달라고 요
구하는 살인 청부업자들, 사람을 죽이는 짓거리로 먹고사는 냉혈한들
을 눈앞에 떠올린다. 만일 재판관이 시간 여행을 떠난다면 아우슈비츠
수용소의 회스 사령관을 바로 앞에 마주한 느낌일 것이다. 이제 그는
무언가 깨달은 듯 말을 계속 이어간다.

재판관　　　　도덕에서 유일하게 중요한 것은 오직 사고의 **내용**
이지 그 **기원**이 아니오. 누군가 도덕적 입장을 해치는 방식으로 사고
하는 사람이 있다면 우리는 모든 사고가 가지는 일반적 조건성을 이
유로 들어 그 사고에 면죄부를 주지는 않소. 왜 그럴 것 같소? 만일

그렇게 한다면 이 입장의 내적 논리에 속하는 무언가를, 즉 우리가 끝까지 **지키려고 하는 것**을 포기하게 되기 때문이오. 자신의 생각과 의지와 행위를 통해 도덕적 입장을 위반하려는 사람을 우리는 우리의 모든 외적 그리고 내적 질서를 공격하는 사람으로 간주하오. 그 질서는 우리가 인격체라는 특징 안에서 창조해낸 것이고. 이것은 우리가 아는 한 가장 극단적인 공격이고 마음을 극도로 혼란시키며 타협하기 힘든 적대 관계를 만들어내오. 이때 도덕적 관용을 베풀기란 **불가능**할 뿐 아니라 **비상식적인** 것으로 느껴지기도 하오. 가장 극악무도한 범죄까지도 용서할 수 있는 도덕적 군자는 결국 도덕적 입장을 진심으로 **진지하게** 생각하지 않는 사람으로 비춰져야 하오. 왜냐하면 도덕적 입장은 자신의 특질을 유지하기 위해 적에 대한 적대관계를 **필요로 하기** 때문이오. 우리가 적을 경멸하지 않는다면 그것은 그 입장을 배반하는 것이 되오.

라스콜리니코프　제 질문은 다음과 같습니다. 지금 그 견해는 **공정합**니까?

　재판관은 멈칫한다. 이 질문이 뭔가 잘못됐다는 듯한 느낌을 받는다. 그 내용을 도덕적 입장에 근거하는 어느 카테고리를 바로 그 입장 자체에다가 적용할 수가 있는가? 재판관은 조금 생각한 후에 결심한 듯 입을 연다.

재판관　　　　어떤 견해가 그것에 위배하는 사항을 비난한다는 것, 그것이 아무리 조건성을 가지고 있다고 해도, 이 그 견해의 내적 논리 중 하나일 경우 과연 그 견해를 **불공정**하다고 말할 수 있는 것인지 난 모르겠소. 그렇다고 **공정**하다고 말하지도 않겠소. 그 기준을 판별할 또 다른 기준이 없기 때문이오. 그럼에도 불구하고 공정성을 문제 삼고 싶다면 말할 수 있는 것은 이 한 가지뿐이오. 공정함은 도덕적 입장의 **본성** 가운데 하나라는 것, 그리고 이 공정함은 그것을 **일관성** 있게 주장하는 것을 그 본질로 한다는 것이오. 원칙적으로 나는 당신의 질문에 대해 이렇게 대답하겠소. 도덕적 입장을 진지하게 받아들이는 사람이라면 **누구나** 그의 적들 앞에서 그 도덕적 입장을 더욱 확실히 강조하듯이 나 또한 그것을 힘주어 **강조**하겠다고.

재판관의 이러한 사고의 흐름이 정당하다면 불공정함에 관한 라스콜리니코프의 이의는 도덕적 입장의 외부와 내부 모든 편에서 의미를 잃는다. 이로써 이전에 설정한 증명의 목표, 즉 불공정하다고 비난할 수 있는 도덕적 입장이 존재하지 않는다는 것을 증명하려는 목표가 달성된다. 그것이 이 책이 다루는 테마와 관련해 나타내는 바는, 모든 자유의 조건성은 책임의 개념에 대항하는 카드로 쓸 수 없다는 것이다.

라스콜리니코프에게 마지막 카드 한 장이 더 남아 있을까? 그렇다. 그는 도덕적 입장의 의미 또는 정당성 **전체**에 의문을 품을 기회가 남았다.

라스콜리니코프　　제가 처음부터 재판관님의 견해에 너무 가까이 다가갔다는 것이 이제야 보입니다. 사실 저는 재판관님이 타인의 이익을 자신의 행동의 근거로 삼아야 하는 원칙을 도덕적 입장이라고 부를 때부터 이미 항의하고 싶었습니다. 우리 솔직해집시다. 그게 뭔지 사실 아무도 **이해**하지 못하지 않습니까. 행동의 이유, 그것은 오직 **자기 자신의** 소망에 근거할 뿐입니다. 그중에 타인의 행복을 기원하는, 그러니까 이타적 소망도 있겠지요. 그러나 타인을 배려할 이유 중에 **그것 말고 다른** 이유가 있다는 건 말도 안 됩니다. 그런 근거가 **어디서 오는** 겁니까? 그러므로 저는 재판관님이 제게 '타인을 배려할 아무런 이유가 없다고 생각하는 사람'이라는 꼬리표를 붙여주었을 때 이미 이의를 제기해야 했었습니다. 살인을 저질렀을 당시 저는 절대 그런 것을 원칙으로 삼지 않았습니다. 저는 그 원칙을 이해하지 못합니다. 재판관님이 말씀하시는 도덕적 원칙을 이해하지 못하는 것과 같은 이유에서입니다. 저는 당시 아주 지극히 **개인적인** 제 소망, 즉 돈을 얻고자 하는 **소망**을 가졌을 뿐이며 전당포 노파를 배려하고 싶은 소망은 가지지 않았을 따름입니다. 이것이 사건의 진실입니다. 자신의 소망에 대항하는 일반적 소망이란 **존재**하지 않습니다. 그러므로 재판관님은 오직 저를 감옥에 집어넣을 정당성을 마련하기 위해 만든 도덕적 입장의 망상에서 벗어나서 이제 그 자리에서 물러나셔야 합니다.

우리는 이제 도덕철학의 가장 깊은 심해 속으로 들어왔다. 앞으로 펼쳐질 논쟁—도덕과 이성, 도덕과 행복에 관한—은 이 책의 범위를 벗어나며 자유라는 테마와는 멀리 떨어져 있다. 그렇지만 재판관에게 한 번 더 발언의 기회를 줘본다.

재판관　　　　　도덕적 입장의 기본 사고를 이해하지 못한다는 당신의 말은 내게는 변명으로밖에는 들리지 않소. 나를 이 자리에 앉힌 사람들과 나, 즉 **우리**는 당신 같은 사람들에게 책임을 물음으로써 그 사고를 이해하고 변호하오. 그러나 단 한 번만 당신 측에 서서 그 사고가 허구이며 자기기만에 지나지 않는다고 가정해보겠소. 그렇다고 해도 다음과 같은 사실은 여전히 남아 있게 되오. 우리, 정확히 말해 우리들 대부분은 타인과 그들의 욕구를 배려하고 싶은 소망을 **가지고 있다**는 거요. 이 소망은 우리에게 그저 사소한 소망이 아니오. 이것은 **삶의 형태**를 결정짓는 것이오. 우리는 이 소망을 실현하며 살아가고자 **원하며**, 그렇지 않은 삶은 살아갈 가치가 없다고 생각하오. 그러므로 당신처럼 무분별한 행위를 하는 사람들을 그저 **용인**할 수만은 없는 거요. 그 무분별함이 비록 과거의 일에서 연유되었고 피할 수 없었다고 해도 말이오. 바로 그런 이유로 이제 나는 당신을 법정에서 끌어내겠소.

이제 앞으로 재판관은 법정 밖으로 나가는 피고인들의 마지막 시선을 마주칠 때마다 자신이 한 이 말에 의지하게 될 것이다. 그렇다고 앞으로 일어나게 될 모든 내적 갈등에 대한 해답이라는 말은 아니다. 하지만 재판이 마무리되고 자리에서 일어나 나갈 때의 무거운 마음은 결국 라스콜리니코프를 침묵하게 만든 자신의 마지막 결론에 의구심이 생겨서는 아닐 것이다. 사려 깊은 재판관도 끝내 떨쳐내지 못할 의구심은 그것이 아니다. 훗날 그는 모든 피고들에게 이렇게 묻게 될 것이다. 정말로 자유로운 의지였는가? 내적 강박이나 외적 강요는 없었는가? 결정 능력이 손상되지는 않았는가? 또한 재판관이 도스토옙스키의 소설을 다시 한 번 읽게 된다면 라스콜리니코프에 대해 이전처럼 한 가지 생각만을 가지지는 않을 것이다. 재판관이 놓지 못하는 의구심은 다음과 같다. 법이 명시하는 형벌들은 도덕적 입장으로부터 몰래 도망간 행위에 대한 적절한 반응인가? 좁디좁은 감방에 가두고 그의 모든 인격을 파괴하는 행위가 과연 추방의 적절한 형태인가?

▌후회란 무엇인가?

도스토옙스키는 라스콜리니코프가 결국에는 후회한다는 것을 우리에게 암시한다. 반대편으로부터 자신을 지켜내야 하는 도덕적 입장의 내적 논리에 대한 재판관의 생각이 도덕적 후회라는 복합적인 감정을 이해하는 데 도움을 주었을지도 모른다. 이렇게 조심스럽게 말하는 이유는 감정이 그 내용과 논리를 우리에게 저절로 드러내지 않기 때문이다. 어떤 감정을 가진다고, 또는 가졌었다고 해서 그 감정에 대해 다 아는 것은 아니다. 또한 우리는 흔히 감정에 관해 입에 밴 정형화된 말들을 하지만 그렇다고 감정을 명백히 다 이해하는 것도 아니다. 익숙한 어떤 감정이 과연 정확히 어떤 것인지 질문을 받는다면 쉽사리 답을 내놓을 수 없을 것이며 결국 그 감정의 내용에 대해 착각해왔다는 것을 깨닫게 될 것이다. 그렇다면 이 문제에 어떻게 접근하면 좋을까? 여기 네 가지 길잡이가 있다. 체험의 질, 감정의 조건이 되는 확신, 언어의 적용, 그리고 그 감정이 주제가 되는 상황이 그것이다. 어떤 감정에 대해 이 네 가지 요소를 고려하는 것은 감정을 **읽는** 한 형태다.

그렇다면 후회라는 감정은 어떻게 읽을 것인가? 한 가지만은 의문의 여지가 없다. 이 감정은 과거에 했던 행위와 그 행위에 개입된 도덕적 판단에 관한 감정이라는 것이다. 만일 여러분이 어린아이를 자동차로 치고 나서 현장을 수습하지 않고 그대로 뺑소니를 쳤을 경우에 후회를 느낀다면 그것은 최소한 자신의 태도를 도덕적으로 비난받아야 할 것으로 간주한다는 뜻이다. 즉 그 감정은 도덕적 입장을 인지하는 사람만이 느낄 수 있는 감정이고 이 입장을 자기 것으로 만들었을 때에만 비로소 가질 수 있다. 사고가 났을 때 자동차 범퍼만 닦는 사람은 후회라는 감정에 무능하다. 이러한 관찰에 따르면 후회는 과거의 실책에 답하는 또 다른 것들에 근접해 있다는 것을 알 수 있다. 즉 양심에 거리끼는 마음, 죄책감, 자책, 자기 자신에 대한 원망, 통한, 수치심, 스스로에 대한 분노와 실망 등이다. 행위를 되돌릴 수 없다는 인식을 포함하는 이 모든 반응들에는 그러므로 절망이 섞여 있다. 또 "만일 내가 그때……"라는 말로 흔히 표현되는 소망이 들어 있기도 하다.

여러분은 이렇게 생각할 지도 모른다. "후회라……. 그건 이 모든 느낌과 반응 들의 집합체일 따름이지, 그 밖의 또 다른 특별한 감정의 경험은 아니야." 어찌 보면 맞는 말일 수도 있다. 후회에 관해 여러분의 머릿속에 떠오르는 여러 감정들은 서로 혼용되는 경우가 많으며 내면을 가만히 들여다보아도 생각만큼 뚜렷한 윤곽선이 잡히지 않을 때가 종종 있기 때문이다.

하지만 후회가 특수하고 독립적인 경험이라는 가정을 한번 해보자. 후회의 경험은 무엇으로 이루어져 있을까? 여러분이 위에서 서술한 그대로 느끼고 그렇게 반응한다면 그것은 '다르게 할 수도 있었다'라는 것을 전제하기 때문이다. 그때 고집스러운 라스콜리니코프가 나타나 여러분에게 이렇게 말한다. "틀렸습니다. 당신의 과거사는 그 실수 말고 다른 것을 허용하지 않았습니다. 그러므로 자신을 괴롭히는 그 헛짓

거리를 당장 그만두세요. 어쩔 수 없었던 일에 대해 어떻게 자신을 비난할 수 있단 말입니까!" 그러나 이제 그의 주장에 대해 맞설 방법을 알게 된 우리는 이렇게 답한다. "다른 선택을 할 수도 있었다는 것은 그저 그것 말고 **아무 선택**이나 할 수 있었다는 뜻이 아닙니다. 그것은 어떤 **특정한 것**, 즉 도덕심에서 비롯된 판단이 우리 자신에게 권하는 것을 하려고 할 능력을 소유하고 있다는 뜻입니다. 다른 말로 표현하자면 결정의 자유를 소유한다는 뜻이죠. 이게 진실입니다." 이에 라스콜리니코프는 이렇게 대꾸할 것이다. "하지만 **바로 그 시점**에 당신은 비도덕적으로 생각하지 않을 수가 없었고 그래서 비도덕적 결정을 내릴 수밖에 없었습니다. 따라서 자신을 책망하는 것이 다 쓸데없는 짓이라는 겁니다."

후회라는 것은 이러한 라스콜리니코프의 생각이 무조건적으로 틀렸다는 명약관화한 인식이라고도 할 수 있다. 이 인식에서 출발한 후회는 개인이 저지른 과오의 과거사적 조건성이 절대 변명거리가 되지 못한다는 것, 그래서 면제 사유가 되지 못한다는 것을 꿋꿋이 인식하는 감정이다. 후회를 해석하는 이러한 방법은 재판관의 생각, 즉 우리가 비도덕적 사고에 주도권을 쥐여주는 것은 도덕적 입장에서 이탈하는 것이며 이로써 과오를 면제받을 수 있는 아무런 권리를 주장할 수 없는 사람이 되어버린다는 생각에 바탕을 둔다. 이것은 타인의 시선을 받을 때만이 아니라 우리가 우리 스스로를 볼 때에도 마찬가지다. 이는 자신의 행위가 비롯된 불행한 기원을 장황하게 늘어놓으며 자신은 다만 스스로에게 떳떳하기 위해 노력한다고 말함으로써 책임을 무마하려고 시도하는 행위가 왜 후회의 적이 될 수밖에 없는지를 잘 설명해줄 것이다. 재판관의 말에서 알 수 있듯 이러한 인식은 비겁함과 자가당착과 자만심에서 비롯된 것이기에 이 행위는 오직 역겨움과 분노만을 불러일으킨다.

무심코 가볍게 들먹이는 말도 듣는 사람을 격분시킬 수 있다. "이제 앞만 바라보고 다음부터는 잘하면 돼. 그래야만 **생산적**이지!" 이러한 격언은 비록 고통스럽지만 특별한 **깊이**를 내재하여 우리 인격 존재의 한 부분을 차지하고 있는 경험을 부정하고 속이는 것이다. 이 경험은 돌이킬 수 없는 **상처**의 경험이다. 레지스탕스군 대장이 대원들을 지키기 위해 사랑하는 연인을 어쩔 수 없이 총으로 쏘아 죽였을 때 느꼈던 상처와는 전혀 다른 것이다. 대장의 상처는 철저히 비타협적 방법으로 도덕적 입장을 지켜낼 때 발생하는 마음의 상처다. 그러나 후회에 관한 상처는 스스로를 추방된 자로 만들어버림으로써 내 과거의 한 일부분을 끝내 회복하지 못한 채 그것을 안고 살아가는 데서 발생하는 상처다. 후회란 내가 내 자신을 잠시 **잃었었던** 일에 대한 영원한 **애도**인 것이다. 이제까지의 모든 것을 무너뜨리는 정신적 붕괴만큼의 상실감이 아니라, 애초에 도덕적 입장을 견지했었던, 그러나 어느 순간 그것을 잃었다가 이제 와서 다시 그 입장을 되찾은 인격체로서 느끼는 상실감이다. 조금 무모한 표현일지도 모르겠으나 이렇게 말할 수도 있지 않을까. 이 감정은 어쩔 수 없이 존재할 수밖에 없는 것이며 그 이름은 '후회'이다, 라고.

후회를 이해하고 나면 '벌은 죄를 갚을 수 있을지 모르지만 후회를 없앨 수는 없다'라는 것을 알 수 있다. 이것은 후회를 이해하기 전에는 잘 납득하지 못했던 생각이다. 또한 이것은 후회가 격하게 폭풍처럼 밀려오는 감정 덩어리가 아니라 오히려 조용히 느껴지는 감정이라는 것에 대한 설명이 된다. 후회는 순간적인 것이 아니고 우리의 장기적 정체성의 일부분이다. 더불어, 우리에게 '후회하는 마음을 보여줄 것'을 원하는 타인들의 기대에 대한 설명도 제공한다. 해봤자 소용없는 것 또는 그저 괴롭기만 한 것이 아닌, 조건성에도 불구하고 스스로가 저지른 나쁜 행위에 변명의 여지가 없다는 인식을 가질 것을 우리들에게 요구하는 타인들의 기대, 즉 그 문제에 관해 우리가 그들의 생각에 의견을 일치시킬 거라는 기대에 정당한 근거가 있다는 것을 이제 이해하기 때문이다.

그러므로 후회와 조건적 자유에 대해서는 이처럼 이해할 수 있겠다.

개념 오해하기
경험 오해하기

1

　1부를 마치고 잠시 쉬어가면서 과연 내가 한 것이 무엇인지 자문하자 나온 답은 '개념적 분석과 내적 지각의 표현'이었다. 내가 말한 바에 따르면 자유의 개념이 우리의 경험에 어떤 역할을 수행하는지에 관한 내용을 검토했고 또 자유와 부자유 사이의 경험적 차이점을 표현할 정확한 말을 연구했다. 이 두 가지가 합쳐져서 속으로만 알고 있던 지식을 표현적 지식으로 변신시키려는 시도를 이루었다. 나는 여러 예시들과 생각 실험을 통해 여러분이 가지고 있던 개념적 직관을 불러내었으며, 예시로 든 이야기들 속의 등장인물 속으로 이입함으로써 여러분에게 자유로운 의지 또는 부자유한 의지와 함께 겪는 다양한 경험을 불러일으켰다.

　방금 지나온 2부는 이러한 방법적 시도에 연결되어 있다. 그러나 분석적 관심의 논점은 다른 것이었다. 즉 우리가 이 테마와 관련해서 가지는 **오해**가 어떻게 생겨났는지를 이해하는 데 있었다. 서곡에서 나왔던 생각의 복잡한 미로는 바로 이 오해 때문에 생겨났다고 첫 번째 간주에서 설명한 바 있다. 이제 우리는 두 가지 종류의 오해가 존재하며 그들 사이에 서로 겹치는 부분이 있다는 것을 알게 되었다. 첫 번째 종류의 오해는 자유의 개념을 그릇되게 읽어냄으로써 생긴다. 조건성의 개념과 양립할 수 없는 날카로운 반대 개념으로 그것을 이해하는 것이다. 이러한 오해가 아무런 근거도 없이 그저 느닷없이 생긴 것이 아님을 우리는 안다. 이는 특정한 경험들에 그 뿌리를 두었기 때문에 필연적으로 오해를 불러일으키는 것처럼 보인다. 오해의 두 번째 근원은 개념 자체뿐만이 아니라 **경험**도 오해할 수 있다는 점이다. 자신이 경험하는 것을 그릇된 말과 그릇된 개념으로 정리할 수가 있는 것이다. 이러한 두 가지 오해의 형태는 서로 얽혀 있으며 각자 상대편의 근거가 된다. 즉 자유 개념에 관해 잘못된 해석을 내리기 때문에 자유의 경험을 잘못 해석하는 경우도 있고, 반대로 본인이 경험하는 것을 그릇되게 해석하기 때문에 잘못된 의미 두기에 이끌리는 경향을 보일 수도 있는 것이다. 이처럼 두 가지가 서로 긴밀히 연결되어 있기 때문에 자유의 개념이나 자유의 경험 중 한 가지만을 다루는 논리는 설득력을 가지지 못한다. 생각의 미로에서 빠져나가길 원한다면 이 두 측면을 동시에 염두에 두어야 할 것이다. 이 두 가지 오해를 경계해야만 자유의 그릇된 해석이 주는 속박을 깰 수 있으며 그 속박에서 비롯되는 미로에서 벗어날 수 있다.

2

　나는 첫 번째 장에 들어가면서 개념과 관념을 검토한다는 것은 거기에 사용되는 말을 고찰하는 것이라고 밝힌 바 있다. 이것은 언어를 연구하는 작업이 철학에서 왜 중요한지를 말해주는 이유가 된다. 1부에서 우리는 이 작업을 통해 개념적 오류에 빠지지 않고 행위와 의지와 결정의 자유를 어떻게 이해할 수 있는지를 살펴보았다. 이어지는 2부에서는 말에 대해 집중해서 살펴보는 연구가 오해의 근원을 밝혀내는 중요한 도구가 되었다. 우리는 조건성, 종속성, 그리고 무력함의 언어를 철저하게 살펴보았다. 그 작업에서 중요한 것은 조건적 의지를 부자유한 의지라고 낙인찍을 때 우리가 사용하는 익숙한 말들이 아무런 개념적 근거도 없는 직관적 인상을 만들어낸다는 것을 설명하는 일이었다. 그러기 위해 나는 익숙하게 쓰는 말들을 생소하게 만들고 난 후 한 발 떨어진 곳에서 그 말이 가지는 조건들과 흔히 관련되어 사용되는 연상 작용들에 대해 살펴보았다. 이 관찰을 통해 우리는 그 말들을 의지의 조건적 자유에 무작정 적용할 수 없음을, 즉 그들을 올바른 의미로 사용하는 데 대한 조건이 충족되지 않음을 이해하는 데 도움을 받았다.

　이 책의 또 다른 곳에서도 역시 언어가 가지는 심도 깊은 논리를 살펴볼 수 있었는데, 그것은 책임이라는 주제에 관해서였다. 책임의 소재를 묻는 것이 독립적 사실관계의 서술이 아니라 문제시되는 그 사실관계를 귀속하는 언어적 행위임을 명백히 이해하고 난 후에 비로소 라스콜리니코프와 재판관이 주고받은 질문들, 즉 사고와 의지의 조건성에도 불구하고 누군가에게 책임을 묻는 것이 공정한가 하는 물음을 가지고 고민할 수 있었다. 만일 책임의 문제를 단순히 서술적이거나 사실을 따지는 문제로 오인한다면 이 질문은 아예 제기되지도 못했을 것이다. 여기에서도 말은 주변적이거나 부수적인 것이 아니라, 사고의 인식에 매우 중요한 중심점이다.

이것이 철학적 연구에 있어 **정확한** 방법 중 하나다. 말을 낯설게 만드는 방법은 말의 의미에 밝은 빛을 비춰주기보다는 오히려 그 뜻을 흐리게 만드는 불명확함과 다의미성과 사용 방식을 인식할 수 있게 해준다. 철학적 주제를 연구할 때, 일상적으로 사용할 때는 크게 해될 것이 없지만 그 범주를 넘어서서 이론적 일치성을 추구할 때는 명료함의 걸림돌이 되는 언어적 습관들에 속아 넘어가 혼란스러워지는 예가 적지 않다. 그러므로 언어 분석은 사고의 미로 속에서 탈출구를 찾으려 할 때 종종 검증된 수단으로 쓰이곤 한다. 우리가 근거로 삼는 즉흥적 의견, 즉 직관이 언어적 표현에 대한 장담이나 고집에 지나지 않을 때가 매우 많기 때문에 그렇다. **"달리 어쩔 수 없는데 어떻게 이것을 자유롭다고 할 수 있는가!"** 이 외침은 엄청나게 강력한 암시적 힘을 갖고 있어서 우리는 끊임없이 그 힘의 포로가 되며 자유와 조건성에는 갈등이 존재한다는 인상을 저도 모르게 받게 된다. 이 현상은 '달리 어쩔 수 없다'라는 표현을 자세히 파헤친 결과 이것이 여느 임의적 가능성들과 우리의 행위와 의지에서 갈라져 나올 수 있는 임의의 수를 모두 뜻하는 것이 아니라 자유를 가진 사람이라면 누구나 자기 의지를 자신의 판단에 따라 변화시킬 수 있는 능력을 가졌다는 것을 의미함을 이해한 후에 비로소 해소된다. 이러한 말의 표현이 실제로는 우리의 결정의 자유에 관여한다는 것이 명백해지고 나면 우리의 직관도 변한다. 자유를 지키기 위해 보편적 조건성의 개념과 충돌할 필요가 없음을 알게 되는 것이다.

3

언어 분석적 정확성은 철학적 연구에서 꾀하는 유일한 종류의 정확성은 아니다. 전개되기 시작한 사고의 흐름과 개념들이 서로 엄격하게 일치하는지 지속적으로 검토할 때에도 그 철학적 연구는 정확하다고 말할 수 있다. 일상적이고 실제적인 의미에서라면 우리가 쓰는 개념들이 모호하고 불안정해도 크게 잘못된 것은 아니며 실제적 요구에 부응한다면 생각의 틀이나 생각의 파편들로 충분할 때도 많다. 그러나 우리의 논의 대상이 되는 가장 보편타당한 주제들에서 논리적 명료성을 얻어내고자 할 때는 사정이 달라진다. 철학적 발견은 종종 '지식'이라든지 '진실' 또는 '자유'와 같이 아무 문제가 없어 보이는 개념이 사실은 수수께끼로 가득 차 있고, 겉으로는 평범해 보이는 생각들이 황당함과 불안감을 안겨주는 결과를 가져오기에 자신의 사고 체계의 일치성과 투명성을 중요하게 여기는 사람이라면 이대로 가만히 있으면 안 된다는 것을 깨달을 때 이루어지기도 한다. 이러한 의미에서 철학은 엄격한 학문이다. 철학은 자신이 끌고 가는 의견이 가져오는 결과들 또한 믿어야 한다는 사실을 상기시킨다. 이것은 크게 어려운 일이 아닌 것처럼 들린다. 그러나 사실은 자세히 파헤치기 시작하면 평소에 우리가 그냥 그렇게 믿어왔던 많은 것들이 흔들리기 시작한다는 것이다. 서곡이 그 예 중의 하나다.

2부에 등장하는 많은 분석들이 이러한 엄격함을 갖춘 것이었다.

이들의 패턴은 이러하다. 무조건적 자유의 개념을 액면 그대로 받아들여 개념에서 뻗어 나오는 생각의 선을 곧이곧대로 쭉 이어서 그려간다고 해보자. 그러면 결코 좋은 생각이 아님이 보일 것이다. 이 결론은 두 가지 양태로 나타난다. 첫 번째는, 언뜻 보기엔 하나의 개념이라고 생각되었던 것이 실제로는 앞뒤가 맞지 않으므로 전혀 개념이 아니라는 것이다. 이것은 만일 우리가 의지의 자유를 무조건적인 것으로 인식한다면 그것이 의지에 의미하는 바가 무엇일까 하는 문제를 계속 파헤쳤을 때 나온 결론이었다. 그래서 우리가 알아낸 것은 이러한 해석으로 말미암아 의지의 개념 자체가 무너질 수 있다는 것이었다. 무조건적 의지는 그 누구의 의지도 아니며 그 어떤 내용도 가질 수 없다. 의지가 무조건적인 것으로 설명되는 순간 의지는 의지로서의 의미를 잃어버린다. 무조건성의 사고는 그 자신에게서 주제를 앗아 간다. 반대로 표현하자면, 원래의 테마인 의지라는 주제를 잃고 싶지 않은 사람이라면 자유를 무조건적인 것으로 보는 해석은 버려야 한다는 뜻이 된다. 무조건적 자유를 주장하는 사람은 그 어떤 **사고**도 담기지 않은 **단어**들을 그저 나열하는 데 그치는 것이다.

두 번째는, 설사 의지가 아무런 이의 없이 무조건적인 것이라고 설명될 수 있다고 해도 이것이 우리가 겪은 자유의 **경험**에 합치되지 않는다는 것이다. 우리가 이러한 결론에 도달한 것도 역시 아까처럼 무조건적 의지라는 개념에서 사고의 선을 그대로 길게 뽑아본 결과였다. 즉 우리는 무조건적 의지를 말도 안 되고 개선이나 수정이 불가능하며 이해할 수도 없는 것으로 경험해야 했던 것이다. 이것은 자유의 경험을 방해하는 특징이기도 하다.

첫 번째 간주에서 그때까지 시도된 개념적 분석에 대해 언급했을 때 나는 분석적 숙고가 철학적 증명의 종류가 아니라 자기 자신을 그 안에서 재인식할 수 있는 개념적 연관성들을 눈앞에 드러내는 것을 목표로 하며, 이러한 재인식은 어떤 제안이 임의적이라고 느껴지지 않음을 알 수 있는 하나의 시금석이라고 말한 바 있다. 그러나 그사이에 추가된 고찰들의 경우는 사정이 다르다. 이들은 하나의 증거로 해석될 수도 있다. 그렇다고 어떤 원리에 따른 파생 논리는 아니고, 다만 하나의 주제에 대해서 특정한 방식으로 **생각할 수 없고** 다른 방식으로 **생각해야만 한다**는 것을 보여주는 것이다. 여기서 '할 수 없다'와 '해야만 한다'는 개념적 혹은 사고적 일치성에 관한 것이지 어떤 특정한 사고들 또는 사고라고 생각되는 것들을 유지할 수 있는 심리학적 가능성이나 불가능성에 관한 것이 아니다. 따라서 논쟁은 다음과 같은 모습을 띤다. 문제가 되는 그 개념들이 다른 여느 형태가 아닌 바로 그 형태로 서로 **연결되어** 있다는 것이 맞는지, 그리고 특정한 사고가 다른 사고를 뒤에 **수반하는지**에 대한 여부를 놓고 토론이 되는 것이다. 즉 '철학의 매개체는 **논거다**'라는 말은 바로 이런 뜻을 지니고 있다.

4

"철학에서는 옳은 것만으로는 충분하지 않다. 거기서 더 나아가 어디에 오류가 있는지 이해해야 한다." 7장에서 무조건적 자유가 수사학적 신기루에 불과하다는 것이 분명해지고 난 뒤 언급한 말이다. "철학이 가능한 오류들의 진단적 이해라는 점은 지나칠 수 없는 매우 **핵심**

적 사항"이라고도 바꿔 말할 수 있다. 따라서 주로 비판적이고 진단적 내용으로 이루어진 이 책의 2부는 다른 부분보다 훨씬 분량이 많다. 진단적 이해가 가지는 큰 의미는 어디에 있는가?

첫 번째 간주에서 했던 말을 기억 속으로 불러보자. 우리의 가장 포괄적인 개념들이 가진 기능이 경험을 가능하게 만드는 일이라고 할 때 이것은 일단 일상적 상황에는 들어맞는 말이다. 따라서 그 개념의 윤곽선은 실용적인 필요가 요구하는 만큼만 명확할 뿐이다. 불명확하거나 어두운 부분은 분명히 존재한다. 우리가 이 영역 안으로 뚫고 들어갈 때—이것은 또한 철학적 노력이기도 하다—우리가 대면해야 하는 문제는, 우리가 어떠한 주제에 대해 실용적인 차원을 떠나 이제 사변적인 지식을 줄 때 그 정보가 과연 어느 정도로 **자의적이지 않은가** 하는 문제다. 여기서 척도가 되는 것은 무엇인가? 이론적인 외형을 갖춘 그 관념이 선(先)이론적인 개념의 내용이 되는 것을 자신과 무관한 듯 그냥 가로질러 가지 않기를 기대할 것인데 그 이유는 단순하다. 오직 그래야만 철학적 지식이 원래의 주제에서 벗어나거나 무늬만 같은 말들을 구실 삼아 주제를 바꾸지 않기 때문이다. 그러나 이 요구 하나만으로는 충분하지 않다. 원래의 개념적 윤곽선이 흐릿하다는 것은 그것에 맞춰질 수 있는 **다양한** 이론적 지식이 있을 수 있다는 뜻이기 때문이다. 이 점은 그러한 지식에 자의성과 임의성이 과연 없을 수 있겠느냐는 혼란스러운 질문을 낳는다. 그 주제에 대한 막연하고 불확실한 직관적 경계 짓기의 한도를 넘어서는 것이 이론적 지식의 특질에 속한다면 어떻게 자의성을 배제할 것인가? 문학에서 볼 수 있듯 행위, 의지, 결정의 자유에 대한 선이론적인 논의는 서로 공존할 수 없는, 그 주제를 이론적으로 마련해놓는 여러 방식들을 품고 있다. 자신에게 어떤 **제안**을 하는 데 그치지 않고 다른 세안들을 상대로 **방어**하고 싶다면 어떻게 해야 할까?

방어는 다른 여타의 제안들을 비판함으로써 성립할 것이다. 이 제안은—첫인상과는 딴판으로—일치성을 내재하지 않는다. 보통의 경우 이걸로 끝이 난다. 치밀함이나 통일된 개요의 부재로 사고의 불일치성이 밝혀지면 대개는 그것으로 종료된다. 그러나 종료되지 않는— 종료되지 않아야 할—경우는 비판된 제안이 불일치성에도 **불구하고** 직관적 매력을 유지할 때다. 이럴 경우 오류라고 생각되는 사고의 뿌리를 파헤친다면 그 **주제 자체**에 대해 무언가를 얻고 배울 수가 있다. 이유는 무엇인가? 왜냐하면 **그 오류가 나오게 된 생각의 계기를 새로이 서술**하는 작업에 착수하게 되기 때문이다. 단순히 "이건 안 돼" 또는 "그건 맞지 않아"라고 말하는 대신 "그래. 그건 존재해. 하지만 불일치성이 발생하지 않도록 다르게 설명할 수 있어" 등과 같은 형식으로 이야기할 수 있다. 이렇게 하면 제안은 일정 정도의 **범위**를 가질 수 있게 되고 그 문제를 어떻게 보는지 짧고 건조하게 진술하는 것으로 그칠 때보다 더 **풍부하고 구체적**이 될 수 있다.

그러므로 진단적 이해는 이중 기능과 이중 가치를 지닌다고 할 수 있겠다. 즉 한편으로는 자신의 관점에 대한 경계 짓기와 고정에 기여하고 다른 한편으로는 그 관점이 주제의 범위를 벗어나지 않도록 지킨다. 다소 극단적으로 표현한다면 진단적 이해는 하나의 제안을 지켜내는 수단일뿐더러 더 나아가 그의 **정체성**에 기여한다. 또한 철학이 철학의 역사를 종종 다룬다는 사실도 이 점과 무관하지 않다. 오류가 일어나게 된 생각의 계기를 새로이 서술하려고 시도함으로써 자신의 주제가 지닌 정체를 파헤치는 데 도움을 주기 때문에 우리가 **흥미롭다**고 느끼는 오류들이 있다. 만일 우리가 그 오류들과 비판적이고 진단적 태도를 가지고 논쟁할 근거 있는 욕구를 느끼지 않았다면 지금까지 등장했던 많은 철학적 주제가 탄생하지도 않았을 것이다.

　이 생각을 이 책에서 지금까지 일어났던 것에 적용해보도록 하자. 2부 전체를 생략하고 1부 뒤에 곧바로 3부가 이어져 1부의 논의가 계속 펼쳐진다는 가정을 해보는 것이다. 그렇다면 의지의 자유에서 그려졌던 사고의 풍경이 훨씬 빈약해졌을 것이다. 행위와 의지의 주체 됨에 관한 관념은 여전히 있었을 것이고 그것은 옳은 관념일 것이다. 그러나 그 관념에 대한 이해는 숨은 난쟁이라든가 내적 소실점을 순수 주체로 잘못 해석하는 오해들을 발견하고 밝혀낸 지금보다는 확실히 희미할 것이다. 자유에 대한 관념 중 한 가지인 다양한 가능성이라는 개념도 마찬가지다. 다양한 가능성을 세계의 흐름에서 생겨나는 임의의 여러 갈래라는 의미로 해석하지 말아야 한다는 것을 알 때 우리는 그것을 더 잘 이해할 수 있다. 또한 행위와 의지의 즉흥성에 관해서도 무조건적 의지의 표현이라고 내린 잘못된 해석이 우리의 사고와 의지가 항상 그 대상을 벗어나는 현상에서 비롯된다는 것을 확실히 인식하고 나니 더 풍부한 깨달음을 얻을 수 있었다. 숙명론에 대한 두려움과 책임의 개념의 경우도 흡사하다. 결정의 자유를 눈앞에 두고 숙명론적 두려움을 한 번도 느껴본 적이 없다고 하더라도 **왜** 그 공포가 적절하지 않은 것인지를 이해한다면 생각의 상황이 더욱 선명해질 것이다. 재판관이 라스콜리니코프에게 결국 했던 말은 그가 논쟁에서 살아남았다는 사실을 통해 그 무게가 강조된다.

철학적 깨달음은 특정한 깃들이 사긴 그 자체가 **아니**라는 인식을 통해 특별한 깊이를 갖는다고 할 수 있다. 이것은 문체가 가지는 특질에 반영되어 우리는 **역할 서사**의 형식을 띤 다소 긴 구절들에서 특히 많은 도움을 받는다. 그러나 책임에 관해 쓰인 장에 등장하는 대화법을 꼭 지칭하는 것은 아니다. 6장에서 사용한 서술적 기법, 즉 반대 생각을 가진 사람의 의견이 끝까지, 그리고 충분히 강조되어 전개되도록 하는 기법을 말하는 것이다. 우리는 여기서 언어 분석적 정확성과 논리적 정확성 이외에 철학적 정확성의 세 번째 형태인 진단적 정확성을 오류의 사고적 동기를 **광범위**하게 해명한다는 의미에서 찾아내는 것이다.

5

일부 철학석 수제들은 다른 주제들보다 제험의 내석 관섬과 더 많은 연관 관계를 가지고 있다. 자유의지라는 주제는 이것과 관련이 많다. 우리의 자유가 어디에 있느냐 하는 것에 대한 여러 직관들은 우리가 우리 자신을 체험하는 방법과 형식에 뿌리를 둔다. 오류의 원천이 될 수도 있는 그 체험의 측면을 서술하는 일을 우리가 과연 얼마나 잘 이루어내는가 하는 것에 진단적 정확성이 좌우된다는 뜻이다. 여기서도 정확성은 중요하다. 이 정확성으로 나아가는 길에 가장 큰 방해가 되는 것은 표면적이고 빈약하고 기계적인 예시들이다. 다른 측면에서는 정확성의 모범이 될 만한 철학적 텍스트들도 우리의 체험이 가지는 복잡성을 형상화하는 데 있어서는 어이가 없을 정도로 부정확할 때가 많다. 이런 의미에서 이 책에서 쓰인 방식은 정확성을 기하려는 의도와 많은 관련을 가진다. 예시들의 도식성, 즉 부정확성은 개념적, 논리적으로 이미 다 결정해버린 후 나중에 그 장면만을 예시를 통해 그려놓은 데서 오는 경우가 많다. 그에 반해 자유의 체험을 조심스럽게 관찰하는 데서부터 세분화된 개념을 천천히 탄생하도록 놓아두는 것이 나의 계획이었다. 이 일은 이야기를 가진 하나의 인물에게 우리가 만들어낸 체험의 형태를 입힘으로써만이 가능하다. 즉 **이야기하기**를 통해야만 하는 것이다. 현상학적 정확성은 이야기된 정확성이다. 이것은 이 책이 분석적 부분과 서사적 부분이 섞여 있는 형태로 구성된 이유다. 여기에는 더욱 광범위한 정확성을 꾀하려는 의도가 들어 있다.

3부

습득된
자유

10장

의지의 습득

1부에서 나는 조건적 의지의 자유를 결정의 자유로 기술하였고 부자유의 여러 양상을 비교했다. 그러고 나니 이런 의문이 든다. 이러한 것들이 자유를 설명하는 데 과연 충분한가? 이게 다란 말인가? 이것이 우리가 자유에서 **이해할** 수 있는 모든 것이며 **기대하는** 선부인가? 나는 아니라고 말하련다. 이에 이제까지 설명한 것으로 충분하지 않으며 부족하다고 느껴지는 것을 두 가지 종류로 해석해서 나누어보려고 한다. 그 첫 번째는 자유에 있어서 본래적인 것이 아직 언급조차 되지 않았으며 그 자유를 포착하여 표현하기 위해 다시 한 번 처음부터 시작해야 한다는 생각이다. 이 책이 진행되는 동안 우리는 그것이 의지의 무조건적 자유를 의미한다는 것을 안다. 이러한 자유에 관한 관념은 그 어떠한 관념도 아니다. 왜냐하면 관념 자체가 모순이며 또한 그 어떠한 것에도 적용할 수 없기 때문이다. 그렇다면 이제 두 번째 해석만이 남았다. 이것은 자유의 경험에 관해 우리가 살펴본 지금까지의 해석을 계속 발전시키고 심화해 그 안에서 완벽하게 반영된 우리 자신을 찾아볼 수 있게끔 하는 것이다. 이것은 이제 펼쳐질 3부에서 다룰 과제이기도 하다.

▌개념

결정의 분석에서 중요한 역할을 담당했던 개념을 일단 길잡이로 삼아보기로 한다. 그것은 우리가 결정의 자유를 행사할 때 우리 자신과 더불어, 그리고 자신을 위해 했던 생각이다. 심사숙고의 노력과 상상력을 동원해서 하나의 의지를 형성할 때 우리는 자신을 상대로 활동한다. 우리는 그 의지에게 전에는 존재하지 않았던 특성을 부여한다. 이런 의미에서 사람은 하나의 결정을 내린 후에는 그전과 동일한 사람이 아니다. 우리가 이미 살펴보았듯이, 결정이 가지는 이러한 창조적이고 조형적인 측면은 자신에 대한 내적 간격을 둘 수 있는, 그래서 의지라는 면에 관한 한 자신을 수제로 삼아 관조할 수 있는 능력에 기반을 두고 있다. 이 능력은 다시금 지금까지 언급되었던 결정의 자유를 넘어서는 의지의 자유를 달성하도록 해준다.

그렇다면 한층 심화되고 풍부해진 이 결정의 자유가 가지는 직관적 내용은 어떤 것일까? 여기서도 우리는 이전에 다루었던 내용들을 가져다가 연결해볼 수 있겠다. 본질적 결정을 기술한 부분에서 우리는 그것이 서로 충돌하는 복수의 소망들이 있을 때 하나를 선택해서 그것을 '지지'하고 '편을 드는 것'임을 알게 되었다. 이것은 그 소망과 '동일화'됨을 의미하는 행위이며 그것을 통해 그 소망에 특별한 '내게로의 소속됨'을 부여한다. 반면에 의지의 부자유를 분석한 부분에서는 이와는 반대되는 경험들, 즉 어떤 의지가 '낯설다'거나 '나와는 분리된 상태'거나 '내 외부에 존재'하는 경험들이 언급되었다. 이들은 모두 내용을 정확하게 기술하는 표현들이기 때문에 사실 별다른 설명이 없어도 직관적으로 이해된다. 그러나 이러한 직관적 깨달음이 이해의 전부가 아니라는 사실에 주의해야 한다. 자신의 소망과 자신을 동일시한다는 것은 정확히 무슨 뜻인가? 부자유스러운 의지에 수반되는 낯섦의 경험은 과연 무엇인가? 이러한 질문들의 답을 찾으려고 할 때 우리는 금방 곤혹스러움에 빠지게 된다. 직관적으로 옳게 보이는 알맹이에 좀 더 명확하고 예리한 개념적 선을 그으려면 어떻게 해야 하는가? 의지의 자유라는 개념에 관해 더욱 심도 깊은 이해에 도달하려 한다면 이 질문들에 대한 답을 찾지 않으면 안 된다. 더불어 의지의 자유와 시간의 경험 사이의 연관관계에 대한 물음이 하나 더 추가된다. 1부의 말미에서 보았듯이 의지의 부자유는 시간의 경험이라는 측면에서도 왜곡되어 나타난다. 따라서 만일 그러한 왜곡을 극복했다면 그 원인은 무엇이었는지도 알아봐야 한다. 과거와 현재와 미래에 관한 부자유스러운 이해에서 자유로운 이해로 이행하는 데 성공하려면 우리는 스스로 어떠한 일을 해야 하는가?

가상에 존재하는 의지의 무조건성 안에서 자유를 찾으려 한다면 이러한 문제 제기 방법은 쓸모없어 보일지 모른다. 하나의 의지가 무조건적인지 아닌지는 그 주체에 있지 않다고 생각하기 때문이다. 주체가 되는 사람은 그것을 오직 받아들이기만 할 수 있을 뿐이며 그것 말고는 달리 **할** 수 있는 무언가가 없다. 또한 자유와 부자유는 이미 영원히 정해져 있으며 그사이에 단계나 정도의 차이 같은 건 없다. 앞으로 펼쳐질 이야기와는 전혀 다른 생각이다. 이제 나올 이야기는 의지의 자유라는 것이 **노력해서 얻어야** 하는 것이라는 전제에서 출발한다. 성공의 정도에는 차등이 있을 수 있으며 다시 퇴보할 수도 있다. 어렵게 얻은 자유를 다시 잃어버릴 수도 있다. 의지의 자유는 쉽게 깨질 수 있는 재산이며 한번 잃어버리면 다시금 새롭게 애써야 한다. 따라서 과연 이것을 백 퍼센트 완벽하게 성공할 수 있는가 하는 물음에 대해 아직까지 답은 없다. 오히려 자신의 의지에 관한 문제가 대두될 때 방향성을 두어야 하는 이상(理想)으로 생각해야 하지 않을까 한다.

이 이상에 가까이 가기 위해 할 수 있는 일의 총체를 의지의 **습득**이라고 부르려고 한다. 따라서 자유로운 의지를 **습득된** 의지라고 명명할 것이다. 이 습득은 세 가지 차원으로 분류할 수 있다. 첫 번째 차원은 **표현**이다. 무엇을 원하는가에 대한 명확함이 그 주제가 되겠다. 따라서 무엇을 원하는지 모르는 무지의 상태로 부자유를 이해하는 것은 감옥에 갇힌 것과 같은 무지함이다. 습득의 두 번째 차원은 자신의 의지를 **이해**하려는 노력이다. 어떠한 의지가 우리의 이해력에 상충하여 그런 의미에서 낯설게 여겨지면 그것을 부자유스러운 것으로 이해하는 경우가 벌어질 수 있다. 의지를 습득한다는 것은 새로운 이해를 가능하게 하는 또 다른 시각을 찾아 나섬으로써 낯섦의 느낌을 없애는 것을 뜻하게 된다. 마지막으로 습득의 세 번째 차원은 이렇게 습득된 의지의 **평가**에 관한 것이다. 어떤 의지를 거부한다는 이유로 그 의지가 부자유스럽고 이물질적인 것으로 받아들여지는 경우가 있다. 그러한 평가가 과연 어디서 연유하는지, 그리고 거부되고 부자유스러웠던 의지가 환영받고 자유로운 의지로 느껴지게 된다면 그 과정은 어떻게 일어나는

지 질문을 던져볼 수 있을 것이다. 습득의 이 세 가지 차원은 보다시피 서로 분리된 것이 아니다. 이해는 표현을 전제로 하고 평가는 이해가 심화되면 변화할 수 있다. 이제 살펴보게 될 분석의 목표는 우리가 이끌어낼 노력들이 어떻게 서로 맞닿아 있는지를 보여주는 것이다.

▎표현된 의지로서의 자유의지

무엇을 원하는지 아는 것은 생각보다 굉장히 어렵다. 이것은 단기적인 소망과 의지, 그리고 목적을 이루기 위해 무엇이 가장 효과적인 수단인지 결정하는 일에는 크게 해당하지 않고 대신 주로 우리가 잘 모르는 장기적인 의지의 경우에 해당한다. 잠시 멈춰 서서 자신을 움직이게 만드는 동력이 무엇이며 지금 자신이 살아가는 삶의 모습을 부여하는 것이 어떤 소망들인지 자문한다면 우리는 무지의 두꺼운 벽 앞에 서 있는 듯한 느낌을 받을 것이다. 소망은 그것을 가지고 있다는 단순한 이유만으로 소망하는 사람에게 투명하게 다가오는 것이 아니다. 그 사람은 소망의 방향과 모습을 인식하기 위해 무언가를 **행해야** 한다. 즉 그것을 표현하기 위한 수단과 방법을 찾아내야 하는 것이다.

여기에는 매우 많은 갈래의 길이 있다. 간단하게는 말로 표현되거나 글로 써진 문장을 통해 명확함을 얻어내는 시도를 들 수 있다. 이것은 단순하게 내적 관조를 통해 내면에 있는 소망에 이름을 부여하는 것을 의미하지 않는다. 그러한 직접적인 내적 관조는 없다. 의지의 언어적 표현은 매우 복잡하고 번거로운 과정이다. 중요한 것은 의지의 모습이 말을 통해 **외적으로** 만들어진다는 사실이다. 의지를 언어로 통찰했을 때 외부에서부터 접근할 수 있고, 그런 뒤 검사하고 교정하고 다듬을 그 무언가가 눈앞에 생기는 것이다. 떠날까 머무를까 고민에 휩싸인 우리의 망명자를 떠올려보자. 의지의 싸움이 표현의 수위까지로 도달하지 않는 한 그는 그것을 둔탁하고 한데 뭉뚱그려진 내적 갈등으로 경험할 것이며 그 경험 안에서 그는 힘없는 수동성을 벗어날 수 없을 것이다. 그러나 서로 충돌하는 소망들을 일단 어떻게든 말이나 글로 표현하기 시작하면 자신이 원하는 것을 판단하고 갈등을 풀 수 있는 근거지, 하나의 지점이 생겨나게 된다. 이제 그는 스스로에게 물을 수 있다. '나를 이곳에 붙잡고 있는 것은 정확히 무엇인가?' 조국에 대한 애국심인가? 레지스탕스군 동료들에 대한 의리인가? 조금의 타협도 용납하지 않는 친구의 기대를 실망시키고 싶지 않은 마음인가? 아니면 도덕적으로 깨끗하게 남아 훗날 자책하지 않고 싶은 마음인가? 그렇다면 나를 반대 방향으로 잡아끄는 힘의 정체는 정확히 무엇인가? 목숨을 잃는 것에 대한 두려움인가? 인생에서 계획하지 않았던 일을 실현하고 싶은가? 조국을 위해 사람의 목숨을 희생해도 된다는 사상에 대한 반감인가? 또는 단순히 과거의 모든 인간관계에서 벗어나 새 출발을 하고 싶은 소망인가? 이렇게 자신의 의지를 눈앞에 규명해낸 다음에 이르고 나면 그는 이제 구별된 여러 소망들을 평가하고 숙고하는 가운데 충분히 검토함으로써 완전한 의미로서의 결정의 자유를 행사할 수 있게 된다. 그런데 이렇게 되면 표현되기 이전부터 확실성 안에 드러나 있던 소망들을 알게 되는 것에 그치지 않는다. 표현이라는 행위를 통해 비로소 확실해지고 차별성 있는 소망으로 **변화**하는 것들이 존재한다. 언어적 표현 과정이 소급되어 효력을 발휘함으로써 소망의 형성에 관여하기 때문이다. 그러므로 언어능력을 갖춘 존재의 소망은 언어적 표현 능력이 없는 존재의 소망과는 다르다.

그러나 언어만이 유일한 표현 수단은 아니다. 원하는 바를 그림을 그려 나타낼 수도 있다. 여기서 중요한 것은 상징을 올바르게 해석하는 것이다. 1부에서 본질적 결정에 대한 내용을 다루면서 상상의 힘이 어떠한 역할을 하는지 살펴보았을 때 한 예로 특별한 실질적 이유도 없으면서 종종 기차역이나 공항에 가곤 하는 한 여인의 이야기를 보았다. 그것은 답답한 가족을 벗어나고 싶어 하는 소망이었으며, 이는 새 삶이 시작되는 다락방의 그림에서 다시금 표현되었다. 또 우리는 지긋지긋한 연주 생활에 종지부를 찍고 싶은 나머지 각종 말썽을 일으키는 상상을 하는 피아니스트의 이야기도 보았다. 특히 위험하고 금지되고 경원시되는 소망의 경우에 상상은 구불구불 뒤엉킨 길과 의미심장한 장면들을 통해 다른 무엇으로도 대체할 수 없는 중요한 표현의 수단이 된다. 상상이 드러내는 것이 무엇인지를 제대로 해석하기만 한다면 지금까지 깊숙한 곳에 숨겨져 있던 의지가 습득된 의지로 변화할 수 있는 첫걸음이 될 수 있다.

우리가 의지를 평소보다 명확하고 깊게 표현해야 할 때는 특히 인생의 위기에 봉착했을 때다. 삶의 위기는 지금까지 발휘되던 의지가 더 이상 통하지 않고 그것을 대신할 새로운 의지는 아직 찾지 못했을 때 나타난다. 새로운 의지를 찾기 위해 우리는 자신의 소망을 지금까지 알았던 것보다 더욱 뚜렷하게 눈앞에 그려내야 하는데 이 명확성은 우선 자신이 장기적으로 정확히 무엇을 원하는가를 알아내는 것에 있다. 이런 의미에서 볼 때, 삶에 닥쳐온 위기는 자신이 가진 의지의 자유에 대해 더 깊게 연구할 수밖에 없는 기회를 만들어준다.

표현에 관한 의지의 습득에는 자기기만을 폭로하는 일도 해당한
다. 우리는 자신에게 없는 의지를 있다고 스스로 우길 때가 많다. 이는
상황이 주는 부담을 좀 더 수월하게 느끼기 위해서거나 혹은 내키지 않
는 의지를 어쩔 수 없이 받아들여야 할 때 심적 부담을 줄이기 위해 자
기에게 그런 의지가 있다고 스스로를 속이는 것이다. 자기기만은 이익
이 반영된, 자기 자신에 대한 착각이다. 예를 들어 실제로 내게는 전혀
없는 이타적 소망을 가장하는 이유는 내 인생이 주로 타인을 위해 존재
하는 것 같다는 우울한 현실을 보다 고통 없이 받아들이기 위한 것일
수 있다. 그렇게 하면 정작 내 자신의 소망은 밀고 나가지 못한다는 사
실과 타협하는 일이 조금 쉬워질 수 있다. 또는 이루지 못한 성공에 대
해 자책하지 않기 위해 '나는 원래 조용하고 극히 평범한 삶을 좋아하
는 사람'이라고 애써 착각하는 경우도 있다. 사실은 아이들이 귀찮고
조용히 쉬고 싶어서 자녀들을 독립시키면서도 애들에게 일찍부터 독
립심을 키워주고 싶다는 소망을 스스로에게 덮어씌우는 경우도 볼 수
있다. 스스로에게 연출하는 이러한 미화 작업들은 오히려 스스로를 가
두는 감옥이 된다. 정작 진짜 소망은 숨어버렸기 때문에 그들에 대해
고민할 기회는 박탈되며 자유의 조건을 이루는 현실적 자아상에 도달
할 수도 없다. 의지 습득의 첫 번째 발걸음이 되는 표현은 무엇보다도
의지에 관해 하나의 삶을 덮고 있는 거짓의 매듭들을 풀어버리고 진정
한 자신의 소망이 무엇인지 알아보는 숨김없는 점검 작업으로 대체하
는 것이다.

　　자신에 대해 정직하려면 의지의 표현은 반드시 수반되며 이것은
시간에 있어서도 새롭고 더 자유로운 관계의 시작이 될 수 있다. 여행

내내 동반자의 전횡에 휘둘리다가 훗날 혼자서 같은 일정을 되풀이해 보았던 여인을 다시 한 번 기억 속으로 끌어내보자. 우리는 세 가지 다른 버전을 상상해보았다. 첫 번째 이야기에서는 여인이 동반자의 전횡과 어느 정도 거리를 두면서 적어도 상상 속에서만이라도 혼자만의 여행을 꿈꾸었다. 이렇게 해서 그녀는 행위와 단절되었기에 비록 많이 퇴색되긴 했지만 자신만의 현재를 비밀리에 만들어냈다. 두 번째 이야기에서 여인은 그런 현재마저도 잃어버린다. 예속이 모든 독립적 상상을 남김없이 막아버렸기 때문이다. 마지막 이야기는 현재 감각의 둔탁한 상실이 공유된 시간으로 변질되는 자기기만의 이야기다. 여인이 똑같은 여행을 혼자서 다시 한 번 반복한다면 그것은 잃어버린 시간을 새로 찾기 위해서일 것이다. 이제 매 순간을 스스로의 자유로운 의지와 더불어 경험하며 이렇게 경험된 순간은 살아 있는 현재가 되는 것이다. 혼자 떠난 두 번째 여행은 힘겹다. 이것이 힘겨운 이유는 기억 속에 남아 있는 동반자의 의지와 자신의 의지 사이에 분명한 선을 그음으로써 자신의 의지를 본인 앞에서 표현하기 때문이다. 마침내 그녀가 자신의 현재를 다시 획득할 때 타인이 결정권을 휘두르기 시작하면서 상실되었던 과거와 미래도 그 깊이와 입체감을 획득하게 된다. 과거는 이제 다시 확실한 의미로서의 그녀 자신의 과거가 되고 그녀가 내딛는 미래는 노력과 표현을 통해 자기 것으로 습득된 의지와 함께 경험되는 시간이 된다.

이해된 의지로서의 자유의지

여러분이 육체적 가까움을 포함해 타인과 가까이 지내고 싶어 한다고 한번 가정해보자. 그렇다면 여러분 행위의 커다란 부분은 이 소망과 관련된 행위로 채워질 것이다. 그런데 어느 날 갑자기 난데없이 텅 빈 공간을 향한 거부할 수 없는 욕구가 물밀듯이 덮쳐와 자꾸만 사람이 없는 곳으로 나가고 싶고 횅한 공간 중에서도 더 조용한 가장자리에 이르고 나서야 한숨을 돌릴 수 있게 되었다고 해보자. 이제 여러분은 자신을 잘 안다고 확신할 수 없게 된다. 사람들과 섞여서 지내고 싶은 지금까지의 욕구와 상반되는 별안간 나타난 낯선 욕구에서 도망치는 일은 단순히 여러분의 삶에 성가신 이물질이 끼어 있다는 차원을 넘어서 자신의 의지에 관해 매우 부자유스럽다는 느낌을 준다.

이 부자유의 정체는 새로이 나타난 낯선 의지로부터 도망치고 싶은 마음을 **이해**하지 못한다는 것이다. 이 말은 무슨 뜻일까? 자신의 의지를 이해한다는 것은 대체 어떤 것을 의미하는가? 외부의 것으로 느껴지는, 불투명한 소망이 이해 가능한 소망이 되는 과정에는 어떠한 종류의 깨달음이 개입되어 있는가?

소망은 인과적으로 인격의 나머지 부분에 기반을 두고 있으므로 우리는 다음과 같은 답을 기대해볼 수 있다. 지금 내 소망에서 느껴지는 잠정적 이물감이 일시적인 인과적 변칙 상태라는 사실을 심도 깊게 이해하는 것이라고. 예를 들어 누군가 매번 패닉에 가까운 공포를 느끼면서도 자꾸만 그 장소에 가게 된다고 할 때 이 현상은 당혹스러운 화학반응에 비견할 만한 인과적 변칙으로 보일 수 있다. 마찬가지로, 여러분이 느끼는 도망치고 싶은 기분도 평소에 여러분이 가질 법한 소망에 전혀 어울리지 않게 느껴질 수 있다. 그렇다면 여기서 이해를 넓힌다는 것은 앞의 화학반응의 예에서 물질적 정밀 공학의 법칙을 면밀히 연구하듯이 우리의 내면세계를 움직이는 정밀한 법칙을 새로 배운다는 뜻이 되지 않을까?

그러나 실은 그렇지 않다. 첫째, 대체 어떻게 그 일이 가능한지 상상할 수 있는 사람은 아무도 없으며 이것은 단순히 상상력의 부재 탓이 아니다. 둘째, 내면세계의 정밀 공학적 이해가 우리에게 정작 중요한 것을 제공하지 못한다는 것이다. **의외의** 의지라는 현상을 가만히 살펴보면 이 점은 명백해진다. 화학적 변칙이 옳은 모델이라고 한다면, 예측 가능한 의지가 외부적인 것으로 느껴지지 않음과 동시에 의외의 의지를 필연적으로 낯설게 경험해야 할 것이다. 그런데 직관이 말하는 것은 이와는 다르다. 애초부터 나와는 상관없다고 생각해 아예 바랄 생각도 못하던 의지가 일순간 갑자기 자기 것이 되어버리는 일도 일어날 수 있고 또 반대로 중독이나 강박적 의지처럼 정확히 미리 예견할 수 있으면서도 그것을 받아들이거나 퇴치하는 일이 쉽지 않은 일들도 있다.

우리가 자신의 소망을 이해하지 못한다면 그 이유는 소망이 소망을 낳는다는 인과율의 법칙에 위배되어서가 아니다. 수수께끼는 오히려 소망의 **내용**이 소망하는 그 인격체가 가진 다른 특성들에 들어맞지 않는다는 사실에 있다. 아까 나왔던 사람을 피하고 싶은 알 수 없는 욕구도 그렇다. 사람들과의 가까움을 추구하고 싶은 욕구로부터 그들과 **거리**를 두고 싶은 욕구가 생겨난 것이다. 거리를 두고 싶은 소망은 그것이 **불합리**하다는 점에서 난해하다. 여러분이 그 안에서 부자유를 느낀다면 그것은 그 소망을 **앞뒤가 맞지 않는** 것으로 경험하기 때문이다. 나머지 다른 소망들 앞에서 그것은 **말이 되지 않는다**. 따라서 모든 난관에도 불구하고 이 의지를 이해하고 습득에 성공하려는 시도는 애초에 찾을 수 없었던 의미를 찾아내려는 시도와 같다. 이는 습득에 기여하는 인과적 관계가 아닌, 이해 불가하던 의지에 이해의 문을 열어주는 **해석**의 문제다.

　의지의 결정을 따르는 것이 중요하지 않다는 뜻은 아니다. 오히려 그 반대로, 하나의 의지가 가지는 논리는 종종 우리가 그것을 시간적 확대, 즉 삶의 이야기라는 형태로 관찰했을 때 이해되는 경우가 많다. 그러나 이렇게 볼 때에도 결정적으로 중요한 것은, 맹목적인 의지의 기계가 있어서 그것을 작동할 때처럼 내용을 전혀 건드리지 않고도 탐색할 수 있는 단순한 인과적 특성이 아니라, 의지의 내용이 핵심이라는 것이다. 하나의 의지가 탄생할 때의 이야기를 그대로 따라 그려본다면 의지를 의미심장한 상황에 대한 의미심장한 대답으로 해석하는 쪽으로 방향을 잡게 된다. 또한 과거의 트라우마적 경험에서 기인하는 의지를 상황의 인과적 힘으로 볼 수 있게 된다. 그러나 트라우마에 대한 반응으로 나온 의지의 강렬함과 끈질김 또한 우리는 내용과 상관없는 인과적 에너지가 아닌 과거에 경험한 이야기의 내용을 통해 해석한다. 즉 자신의 병적인 절약 정신과 광적인 인색함을 자신이 과거에 겪었던 쓰디쓴 가난이 준 트라우마에 원인을 돌려 이해한다면 이것은 단순한 인과적 이야기가 아닌 해석의 문제, 즉 에너지의 계산이 아니라 내용적 설명이다.

　불일치성을 축소하고 일치성을 확대하며 그로써 그 의지가 습득되고 자유를 얻는 데 도움을 주는 해석은 어떠한 것인가? 해석의 성패는 문제가 되는 그 소망을 얼마나 정확하게 표현하느냐에 달려 있다. 아무것도 없는 **텅 빈 공간**이 정말 내가 원하는 공간인가? 아니면 무언가 **특정한 것**의 부재를 원하는 것인가? 광장에 늘어선 카페의 테이블과 의자들 때문에 불쾌해서 신경이 쓰이는가? 실거리를 어슬렁거리며 돌아다니는 개와 고양이들 때문에 짜증이 나는가? 아니면 보고 싶지 않은 어떤 **사람**이 있는가? 남자인가, 여자인가? 아니면 둘 다인가? 사람들 때문이라면, 내가 그들을 **좋아하지** 않아서 보고 싶지 않은 것인가 아니면 그들이 내게서 뭔가를 **빼앗아 갈** 거라고 생각하기 때문인가? 또는 그들이 있어서 숨이 막힐 것 같은 **답답함**을 느끼는가? 이러한 물음들에 대답할 수 있는 명확성을 얻고 난 다음에야 비로소 내가 가지고 있는 그와 상반되는 욕구들과 그 소망 사이의 연관 관계를 이해 가능하도록 해석할 수 있을 것이다.

　이러한 시도를 할 때 따라야 할 기본 선은 무엇일까? 우선 여러분이 어떤 소망을 이해하지 못한다는 것은 그것에 대해 **무지**하기 때문이라는 점에서 출발해야 한다. 소망의 내적 풍경을 충분히 잘 알지 못하기 때문에 사실은 그것이 자신에게 잘 들어맞는 것이라는 사실을 인식하지 못해서일 수도 있다. 이제껏 어둠 속에 가려져 있던 소망들에 한 번 빛이 비춰지고 나면 이해되지 않고 겉돌던 의지가 돌연 충분히 납득이 가게 되는 것이다. 예를 들어 여러분이 가지고 있는 인간관계에서 가까워지고 싶은 욕구가 사실은 이중적이며 생각보다 훨씬 다면적이고 복잡한 구조를 가지고 있을 수 있다. 그 안에 있는 종속을 향한 강한 소망이 자신에게 위협을 가한다고 느끼기 때문에 그 위협으로부터 자신을 보호하고 싶은 당연한 소망이 일견 비합리적으로 보이는 텅 빈 공간에의 집착으로부터 발생하는 것이다. 이렇게 보면 이제 모든 조각이 다 들어맞게 되며, 소망들이 가진 배경의 연관 관계를 잘 이해할수록 사람과 거리를 두고 싶은 모순적 소망에 들러붙어 있던 이물감의 느낌이 점점 더 사라지게 된다. 이해의 정도가 높아지면 소망과 자신 사이의 거리가 점차 더 좁혀지면서 그 소망이 주는 경험을 자기 것으로 경험하는 빈도가 잦아지며, 그 소망이 자신의 자유를 위협하는 것 같은 느낌은 점차 사라진다.

예로 든 이 이야기를 설명한 방식 안에 습득을 이해하는 두 번째 깨달음이 숨어 있다. 그것은 **본래 의지란 그럴 거라고 생각했던 것과는 다른 내용을 가진다**는 것이다. 첫 번째 이야기가 무지의 구멍을 메우는 것이었다면 지금 이것은 **착각**을 없애는 것이 주제다. 여러분이 발견하게 될 것은 바깥에 텅 빈 공간이 있고 없고의 문제가 아니라—오히려 여러분은 그 빈 공간에 도착하자마자 당황하는 자신과 마주하게 될 것이다—내면세계의 어떤 것, 즉 타인과 자신을 구분 짓는 능력이 문제라는 사실이다. 여러분을 사람 없는 장소로 자꾸만 몰아내는 주인공은 사실 내적 선 긋기를 향한 욕구이며 그것이 공간적 상황에의 소망이라는 탈을 쓰고 나타날 뿐이다.

현상을 이와 같이 서술할 때 처음에는 이해할 수 없고 낯설게만 느껴지던 의지가 이해됨과 동시에 자기 것으로 습득되는, 우리가 발견할 수 있는 또 다른 것이 하나 더 나타난다. 어떤 특정한, 매우 특수하게 보이는 의지가 겉으로 보기엔 다른 것들과 분리되어 독립적으로 생겨난 것 같지만 실상은 훨씬 많은 것들을 포함하고 있는 다른 의지에서 발전된 것이라는 사실, 즉 '하나가 전체를 대변한다(pars pro toto)'이다. 자기 주위에 충분히 빈 공간이 많기를 바라는 마음은 자신이 타인과 합일되기 바라는 소망에 대항하여 내적 경계선을 지켜내려는 추상적이고 먼 소망을 구체적이고 명백하게 대변한다. 자기 앞에 있는 빈 공간을 누가 쑥 가로질러 가지 않기를 바라는 이상한 소망, 또는 영화관에 제발 관객이 나 말고 아무도 없었으면 하고 바라는 마음, 이것들은 모두 보다 더 복합적이고 안으로 향하는 소망을 대표하는 것으로, 타인과 타인의 기대에 짓눌리지 않고 자신의 욕구를 지키고 싶은 소망이 이렇게 나타난 것이다. 이런 시점에서 바라본다면 그 어떤 소망도 그것이 주던 괴상하다거나 유별나다는 느낌은 많이 퇴색할 것이며 전체적인 소망의 퍼즐에 딱 들어맞는 조각으로 인식될 수 있을 것이다.

예로 든 이야기에서 읽어낼 수 있는 것이 하나 더 있다. 자기가 이해하지 못하는 것을 원하고 있다는 것을 깨달았을 때는 소망이란 **변화**하고 **이행**할 수 있다는 것, 즉 어려운 것에서 간단한 것으로, 번거롭고 품이 많이 드는 것에서 덜 번거로운 것으로 변할 수 있다는 것을 명백히 인식하는 것이 도움이 된다. 싫다고 말하지 못하는 무능력과 싸워서 이기는 것이나 자꾸만 자신을 희생하려고 하는 경향을 궁지에 몰아넣는 것보다는 차라리 빈자리를 하나 찾는 것이 훨씬 쉽다.

이 모든 것들은 자신의 의지에 대한 이해를 키우는 수단과 방법이 된다. 물론 의지에 대한 이해라는 목표에 도달하기 위해 도움을 주는 것이 이것들의 전부라는 말은 아니다. 또한 수수께끼처럼 알 수 없어 보이는 의지를 이해하려고 한다는 것은 그 의지를 탄생시키고 유지하게 만드는 숨겨진 **확신**을 찾아 나서는 것을 뜻한다. 모든 것이 자기 책임이라는, 깊은 저변에서부터 작용하는 확신을 먹고 자라난 의지에 의해 움직이게 되는 경우도 있으며 또는 이미 다 극복했다고 믿는 세계관적인 확신이 끝까지 작용하여 의지의 뿌리가 되는 경우도 있다. 또 서로 충돌한다고 생각되는 여러 의지 간의 관계를 해명할 때에도 고려해야 하는 요소 중의 하나는 의지가 그 뿌리를 박고 있는 **감정**이다. 우리는 애증과 같은 모순된 감정과 더불어 살아가며 이는 또한 모순된 의지로 그 모습을 나타낸다.

지금 이야기한 방식을 통해 앞뒤가 맞지 않아 보이는 의지들에게 의미를 부여하고 숨겨져 있던 일치성을 찾아낼 수 있다면 그것은 바로 의지의 자유가 성장함을 의미한다. 두 가지 의미에서 그렇다. 한편으로는 우리 안에 틈이 생겨 갈라지는 것 같은 느낌과 자기 것이 아닌 소망이 안에서 점점 커져가는 듯한 이물감이 사라진다. 외부의 낯선 소망과 함께 살아간다는 것은 높은 감옥의 벽 안에 갇혀서 살아가는 것과 다름없으며 그 소망의 이해는 담장을 허무는 수단이 된다. 다른 한편으로는, 이해와 인식은 내적 구조 변화를 초래하여 소망들 간의 충돌을 와해하는 결과를 가져온다. 자신이 유독 아무도 없는 장소만 찾는 이유가 예속되는 것에 대한 두려움임을 한번 이해한 이상 여러분은 이 두려움의 극복을 위한 해결 방법을 시도하게 되며, 그렇게 되면 외부의 안전지대가 더 이상 필요 없어질지도 모른다. 이것 또한 자유의 성장을 의미한다.

자신의 의지에 대한 이해를 넓히려는 노력은 때로 삶의 위기를 극복하는 유일한 방법이 된다. 삶에서 힘든 순간을 맞으면 어쩔 수 없이 자신의 의지를 좀 더 정확하고 깊게 표현하게 되는데 이렇게 되면 자신을 속박하는 어지러운 소망들이 어떻게 생겨나게 되었으며 지금까지 그 소망들이 이루고 있던 구조가 더 이상 통하지 못하게 되었다는 사실이 어떤 의미를 가지는지 스스로 질문을 던질 수 있다. 앞에서 예로 들었던 성공 지상주의자 또는 강박적 반복을 통해 자꾸만 이성관계의 실수를 되풀이하는 여자의 경우를 보자. 그런 생활을 반복하다가 내면이 더 이상 갈 데 없이 지쳐버린 어느 날, 두 사람은 자신이 그렇게 된 원인을 해석해봄으로써 강박을 깨어버리려는 시도를 하게 될 것이다. 그 과정에서 자신에 대한 실망이 모습을 드러낼 수도 있고, 단순한 표현에 머물려 있을 때는 그저 그 실망감을 발견하는 데 그쳤겠지만 이제는 **왜** 자신을 속여야만 했는지 그 원인을 파헤침으로써 실망감을 구체적으로 이해할 수도 있다. 어쨌든 여기서 중심이 되는 것은 부자유가 자라나는 논리에 대한 이해의 증가이며 이 깨달음은 해방의 시초가 될 수 있다. 의지의 자유가 무조건성에 바탕을 둔다고 생각하는 사람이 있다면 자신의 의지의 근원에 대한 깨달음이 그에게는 자신이 이 의지에 있어서 부자유하다는 것을 발견한 것과 같은 의미를 지닌다. 지금 여기서 우리가 말하는 것, 즉 의지의 근원과 전개에 대한 이해는 이 의지의 자유에 기여한다는 구도와는 정반대인 것이다.

의지의 표현뿐 아니라 또한 의지의 이해도 그 의지를 가지는 사람이 부자유의 시간 동안 상실했던 시간을 되찾는 데 도움이 될 수 있다. 성공 지상주의자는 현재를 자꾸 훗날로 미루며 매번 다음 성공을 이루어야만 현재를 누릴 수 있다는 논리로 그것을 부정하며 기만한다. 그는 미래에서 가져다 놓은 현재에 짓눌려 산다. 자신은 그 미래를 열려 있다고 생각하지만 실은 그의 강박적 의지에 의해 지금처럼 그 미래에도 현재의 순간은 존재하지 않는다. 과거도 마찬가지다. 그에게 과거는 지나간 현재로 이루어진 것이 아니라 현재에 대한 덧없는 기다림으로 채워져 있을 뿐이다. 만일 그를 휘감은 채 시간 속으로 계속 내모는 외부의 힘인 성공에 대한 집착을 과거에 부모의 권위가 강요했던 내적 기념비 같은 것으로 볼 수 있게 되고 이미 타계한 부모와의 관계 중 어떤 면이 그것을 그렇게 떨쳐내기 힘들게 만드는지 이해하는 날이 온다면, 아마도 그 맹목적 의지의 견고함을 부술 수 있으며 다음번에 자신을 기다리고 있는 기대와 일정한 거리를 두고 그저 단순한 방식으로 현재에 자신을 맡기는 시간을 누릴 수 있을지도 모른다. 이를 통해 열린 미래에 대한 희망이 지금까지보다는 훨씬 덜 기만적으로 보일 것이고, 자유를 분명히 의식한 상태에서 입체적이고 생생하게 경험한 시간으로 기억할 수 있는 과거의 순간들이 점점 더 많아질 것이다. 그가 현재를 본래 원하던 소망의 시간으로 발견한다면 과거와 미래에 관해서도 자신의 시간을 스스로 쓰는 사람이 된다.

▎허락된 의지로서의 자유의지

의지의 습득이 표현과 이해에 기반을 두고 있는 만큼, 이것은 인식 과정에 관계된 문제이기도 하다. 인식의 증가는 자유의 증가를 의미한다. 이렇게 보았을 때 자기 인식은 자유의지를 재는 척도다. 우리는 이 연관성을 자유로운 의지란 내가 그것에 '동화'될 수 있는 의지라는 직관적 개념으로 우선 해석할 수 있다. 나는 의지의 윤곽선을 정확히 알며 나를 지금의 특정한 나로 만든 여러 의지들의 지나온 이력과 현재의 구조 안에서 그 의지가 어떻게 뿌리박고 있는지 이해하고 있기에 나는 그 의지를 내 것이라고 말할 수 있다.

그런데 이것은 직관적 느낌의 한 부분, 즉 의지의 자유는 우리가 그것에 대하여 취하는 태도와 관계가 있다는 점만을 나타낸 것이다. 사고하고 이해하는 태도만이 유일하게 중요한 게 아니다. 한 사람의 존재는 자신의 소망에 대해 알고 있고 끊임없이 기록할 뿐만 아니라 심지어 이해하는 태도로 그 소망에 대해 의견을 말하는데, 의지가 주는 낯섦의 경험이나 그 소망과의 동일화라는 사고를 이해하게 만들어주는 입장을 백 퍼센트 완벽하게 견지하지 못할 때도 그렇다. 여기서 보충되어야 할 것은 자신의 의지에 대한 내적 간격으로, 이는 **평가**를 통해 유지된다. 이 평가적 태도를 통해 우리는 소망을 허가하거나 불허하기도 하고 받아들이거나 거부하며 비난하거나 환영한다. 긍정적인 평가가 내려질 경우 우리는 그 소망에 자신을 동일시할 수 있고, 반대로 회의적 평가가 내려져 거리를 두는 경우에는 자신의 소망에 대한 낯섦의 경험으로 이어지게 된다. 이러한 식으로 우리는 특정한 소망의 '편을 든다'라는 표현을 이해할 수 있고, 여기서 편을 든다는 것은 평가를 내린다는 것과 같은 뜻을 가진다.

　그러나 평가적 입장이라는 것은 그 근원과 논리를 다시 생각해보면 이해하기가 그리 쉽지 않다. 평가의 내용은 무엇이고 평가는 어디에서 연유하며 만일 평가가 달라지는 경우 그 원인은 어디에 있는가? 첫 번째로 관찰되는 현상은, 평가적 태도가 두 가지 특성으로 나뉜다는 것이다. 내가 내 앞에 내놓을 수 있는 물음 중 그 첫 번째는 소망들 중 어떤 것이 **기능적으로 유리**하며 반대로 어떤 것이 해가 되거나 거슬리는가, 하는 물음이다. 이 시각은 일단 생겨난 소망을 자신이 어떻게 잘 처리하고 있는지 냉정하게 계산함을 의미한다. 예를 들어 대부분의 시간을 홀로 지내고 싶은 소망을 가지고 있다면 외향적 사고가 지배하는 이 세상에서 외톨이는 이미지 관리도 힘들고 세상 돌아가는 사정에 어두워져 힘들기 때문이라는 이유를 들어 나는 이 소망을 불리한 것으로 평가 내릴 수 있다. 그에 반해 항상 일등이 되고자 하는 집념은 바깥세상에서의 성공적 행보에 매우 유리하다.

이와는 매우 다른 평가의 또 하나의 형태는 다음과 같은 질문에 나타난다. 이익이 되고 안 되고의 여부와는 상관없이, **나는** 어떤 의지를 갖기를 또는 갖지 않기를 **원하는가**? 이 물음은 내가 어떤 종류의 사람이 되고 싶은가에 대한 물음이다. 즉 전에도 말했듯이 **자아상**과 관련된 물음인 것이다. 지금까지 말한 첫 번째와 두 번째 평가의 형태는 그 결과에서 서로 모순될 수 있다. 예를 들어 아웃사이더이고자 하는 나의 의지는 상황에 전혀 걸맞지 않고, 그러므로 비실용적이다. 내 독특하고 독단적인 소망들이 나를 중심이 아닌 주변으로 몰아가도 나는 아랑곳하지 않으며 내가 가진 세속적 성공에의 의지는 비록 실용적이고 쓸모 있기는 하나 귀찮고 성가시기만 하다. 이럴 경우 소망에 대한 본질적 평가는 도구적 평가를 지배한다.

이제 자유로운 의지란 내가 그것에 '동화'될 수 있는 의지라는 직관적 개념에 관한 두 번째 해석을 살펴볼 차례가 되었다. 내가 어떤 의지와 동질감을 느낀다는 것은 이제 다음과 같이 읽을 수 있다. '어떤 의지가 내 자아상에 들어맞으면 나는 그것을 환영한다.' 예를 들어 사회참여를 그 무엇보다 중시하는 인간으로 나 자신을 생각한다면 나는 물건을 훔친 가련한 시정잡배의 법정 변호를 자유에 상응하는 것으로 경험하며 비록 물질로 보상받거나 명예를 드높일 수 없어도 상관하지 않는다. 또는 내가 나 자신을 한 줌의 환상도 허락하지 않는 냉소자로 생각하고 있다면 이미 버릇처럼 되어버려 멈출 수 없는, 타인의 꿈을 여지없이 깨어버리고 싶은 욕구를 부자유의 경험으로 느끼지 않을 것이다. 소망과 자아상은 여기서 완벽하게 조화를 이룬다. 나의 의지는 내가 가지고 싶어 하는 의지이기에 자유롭다.

그러므로 여기 의지의 낯섦에 관한 또 다른 해석이 하나 더 있다. 내 바깥에 위치하는 외부의 의지는 내가 나를 보는 방식에 맞지 않기 때문에 거부한다는 것이다. 여기서 불일치성이 또 다시 주제가 되지만 이번에는 내가 꿈꾸는 인물과 실제 나라는 인물 사이의 간극에 관련된 문제다. 예를 들면 강박적 의지에서 나타나는 간극이 이에 해당한다. 도박 중독자에게 있는, 남의 의지가 자신의 의지보다 강력한 것 같은 압박감을 이런 방식으로 이해할 수 있다. 즉 그는 이 의지를 파괴적인 것으로 보고 거부하며 자신의 자아상에서 거세게 밀어낸다. 이렇게 거부되었음에도 불구하고 끝까지 살아남아 소망이 의지가 된다는 것은 도박 중독자가 도박장으로 간다는 것이 자유에서 비롯되지 않았다는 뜻이다. 성공 제일주의의 노예가 된 경우도 이와 마찬가지다. 만일 이 의지가 여러분에게 부자유스러운 것으로 비춰진다면 자신이 세상에 찌들지 않은 자유로운 영혼이 되었으면 하는 바람이 있기 때문이다. 시간이 흘러가는 그대로 놔두며 그것을 즐길 수 있다는 인식 속에서 시계의 재깍거리는 초침 소리를 멍하니 듣고만 있는 것이 여러분이 가장 좋아하는 상상 속 장면이다. 그렇게만 할 수 있다면 이 세상 그 무엇도 부러울 것이 없을 것만 같다. 그러나 실상은 다르다. 여러분은 어떻게든지 해결해야 할 일을 찾아 헤매 다니며 당연히 완벽하게 완수해야 한다. 끊임없이 이리저리 일거리를 찾아 뛰어다니게 만드는 소망은 자신이 꿈꾸는 자아상에 한 치도 들어맞지 않는다. 바로 이 불일치성에 여러분의 부자유가 놓여 있다.

이 사고는 직관적으로 많은 것을 내포하며 그 솔직함으로 말미암아 우리를 매혹한다. 그러나 이러한 단순한 형태로서는 좀 더 정교한 시험을 통과하지 못한다. 자아상이라는 것이 허공에서 불쑥 나타난 것이 아니라 소망의 표현이라는 점을 똑똑히 상기해보면 그 어려움은 더욱 커진다. 소망하는 **모든 것**을 전부 반영하는 자아상을 만들어내는 사람은 없다. 이것은 다른 경우를 허용하는 우연적 사실도 또한 아니다. 이 사실은 평가하기와 소망하기 사이의 개념적 연관성에서 나온 것이다. 어떤 특정한 종류의 사람이 되는 것에서 긍정적인 뭔가를 발견한다면―예를 들면 방금 나왔던 자유로운 영혼처럼―그것은 그렇게 되기를 원한다는 뜻이다. 평가가 우리의 소망에 바탕을 두지 않는다면 그 평가가 과연 어디서 연유하는 것인지 알지 못할 수밖에 없다. 우리가 소망하지 않는 존재라면 평가라는 **개념**도 아예 이해하지 못할 것이다.

자아상에 견주어 **평가되는** 소망 이외에 자아상을 **구성하는** 소망도 있다. 소망의 평가는 다른 소망에 비추어 일어나는데 이 생각은 (내적 간격이라는 개념을 처음 소개했던 1부에서와 같이) 사실상 그 자체로서는 원칙적으로 이해하기 어려운 것은 아니다. 소망이 가진 특질을 보면 다른 소망의 대상이 될 수 있거나 반대로 다른 소망을 대상으로 삼을 수 있는 가능성을 막는 것은 없다. 그러므로 의지의 자유를 자아상과의 일치에서 설명하려는 시도에 문제가 있는 것처럼 보인다면 이것이 원인은 아니다. 내 자아상의 바탕이 되는 소망들이 잣대의 역할을 하기 위해선 다른 누구의 소망도 아닌 바로 **나의** 소망, 즉 내가 **일체감**을 느끼는 소망이어야 한다는 점이 문제인 것이다. 우리는 방금 자아상의 개념을 이용해 소망의 소속성에 대해 이야기했다. 그러나 이 소속성의 이해는 자아상을 구성하는 소망의 경우 우리에게 아무 쓸모가 없다. 우리가 자신과 동일시하거나 거부하기 위해 자아상의 잣대가 될 수 있는 자아상이 없기 때문이다. 경험에서 우러나온 것이 아닌, 그저 궁여지책에서 나온 실낱같은 실마리로 이차적 자아상이라는 것을 만들어내 설명해 보려고 해도 어차피 똑같은 질문이 반복될 것이기 때문에 이 또한 아무 도움이 되지 않는다. 의지가 자아상과 일치를 이루는 가운데 의지의 자유가 성립한다고 주장하려면 자아상 뒤에 서 있는 그 의지의 자유는 어떠한 것인지에 대한 물음에 대답할 수 있어야 한다.

이 물음에 납득할 만한 대답을 내놓기 위해서는 자아상을 창조하는 소망과 그 자아상에 의해 측정되는 소망의 경계가 칼로 자른 듯 매끈하게 나눠지는 것이 아니며 아무런 접점 없이 평행적으로 존재하는 것도 아니라는 사실을 다시 한 번 상기할 필요가 있다. 영향력의 방향에 있어서도 평가된 소망이 일방적으로 자아상에게 맞춰지길 강요되는 한 방향으로만 흐르지 않는다. 반대 방향의 영향 작용 또한 일어난다. 즉 자아상이 그것에 부합하지 않는 소망의 영향력 아래 변화하고 발전할 수 있는 것이다. 이것은 지금까지의 자아상에 맞지 않는 의지가 형성되지만 낯선 이물질로 인식되지 않고 오히려 자아상의 점검을 요구하는 경험으로 이어진다.

이 경험의 두 가지 발현 형태는 우리에게 시사하는 바가 크다. 그 중 하나는 끈질긴 의지에 의한 **단념**의 경험이다. 어떤 의지가 내 것이 확실하다고, 다시 말해 나와 분리되어 존재하거나 내 외부에 위치하지 않는다는 것을 인정하지만 아쉽게도 내가 가진 자아상에는 부합되지 않는다고 인정하는 것이다. 예를 들어 자신을 배려심 많고 관용적인 사람이라고 항상 생각해오다가 일생에 걸친 힘겨운 싸움 후에 결국 자신이 쩨쩨하고 옹졸하며 복수심으로 가득 찬 사람으로서 타인에게 당한 만큼 그대로 돌려주고야 말겠다는 생각밖에 하지 못하는 인간이라는 것을 순순히 인정하는 경우도 있는 것이다. 그가 단념한다는 것은 그렇게 물리치려고 싸워왔던 의지를 자아상에 전혀 맞지 않음에도 불구하고 마침내 자신의 것으로 받아들인다는 것을 뜻한다. 또 이는 자아상과 일치 관계에 있지 않은 의지와 동질감의 인정이 존재할 수 있다는 것을 의미하기도 한다.

나머지 하나의 경험도 다르지 않다. 바로 **내적 검열에 대한 반항**이다. 자아상이 검열을 야기하는 점은 자아상이 가지는 존재의 특질에 속한다. 즉 자아상에 부합하지 않는 것은 금지된다. 자신이 책임감 있고 용의주도하며 겸손하고 공평무사한 사람이라는 자아상을 가지고 있다면 단 한 번이라도 타인이 아닌 자신만을 생각하고 마음대로 행동하고 싶은 소망은 절대로 의지로 발전해서는 안 될, 더 나아가 초기에 아예 싹이 트지 못하게 막고 싶은 소망으로 간주된다. 설령 그 소망이 의지로 발전된다고 해도 자아상의 측면에서 보았을 때 그것은 더할 나위 없이 부자유스러운 의지가 된다. 그러나 내적 관점은 변화할 수 있다. 우리는 평가에서 부적합 판정을 받은 의지만이 아니고 그 검열 기준 자체도 낯설게 느낄 수 있다. 그렇게 되면 금지된 의지의 편에 서서 금지에 반기를 들고 속박된 의지에 대항해 자유로운 의지를 새로이 세운 듯한 느낌을 받게 된다.

의지의 자유를 반박의 여지가 없는 견고한 자아상과 부합하는지 여부에 따라 판단하는 것이 너무 단순한 논리가 아닌가 싶다면, 우리가 앞서 살펴보았던 의지의 자유와 부자유가 시간을 경험하는 형태에 따라 달라진다는 사고에 연결해보면 쉽게 알 수 있다. 의지를 평가하는 차원에서 시간 경험은 서로 역행하는 두 가지 형태로 왜곡될 수 있다. 한편으로는 소망이 자아상을 위협하며 나타나기 때문에 현재를 잃어버리는 일이 일어나기도 한다. 내가 오랜 세월 동안 어떤 직종에 종사하면서 나의 자아상도 그에 맞춰서 발전해왔고 나의 행동도 내가 원하는 의지의 표현이기에 현재에서 충분히 나 자신을 펼치고 있다는 느낌을 받으며 살아가고 있다고 치자. 그러다가 서서히든 갑자기든 생생한 현재가 나를 시간 속에 홀로 놓아둔 채 직업적 삶에서 빠져나가버린 후 나는 내 앞에 놓인 시간을 힘겹게 휘적휘적 걸어가거나 그저 앉아서 멍하니 기다리는 신세가 되어버린다. 이렇게 상실감을 느끼면 자아상의 시간이 이제 더 이상 내가 생각해오던 것과는 맞지 않는 소망들에 의해 깊은 심층에서부터 교란되는 모습을 보인다. 그러면 새로운 현재를 찾기 위해 나는 이 소망들에 직면해야 하며 그들에게 정당성을 부여해줘야 한다. 나는 시간을 경험하는 동안 내 의지의 자유는 어떠한 일이 있어도 자아상을 그대로 고집하는 것에 있는 게 아니라 자아상의 쇄신을 요구하는 데에 있다는 것을 배웠다. 다른 한편으로, 내가 서로 충돌하는 복수의 소망들 사이에서 방황하느라 현재를 충분히 느끼지 못하고 평가를 통한 소망의 선택을 통해서 자아상을 발전시키는 데에 실패했다고 가정해보자. 이럴 경우 내가 시간을 왜곡하여 경험하는 것은 자아상의 힘이 아니다. 반대로, 자아상에서 표현되는 평가적 동일화의 부재가 그 원인인 것이다.

명백한 이 경험은 자유로운 의지가 허락된 의지라는 기본 개념을 총체적으로 의심하게 만드는 질문을 제기한다. 억압된 소망 때문에 검열에 반항하는 이른바 검열된 자가 아니라, 검열하는 자로서 자신의 의지가 순응되도록 강요한다면 나는 대체 어떻게 자유롭다고 할 수 있겠는가? 의지의 창조자로서 평가를 받아들이지 않고 평가를 내린다면 나는 과연 자아와 밀접하고 또 그런 의미에서 직관적으로 자유로운 사람이라고 할 수 있을까? 평가를 내적인 것으로 만들고 자유를 확대하며, 부정적으로 평가된 것은 외부적이고 부자유하게 만드는 검열의 입장이란 과연 무엇인가?

불가피하게 나오는 이런 질문들은 습득의 개념에 있어서 중대한 것을 배우게 만든다. 그것은 자신의 의지에 대한 평가적인 관점이 보기와 달리 자유에 대한 자족적이고 고립된 설명을 도출하지 않는다는 뜻이다. 물론 이러한 설명에서 평가라는 개념이 빠져서는 안 된다. **그러나 이 개념은 앞서 이야기한 이해의 개념과 연계되어야 한다.** 나 자신과의 평가적 일치는 그것이 자유의 경험에 도움이 되려면 내게 거부감을 일으키거나 내적 사실로서 단지 인지하는 데 그치지 않고 나 자신을 이해한 결과로 나오는 것이어야 한다.

생각의 실험을 해보면 이 점이 뚜렷해진다. 여러분이 오랜 세월 다른 사람들만을 위해 살아오다가 마침내 자기 자신을 돌아볼 수 있게 되어 그동안 소홀히 해오던 소망들을 실현해볼까 마음을 먹었다고 가정해보자. 그 소망은 음악을 만들거나 그림을 그리거나 사진을 찍는 등 창작을 향한 소망일 수도 있다. 자기에게 그럴 만한 재주가 있다는 것을 여러분은 오래전부터 느끼고 있었다. 최근 몇 년 동안 남을 위해 사는 것보다 자신의 그런 욕구가 더 중요하게 느껴지는 순간이 종종 있었다. 자신의 소망에 대한 평가는 시간이 지남에 따라 차차 달라졌고 자아상도 변화되었으며, 여러분은 이전과는 다른 의지를 원하게 되었다. 그런데 문제는, 타인들의 존재 때문에 여전히 옛날의 헌신적인 의지가 행동의 동인이 되어서 새로이 생겨나고 평가된 소망이 그것을 이기지 못하는 현상이 발생한다는 것이다. 바로 어제도 과거의 습관적 의지에 또 다시 넘어가 할 일을 떠맡고 말았다. 그래서 원래 마음이 가던 다른 소망들은 다시 한 번 멀어져버렸다. 여러분은 부자유한 느낌과 답답한 마음을 안고 잠자리에 들었다. 새로운 자아상과 옛날의 의지가 가진 힘 사이의 크나큰 간극에 절망한다. 그런데 오늘 아침, 눈을 떠보니 갈등이 마치 거짓말처럼 사라져버렸다.

　여기서 두 가지 이야기를 생각해볼 수 있다. 그 첫 번째는 자아상에 대항했던 소망들이 사라지고 환영할 만한 새로운 소망들에게 자리를 내어준 것이다. 타인을 항상 먼저 생각하려던 옛날의 의지는 돌연 사라졌다. 아직 기억 속에 남아 있기는 하지만 이미 과거의 이야기가 되어버린 그 소망은 힘을 완전히 잃어버려 새로운 소망의 등장에 아무런 걸림돌이 되지 않는다. 하룻밤 사이에 타인보다는 자신의 창조적 계획을 우선시하는 사람이 되어버린 것이다. 그래서 어제 맡은 의무를 아무런 미련 없이 곧바로 취소한다. 여러분은 새롭게 나타난 인격의 내적 형태를 수락한다. 즉 갖고 싶은 의지를 가진다는 뜻이다. 또는 반대로 창작에 대한 욕구가 하룻밤 사이에 사라질 수도 있다. 자신에게 중요하던, 그래서 과거의 습관적인 소망과 경쟁을 벌였던 소망은 그저 기억 속에 남았을 뿐, 그밖에는 아무것도 남아 있지 않다. 그 자리에는 자신보다 타인을 우선시했던 옛날의 자아상이 또 다시 들어섰다. 여러분은 자신이 세웠던 계획 같은 것에는 방해받지 않고 어제 맡았던 의무를 열과 성을 다시 완수해낸다. 이번에도 갖고 싶은 의지를 가진다는 점에는 아까의 예와 변함이 없다.

자유로운 의지는 허락된 의지라는 개념이 이처럼 모순이라고 할 때, 밤사이 일어난 이 두 가지 서로 다른 이야기에 따르면 여러분은 새로운 의지 안에서 완전히 자유로운 사람으로 스스로를 느껴야 한다. 두 이야기 모두에서 자아상과 행위를 촉발하는 의지가 서로 일치하기 때문이다. 그러나 실상 여러분은 그렇게 느끼지 않는다. 마치 지킬 박사와 하이드 씨의 이야기처럼 약간 으스스하기도 하다. 오싹한 이유는 어제까지 그렇게 고민스럽던 갈등이 **한순간** 뚝 끊기듯 사라졌다는 데에 있다고 여러분은 말할지 모른다. 그러나 그 말이 증명하고자 하는 내용 속에 든 경험을 자세히 추적해보면 결국 나타난다. 왜 자신의 의지와 그에 대한 평가가 달라졌는지를 **이해**하지 못한다는 것을 말이다. 그리고 의지의 변화를 둘러싼 깜깜한 어둠이 여러분이 가지고 있는 자유의 경험을 왜곡한다.

반대로, 오늘도 어제와 다름없이 갈등을 경험하고 있으며 여러분은 그 갈등을 자신의 소망에 좀 더 신경을 쓰라는 숙제로 받아들이고 있다고 가정해보자. 여러분은 스스로에게 말한다. 나는 자아상과 실제 작용하는 의지 사이의 간격을 줄임으로써 의지의 자유를 키워나가는 작업을 하고 있다고, 그리고 그 목표를 위해서는 이 간격이 어떻게 탄생하게 되었는지 또 갈등의 숨은 논리가 무엇인지 밝혀낼 필요가 있다고. 이제까지의 삶을 지배해왔던 헌신에 대한 의지가 성장 과정에서 부모와 사회가 강요한 도덕적 독재를 삼투압처럼 빨아들인 결과이며, 특히 더 기만적인 것은 그들이 그 소망을 마치 여러분 자신의 소망인 것처럼 그려왔다는 것이다. 이 점을 발견하고 나면 여러분은 습관적으로 여겨지던 소망들이 휘두르는 힘이 자기 자신의 소망을 따를 때 소외나 배척을 당하게 될지도 모른다는 두려움에 바탕을 둔 것이라 이해할 수 있을 것이다. 다른 한편으로는 남이 어떻게 생각하든 손톱만큼도 연연하지 않는 예술가로서의 삶에 대한 비전이 사실은 자신을 짓누르고 있는 도덕적 제약에 대한 첨예화된 반항에 지나지 않는다는 것을 깨달을 수도 있을 것이다. 즉 정작 중요한 것은 예술이 아니라는 것, 그리고 만일 여러분이 자신에게 예술적 재능이 있다고 생각했을 경우 도덕적 압박을 미리 꿰뚫어보지 못하고 너무도 평범한 이기적 소망을 넘어 그 압박에 대항하는 보다 훌륭한 그 무엇을 내어놓지 못한 절박감에 자신에 대한 실망감이 더욱 커질 것이다. 눈앞에 나타난 이러한 깨달음을 통해 여러분은 이제 자신의 소망의 세계에 대한 종합적 평가를 새로이 내릴 수 있다. 자신의 천성에 부합하는 이타적 소망과 이제는 멀찍이 떨어지고 싶은, 단지 어떤 도덕적 독재에 대한 굴복과 근본적으로 다르지 않은 소망을 구분 지을 수 있게 되면 여러분은 타인에 대한 관심과 자신에 대한 관심을 더 이상 서로 대결하는 반대 구조로 이해할 필요가 없게 된다. 또한 자신의 소망을 타인을 아랑곳하지 않는 예술적 의지로 포장하지 않아도 된다. 이제는 여러 가지 방향성을 가진 소망들 간의 균형을 맞출 수 있고, 의지의 전체적인 총합체에 자신을 동질감을 느낄 수 있게 되며, 하나의 소망과 정반대의 다른 소망 사이에서 비틀거리며 왔다 갔다 해야만 하는 반복되는 갈등에 사로잡힐 필요가 없어진다. 또한 비로소 평가에 대한 재점검도 가능해진다. 여러분은 이전의 여러분이 아니다. 이 과정은 이해라는 수단을 통해 이루어졌기 때문에 부자유에서 자유로의 이행이라고 말할 수 있다.

▌흐르는 자아의 변동하는 자유

이제 우리는 결정의 단순한 자유에서 더 나아가 자신의 의지를 습득함으로써 의지의 자유를 확대한다는 것의 의미가 무엇인지에 대한 전체적 그림을 그릴 수 있게 되었다. 그것은 표현의 정확성과 깊이를 성장시켜 이해의 폭을 넓힌 뒤 다시 평가로 이어져, 본인이 동의할 수 있는 의지를 더 큰 영역에서 발휘하며 살아가는 것이다. 이러한 연관성을 생각한다면 자신의 의지와의 '동일화'와 그 의지의 '자신에의 소속성'이라는, 언뜻 듣기에는 공허한 말장난 같은 이야기가 비로소 풍부한 의미와 정확한 뜻을 가지게 된다.

그럼에도 불구하고 이 결과를 놓고 여전히 헷갈릴 수도 있다. 우리가 우리 자신과 더불어 또 우리 자신을 위해 표현하고 이해하며 평가할 수 있는 모든 것들은 한시적이고 임시적인 사건의 특성을 지니므로 영구적인 결과물로 고정하거나 고착할 수 없고, 그러므로 우리의 노력과 경험들이 의지의 자유라는 개념을 설명하기에 과연 알맞은 것인지 확신하지 못할 수도 있는 것이다. 자유를 만들어내려면 의지의 습득은 **견고하고 확실한** 무언가를 창출해내야 하지 않는가? 자유의지에 대한 물음은 구속력을 지니고 최종적인 예 아니오의 문제여야 하지 않을까? 비록 증명을 할 수는 없지만 예상해 볼 수 있는 것은—2부에서 결정한 대로 진단적 이해의 의미에서—여기서 확실성과 영구성을 주장하는 사람은 결국 무조건적 자유의지의 개념에 아직도 집착하고 있는 게 아닐까 한다. 하나의 자유가 최종적인 것이며 뚜렷하게 존재하거나 아니면 아예 존재하지 않는 것으로 간주하는 생각은 무조건적 자유의 개념이다. 이러한 개념과 그 개념이 각 방향으로 드리우는 그림자에서 풀려난 사람이라면 의지의 자유가 왔다가 가는 것, 한 번 도달했다가 다시 상실되기도 하는 것이라는 사실이 **당연하게** 여겨질 것이다. 시시각각 흘러가는 세계와 대면해야 하기에 우리의 소망과 우리가 그 소망에 대해 생각하는 모든 것도 유동하는 것으로 이렇듯 확실하게 인식되고 있는데 어떻게 다른 상태가 가능할 수 있겠는가?

어느 한 시점에서 의지의 자유가 가지는 **범위**에 대해서도 같은 생각을 해볼 수 있다. 만일 이 자유가 무조건성에 근거를 둔다면 우리의 의지가 **통틀어서 전부** 자유롭다고 이야기할 수 있다. 그러나 자유로운 의지를 습득된 의지로 이해한다면 이야기는 달라진다. 왜냐하면 습득이란 유동적인 의지와 사고 **안에서** 일어나는 것이며 그 범위의 바깥이나 상부에서 일어날 수 있는 일이 아니기 때문이다. 이는 자유에 관한 질문을 의지 전체에 대해 던질 수 있다고 생각할 때 그 질문이 이미 잘못되었음을 의미한다. 내가 스스로의 의지의 자유에 대해 자문할 때 이 질문의 테마가 될 수 없는 한 조각의 내적 영역이 존재한다. 이는 유감스럽게 생각해야 하는 결함이나 채워야 하는 빈 공간이 아니라 자유에 대한 물음이 제기되고 그것이 의미를 가질 수 있기 위한 조건이다. 내가 표현하고 이해하고 평가하면서 내 의지를 어떤 모양으로 만들어낼까 골몰하는 동안에는 이 작업이 과연 자유로울까 하는 질문은 제기되지 않는다. 너무 열심인 나머지 그런 질문을 제기할 시간이 없어서는 아니다. 의지를 습득하는 작업이 다음과 같은 질문들의 제기를 위한 **틀**을 마련하기 때문에 그러한 질문이 아무런 **의미**도 없는 것이다. "그렇다면 의지를 습득하고자 하는 의지 **자체**는 어떤가? **그것**은 자유로운가?" 이런 질문은 습득된 자유라는 개념의 포인트를 오해한 질문이 될 것이다. 또한 여전히 무조건성의 그림자에서 벗어나지 못한 질문이라는 추정을 해볼 수 있다.

여기서 나는 **자아**라는 개념의 관찰을 통해 유동하는 내면세계에서 완성되는 상대적 습득에 대해 더 알아보고자 한다. 자아의 개념은 우리가 이 책 전반에서 여러 형태로 두루 만났던 주제를 다루고 있다. 즉 우리가 경험하는 자유에는 우리가 자신의 행위뿐만이 아니라 의지에 있어서도 저작자요 주체며 작가라는 것이 포함된다. 이것이 순수 주체로서 모든 의지의 작용을 지휘하는 것을 뜻하지 않음을 우리는 2부에서 논의한 바 있다. 또 1부에서는 주체가 된다는 것에 대해 새롭게 이해를 했다. 다시 말해 어떤 의지를 가질지 숙고를 통해 결정하는 것이 주체 됨이라는 이해를 얻었다. 이제 습득의 개념에 관한 사고를 살펴본 우리는 앞서 내린 이 해석들을 더 심화하고자 한다. 어떤 의지를 표현하고 이해하고 평가함으로써 자신의 것으로 만드는 데 성공한다면 우리는 그저 이런저런 숙고를 통해 그 의지를 선택했을 때보다 더욱 완벽한 의미에서 그 의지의 주체요 주인이 된다. 이것은 모든 평범하고 일상적인 이성의 습득이 그 깊이뿐만 아니라 범위에 있어서도 뛰어나다는 점과 관련이 있다. 우리의 소망들이 가진 구조와 내용과 역동성은 훨씬 더 큰 범위에서 테마가 되고, 그로써 내면 세계의 커다란 부분을 자신의 것으로 만드는 경험으로 발전한다. 우리는 주체 됨과 관련해 지속적으로 내면을 향해 자신을 확장하며 그에 따라 그저 맹목적으로 자신의 소망에 끌려가는 경험은 점점 줄어들어 사물의 주인이 되는 의식을 갖는 경험은 점차 잦아진다.

지금까지 살펴본 이 두 가지 예를 통해 이 생각을 더욱 뚜렷이 알 수 있다. 아까 예로 들었던 이야기로 다시 한 번 돌아가보자. 사람들의 온기를 느끼고 싶은 욕구를 방해하는, 텅 빈 공간에서 혼자 있고 싶은 중독이 여러분을 지배하는 상황 말이다. 이 중독이 정확하거나 깊은 표현으로 연결되지 않고 여러분이 그 중독을 전혀 이해하지 못하는 한 여러분은 이 현상을 인격의 주변부에서 일어나는 이상 현상 또는 신경증적 틱 증상 같은 것으로 경험할 것이다. 빈 공간을 향한 괴상하기만 한 욕구가 가지는 진짜 내용과 의미가 여러분에게 명확하게 다가오는 정도가 증가됨에 따라 그 욕구의 근원이 여러분 자신의 중심에 놓여 있다는 느낌도 따라서 커진다. 욕구를 낯설고 끈질기게 느껴지게 만드는 기괴함은 조금씩 그 빛이 바래고, 이제 여러분은 그것을 이해할 수 있는 것으로 볼 수 있게 된다. 좀 더 깊은 의미가 이해되면 그 욕구가 성가셨던 강박의 특징을 잃어버려 자신의 한 부분으로 받아들일 수 있다. 어떤 의미에서 자신의 안으로 들여놓았다고 말할 수 있는 것이다. 또한 그 욕구를 받아들이기 위해 내적 경계가 확장되었기 때문에 외적 경계를 공간이라는 대상으로 미룸으로써 그 욕구에 반응할 필요도 없어진다.

다 팽개치고 오직 예술을 향한 삶에 모든 것을 바치고자 하는 한 맺힌 의지에 관한 앞서의 사례도 같은 맥락에서 이해해볼 수 있다. 자신의 복수심이 가진 논리를 꿰뚫어보지 못하는 한, 새로 나타난 그 의지에는 안간힘을 쓰다 못해 경련 증상을 동반한 듯한 느낌이 공존할 것이며 여러분은 모든 힘을 총동원해서 그 욕구를 참아내야만 할 것이다. 그러나 만일 그 욕구를 정제되지 않고 경직된 도덕의 전횡에 맞서 자신을 방어하려는 광범위한 욕구로 이해한다면 사정은 달라진다. 예술을 향한 인위적인 소망과는 달리 여러분은 이 자기방어를 원래부터 자신에게 속하는 것으로 간주하기가 수월해진다. 한편 천성으로 타고난 이타적인 소망을 이제부터 내 것이 아니라고 거부할 필요도 없어진다. 이렇게 여러분은 주체 됨의 내적 범위를 확대하게 되며 더 큰 의미에서 의지의 주인이 되는 것이다.

이런 뜻에서 내적으로 확대되고 증가되는 융합을 통해 이전에는 이해되지 못하거나 거부되었던 소망이 그 규모와 강도가 증대되는 것, 이것을 자아라고 부를 수 있는 것이다. 자아의 발전은 원칙적으로 우리가 우리 자신을 향해 내적 거리를 두는 능력과 연계되어 있다. 따라서 앞서 나왔던 표류자 같은 경우는 자아를 형성할 수 없는 인물이다. 자아를 가진다는 것은 자기 자신과 어느 정도의 **지속성**이 있는 경험을 한다는 것을 뜻한다. 표류자에게는 이 지속성이 없다. 그의 내면 세계가 갑자기 불타올랐다가 어느 순간 꺼져버리는, 전체를 향한 이해와 평가의 시선을 갖추지 못한 소망들에 의해 지배되기 때문이다. 물론 지속성을 오해하면 안 될 것이다. 지속성은 오랜 시간에 걸친 의지의 동일성을 의미하지 않는다. 만일 그렇다면 무조건적 또는 강박적 의지와 다름없는 교정 불가성을 뜻할 것이기 때문이다. 여기서 지속성이란 내용의 변화를 넘어서서 계속되는 의지의 일치성을 가리킨다. 이러한 지속성의 경험은 깨지기 쉬운 것, 당장은 잃어버릴 수도 있는 것이다. 이는 종래의 의지에 대한 전면적인 재평가가 이루어지는 삶의 위기 상황 같은 국면에 맞닥뜨릴 때 일어난다. 그럴 경우 지금까지의 자아상에도 동질감을 느낄 수 없고 자아상의 침식을 가져온 새로운 소망에도 동질감을 느끼지 못하는 경우가 있을 수 있다. 이런 형태의 과도기는 자아가 총체적으로 위험에 빠지는 시간으로 경험된다. 그런데 시간이 지나 과거를 되돌아보면 오히려 해방감을 준 상황으로 기억된다. 그러나 그 상황을 겪는 동안에는 과도기가 드리우는 셀 수 없이 많은 그늘 때문에 자유가 아니라 부자유한 시기라고 말하는 것이 더 옳지 않을까 의구심을 가질 수밖에 없다. 그리고 이 질문이 결정적이지 않은 시간이 있다는 사실은 습득된 의지가 자유로운 의지라는 개념에 있어 **핵심적인** 요소 중 하나다. 이것은 또한 이 개념과 무조건적 의지로서의 자유의지 사이의 선명한 대비를 더욱 강조한다. 무조건적 의지라는 형태 안에서는 자유가 존재하는지 그렇지 않은지가 확실하지 않을 수 있다는 전제 자체가 말이 되지 않는 개념이기 때문이다.

의지의 표현과 이해로부터 자아가 태어나는 만큼, 자아의 형성 및 발전은 자신과 타인에게 내가 과연 어떻게 나라는 사람이 되었는지를 **설명**할 수 있는가와 관계가 있다. 그러나 자아가 그런 설명에 있어서 구심점과 같은 구실을 한다는 암묵적인 생각을 너무 확대해석하지 말아야 한다. 의지를 과연 잘 이해했는지 아니면 부족한지, 평가는 어떻게 이루어졌는지에 대해서는 우리가 우리 자신에게 어떻게 설명하는가 하는 부분에서 나타나기도 한다. 자기 자신에게 하는 설명은 자유와 부자유의 그늘을 드리운다. 그러나 한편으로는 모든 형태의 설명이 전부 의미 있는 것은 아니다. 에피소드의 단순한 회상적 나열은 의지의 습득에 충분하지 않다. 무게와 의미를 지니는 이야기는 오직 의지의 구조와의 깊은 연관 관계를 수면 위로 끌어올릴 수 있는 이야기, 즉 자기 인식을 가능케 하기 위해서 충족되어야 하는 조건을 만족시키는 이야기뿐이다. 또한 자아가 서사적으로 표현 가능하다는 이유로 자아 자체가 서사적이라는 잘못된 결론에 이르지 않도록 조심해야 한다. 단순히 멋있어 보이기 때문에 선택되는 함축적 표현으로는 쓰일 수 있을지 모르나, 말 그대로 보자면 이 표현은 마치 이야기로 표현할 수 있다는 이유 하나만으로 삶 자체가 서사적 구조를 지니고 있다고 주장하는 것과 마찬가지로 불합리한 표현이다.

의지의 습득은 이전부터 있어왔던 자아를 작동하는 그런 것이 아니다. **자아는 습득을 통해 비로소 형성되는 것이다.** 습득 자체는 어떤 의미에서 **주체가 없는** 사건이라고 할 수 있다. 이 말은 다소 모순적인 뉘앙스를 풍긴다. 습득을 통해 의지하는 자의 내적 정체성의 윤곽이 드러나고 그를 통해 그는 말 그대로 주체가 된다는 점이 바로 핵심 아니었는가? 그건 그렇다. 그러나 이 발전 과정의 연출자를 엉뚱한 곳에서 찾으면 안 된다는 점에 주의해야 한다. 지금까지의 내 의지의 평가가 경험과 이해의 압력 아래 흔들리며 새로이 나타난 자아상에게 밀려난다면 당연히 이것은 **나의** 인격 전체 안에서 일어나는 것이고 이러한 형식적 의미에서 **내가** 내리는 평가이며 **내가** 하는 이해라고 말할 수 있다. 그러나 이것은 이 평가와 이해가 다른 사람이 아닌 내게 속한다는 뜻 이외에는 다른 뜻을 가지고 있지 않다. 인격 속 더 안쪽에는 이해와 평가의 사건을 지휘할 수 있는 판결 기관도, 나 속의 나 같은 것도 없다. 검열과 검열을 받는 대상, 그리고 이해하는 자와 이해된 대상이라는 것은 단지 편의상 그렇게 부르는 것일 뿐, '내 안의 작은 난쟁이'와 같은 의미로 곡해해서는 안 된다. 내부를 향한 인격의 중첩도 여기서 우리가 피해야 할 것 중 하나다. 전인격체인 나는 의지의 형성에 영향을 주기 위해 다양한 방책을 마련할 수 있으나 일단 무대를 설치하고 나면 습득에 관련한 성공하거나 실패하는 드라마는 시작이 되며 나와 다른 누군가가 무대 뒤에 앉아서 감독 노릇을 하는 것이 아니다. 기존 평가의 해체, 의지에 관한 깨달음, 그리고 새로운 구조의 탄생, 이들은 모두 계획적 게임이라기보다는 지리적 재배치에 가깝다.

그렇기 때문에 조금 과장해서 말하고 싶은 것은 의지의 자유가 약간은 **운이 따라야** 하는 일이라는 것이다. 이는 실제 복권을 긁는 것처럼 운에 따르는 일일 뿐만 아니라 우리가 자유에서 무언가 얻을 수 있기 위해 갖춰져야 하는 요소들이 운이 좋다면 때로는 힘들이지 않고, 운이 나쁘다면 엄청난 노력을 기울여야 얻어질 수 있다는 의미다. 이는 습득의 과정이 곧이곧대로 항상 믿음직하게 작동하지 않는다는 사실과 관계가 있다. 한발 앞으로 나아가는가 싶다가도 곧바로 두 걸음 후퇴하는 일이 적지 않다. 의지를 자기 것으로 만드는 일은 퇴보가 심심치 않게 일어나는 고된 길이다. 언제 어디서나 통하는 만능 공식은 없다. 또한 한 번 얻어져 영원히 없어지지 않는 의지의 자유, 영구히 그 안에서 편히 쉴 수 있는 의지의 자유도 존재하지 않는다. 우리는 살면서 경험의 소용돌이 속으로 끊임없이 빨려 들어가 의지 안에서 균형을 잃고 비틀거리며 습득을 위해 노력할 것을 강요받는다. 이러한 노력이 과연 우리의 의지를 앞장에서 말한 완벽한 투명성과 일치성에 이를 수 있게 만드는가에 대해서는 생각해볼 여지가 있다. 이 장의 서두에서 언급한 바와 같이 완벽한 의지의 자유는 현실적이라기보다는 이상에 더 가깝지 않을까 한다.

11장

자기 결정의 단면들

우리가 1부에서 살펴본 것과 같은 부자유의 경험에 의해 부정적 영향을 받지 않은 결정의 자유를 어느 한 시점에 누리고 있다는 가정을 해보자. 또한 더 나아가 포괄적인 습득의 단계를 거쳐 자신의 것으로 만든 본질적인 의지에 따라 살아가며 그런 의미에서 자유의시의 전성기를 경험하고 있다고 해보자. 그렇다면 우리에게 충분한 자유가 있는 것인가? 그대로 만족해도 괜찮을까?

이 마지막 장에서 나는 아직 충분히 조명받지 못한 자유 경험의 몇몇 단면들을 여러분에게 소개하고자 한다. 이들을 이해하기 위해서 자유의 개념으로서의 습득된 의지에 관한 새로운 무언가를 논의해야 하나 하는 생각이 들 수 있다. 그러나 이제 앞으로 살펴볼 것은 습득된 의지에 속하는 또 다른 해석 방법을 이해하자는 내용을 담고 있다. 이제 설명될 내용은 이 책의 기본 사상을 한 번 더 강조할 것인데, 이는 다음과 같은 문장으로 표현된다. '의지의 자유, 그것을 여기 나온 대로

보기만 한다면 여러분은 원할 가치가 있는 모든 것을 얻게 되는 자신을 볼 것이다.'

▌ 의지의 독립성과 타자

우리는 의지에 있어서 **독립적**이고자 한다. 이것은 의심의 여지없이 의지의 자유를 향한 소망의 한 단면이다. 이것의 의미는 무엇인가? 그리고 우리가 꾀하는 이 독립성과 대비를 이루는 것은 무엇일까?

가장 먼저 생각나는 답 가운데 하나는, **조종**되지 않은 의지는 독립적이라는 것이다. 이 대비가 주는 중요성은 무조건적 자유의지의 개념이 그 증명 가능한 불일치성에도 불구하고 끊임없이 우리를 끌어당기는 힘을 발휘하고 있다는 점을 생각하면 분명해진다. 여기서 생각의 단계는 다음과 같다. 자유로운 의지를 포함한 나의 의지는 나의 나머지 인격과 인과적으로—즉 조건성의 관계를 통해—엮여 있어야 한다. 그런데 의지를 이끌어내는 내 안의 것들은 그들 나름대로 외부 세계에 의해 인과적으로 결정된다. 그렇다면 나의 의지는 외부 세계의 사건들에 의해 좌지우지되는 노리개가 된다는 뜻이고 내가 부르짖는 자유는 공염불이 되고 마는 것 아닌가? 따라서 소망하는 우리는 바람에 날리는 모래 같은 신세가 되어버리는 것 아닌가? 또한 내가 원하는 많은 것들은 타인이 말하는 것이나 은근히 내비치는 것에 근원을 두고 있으며 이러한 식으로 나로 하여금 특정한 것을 믿고 느끼도록 만들어진 것 아닌가? 생각이 여기에까지 미치면 불편한 기분은 더욱 심해진다. 타인들이 인과관계의 사슬을 작동하며 그 사슬의 맨 끝에 있는 나의 의지와 행위를 변화시킨다. 그로써 나는 타인의 수단과 장난감이 되어버리느가? 누군가 무선 조종되는 장난감 자동차나 장난감 비행기에 폭탄을 장착한다면 테러를 저지르는 사람은 **그렇게 한 사람**이지 변형된 매개물이 아니다. 이렇게 생각해볼 때 누군가 내 안에 있는 의견이나 소망, 숙고된 생각을 변형해 폭탄을 설치하고자 하는 특정한 의지를 불러일으킨다고 상상해보면 음모의 주인공은 **그 사람**이지 절대 **나**일 수 없다. 이것은 실제로 **그가** 내 팔을 움직여 폭탄을 설치하고 **그가** 내 손가락을 움직여 시한폭탄의 타이머를 맞추는 것과 다름이 없지 않은가? 다른 사람의 손에서 놀아나는 꼭두각시 인형의 신세가 된 것 같은 느낌을 지울 수 없다. 세계의 움직임에 뿌리를 두는 나의 의지는 다른 사람이 보기에 그저 그들의 목표를 실현하기 위한 하나의 통과역이자 화물 터미널에 지나지 않는 것이다. 타인들에게도 마찬가지 원리가 적용된다. 그들의 입장에서 보면 다른 많은 것들 이외에 나에게서도 영향을 받고 있는 것이다. 서로 조종하고 조종당하는 꼭두각시들이 빙글빙글 춤을 추는 모습이 머릿속에 파고든다. 조건적 의지라는 범주 안에서는 독립성이 파고들 자리가 없을 것 같은 생각이 든다. 그래서 이 독립성을 지켜내기 위해 무조건적 의지라는 개념으로 다시 돌아가고 싶은 강력한 동기를 느낀다.

그렇다면 어떤 대안이 있는가? 의지는 세계에서 일어나는 흐름과 인과적으로 끊을 수 없이 단단하게 엮여 있음에도 불구하고 어떻게 독립적이 될 수 있는가? 이제 가능한 의지의 생성 과정을 살펴보고 다음과 같은 질문을 던져보기로 하자. 영향 가운데 직관적으로 괜찮다고 생각되는 것에는 어떠한 것이 있으며 반대로 독립성을 앗아 가는 나쁜 영향은 어떤 것이라고 생각하는가? 마약의 예에서 볼 수 있듯이 의지가 **생리학적으로** 발생되는 특이한 경우에 독립성이 위험에 처하는 모습을 볼 수 있다. 자신의 의지가 오직 화학적 작용에 의해서만 생성된다는 것을 알게 되면 자유의 경험은 손상을 입는다. 이렇게 생겨난 의지에서 경험된 독립성은 진짜일 수 없다. 그러나 특이한 생리적 조건이 자신의 신체 자체에서부터 일어났을 때, 즉 오랫동안 일광욕을 하거나 잠수를 하거나 밤새 일을 하거나 강도 높은 운동을 했을 때는 다른 느낌을 갖게 된다는 점이 흥미롭다. 여기서 직관적 반응을 조심스럽고 꼼꼼하게 따져보면 매우 강한 자연주의적 중심 사상이 우리의 자유의지에 대한 개념을 관철하고 있는 것을 알 수 있다. 의지의 생성에서 이 의지가 진정한 독립성을 가지려면 정당한 방법으로, 즉 **자연스럽게** 이루어져야 한다는 것이다.

그러나 독립성에 대한 물음은 무엇보다도 타인이 의지에 미치는 **심리적** 영향에 관한 것이다. 여기서 처음부터 피해 가야 할 잘못된 생각이 한 가지 있다. 바로 의지가 독립적이라는 것은 내적으로 폐쇄되어 발전하여야 하며 단자(單子)적 존재여야 한다는 생각이다. 이는 우선 인과적으로 불가능하며, 또 다른 인격체들과 함께 경험을 만들어가는 일이 자유의 하나라는 점, 그래서 타인들에 의해 의지 또한 변화한다는 점에서 볼 때 오류다. 따라서 결정적 질문은 다음과 같다. **타자와의 교류를 통해 형성되고 그들을 통해 변화된 독립된 의지가 하나요, 타자로부터 단순히 전이되고 조종된 의지가 다른 하나라면 이 둘 사이의 차이점은 무엇인가?** 몇 가지는 처음부터 확실하게 나쁜 것으로 구분 지을 수 있다. 최면이라든가 의식하지 못하는 사이 뇌리에 파고들게 만든 광고 영상 같은 것들을 예로 들 수 있다. 그 이유는 1부에서 이미 살펴본 바와 같이 우리에게서 결정의 자유를 빼앗기 때문이다. 둘째로, 병원에서 본인의 병에 대해 알려주지 않는 경우처럼 결정의 형성에 중요한 정보들이 차단될 경우 우리는 의지의 독립성이 침해받는다고 느낀다. 또한 타인에게 속임을 당해 의지가 특정한 방향으로 향할 수밖에 없을 때에도 비슷한 감정을 느낀다. 이밖에 다른 사람이 사랑, 존경, 감사와 같은 강력한 감정을 포함하는 인간관계를 악용했음을 사후에 느끼는 경우에도 원망과 분노의 감정이 생겨난다. 끝으로, 처음 겉보기에는 아무 이상이 없어 보였지만 실은 우리의 의지를 특정 방향으로 의도할 목적으로 타인이 사전에 철저하게 계획한 상황에 의해 의지가 형성되었음을 알게 되었을 때도 실망감을 느낀다. 형사가 은행가라고 속이고 거짓 정보를 흘림으로써 상대방으로 하여금 은행을 털도록 유도한 이야기를 앞에서 예로 든 바 있다.

조종당하지 않기 위한 방어에 필요한 명확한 조건들을 지목한다는 것이 알고 보면 얼마나 어려운 일인지 모른다. 지금 머릿속을 스치는 세 가지가 있지만 그중 어떤 것도 설득력을 가지지 못한다. 첫째로, 영향을 주고받는 관계와 정황에 대해 **언제나 완벽하고 확실하게 인식**하고 있어야 한다고 생각하기 쉽다. 그러나 이 조건은 우선 비현실적이다. 파악하지 못한다고 해서 그것이 언제나 방해가 되는가? 실은 그 반대다. 관계에 대한 부족한 인식이 때로는 흥미를 유발하며 그로 인해 감동적인 새로운 인간관계가 시작되기도 한다. 한편으로 영향 관계의 양상을 잘 알고 있다고 생각되는 대상은 지루해질 수 있다. 그렇다고 해서 우리는 관계가 주는 생생함과 활기의 대가가 의지의 부자유라고 생각하지는 않는다. 둘째로, 원하기만 하면 영향을 주고받는 현상을 언제든지 **중단할** 수 있다는 것이 매우 중요하다고 생각하기가 쉽다. 그러나 대부분의 경우 그냥 도망가버리기란 어렵다. 또한 영향력을 행사하는 타인의 의지는 때로는 부정적 의존성의 형태를 띠고 멀리서도 계속적으로 작용할 거라는 생각도 유용한 생각은 아니다. 만일 여러분의 아버지가 여러분에게 병원을 물려줄 계획을 갖고 있다는 이유 하나만으로 어떠한 일이 있어도 의사는 되지 않겠다고 마음먹는다면 여러분은 부자유한 상태일 수 있다. 셋째, 타인의 **의도**가 나의 의지에 영향을 미치는 것으로 명백하게 설명되고 주지될 경우에도 나는 항상 방어해야 한다는 생각이 매우 중요하게 여겨질 수 있다. 그러나 이렇게 해서는 의지의 독립성에 관한 사고를 제대로 이해할 수 없다. 우리가 교사나 트레이너나 상담 치료사를 스스로 찾아가는 것은 그들의 의도된 영향력 아래 본인의 독립적 의지를 찾고자 하기 때문이다.

해결책은 습득에 관한 사고를 연결하는 것이다. 즉 타인의 영향이 내 의지의 습득에 도움을 줄 경우 그것은 내 의지의 자유에 일익을 담당하며 반대로 방해를 할 경우에는 자유를 교란한다. 이것은 습득의 개별적 요소들을 하나씩 짚어보면 그 뜻을 잘 알 수 있다. 누군가 나의 의지를 더 예리하고 심도 깊게 표현할 수 있도록 돕는다. 우리가 자신의 의지에 대해 어떻게 생각하는지 타인들에게 시험 삼아 나타냄으로써 이 묘사가 타인에 의한 외부의 인식에 얼마나 잘 들어맞는지 관찰할 수 있다. 그리고 난 후 그들이 우리를 교정해줄 만한 사람인지를 보는 것이다. 예를 들어 여러분의 여자 친구가 이렇게 말했다고 하자. "네가 말하고 행동하는 것을 가만히 듣거나 보면 이런 의문이 들어. 네가 원하는 것이 정말로 네가 말하는 것일까? 정말로 여행을 가고 싶은 것인지 아니면 **당장의** 네 삶을 더욱 강력하고 다채롭게 꾸미고 싶은 소망 때문인지 모르겠어. 아무리 멀리 여행을 떠나도 결국 죽어 있는 무대일 뿐이라며 매번 잔뜩 실망해서 돌아오곤 했잖아!" 이러한 불평은 어느 경우에 자기기만에서 벗어나도록 도와주어 해방감을 주며 또 어느 경우에 우리의 **의지를 꺾는** 것으로 비치는가? 그것은 우리가 제안 속에 나타난 그들의 이익을 어느 정도로 예상하는가에 따라 달라진다. 여러분의 여자 친구는 여행을 지긋지긋하게 느끼고 있는가? 그러나 이것이 전부 또는 핵심적인 것은 아니다. **그녀가** 더 이상은 돈을 몽땅 여행사에 갖다 바치기를 바라지 않는 것 같은 느낌을 받는다고 해서 그녀가 **옳을지도** 모른다고 맹목적으로 생각해서는 안 된다. 반항심 또한 독립성을 상실케 하는 요인이며 예속에서 벗어날 수 있는 기회를 놓치게 하기도 한다. 반항과 독립성 사이의 돌고 도는 상호작용에 대해서 우리는 지난 상에서 나왔던, 폭군 없이 혼자서 다시 한 번 떠난 여행 이야기에서 이미 보았다.

평가가 흔들릴 때 우리가 기준으로 삼을 수 있는 것은 그럼 무엇인가? 우리의 의지를 재정리한 타인의 제안이 결국 의지에 대한 우리의 이해를 총체적으로 확대했는가 하는 물음에서 그 답을 찾을 수 있다. 설령 타인의 이익이 이기적이고 나를 조종할 목적으로 기도되었고 하더라도 그것이 이해를 넓히는 계기가 되기만 한다면 의지의 자유를 확대하는 데에 기여할 수 있다. 그 여부는 **결국 우리 자신이** 판단하는 것이며 이는 전장의 화살처럼 사방에서 날아오는 타인의 속삭임 안에서 우리가 독립성을 유지하는 방법이 된다. 우리가 스스로의 자유를 지키며 선을 긋도록 도와주는 것은 깨달음과 이해지 결코 외부와의 차단이나 내면의 참호에 몸을 숨기는 행위가 아니다. 이것은 의지의 평가에도 똑같이 적용된다. 우리를 통째로 바꾸려고 하는 사람들이 있는데, 특히 부모님이 그렇다. "왜 옛날에 하던 음악을 계속하질 않는 거니? 만날 그렇게 친구들이랑 어울려 다니는 것보다 백 배 낫겠다. 그게 더 **가치** 있지 않니?" 부모님의 말씀이 결국 옳을 수도 있으며, 그런 말을 들었다고 해서 더더욱 악기에 먼지만 쌓이게 놔둔다면 독립성과는 반대되는 길을 의미할 수도 있다. 친구들에 둘러싸였을 때 얻는 짜릿한 무언가를 자꾸만 찾아다니는 이유가 무엇인지 우리는 스스로 이해해야 할 것이다.

독립된 의지로서의 습득된 의지, 이 사고가 가져오는 풍부한 결과는 의존성이 가진 빈번하고 특수한 형태, 여기서는 누군가와의 불투명한 동일시를 통해 갇혀 있는 상태를 관찰해보면 잘 나타난다. 부모의 경우를 제외하더라도 자기가 본보기로 삼는 인물에서 **분리**되기까지 반평생이 걸릴 수도 있다. 의지의 표현이 제아무리 풍부하고 현란하더라도 결국 '그가 원하는 것을 나도 원한다' 이 한마디로 모든 것이 함축된다면 그것은 부자유를 의미할 수밖에 없다. 여기서 부자유가 행사하는 폭력은 내면화된 의지를 본래 가지고 있던 소망과 연결하는 식으로 이해적 평가가 부재하는 데서 훗날 나타나게 된다. 의지는 마치 이해되지 못한 의지들이 펼치는 얽히고설킨 드라마를 가리고 있는 가면과 같다. 우리가 동일화의 힘을 무력화하고 독립적 의지를 세운다면 이 드라마의 논리를 간파하고 재평가함으로써 그 드라마에 의미를 부여할 수 있다.

여기까지 밟아온 생각의 궤적을 조금 전에 살펴본 자아라는 개념에 연계하면 자율이라는 새로운 키워드를 배출하는 일련의 결론에 도달하게 된다. 우리는 의지의 법을 스스로 만들기 원한다. 이제 우리는 그것이 외부의 영향력으로부터 지켜내야만 하는 철옹성 깊숙한 곳에서 산다는 의미가 아님을 안다. 우리가 알게 된 것이 한 가지 더 있다. 의지의 법은 유동하는 자아의 법이기 때문에 절대 영원불변지 않다는 것이다. 또 한번 만들어진 법이 일생 전체를 통해 변함없이 유효한 것이 아니라는 인식도 여기에 포함된다. 인생 전체를 하나로 묶어 그 위에 도장을 쾅 찍어 한 덩어리로 된 삶을 살겠다고 하는 것은 망상일 뿐이다. 이것은 잘못된 생각일뿐더러 더 나아가 뒤떨어지고 부자유스러워진 의지들에서 떠나가 다가올 미래에 동질감을 느낄 수 있게 만들어주는 새로운 의지를 얻을 때 꼭 필요한 커다란 변화로부터 우리를 차단한다. 자아는 자신과의 내적 간격 두기에서 탄생하고 성장하는 만큼 동요하는 기반 위의 임시적인 형상이며, 단순하면서도 실상 누구나 알 수 있는 명확한 이 사실을 인정하는 것이 의지의 자유에 관한 전제조건이라고 할 수 있다. 또 인정해야 할 사실 한 가지는, 자율적이지도 않고 그렇다고 그 반대도 아닌 상황에 처할 때가 있다는 것이다. 이 경험을 부정하는 것은 자율성이라는 중대한 개념을 환상의 산물로 만들어버릴 것이다.

▌열정적 자유

자아가 유동적 변동성을 가진다는 사실을 알고 있다고 해도, 그렇다고 해서 일생에 걸쳐 하나의 특정한 의지를 견지하며 이를 자유의 한 형태로 경험할 수 있다는 사실까지 부인할 수는 없다. 인생을 좌우하는 의지가 사람을 구속하는 딱딱함이 아닌, 해방감을 주고 정체감을 부여하는 지속성을 가진다면 이것을 **열정**이라고 부를 수 있다. 여기서 의미하는 열정은 압도적인 감정의 폭발이 아니라 삶의 핵심 요소를 구성하는 소망들이 어떤 상태로 놓여 있는가를 말한다. 강한 열정을 가지고 의사라는 직업을 수행하거나 그밖에 변호사나 농업인, 화가로서의 길을 걷는 사람들을 예로 들 수 있다. 단순히 자신의 직업을 **좋아하거나** 그 직업이 가치 있다고 **믿는** 차원이 아니다. 그런 차원이라면 그가 겪는 일들에 대한 너무 밋밋하고 힘없는 설명이 될 것이다. 여기엔 그보다 더욱 강한 무엇인가가 존재한다. 즉 '자신이 원하는 것을 **원해야 한다**'라는 것이다. 강박적 의지의 소유자와 표현은 같지만 여기서 '해야 한다'라는 것은 산사태처럼 **덮쳐 와서** 꼼짝달싹할 수 없게 만드는 것이 아니라 그 사람을 **떠받치고** 있는 기둥과 같은 역할을 한다. 아버지의 명을 감히 거역할 수 없어서 아버지가 남겨준 병원을 어쩔 수 없이 넘겨받은 의사와, 의술에 대한 아버지의 정열과 기쁨을 똑같이 물려받아 병원을 이어받은 의사 사이의 다른 점이 바로 이것이다. 첫 번째 의사의 의지는 내적 무력감이라는 의미로서의 불가피성을 지닌다. 원래의 소망이 위치하는 입장이 분명히 있음에도, 또 그 입장에서 보면 바람직한 대안이 있음에도 불구하고 그것을 따르는 일이 그에게는 불가능하다. 두 번째 의사에게도 또한 불가피성이 있다. 그도 다른 방법은 없다. 그러나 그에게는 묵과된 거리 두기가 없고 따라서 무력함도 없다. 오히려 자신의 의지에 다른 대안을 찾지 않는 것, 그리고 그밖의 **모든 것이** 그의 결정에 따른 것이다.

대안이 없다고 하더라도 정열에서 비롯된 의지가 그 당사자에게 자유를 의미한다는 것은 그가 그 의지를 꺾거나 방해하는 모든 것을—외적 상황과 내적 상황에서 모두—계획적으로 피한다는 데서 잘 나타난다. 그러한 항로 변경은 낯섦을 불러일으키며 따라서 부자유를 뜻하기 때문이다. 그는 자신의 의지가 가진 내용을 분명하고 완벽하게 알고 있으며 그에게 그 의지란 단지 이해가 끝나서 더 알 필요가 없는 것이 아닌 다른 이해들의 단단한 기준이 되는 것, 확신을 가지고 긍정할 수 있는 것이다. 그런 의미에서 그는 자신의 의지를 습득된 의지라고 표현할 수 있게 된다.

열정은 자신에게 강요할 수 있는 것이 아니다. 의지를 통해 만들어 세울 수 있기 때문에 자유롭다는 뜻이 아니라는 말이다. 열정이 자유를 창조하는 까닭은 그것이 소망들의 내적 중심점을 형성하기 때문이다. 소망의 내적 중심이 당사자의 일을 결정한다는 것뿐만 아니라 당사자가 그 사실을 알고 있다는 것이 이 열정적 자유라는 개념에 있어서의 중요한 핵심이다. 이해된 열정은 그냥 힘이 아니라 자아의 윤곽선을 그려나가는 것을 가능하게 해주는 힘이다. 내적 거리에서 습득된 힘이기 때문이다. 그런 의미에서 표류자는 열정이라는 것을 가질 수 없다. 표류자라고 해서 시시때때로 달라지는 천태만상적 소망들을 쫓아다니느라 정력을 소비하는 데 그치지 않고 때로는 장기적으로 형성된 태도로 표현되는 지배적 소망에 의해 떠밀려 행동할 수도 있다. 그러나 자기 자신과의 거리를 둘 수 없기 때문에 그는 이 소망을 성가신 강박으로도 또 삶을 떠받치는 구조물의 기둥으로도 느끼지 못한다. 그렇기 때문에 일생동안 한 방향으로 계속 떠밀려 간다고 해도 전혀 열정을 느끼지 못하는 것이다.

앞서 우리가 고찰한 의지의 자유를 측정하는 방법으로서의 시간 경험을 열정에 관해서도 똑같이 적용해볼 수 있다. 열정처럼 강렬한 현재 경험을 가능케 하는 것은 없다. 열정을 가진 사람은 시간을 자유가 실현되는 차원의 것으로 경험한다. 표류자가 경험하는 굴곡 없는 밋밋한 구간도 아니고 부자유의 경험에서처럼 뒤로 미루거나 건너뛰거나 한없이 기다려야만 하는 대상도 아니다. 열정, 그것은 시간을 아주 특수한 방식으로 내 것으로 만드는 내적 시간의 조직이다. 열정은 습득된 시간을 창조한다.

▎통속적 의지

통속적이라는 소리를 들었을 때 우리는 충격을 받는다. 왜일까? 자신이 부자유하다는 사실을 모르고 있다는 비난이 그 속에 숨어 있기 때문이다. 이것은 통속적이라는 평가를 받는 이기린 과언 어떤 의지일까 하는, 드물게 던져지는 질문에 대해 곰곰이 생각해볼 때 우선적으로 나올 수 있는 생각이다.

눈앞에 떠오르는 특징을 우선 두 가지로 나눠볼 수 있겠다. 한 가지를 옮겨 써본다면 다음과 같은 문장이 될 것이다. '내용이 **상투적인** 생각에서 기원했을 때 그 의지는 통속적 의지다.' 알베르트 슈바이처 박사의 전기를 읽고 오르간을 연주하면서 람바레네로 향하고 싶은 소망을 품는다든지 퀴리 부인에 대한 정보를 접하고 난 후 그때부터 노벨상을 목표로 연구하는 것, 고갱의 발자취를 따라 타히티행을 열망하는 것, 또는 아메리칸 드림을 이룰 목적으로 신문을 돌린다든가, 스타가 되고 싶어 하는 하는 것 말이다. 상투적이 되는 이유는 무엇인가? 본

내 서 있던 구체적이고 확실한 연관 관계에서 홀로 떨어져 나와서 완전히 다른 상황에도 불구하고 어디에나 들어맞는 것처럼 선전되는 데에 있다. 상투적이고 따라서 통속적인 의지는 이러한 의미에서 **추상적**이고 **도식적**이다. 그것이 비록 람바레네나 타히티로 떠나는 것이라도 그렇다. 이 의지는 매우 특별한, 혼동의 여지가 없이 유일무이한 내면 세계의 사건에서 생성된 결과가 아니므로 따라서 **진짜**가 아니다. 이것은 **모방된** 의지이며 특수한 방식으로 **불분명**한, 남에게서 물려받은 의지다. 람바레네로 가고자 하는 욕구를 살펴보자. 나는 대체 거기서 무엇을 원하는가? 그동안 그곳의 상황은 어떻게 변했는가? 여기서 환자를 돌보는 것보다 그곳에서 환자를 돌보는 것이 왜 더 중요한가? 나는 정말 밀림에서 살고 싶은가? 그곳은 정말로 아직도 밀림인가? 상투적 생각은 그 안에서 습관적 의견과 습관적 평가가 농후해진 **관습적** 형성물이다. 그러므로 상투적 의지란 그것을 **가져야만 한다**고 믿기 때문에 가지게 되는 의지라고 말할 수 있다. 예를 들어 정기적으로 동창회를 개최하고자 하는 의지, 결혼에의 의지, 장례식 후에 문상객을 대접하려는 의지 등이다. 어떤 의지가 통속적이라면 그것은 평소에 자기가 생각하거나 느끼는 바에 맞느냐 그렇지 않느냐 하는 여부에 의해 형성되는 **의례적** 의지이기 때문에 그렇다. 남성 우월주의자의 의지 또한 그 당사자가 자신의 내면세계의 의식화(儀式化)를 거부하지 못하기 때문에 유지되는 것이라면 역시 통속적인 것일 수밖에 없다.

의지의 통속성이 가지는 두 번째 부류의 특징은 **남의 눈**이라는 말로 대변될 수 있다. 다른 사람들이 나를 **좋게** 생각한다는 이유 하나만으로 어떤 의지를 가진다면 그 의지는 통속적이다. 이것은 **허영심**과 **자**

기만족에 둘러싸여 타인의 박수를 원하는 의지다. 눈에 번쩍 띄는 엄청난 성공에의 의지가 그 예다. 그런데 언론에 출연하기 위해 재산을 사회에 헌납하는 예에서처럼 때로는 도덕적 자기만족이 통속성을 이룰 때도 있다. 이 의지는 세간에서 한번 떠보려고 하는, 자기과시 욕구에 기여하는 의지다. 이것은 **자아 중심적** 사고 가운데서도 불쾌한 형태의 표출이며 자아도취의 한 형태다. 마치 아이들의 기억 속에 희생적인 인물로 기억되기 위해 자신을 희생하는 어머니의 의지처럼 완벽한 가면을 쓴다. 숨겨진 희생정신 속에서 자신을 멋지게 느낄 수 있기 위해 아무도 알아주지 않는 가운데 홀로 고생과 노력을 해가며 스스로를 마모해가며 자신의 의지를 수행하는 것 또한 스스로에 대해 남의 눈이 되는 일이라고 할 수 있다. 이렇게 하려면 자신의 의지를 **드라마틱하게** 꾸며야 한다. 남의 이목을 끌려면 그래야 하기 때문이다. 그러므로 통속적 의지는 언변을 통한 자아도취를 겨냥한다. 즉 관객의 기대를 충족하기 위해 갖가지 말과 표현으로 무장해서 그들을 감동시켜야 한다.

　이제 우리는 어째서 통속성이 미처 알아채지 못한 부자유에 대한 힌트를 제시하는지 그 이유를 알게 되었다. 통속적 의지에 부재하는 것은 습득된 의지의 독립성과 정확성이므로 그것은 자유의지를 대표하는 특징을 가지고 인격 안에 편입된 의지가 아니다. 그것은 끈질긴 질문을 견디지 못하고 끝내 무너지고 마는, 겉만 번지르르한 의지다. 통속적 의지에서 자신을 분리하는 작업은 힘겨울 수 있다. 그 안에 잠겨 있을 때는 안락하고 편안하기 때문이다. 하지만 통속적 의지를 계속 밀고 나아가야 하는 것도 역시 힘들긴 마찬가지다. 그러다가 떨어져 나가고 분리되고 습득 과정을 통해 진짜 의지로 변화한 바로 그 순간은 자유를 경험하는 순간이 되는 것이다.

▮ 고집

자유롭다는 것은 고집스럽다는 뜻이다. 이 말은 남이 내게 찍어 놓은 의지와 스스로의 개별성과 유일성이 표현되는 의지 간의 차이를 구별할 줄 안다는 뜻이다. 마지막 뻗은 가지 끝까지 우리의 의지와 철저히 똑같은 의지를 가진 사람을 만난다면 몹시 자유롭지 못한 느낌이 들 것이다. 도플갱어의 존재가 썩 기분 좋지 않은 이유와 같다. 우리는 복사판을 원치 않는다. 특히나 복사된 것처럼 똑같은 의지가 있다면 불안함은 더 클 것이다. 자신만의 유일한 의지를 진짜라고 믿었는데 결국 상투적인 것들에서 나타나는 도식적 일반성을 가지는, 얼마든지 복사될 수 있는 의지가 아닌가 하는 의문을 던질 수 있다.

고집스러움은 하는 행동이나 자신을 표현하는 방법, 사물을 평가하는 특별한 방식 등 여러 방향으로 나타날 수 있다. 그러나 자유의지와 많은 관계를 맺고 있는 고집은 두 가지 종류로 볼 수 있다. 상상의 고집, 그리고 언어적 고집이다. 우리는 우리의 이력에 표면적으로 나타나는 것보다 천 배는 많은 경험을 한다. 우리가 누구인지 또 삶이 어떻게 흘러가는지에 대해 겉으로 드러나지 않은 경험들은 최소한 우리의 행동만큼이나 많은 것을 말해준다. 그리고 이러한 경험들의 구조는 우리의 상상의 구조에 의해 결정된다. 상상은 우리가 하는 모든 것을 지속적으로 뒤섞어놓으며 행위에 우리 자신만이 아는 의미와 농도를 부여한다. 상상을 통해서도 자유와 부자유가 표현된다. 상상은 상투성에 빠지기 쉬우며 따라서 통속적이 되기 쉽다. 또 불필요하게 자신의 고집을 강조함으로써 그것이 원래 가진 진실성을 위험에 빠뜨려버리는 표현이 되기도 한다. 상상이 자유의 핵심을 명중하는 표현이 되려면 의지의 습득 과정 속으로 편입된 노력의 과정을 거친 상상이어야 한다.

습득의 특별한 형태는 언어적 고집의 발달인데 이는 다른 말로 문체의 개별성이라고도 말할 수 있다. 시간 나는 대로 풍부한 자신만의 언어 사전을 들춰가며 어떤 단어나 어구가 자신에게 잘 맞고 어떤 것이 그렇지 않은지 끊임없이 연구하기를 즐기는 사람이 있다고 상상해보자. 그는 자신이 가진 어휘의 한계에 대해 생각함으로써 자아의 경계를 탐구하는 데 열중할 것이다. 이런 사람이라면 유행어의 물결에 편승해서 떠벌이는 모든 생각의 들러리들에게 강력한 적수가 될 것이다. 아무도 말하지 않는 부자유를 두고 왈가왈부한다는 데에 이들의 은근한 위험성이 도사리고 있으며 그는 이들을 자유의 적으로 간주해서 싸울 것이다. 겉으로 나타나는 그는 괴팍한 인물로 비춰질 수 있으며 사람들은 그를 두고 속으로 비웃을지 모른다. 그러나 그와 이야기를 나눠보면 우리는 그가 자유에 관해, 특히 의지의 자유에 관해 많은 것을 이해하고 있다는 것을 금방 알게 될 것이다.

철학적 놀라움

이 책에서 설명되었던 이야기에 다시 한 번 시선을 돌려보자. 어떤 의미에서 배울 점을 찾을 수 있을까?

이 질문에 대답을 하기 위해서는 철학적 놀라움이 가지는 특성과 논리에 대해 생각해볼 필요가 있다. 첫째로, 이것은 **평범한** 놀라움이 아니라는 것이 중요하다. 평범한 놀라움은 기대에 대한 실망을 뜻할 때도 있다. 전깃줄들이 제대로 잘 연결되어 있는데 기계가 왜 작동을 안 하지? 만나기로 약속했는데 그녀는 왜 오지 않는 것일까? 평범한 의미로서의 놀라움은 기대하지 않은 현상이 일어날 때도 느낄 수 있다. 진귀한 물고기를 볼 때, 암산 천재의 계산 능력에 대해, 마술을 구경할 때 우리는 탄성을 지른다. "어떻게 저럴 수가 있지!" 또한 일반적이고 포괄적인 상황에 대해서 놀라기도 한다. 밀쳐내지 않고 서로 끌어당기는 물체들, 비슷하게 작용하는 몇백만 개의 신경세포가 경험의 내부 세계를 배출하는 것, 자연이 이 세상의 모든 생물에게 제각기 맞는 자리를 마련해주는 것 등을 볼 때 우리는 자문한다. "저게 어찌 가능하단 말인가?"

우리가 의지의 자유에 대해 경탄하는 것은 이러한 종류의 놀라움이 아니다. 의지의 자유에 이러한 일상적 문제는 일어나지 않는다. 일상적이고 실용적인 맥락에 머무르며 익숙한 개념들을 적용하는 한, 모든 것에 문제란 없어 보인다. 누군가가 무엇을 자발적으로 하는지 비자발적으로 하는지는 대개 곧잘 구분이 된다. 그리고 라스콜리니코프의 살인에 대해서도 쉽게 할 말이 떠오른다. 라스콜리니코프는 자유로웠고 아무도 강요하지 않았으며 살인을 하지 않을 수도 있었으니 그러므로 그는 살인에 책임이 있다, 라고. 많은 것들이 좌우되는 법정에서조차 이와 크게 다르지 않다. 구분법에 대해 이미 목록이 정해져 있으며 판결에 참고할 면책 사유에 대한 항목들이 존재한다. 선고는 복잡할 수 있다. 그러나 이것은 이미 존재하는 개념의 범위 안에서 개별적인 사건을 어떻게 적용할지에 대한 까다로움 때문에 복잡하다는 것이지 우리가 이 책의 서곡에서 만났던 원리적 문제에 대한 어려움은 아니다. 법정에서도 의지의 자유에 관한 원칙적인 질문에 대해 논의되지는 않는 것이다.

"의지의 자유가 어떻게 가능하단 말인가?" 이 물음은 평범한 놀라움의 표현과 형태는 같다. 그러나 똑같이 들리는 말 속에 상이한 논리가 숨어 있다. 이 물음 뒤에는 다음과 같은 것이 보이지 않게 덧붙여져 있는 것이다. "그러한 자유가 전혀 **가능할 수 없는** 곳에서!" 서곡에서 나온 표현을 빌린다면 다음과 같이 정리된다. "**개념적 이유**로 인해 그러한 종류의 자유가 있을 수가 없는 곳에서!"

이러한 종류의 문제를 대면하기 위해서는 일단 그전에 자유나 조건성, 그리고 이해와 같은 개념들에 대해 **미리** 생각해보았어야 한다. 그렇다면 다음과 같은 메시지가 나올 것이다. "당신들이 비록 예전에는 거기에 대해 놀라지 않았더라도 이제부터는 **마땅히** 놀라워해야 한다!" 그럼 이 문제는 **인위적으로** 만들어진 문제란 말인가? 아무도 문제가 있다고 생각하지 않는 것을 오직 철학자들만 문제로 본다는 뜻인가? 그들은 할 일을 찾기 위해서 일부러 문제를 **만들어내는** 사람들인가?

이 책의 서곡에서 제기된 우리의 문제는 실제로 어떤 의미에서는 만들어낸 문제라고 할 수 있다. 그러나 제멋대로 장난처럼 만든 문제는 아니다. 또한 '만들어낸'이라는 표현도 사실은 적절한 말이 아니다. 실제적 연관 관계에서 숨겨져 보이지 않던 사고의 윤곽을 더 길게 빼서 늘임으로써 **눈앞에 보이게** 만든 것이다. 결과적으로 여기서 나타나는 혼란은 **밖으로 끄집어내진** 것, 즉 **새로운** 것이다. 새롭다고 해서 인위적이 되는 것은 아니다. 이 혼란은 기술적으로 훌륭하게 계산된 수수께끼가 주는 놀라움이 아니다. 여기서의 놀라움은 우리가 한걸음 뒤로 물러나 자신의 경험을 총체적으로 관조해보면 예상했던 것과 달리 우리 자신을 잘 알아볼 수가 없다는 데에 있다. 이 점 때문에 이제 눈앞에 나타난 문제는 **피할 수 없게** 된다. 우리는 이 놀라움을 철저하게 연구해야 할 것 같다는 필요를 느낀다. 자유와 같은 매우 중대하고 많은 것을 의미하는 대상에 관해 깜깜한 밤에 더듬더듬 길을 찾아나가듯 하고 싶지 않기 때문이다.

그러므로 "철학자들이 연구하는 문제들은 그들이 직접 만들어낸 것이다"라는 말은 결코 틀리지 않다. 실제적 연관 관계에 있어서는 수면 아래에 숨어 있던 문제의 실마리를 길게 뽑아내는 것, 이것이 실제로 철학적 작업이기 때문이다. 그러나 이러한 진단에 비꼬거나 무시하는 태도가 들어가 있다면 잘못이다. 사물에 대한 명확함과 더 큰 이해를 얻고자 할 때 우리의 경험에 있는 기본적인 것들이 일단 불확실하다는 것을 아는 첫 과정이 무시의 대상은 될 수 없다. 이 과정은 경험이 과거에는 없던 표현성을 가질 수 있도록 해준다. 이 문제를 탄생시키는 정신적 압력이 우리로 하여금 그동안 숨겨져왔던, 경험이 가진 각 요소들 간의 연관성을 발견하게 한다. 의지의 자유가 습득되는 것이라는 시각이 하나의 예다. 의지의 자유를 자신의 것으로 체득할 때에 우리가 전혀 알아채지 못하거나 아니면 희미하게만 느끼고만 있던 사물의 연관성 —의지를 이해하고 평가하는 것, 독립성과 그 독립성이 시간의 경험에 미치는 긍정적 영향, 자유와 열정과 통속성 사이의 연관성 — 이 비로소 하나의 패턴으로 모여 완성된다. 이러한 뜻에서 철학적 문제의 제기와 해결은 **생산적**이라고 할 수 있다. 이론적인 면에서뿐만이 아니다. 자유의 경우에 있어서 이 인식은 사고의 혼란과 해결에 관해서도 행위와 사물에 대한 도덕적 관점에 더 깊은 이해를 마련해준다.

참고문헌

* 서지 사항과 발췌문의 번역은 모두 옮긴이의 것으로, 한국어 판본이 있는 경우 그에 따르고 해당 서지 사항을 병기했습니다.

이 책에 나오는 이야기들이 그 나름대로의 사고의 역동성을 가지는 만큼 내가 읽었던 많은 글들이 뒤로 밀리거나 망각되기도 했다. 이제 여기서 거론될 문헌들은 처음부터 끝까지 참고가 되었거나 이 책이 완성되는 데에 필수적 역할을 했던 문헌들이다.

서 곡

이 책에서 계속적으로 언급되는 조건의 개념과 조건성의 개념은 나에게는 직관적으로 충분히 명백한 개념이다. 물론 논리적 조건성뿐 아니라 **경험적** 조건성의 개념도 존재한다. 경험적 조건성의 개념은 **원인** 또는 **인과**의 개념을 설명할 때 적합하다. 이것은 조건성의 대목이 나올 때 내가 몇몇 부분에서 서슴없이 **인과**라는 단어를 사용했던 이유이기도 하다. 조건성의 개념이 (자연)법칙적 개념과 연계되어 있다는 사실은 대부분의 저자들에게 받아들여지고 있는 개념이기도 하다. 물론 자세히 들여다보면 꼬이고 얽힌 문제라는 것이 드러나며 복잡한 기술적 논의가 필요하다. 이 논의에 관해 가장 많이 도움을 받은 두 권의 책이 있다. J. L. 맥키(J. L. Mackie)의 《우주의 결속(The Cement of the Universe)》(옥스퍼드: 클레런든^{Clarendon}, 1980)과 어니스트 소사(Ernest Sosa) 편저의 《인과와 조건(Causation and Conditionals)》(옥스퍼드: 옥스퍼드대학교출판부 Oxford University Press, 1975)이다. 세부 사항까지는 들어가지 않기로 한 결정은 두 가지 이유에서 비롯되었다. 첫째는 기술적 논의가 이 책의 전체적인 형태에 맞지 않는다는 것이고, 둘째는 세부적인 것을 논의한다고 해서 이 책의 핵심적 내용이 달라지리라고는 생각하지 않은 것이다.

어떤 현상에 대한 필요충분조건의 발견과 명명이 존재한다는 이해 또한 이 책의 목적을 볼 때 직관적으로 충분히 명백한 사고라고 생각된다. 그러나 한 가지 밝히고 싶은 것이 있다. 행위와 의지의 경우 문제가 되는 그 조건들은 자연현상과는 달리 그 현상의 **내용**과 관계가 있다는 사실이다. 이 점을 더 깊이 이해하기 위해서는 철학이 제시하는 핵심적이고 복잡한 질문과 대면해야 한다. 소망은 어떻게 그 내용을 얻는가? 자연적 현상으로 발현되는 소망과 인과적 관계 사이의 내용적 연관성은 무엇인가? **원인**이라는 개념과 **이유**라는 개념 간의 관계는 어떠한가? 또한 숙고와 소망 간의 관계에 관해서도 비슷한 질문들이 제기될 수 있다. 정신과 육체 사이의 문제에 관한 이러한 모든 질문들은 전체적으로 이 책 안에서 중요하게 취급되지 않았으며 이 책에 나오는 이야기들은 논리적 깊이가 부족함에도 불구하고 그 자체로서 충분히 설득력을 가짐을 믿는다. 더 깊이 연구하고 싶은 독자들에게는 안스가르 베커만(Ansgar Beckermann)의《정신철학으로의 분석적 입문(Analytische Einführung in die Philosophie des Geistes)》(베를린: 데 그루이터[de Gruyter], 1999)을 권한다.
내가 직접 번역한 돌바크이 문장은 원본 출처가 다음과 같다. 폴 앙리 디트리히 돌바크,《자연의 법칙(Système de la Nature)》(1770) 중 제11장〈인간 자유의 법칙들(Du système de la liberté de l'homme)〉.

행위와 의지에 대한 외부적 관점과 내부적 관점 사이의 직관적 충돌에 관해서는 토머스 네이글의 저서《무[無]로부터의 관점(The View from Nowhere)》(옥스퍼드: 옥스퍼드대학교출판부, 1986)의 7장에서 가장 많이 배웠다. 네이글은 이 두 관점을 양립할 수 없는 것으로 보았다. 이것은 자유에 대한 다음과 같은 직관으로부터 유래한다. "진정으로 자유로우려면 우리는 완전히 우리 자신의 외부에 있는 관점에 따라 행동해야 한다. 이는 우리가 갖고 있는 선택의 모든 원칙을 포함해 자신에 관한 모든 것의 선택에 전부 다 적용된다. 말하자면 무에서 우리 자신을 창조하는 것이다"(118쪽). 이것은 내가 2부에서 비판한 무조건적 자유의 개념이다.

이 문제에 대한 해답이 **존재**하지만 우리의 인지적 한계로 인해 **찾아질** 수 없다는 생각은 콜린 맥긴(Colin McGinn)의《철학의 문제들(Problems in Philosophy)》(옥스퍼드: 블랙웰[Blackwell], 1993)의 5장에서 논의된다.

1장 · 2장

1장에 들어가면서 개념적 분석을 위한 초석으로 소개했던 언어의 **낯섦** 현상은 내가 이해한 바에 따르면 플라톤의 대화 이곳저곳에서 종종 나타난다. 이에 대해 비교적 최근에 저술된 저서 중 중요한 위치를 차지하고 있는 것은 루트비히 비트겐슈타인의《철학적 탐구》(프랑크푸르트: 주어캄프[Suhrkamp], 1960)이다. 이영철 옮김(책세상, 2006), 이승종 옮김(아카넷, 2016)

행위에 대해 여기서 전개된 논의는 해리 G. 프랭크퍼트(Harry G. Frankfurt)의《우리가 관심을 갖는 것의 중요성(The Importance of what we care about)》(케임브리지: 케임브리지대학교출판부[Cambridge University Press], 1988)의 6장에서 펼쳐진 개념과 많은 연관을 맺고 있다. 하나의 행위는 내부에서 실행된 동작이라는 관찰이 특히 그러하다. 프랭크퍼트는 하나의 행위가 특정한 방식으로 초래되는 것, 즉 조건적이라는 것이 행위의 특질에 속하는 것이 아니라고 보았나. 그러나 나는 이 두 가지 관점이 배타적이어야 할 이유가 없다고 생각한다. 본문에 나와 있듯이 오히려 이 둘을 결합할 때 행위가 가지는 개념이 더욱 풍부하고 명확해진다.

또한 의지의 개념에 관해서도 의지가 행위로 발현되는 소망이라는 점에서 프랭크퍼트의 논지(제2장)에 뜻을 같이한다. 그 이상에 관해선 각자가 생각하기에 따라 달라질 것이다. 언어적 사실들에 관한 고찰에 관해서는 고트프리트 제바스(Gottfried Seebass)의《의지(Wollen)》(프랑크푸르트: 클로스터만[Klostermann], 1993)에서 많은 도움을 얻었다.

본문에서 설명된 행위의 자유에 대한 해설은 다른 여러 저작들에서도 많이 기술된 바 있으므로 새로운 사실은 아니다. 새로운 것이 있다면 이 해석이 의지의 명확성과 연결 지어진 데에 있을 것이다.

3 장

위에서 인용한 해리 프랭크퍼트의 저서는 여러 측면에서 나에게 가장 중요한 책이었다. 그의 사상을 받아들일 때는 대부분 나의 생각에 변용하긴 했지만 이 책을 저술할 때 항상 염두에 두었다. 3장을 쓸 때도 그랬다. 그의 저서 12장에 다음과 같은 대목이 나온다. "결정의 행위의 주요 내용을 표현하기란 어렵다. 즉 그 결정 행위를 수행할 때에 그것이 정확히 어떤 것인지 완전히 명료하게 표현하는 것 말이다. 그러나 결정이 가지는 특성은 찾기가 매우 어려운데도 불구하고 결정을 내린다는 것이 적어도 우리가 **우리 자신에게** 행하는 행위임에는 틀림이 없어 보인다"(172쪽). 이렇게 본다면 지금 이 책 안에서 일어나는 일은 이 사고를 최대한 광범위하게 전개하려는 시도라고 할 수 있다. 이것은 본질적 결정을 내리는 행위가 '**자신과 함께** 일어나며 **자신을 위해** 하는 행위'라고 했던 본문의 내용과 상통한다. 이밖에도 본질적 결정에 대한 나의 분석이 프랭크퍼트의 개념과 연계되어 있는 부분은 그의 책 5장과 12장이다. 거기에는 자신의 소망에 대해 둘 수 있는 내적 간격에 대해 나와 있다. 이 주제를 의지의 자유에 대한 논의의 중심으로 끌어들인 것에는 그의 공로가 크다. 2장에서 토론된 내용은 그의 논문 「의지의 자유와 인격의 개념(Freedom of the will and the concept of a person)」(《철학회보^{The Journal of Philosophy}》 제68호, 1971)에 소개되어 있다.

　　의지와 상반되는 행위를 하는 모순이 존재한다는 것을 인식하고는 그에 대한 문헌을 찾아보았으나 놀랍게도 찾을 수 없었다.

　　열린 미래의 가능성에 대한 주제로 많은 도움을 받았던 것으로는 막스 플랑크의 저서 《자유의지를 가진 존재(Vom Wesen der Willensfreiheit)》(1975년에 발간된 추모 강연집. 《자유 행위와 결정론 강의^{Seminar: Freies Handeln und Determinismus}》로 1978년 주어캄프 출판사에서 재출간됨)가 있다.

　　숙고와 그것이 의지에 미치는 영향에 대해 이 책에서 자유로이 설명된 방식은 문학에서 그 문제를 다루는 섬세함과는 거리가 멀다. 그러나 나의 입장에서 보자면 이러한 단순화는 결정적인 핵심 내용에 해가 되지 않는다. 이 주제에 관련된 세부적 내용에 관해서는 슈테판 고제파트(Stefan Gosepath) 편저의《동기, 이유, 목적(Motive, Gründe, Zwecke)》(프랑크푸르트: 피셔Fischer, 1999)을 보길 바란다.

4 장 · 5 장

이 두 장은 현상학적 상상에 대한 내용이 거의 전부를 이루고 있다. 그것은 첫 번째 간주 부분에서 서술된 내용, 즉 내적으로 지각된 경험을 변별화하여 표현하는 것이다. 표류자의 유형은 프랭크푸르트의 저서 2장에 나오는 인물형 원튼(wanton)에서 영감을 받았다. 그러나 표류자가 더 극단적이라는 점에서 둘은 동일하지 않다. 프랭크푸르트는 이렇게 썼다. "내가 원튼이라는 용어를 사용한 것은, 최우선의 욕구를 가지지만 이차적 욕구를 가졌느냐 여부에 상관없이 이차적 자유 의지를 가지지 않기 때문에 인격체가 되지 못하는 사람을 형상화하여 나타내기 위해서다."(16쪽) 그러므로 원튼은 무언가를 원하며 그 소망을 추구한다는 점에서 내적 간격을 두는 능력을 지닌다. 그러나 자신의 소망 중에서 특정한 것을 의지로 발전시키는 것(이것이 이차적 자유의지다)에는 이르지 못한다. 그에 반해 표류자는 내적 간격이 전혀 없기 때문에 애초부터 두 번째 단계의 소망을 가질 수 없다.

본문에서 짧게 언급하고 지나간 의지박약이라는 주제는 좀 더 확대될 수 있는데 이 현상을 완전히 다른 관점에서 설명하거나 독립적 현상으로 부정하는 저술들은 다음과 같다. 존 엘스터(John Elster) 편저의《복수 자아(The multiple Self)》(케임브리지: 케임브리지대학교출판부, 1986), 앨프리드 멜(Alfred Mele)의《불합리(Irrationality)》(옥스퍼드: 옥스퍼드대학교출판부, 1987), 토마스 슈피츨라이(Thoas Stpizley)의《생각과는 다른 행위(Handeln wider besseres Wissen)》, 우르줄라 볼프(Ursula Wolf)의〈의지박약의 문제에 대하여(Zum Problem der Willensschewäche)〉(《동기, 이유, 목적》).

부자유와 왜곡된 시간 경험의 연관관계에 대해 설명된 이야기들은 내가 문학적으로 몰두했던 것들에 대한 개념을 세우기 위한 시도다. 내가 쓴 소설의 등장인물들이 시간의 뒤틀림으로 고통받을 때 그것은 곧 그들의 의지가 신랄한 부자유 안에 있었다는 것을 의미하기도 했다. 이 장은 여기서 목격한 내용을 이론적으로 파 들어갈 좋은 기회였다. **어째서** 이런 연관성이 존재하는지 때때로 자문하기도 했지만 과연 이것이 적절한 질문인지, 그리고 여기서 '어째서'라는 것이 과연 무슨 의미인지 확신하기 어렵다.

첫 번째 간주

여기서 간략히 설명된 철학에 대한 이해는 피터 F. 스트로슨(Peter F. Strawson)이 창안하여 '서술적 형이상학(descriptive metaphysics)'이라는 명칭을 붙인 구상과 대부분 일치한다. 이 개념은 모든 경험의 가능성에 대한 조건들을 파헤치고자 하는 칸트의 구상에 기원을 두지만 칸트의 경험 심리학과 그의 이상주의의 특수한 형태를 다루지는 않는다. 스트로슨의 개념에 대해 개별적인 사항들을 알고 싶은 독자는 다음의 책을 참고하면 된다.《개체들(Individuals)》(런던: 메수엔^Methuen, 1959),《지각의 경계(The Bounds of Sense)》(런던: 메수엔, 1966).

나는 프랭크퍼트의 연구서들을 자유롭게 행동하고 소망하는 개인의 서술적 형이상하에 대한 연구로 간주하고 있다.

내가 생각하는 철학적 방법에는 스트로슨의 이론에 대응되지 않는 것이 하나 있다. 그것은 내적 지각의 표현 또한 중요하다는 것, 그리고 이 표현에는 서사적 측면이 있다는 생각이다. 이것이 보기보다 많은 문제점을 내포하고 있다는 것을 부정하고 싶지는 않다. 이 점은 우선 모든 개념적 표현의 전에 일어나야 할 내적 지각이 어떻게 그러한 표현의 **시금석**이 될 수 있는가 하는 질문을 던질 때 두드러지게 나타난다. 바꿔 말하면 아직 그 자체가 정리되지 않은 무엇이 개념적 표현이 **옳은지** 아닌지를 어찌 결정할 수 있는가 하는 문제다. 아직 이 문제에 대해 적당한 답을 찾지 못했다. 반면에 경험의 형태에 대한 내적 지각이 의지의 자유라는 주제에 있어서 우리를 **이끌어 가는** 것이라는 사실이 **자명하지** 않은가 하는 생각이 든다. 그렇지 않다면 어떤 제안이 그 사안에 **적당하다**는 것을 어떻게 알 수 있겠는가? 또 어떤 서술을 볼 때는 **공감을 느끼고** 다른 것에서는 그렇지 않은 현상을 어떻게 설명할 수 있겠는가?

6장

자유를 설명하는 데에 부동의 동력이라는 은유를 사용한 이는 〈인간 자유와 자아(Human Freedom and the Self)〉(게리 왓슨Gary Watson 편, 《자유의지Free Will》[옥스퍼드: 옥스퍼드대학교출판부, 1982]에 수록)를 쓴 로더릭 치좀(Roderick R. Chisholm)이다. 그는 이렇게 쓰고 있다. "행동의 동인은 욕구의 상위에서 발생하여 욕구와는 다른 것을 행할 수도 있다."(33쪽). 이것은 결국 무조건적 자유 의지의 개념이다.

자유와 조건성의 양립 불가를 완고하게 외치는 저서로는 피터 반 인웨전(Peter van Inwagen)의 《자유 의지에 관한 고찰(An Essay on Free Will)》(옥스퍼드: 클러렌든, 1983)이 있다. 그의 주장에 대한 함축적 반박이 이 책 2부의 일부분에 등장한다.

상대편의 주장을 최대한 강력하게 보이도록 노력한 이 6장은 내가 과거에 관련된 주제에 관해 했던 강의의 덕을 가장 많이 보았다. 이 강의를 준비하면서 무조건적 자유의 개념의 배경이 되는 직관의 힘과 끈질김에 대해 그 어떤 저작에서보다도 많은 것을 배울 수 있었다.

이 장과 뒤의 두 장에서 빠진 것은 《존재와 무(L'être et le néant)》(파리: 갈리마르Gallimard, 1943)에서 보이는 장 폴 사르트르의 자유 이론과의 논쟁이다. 그의 이론을 이해하려면 그 배경을 이루는 매우 특별한 존재론을 광범위하게 받아들이지 않으면 안 된다. 그것은 이 책의 범위를 넘어서는 일이다. 한마디로 말하자면, 사르트르는 무엇보다도 내적 소실점 현상을 잘못 이해한 것으로 보인다.

7장 · 8장

이 두 장은 대니얼 데닛의 《엘보룸(Elbow Room)》(케임브리지, 매사추세츠 주: 매사추세츠공과대학출판부MIT Press, 1984)의 내용에 뿌리를 두고 있다. 저자 대니얼 데닛은 1장에서 자유의지의 전통적 문제점(이 책의 서두에서도 썼다시피)이 조건성의 잘못된 비약과 오해에 바탕을 두고 있으며 이들을 바로잡는 것에 해결의 실마리가 달려 있다는 논리를 편다. 나는 그 대목을 읽었을 때 마치 감전된 것 같은 충격을 느꼈다. 물론 이어지는 전개 과정에서 곧 실망했지만 말이다. 논거가 너무 부족하고 빈약했기 때문이다. 즉 데닛은 내적 경험의 서술에 있어서 끈질김과 끈기가 부족했던 것이 아닌가 싶다.

무력함과 강박의 언어가 풍기는 유혹에 대한 부분은 물론 언어에 의해 마비될 때 철학적 문제가 발생한다는 비트겐슈타인의 근본 개념을 따른 것이다.

중도적 무조건성에 대한 부분은 강의에서 종종 제기되었던 반대 의견에 대한 답변이다. 크리스티안 비르비츠(Christian Wirrwitz)의 선언적 결정 과정에 대한 이론을 참고했다.

사고와 상상과 의지가 그 대상에 있어 서로 침범하는 부분이 생기는 현상은 정신철학에서 **지향성(志向性)**이라고 한다.

생동감 없고 투명한 자유에 대해 본문에서 이야기된 부분은 내가 이러한 첨예화된 형태로는 문학에서 발견하지 못한 것이다. 의지의 자유가 언급된 내향성과 친밀함에 의해 둘러싸이지 않는다면 무조건성의 사고는 그 매력을 발전시키지 못할 것이다. 또한 수제 됨과 의지외 즉흥성을 둘러싼 주제가 가진 무게는 실제와 똑같이 느껴질 것이다. 그리고 알아채지 못하는 사이에 숨은 난쟁이를 불러들일 위험은 적어질 것으로 생각된다.

숙명론자와의 대화는 학생들과 나누었던 여러 대화를 조금 더 압축한 것이다. 숙명론자들은 그러한 주장을 펼칠 기반, 즉 입장이라는 것을 가지고 있지 않기 때문에 그 자체로 앞뒤가 맞지 않는다는 것을 증명한 뒤에야 그들의 주장을 물리칠 수 있다는 것을 학생들에게서 배울 수 있었다.

9 장

라스콜리니코프와 재판관 사이의 대화 구조를 만들 때 가장 많이 도움을 준 책은 R. 제이 월리스(R. Jay Wallace)의 《책임과 도덕 감정(Responsibility and the Moral Sentiments)》(케임브리지, 매사추세츠 주: 하버드대학교출판부[Harvard University Press,]

1996)이다. 특히 다음과 같은 것들을 많이 참고했다. 공평함이라는 문제를 어떻게 해석할 것인가에 대한 여러 문제들, 도덕적 감정의 분석에 있어서 기대의 강조, 도덕적 결정의 분석, 의지의 조건성과 책임 간의 불공존성이라는 가정이 조건성의 **특수한** 종류가 조건성 **자체**에 이양되는 것과 관련 있다는 언급과 이것이 잘못된 결론이라는 것 등이다. 월리스는 불공평함에 대한 비난이 오직 도덕적 명제의 분석과 이 오류의 발견을 통해서 반박될 수 있다고 보았다. 그러나 나는 이것이 잘못된 견해라고 생각한다. 그 한 가지만으로 라스콜리니코프가 하는 비난을 반박할 수는 없다. 특히 책임을 묻는 것에 대한 우리의 일상적 행위가 도덕적 숙고를 할 수 있는가 하는 **능력**에 따라 달라진다고 말하는 경우 더욱 그러하다. 과거사가 그 자신이 특정한 시점에 또한 **행해질** 수 있는가 하는 것을 결정한다는 사실은 우리에게 아무 관심거리가 되지 못한다. 내가 라스콜리니코프의 시선으로 주장을 펼치는 대목은 그러니까 월리스의 주장에 반하는 부분이다.

월리스의 저서 이외에도 여러 자료들을 참고했다. 피터 F. 스트로슨의 「자유와 원한 감정(Freedom and Resentment)」(영국학회^{British Academy} 회의록 제48호, 1962), 개리 왓슨 편저의 《자유 의지》. 스트로슨은 여기에서 우리는 타인에 대해 책임을 묻는 전형적인 태도를 취하는 것 말고는 다른 것을 할 수도 원할 수도 없다는 주장을 펼친다. 공평함에 대해서는 논하지 않기 때문에 나는 그의 주장이 충분히 성숙되지 못했다고 생각한다. 재판관의 마지막 발언 부분은 물론 스트로슨의 논리에 바탕을 둔 것이다.

이 장의 초고에서는 재판관이 라스콜리니코프에게 그가 공평함을 요구할 권리가 없다는 부분에서 대화가 끝났었다. 그런데 이 문제가 그렇게 간단하지 않다는 것, 즉 재판관의 행위를 그 자신의 잣대로 판단할 권리가 라스콜리니코프에게 있다는 것, 의견이 다른 상대방 앞에서 자신의 도덕적 입장을 주장하는 이가 상대방을 공동체 밖으로 밀어내는 것이 어느 정도 공정한 것인지, 그리고 라스콜리니코프가 도덕적 입장의 원칙과 객관적인 도덕적 이유라는 개념이 이해할 수 없는 것이라고 의구심을 품을 수도 있음을 내게 보여준 사람은 마리오 브란트호르스트(Mario Brandhorst)다.

'도덕철학의 가장 깊은 심해 속'이라고 언급된 부분은 버나드 윌리엄스 (Bernard Williams)의 다음 두 논저에 힘입은 바가 컸다. 〈내적 근거와 외적 근거(Internal and External Reasons)〉(로스 해리슨[R. Harrison] 편,《합리적 행동[Rational Action]》, 케임브리지대학교출판부, 1997), 〈내적 근거와 책임의 모호함(Internal Reasons and the Obscurity of Blame)〉(《인간성의 이해[Making Sense of Humanity]》, 케임브리지대학교출판부, 1995). 객관적인 도덕적 근거에 대한 주요 저서로는 토머스 네이글의 저서 《이타주의의 가능성[The Possibility of Altruism]》(프린스턴: 프린스턴대학교출판부[Princeton University Press], 1970)이 있다.

도덕적 입장에다가 공평함의 문제를 대입하는 것이 과연 의미가 있는가? 이 문제를 놓고 오랜 기간 고심했다. 결국 내가 재판관의 입을 빌려 말한 것은 이 장뿐만이 아니라 다른 주요 논점에서도 많은 참고가 되었던 외르그 하르디(Jörg Hardy)의 제안에 근거한 것이다.

두 번째 간주

이 장은 윌프리드 셀러스(Wilfrid Sellars)와 그의 제자 제이 F. 로젠버그(Jay F. Rosenberg)에게서 배운 내용을 발전시킨 것이다. 셀러스에게는 철학이 실새하거나 잠재적인 착각과의 진단적 논쟁이라는 점이 너무도 자명했으므로 대화법을 통해 자신의 사상을 펼칠 수밖에 없었다. 이 점은 그의 저서 《과학, 지각 그리고 현실(Science, Perception and Reality)》(런던: 루틀리지&케건폴[Routledge&Kegan Paul], 1963)에 매우 잘 드러난다. 나는 셀러스의 글에 대해 오랜 기간 의문을 품고 있었다. 왜 하고 싶은 말을 바로 하지 않는 것인가? 우리 학생들의 반응도 마찬가지였다. 셀러스를 강의할 때면 수업에 오지 않았다. 그의 번거로운 대화법이 가진 **묘미**를 설명해주고 나서야 겨우 강의를 진행할 수 있었다.

중요성을 가진 주제 중 많은 것이 로젠버그의 저서 《철학의 기술》(잉글우드 클리프스, 뉴저지 주: 프렌티스홀[Prentice Hall], 1984)에서 명확하게 설명된다. 그가 예로 드는 여러 이야기들은 철학적 정확성의 개념을 서술하고 있다.이재훈 옮김(서광사, 2009)

내가 말한 습득된 의지라는 개념의 배경이 된 철학자는 무엇보다도 지그문트 프로이트, 그리고 특히 해리 프랑크퍼트다. 물론 연결 고리는 단단하다기보다 느슨한 편이다. 프랑크퍼트는 다음과 같이 썼다. "한 사람이 의지의 자유를 즐긴다는 명제는 그가 원하고 싶은 것을 원할 자유가 있다는 뜻이다. 더 구체적으로 말하면, 해야겠다는 것을 원할 의지의 자유가 있다는 뜻, 또는 원하는 의지를 가질 자유가 있다는 뜻이다. (……) 이것은 그의 의지를 이차적 자유 의지에 맞추는 것이 확보될 때 가능하다. 그러할 때 인격체는 의지의 자유를 실행하는 것이다."(「의지의 자유와 인격의 개념」, 20쪽). 프랑크퍼트의 주장에 따른 의지의 자유가 무엇인가 하면, 일차적인 특정한 소망이 의지가 되도록 하는 이차적인 내용적 소망의 충족에 있는 것이다. 바꿔 말하면 자유로운 의지는 소망에서 나온 의지라는 말이다. 이것을 바탕으로 자아상에 맞는 의지, 다시 말해 허용된 의지가 의지의 자유에 속한다는 생각이 본문에 쓰이게 된 것이다. 이 두가지 생각의 형태는 결국 스스로 답을 줄 수 없는 것이 아닌가 하는 의문을 품게 한다. 프랑크퍼트는 이렇게 인정하고 있다. "다른 수평적 레벨로의 욕구의 배치는 그 사실만으로 다른 어떤 누군가가 아닌 바로 자기 자신의 욕구와 **일치감**을 느끼는 것이 무엇인지에 대한 설명을 제공하지 않는다."(12장, 166쪽). 결국 프랑크퍼트가 제공하는 유일한 정보는 동일화 과정에서 특수한 형태의 **결단**이 한 몫을 한다는 것이다. 나는 이것을 토대로 이해된 의지라는 개념의 실마리를 확대했다.

의지의 표현에 관련된 생각과 마찬가지로 여기에서도 프로이트의 이론이 하나의 축을 이룬다. 자아 이론이나 정신분석학에서의 여타 이론을 말하는 것이 아니다. 이 책에서 나는 내면세계, 즉 내적 논리와 그 생성에 관한 이해를 넓힘으로써 우리의 내적 자유를 확장할 수 있다는 프로이트의 기본 사상을 몇 가지 어구로 표현했다. "이드가 있던 곳이 내가 된다"라는 유명한 어구는 습득에 관한 나의 이론에 여러 면에서 들어맞는 부분이 많다. 이 책 전반에 걸쳐 설명된 상상의 힘에 대한 것 또한 프로이트의 사상에 기댄 바가 많다. 그러나 개별적 예시들은 내가 만들어낸 것이다. 그러나 만일 프리츠 리만의 책《불안의 심리》(뮌헨/바젤: 에른스트라인하르트^Ernst Reinhardt, 1993)를 읽지 않았다면 과연 그런 좋은 예들이 떠오를 수 있었을까 하는 느낌이 든다.전영애 옮김(문예출판사, 2007) 리처드 월하임의《삶의 맥락(The Thread of Life)》(케임브리지: 케임브리지대학교 출판부, 1984)도 흔적을 남긴 책 중 하나다. 이야기로 표현된 의지라는 주제에 대해서는 디터 토매(Dieter Thomä)의 저서《네 자신을 이야기해봐(Erzähle dich selbst)》(뮌헨: C. H. 벡^C. H. Beck, 1998)를 염두에 두었다.

"그건 **심리학** 아닙니까?" 내가 습득된 의지에 대한 이야기를 펼칠 때마다 여러 번 들었던 질문이다. 나는 그 질문에 이런 대답을 내놓았다. "그럴 수도 있습니다. 우리 자신, 그리고 우리가 자신에 대해 가지는 경험에 관한 이야기니까요. 그러나 심리학이라고 해도 매우 **추상적인** 심리학일 겁니다. 경험적 세부 사항은 거론되지 않고 다만 자아에 대한 이해의 기본 범주만을 이야기하기 때문입니다. 그런 면에서 이것은 철학입니다. 인격 존재에 대한 서술적 형이상학이죠."

마지막 장에서 거론된 의지의 독립성은 나의 이전 논문 「우리가 자유롭다면 어떻게 될까?(Che cosa accadrebbe se fossimo liberi?)」(학제 간 연구 회보 ^Quaderni Interdiscipliani 제2호, 2000)와 맥락을 같이한다. 도움을 받은 책으로는 존 크리스트먼(John Christman, 편)의《내부 요새(The Inner Citadel)》(옥스퍼드: 옥스퍼드대학교출판부, 1989)가 있다.

열정적 자유에 관한 내용에 관해서는 프랭크퍼트의 다음 두 글과의 관련성을 말해둔다. 「최종적 목적의 유용성에 관해(On the Usefulness of Final Ends)」, 그리고 「자율성, 필요성 그리고 사랑(Autonomy, Necessity, and Love)」(두 글 모두《필요성, 자유의지 그리고 사랑^Necessity, Volition, and Love》[케임브리지: 케임브리지대학교 출판부, 1999]에 수록).

통속적 의지와 고집에 대한 부분은 좋고 나쁘고를 떠나서 어쨌든 나의 독창적 생각에서 비롯된 것임을 밝힌다.

자유의 기술
의지의 발견에 대하여

1판 1쇄 인쇄 2016년 9월 2일
1판 3쇄 발행 2023년 10월 6일

지은이 · 페터 비에리
옮긴이 · 문항심
감수 · 서윤호
펴낸이 · 주연선

책임편집 · 윤이든
편집 · 이진희 심하은 백다흠 강건모 이경란 강승현
디자인 · 이승욱 김서영 권예진
마케팅 · 장병수 김한밀 정재은 김진영
관리 · 김두만 유효정 신민영

(주)은행나무
04035 서울특별시 마포구 양화로11길 54
전화 · 02)3143-0651~3 | 팩스 · 02)3143-0654
신고번호 · 제 1997- 000168호(1997. 12. 12)
www.ehbook.co.kr
ehbook@ehbook.co.kr

ISBN 978-89-5660-602-6 03100